교육의 사회적 책임

미래교육의 대안적 접근

Education for Social Responsibility

이상수
김석우
김대현
안경식
이병준
박수홍
유순화
김정섭
박창언
김회용
이동형
이소영
공 저

학지사

🧊 머리말

'뉴노멀'이라는 단어는 우리의 일상생활에 큰 변화가 있었으며 그 변화가 새로운 일상이 되었다는 것을 의미한다. COVID-19로 인해 마스크가 일상이 되고, 대면 중심의 우리 삶이 비대면 중심의 소통, 만남, 협업 그리고 교육이 일상화되는 삶을 경험하고 있다. 전문가들에 따르면, COVID-19가 종식되어도 우리의 삶이 다시 이전처럼 대면 중심의 삶으로 되돌아가기보다 이미 갖추어진 비대면 소통과 상호작용을 위한 사회적 인프라 및 새로운 기술 발전으로 인해 뉴노멀이 지속된다고 한다. 예를 들어, 스마트글라스의 등장에 의한 메타버스 환경의 발전은 컴퓨터나 스마트폰을 사용하여 인터넷에 접속하던 시대를 스마트글라스를 사용하여 메타버스에 접속하는 삶으로 뉴노멀을 만들어 낼 것이다.

이러한 삶의 변화된 모습은 교육 영역에서의 변혁 또한 예고하고 있다. 예를 들어 특이점, 즉 인공지능이 인간의 지능을 초월하는 시기가 오면 인공지능은 잠을 자거나 쉬지도 않고 새로운 지식을 쏟아 낼 것이고, 인간은 인공지능이 만든 지식을 이해하지 못할 뿐 아니라 인공지능의 지시를 받아 일하는 계층이 대다수를 이룰 것이라고 한다. 이러한 점에서 현재 초·중등학교 학생들이 직업을 선택하고 살아가야 하는 10년 내외의 미래를 위해 어떤 역량을 어떻게 길러 주어야 하는가는 심각하면서도 시급한 성찰이 필요한 실천 과제이다. '미래 인재를 위해 우리는 무엇을 어떻게 가르칠 것인가? 학문적 지식 중심의 현재 교육과정을 그대로 유지할 것인가? 학교나 대학에서 배운 내용이 미래 인재에게 얼마나 유용한가?'와 같은 질문에 대한 답의 하나로 '교육의 사회적 책임'을 들 수 있다.

부산대학교 교육학과에서는 BK FOUR 사업으로 '교육의 사회적 책임'이라는 주제로 연구와 실천을 하고 있다. 이 책은 이 사업 주제에 참여한 교수진들의 연구 결과 중 하나이다. 제목에서 알 수 있듯이 현재 교육의 대안적 접근으로서 교육의 사회적 책임은 교육에서 다루어야 할 교육의 내용과 방법 그리고 인재상을 모두 포함한 포괄적 의미를 담고 있다.

먼저, 교육의 사회적 책임은 학습자가 배움의 주체가 되어 자신과 사회에 대한 책임감을 가지고 자신의 성장과 사회 발전에 기여할 수 있어야 함을 강조한다. 이를 위해 교육에서 다루어야 할 교육과정으로 학문 중심의 교과가 아닌 사회적 이슈 해결이 되어야 하고 이 과정에서 살아 있는 지식, 융복합적 지식, 비구조화된 문제해결력, 지능적 문제해결력 등의 습득을 강조한다. 따라서 학습의 장은 사회 현장이 되어야 하고 이를 위해 학교, 지역사회, 교육 행정기관 등의 협업은 필수불가결한 요소가 된다. 궁극적으로 교육의 사회적 책임은 배움과 삶의 통합, 개인과 사회의 통합 그리고 이론과 실제의 통합을 통해 급변하는 사회환경에서 스스로 학습하고 문제를 해결할 수 있는 메타학습력을 키우고자 한다.

이 책의 제1부는 이론편으로서 교육의 사회적 책임의 개념을 살펴본다. 먼저, 제1장에서 제3장까지는 교육의 사회적 책임의 거시적 의미를 알아보고, 현대 철학 흐름 속에서 책임은 어떤 의미가 있는지 그리고 심리학적 차원의 사회적 책임이란 어떤 의미가 있는지를 소개한다. 그리고 제4장과 제5장에서는 대학과 고등교육기관에서 사회적 책임은 어떤 의미가 있는지를 살펴본다. 제2부는 현장과 연결하여 재난심리지원을 위한 교육의 역할, 교육의 사회적 책임을 적용한 교과서, 교육평가, 소셜 앙트러프러너십 등을 알아보고 교육의 사회적 책임의 연구방법론으로서 인물연구와 지속가능발전교육도 살펴본다.

이 책은 우리 사회가 뉴노멀이 정착되고 있는 현실에서 교육의 뉴노멀을 논의하는 대안적 접근으로서 체계적인 연구와 그 결과물을 모아 책으로 집필하였다는 관점에서 의미가 있으며 새로운 혁신을 고민하는 교육 현장에 도움이 될 수 있기를 바란다. 마지막으로, 이 책의 집필에 참여하고 도움을 주신 교수님들과 부산대학교 교육학과 BK 대학생들에게 감사의 인사를 드린다.

2022년 3월

대표 저자 이상수

차례

제1부

이론편

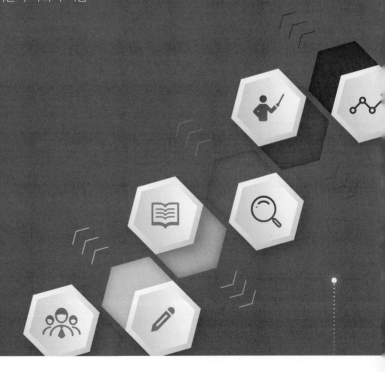

제1장
교육의 사회적 책임 의미

이상수

　이 장에서는 미래 사회에 필요한 역량을 가진 인재를 양성하기 위한 교육의 혁신적 변화의 필요성을 제기하며, 그 방향으로 교육의 사회적 책임을 제시하였다. 이론적 검토를 통해 도출된 교육의 사회적 책임의 핵심 가치는 개인과 사회의 상호 책임감에 기초하여 개인의 자기실현과 사회적 성장을 공동 추구하는 것이다. 이에 기초하여 교육의 사회적 책임의 개념을 '교육을 통해 사회적 이슈를 집단적으로 해결하는 과정에서 개인과 사회의 상호 책임감을 증진시켜 개인의 자기실현과 사회적 성장을 돕는 교육의 이론과 실제'라고 정의하였다. 이 장에서는 교육의 사회적 책임의 핵심 개념마다 좀 더 심도 있는 논의를 진행하였다. 교육의 사회적 책임의 개념을 탐색하며 미래 사회에서 필요로 하는 인재를 양성하는 데 요구되는 미래교육의 대안적 방향으로 시사점을 제공한다.

1. 왜 교육의 사회적 책임인가

　급격한 사회 변화는 새로운 인재상을 요구하고 있어 새로운 인재를 길러 내기 위해서는 그에 맞게 새로운 교육적 접근 방식이 필요하다. 미래를 대비한 새로운 인재를 교육하는 것은 개인뿐만 아니라 국가의 생존과도 직결되는 문제이기 때문에 매우 중요한 사회적 이슈 중 하나이다. 그러므로 미래 사회의 변화와 그에 따른 미래 인재상이 혁신적으로 변화하고 있는가에 대한 답을 먼저 찾을 필요가 있다. 인공지능과 로봇을 포함한 최첨단 기술의 급격한 발전은 우리 사회에서 지금까지 생각해 보지 못한 패러다임적 변화를 요구하고 있다. 인공지능의 발전은 인간의 단순 노동을 뛰어넘어 의료계, 법조계, 예술계를 포함한 전문적이고 고차원적 사고가 필요한 영역에서 인간의 직업을 대체하는 현상을 보여 준다. 유기윤, 김정옥, 김지영 (2017)의 『2050 미래사회보고서』에 따르면, 미래 사회에서 인공지능은 인공지성이라는 하나의 독립체로서 인정받게 되고, 인공지성에 지배받는 99.997%의 사람들로 이루어진 계급인 프레카리아트가 형성되리라 예측하고 있다. 이지성(2019)에 따르면, 인류의 모든 지능을 합한 것보다 더 높은 지능을 가진 인공지능이 출현하는 특이점(singularity)을 2045년으로 보고, 그 이후의 시대를 준비하기 위한 교육으로서 인간만이 가진 고유한 능력에 관심을 두어야 한다고 주장하였다. 인간만이 가진 고유한 능력은 무엇이고, 이러한 능력을 갖춘 인공지능에 지배되지 않는 인재를 위한 교육은 어떤 모습이어야 하는가에 대한 관심과 연구가 필요한 시점이다.

미래 사회에 필요한 인재를 양성하기 위해서 교육은 무엇을 어떻게 가르쳐야 하는가? 이 질문에 대한 답의 하나로 이 책에서는 교육의 사회적 책임(Education for Social Responsibility: ESR)을 제언하고자 한다. 미래교육의 대안적 접근으로 교육의 사회적 책임을 살펴보는 것은 몇 가지 관점에서 의미가 있다.

첫째, 미래 사회의 미래 인재를 양성하기 위해 가르침 중심의 교육에서 학습자 중심, 배움 중심, 활동 중심 등의 방향성이 제시되고 있지만(강에스더, 2018; 경기도교육청 장학 자료, 2013; 권낙원, 2001; 권정선, 허경섭, 김회용, 2014; 노진영, 2017; 이상수, 2019), 학교 현장에서는 구호에 불과한 상황이고 여전히 가르침 중심의 교육에서 벗어나지 못하고 있다. 그러나 교육의 사회적 책임은 삶 속에서의 사회적 이슈를 학습자들이 스스로 해결하는 과정에서 개인적 성장을 추구함으로써 학습자·배움·활동 중심의 교육을 실천할 수 있는 대안적 체제를 제공해 줄 수 있다.

둘째, 교육의 사회적 책임은 무엇을 어떻게 가르칠 것인가에 대한 교육 영역의 핵심 이슈에 새로운 접근법을 제시해 줄 수 있다. 기존의 무엇을 가르칠 것인가에 대한 논의에서는 학문적 지식 교육에서 벗어나 융복합적 접근을 강조하고 있지만, 기존의 융복합적 교육 접근에서는 문제 역시 가르치는 교수자들에 의해 인위적으로 만들어

지거나, 사회 문제가 추상화되어 제시되는 한계로 인해 학생들의 학습 몰입도를 유
도하는 데 실패를 하거나, 초복잡 문제해결능력을 길러 주는 데에도 한계를 보인다.
반면, 교육의 사회적 책임은 삶 속에서 실제 사회적 이슈를 공감적으로 발견하고 이
를 해결하는 활동 자체를 핵심적 교육 활동으로 제시하고 있다. 최근에 메이커 교육
은 실제 삶에서의 사회적 요구를 해결하기 위해 사물을 만드는 과정에서 학습자들
의 몰입도를 높여 주고, 융복합적 사고와 복잡한 문제를 해결하는 능력을 길러 준다
는 관점에서 주목을 받고 있다(강인애, 김홍순, 2017; Rina, Anusca, & Yves, 2019). 그
러나 메이커 교육은 문제 해결의 결과로 물질적인 사물의 창조를 목적으로 두지만,
교육의 사회적 책임의 결과물은 교육을 통해 사회적 이슈를 해결하는 것으로 유무
형의 결과물을 모두 포함하여 융복합적 사고, 초복잡 문제해결능력, 지능적 협업능
력 그리고 사회적 책임감을 모두 증진시킬 수 있다는 의미를 가지고 있다.

　셋째, 교육의 사회적 책임은 사회적 이슈를 해결하는 과정을 통해 개인과 사회
의 상호 책임에 기초하여 개인과 사회 발전 모두를 추구하는 데 핵심 가치를 둔
다. 물론 기존에 공동체 연구나 세계시민교육 등에서 개인과 사회의 연계성을 증
진하려는 노력이 있었다(정문성, 2002; 정영수, 2004; Deardorff, Kiwan, & Park, 2018;
Sergiovanni, 1994; UNESCO, 2015). 그러나 기존의 가르침 중심 접근이나 공동체 경
험을 통한 접근으로 가르침을 통한 교육이 갖는 수동성과 태도교육의 한계 그리고
공동체 자체 형성의 어려움으로 인해 공동체 경험을 통한 필요한 가치교육이 어렵
다는 한계를 가지고 있다. 반면, 교육의 사회적 책임은 사회적 이슈의 해결 과정에
서 다층적 그리고 다차원적인 인적 · 물적 네트워킹 자원을 활용해야 한다는 점을
경험을 통해 깨닫게 함으로써 개인과 사회의 밀접한 연계성을 인지하고, 세계시민
교육과 공동체 교육 등에서 추구하는 상호 책임의식이 자연스럽게 증진될 수 있는
학습환경을 제시해 줄 수 있다.

　넷째, 교육의 사회적 책임은 유 · 초 · 중등교육에서 대학교육까지 모든 영역에
서 대안적 교육의 실천 전략을 제시해 줄 수 있다. 대학에서는 중등교육과는 달리
교육과정 운영에 융통성을 갖고 있어서 비교적 교육의 사회적 책임을 실천하기가
쉬울 수 있다. 예를 들어, 교양 수업, 대학 봉사활동 또는 교육의 사회적 책임에 대

한 대안으로서 강좌나 비교과 프로그램 형태로 학생 자신이 속한 지역사회나 국가 혹은 세계적 사회 이슈 참여를 통한 공감적 발견과 이를 교육을 통해 해결하는 활동을 경험하게 할 수 있다. 이를 통해 앞에서 제시한 융복합적 사고, 초복잡 문제해결능력 그리고 개인과 사회의 연계와 공동 발전을 추구할 수 있을 것이다. 중·고등학교나 유·초등에서도 세계시민 교육이나 공동체 교육 등을 위해 교육의 사회적 책임을 활용할 수 있다. 방과 후 활동이나 자유학기제 등의 주요 교육활동으로 교육의 사회적 책임을 활용할 수 있는데, 이 과정에서 자연스럽게 지역사회와 연계하여 지역사회 이슈를 이해하고, 자신과 지역사회의 연계성을 깨닫게 함으로써 개인과 사회의 상호 책임의식을 길러 줄 수 있다. 예를 들어, 학습자가 속한 지역사회의 환경 문제나 보안 또는 공중보건 문제와 사람들의 수행 변화는 교육을 통해 해결하는 과정에서 개인과 사회의 상호 연결성을 자연스럽게 체득하고 문제해결과 관련된 다양한 고차원적 사고력을 학습하게 할 수 있다.

이 책에서는 미래 사회에서 필요로 하는 역량을 가진 인재를 양성하기 위해 교육의 혁신적 변화가 필요하며, 그 방향을 교육의 사회적 책임으로 규정하고 그 의미를 심도 있게 탐색하였다. 이를 위해 다음 절에서는 미래 사회가 요구하는 인재를 양성하기 위한 미래교육의 방향과 기존 교육 간의 격차를 성찰하였다. 그다음 절에서는 미래교육의 구체적인 대안적 접근으로 다양한 선행연구를 검토하여 사회적 책임의 의미에 대한 시사점을 도출하고 이를 근거로 교육의 사회적 책임, 즉 교육의 사회적 책임의 핵심 가치를 도출하였다. 마지막 절에서는 교육의 사회적 책임의 개념을 구성 요소별로 나누어 그 의미를 논의하였다.

2. 미래 사회, 미래 인재상 그리고 미래교육의 방향

1) 미래 사회와 미래 인재상

증기기관 기반의 기계화 혁명으로 시작한 1차 산업혁명에서 현재 4차 산업혁명까지 산업혁명은 개인의 삶의 패턴을 포함한 사회구조적 변화를 초래하였다. 1, 2, 3차 산업혁명은 모두 새로운 일자리가 증가하는 것이 특징이었으나, 4차 산업혁명은 기존의 산업혁명들과는 조금 다른 길을 가고 있다(이지성, 2019). 4차 산업혁명은 가상현실이나 인공지능 등의 혁신적 기술 관점으로 바라본다는 점에서 지금까지의 산업혁명과는 다른 변화를 보인다는 주장이 많다. 대표적인 예로, 1, 2, 3차 산업혁명과는 달리 4차 산업혁명에서는 인공지능이 인간의 일자리를 대신하면서 일자리가 급격히 감소하고 있다. 인공지능과 로봇 등의 초지능화와 초연결 사회의 실현으로 인해 인간은 기계에게 일자리를 빼앗기거나, 기계의 지시를 받아 일하는 상황이 나타나고 있다(유기윤, 김정옥, 김지윤, 2017). 두려운 사실은 이런 현상이 점차 가속화될 것이라는 점이다. 레이 커즈와일(Ray Kurzweil)은 미래 과학기술의 예측을 위해 '수확 가속의 법칙(The Law of Accelerating Returns)'을 설명하였다. 이 법칙의 핵심은 과학기술이 기하급수적으로 발전할 것이며, 그래프로 표현하면 어느 특정 시점까지는 시간을 의미하는 X축에 붙어 있는 형상을 보이지만, 특이점(singularity)을 통과하는 순간 무한을 향해 폭발적으로 우상향하는 곡선을 그린다는 것이다(Brynjolfsson & McAfee, 2012).

　인간이 기계에게 일자리를 빼앗기거나 기계의 지시를 받는 현상이 가속화되는 과정에서 우리가 어떤 인재를 길러 내야 하는가에 대한 물음은 교육에서 가장 중요한 논쟁거리가 되고 있다. 산업혁명마다 중요하게 다룬 산업 영역과 그에 어울리는 인재상이 있었다. 1, 2, 3차 산업혁명 시대에는 조직에 순응하여 조직의 발전에 기여할 수 있는 성실하고 책임감 있는 그리고 협조적인 인재상이 보편적이었다. 국내 동향을 살펴보더라도 1980년대에는 책임감, 협동성, 성실성이 강조되었던 시대였다면, 1990년대는 사실상 아날로그 시대가 종료되고 정보통신기술이 전개되던 시기로 창조적, 국제적 감각, 글로벌 마인드, 학습하는 사람이 강조되기 시작하였다(이종구, 천만봉, 2013). 본격적으로 4차 산업혁명이 시작되면서부터 창의적·혁신적·도전적·전문적 지식의 소유자가 강조되고 있다. OECD(2019)에서는 『Learning Compass 2030』 보고서를 통해서 변화하는 미래에 인재들에게 필요한 역량으로 7가지 요소를 제시하였다. 그중 이 보고서에서 강조하는 핵심 역량은 개인의 주체성, 변혁 역량 그리고 성찰학습능력이다. 개인의 주체성은 자신과 자신을 둘러싼 주변 세계에 긍정적인 영향을 미칠 수 있다는 의지와 능력이 있다는 믿음과 함께 사회 변화에 영향을 미치기 위해서 책임감을 가지고 행동할 수 있는 주인의식을 의미한다. 급변하는 사회에 적응하거나 이를 주도하기 위해서는 수동적 배움이 아닌 배움의 중심이면서 주인이 되어야 한다는 것이다. 변혁 역량이란, 사회 변화 속에서 자신, 타인 그리고 글로벌 사회의 웰빙을 위해서는 고정관념에서 벗어나 새로운 가치를 만들고 긴장과 딜레마를 해소할 수 있어야 하며, 책임감을 가짐으로써 지속가능발전(Sustainable Development: SD)을 추구할 수 있어야 한다는 것이다. 성찰학습이란 개인과 집단의 웰빙과 지속적인 발전을 위해 자신의 사고를 개신하고, 책임감 있는 실천을 위해 예측, 행동, 성찰의 지속적 순환과 학습을 할 수 있는 능력을 의미한다. 미국의 '교육과정 재설계 센터(Center for Curriculum Redesign)'에서는 미래교육을 위해서는 기존 교육과정의 재개편이 필요하다고 주장하면서 융복합적 지식과 창의성이나 비판적 사고와 같은 사고기술 그리고 탄력성이나 윤리성과 같은 인성교육이 필요하다고 주장하였다(CCR, 2021). 그리고 지속적인 변화에 적응하기 위한 메타학습, 즉 학습하는 방법을 학습하며 변화에 적응하는 학습능력이 중요하다고 강조하였다.

인공지능의 발달과 함께 인공지능에 대체되지 않는 인간 고유의 역량을 강조하는 주장도 있다. 대표적인 예로, 싱귤래리티 대학교에서는 인간 고유의 능력으로 인지적 역량인 창조적 상상력과 비인지적 역량인 공감능력을 강조하였다(이지성, 2019). 특히 공감능력과 같은 정서적 능력은 인공지능이 흉내는 낼 수 있지만 진정한 의미의 공감은 불가능하다. 박찬국(2018)은 『인간과 인공지능의 미래』에서 인공지능이 아무리 발전해도 결국은 인공지능일 뿐이고, 인간의 모든 능력을 갖출 수는 없으며, 인간의 특정 능력만 가질 것이라고 보았다. 특히 인간과 같은 감정과 욕망 그리고 자기의식이나 윤리의식과 같은 것은 가질 수 없다고 보았다. 따라서 기계가 인간을 대체하는 일자리가 늘어날수록 인간은 기계로 대체될 수 없는 '인간다움'이라는 인간 고유의 영역을 지키는 것이 중요해졌다. 더불어 이지성(2019)은 인공지능 시대에 가장 중요한 것은 교육이고 '인공지능에 대체되지 않는 나'를 만드는 것,

나아가 '인공지능의 지배자가 되는 나'를 만드는 교육이 중요하다고 주장하였다. 그렇다면 인간만의 고유한 영역이란 무엇을 의미하는가를 살펴볼 필요가 있다. 하이데거는 인간만이 가지는 독특한 존재 방식이 인간의 실존적 특성이라고 주장하였다(Heidegger & Herrmann, 1983). 인간과 인공지능의 궁극적인 차이는 인간이 존재에 대한 성찰과 철학적 탐색을 하는 실존적 존재인 반면, 인공지능은 그런 존재가 아닌 것이다(박찬국, 2018).

2) 미래교육의 방향

1차 산업혁명이 시작되면서 근대적 개념의 학교가 만들어지고, 짧은 시간에 표준화된 교육 내용을 많은 학생에게 전달하여 공장과 같은 산업체에서 필요로 하는 최소한의 지식을 갖춘 인재를 양성하는 근대의 학교 교육이 시작되었다. 이때부터 교육은 학교라는 공간에서 이루어지는 현상으로 이해되었다. 근대의 학교 교육에서는 지식 전수 중심의 교수—학습 틀 속에서 교사들은 교과서의 지식과 정보를 학생들에게 직접 전달해 주는 주입식 교수법을 사용하였다. 교사는 정해진 시간 안에 정해진 분량의 지식을 가르쳐야 하고, 학생들은 그 시간 동안에 얼마만큼의 지식을 습득했는지가 중요한 문제였다(이혁규, 2013). 교사의 교수 행위가 일어나는 동안에 학생들은 잡음이 발생하지 않도록 행동을 최소화해야 했고, 조용하고 통제된 교실 환경 속에서 수업이 진행되었다. 자연스럽게 교사—학생은 질서, 규율, 통제와 같은 구속적 기능으로 정의되었다(한대동, 2000). 이러한 접근에서 앞서 논의한 미래 사회에 필요한 인재상을 길러 내는 것은 불가능한 것이며, 교육 영역에서 근본적인 변화가 필요한 것은 분명해 보인다.

그렇다면 교육은 어떻게 변화해야 하는가? 앞서 논의한 미래 인재에게 필요한 역량으로서 OECD를 포함한 다양한 기관에서 이야기하는 사고력과 인간관계 능력 그리고 인공지능에 대체되지 않는 인재를 위해 교육이 어떻게 변화해야 하는가에 대한 답이 필요하다. 먼저, 지속가능발전교육(Education for Sustainable Development: ESD)에서 그 시사점을 찾을 수 있다. 유네스코한국위원회(2007)에서는 지속가능발전교육의 궁극적 목적이 교육을 통한 사회의 지속가능발전의 달성이라고 보고, 환경적·사회적·경제적 관점에 대한 이해뿐만 아니라 그에 포함된 가치와 실천 방법까지 배워야 한다고 강조하였다. 즉, 지속가능발전교육은 학생들이 지속가능성과 관련된 지식을 얻고 이해하는 것뿐만 아니라 가정, 학교, 사회 등의 차원에서 지속가능한 방향으로의 변화를 촉구할 수 있어야 한다고 보았다. 지속가능발전교육은 글로벌 사회의 안전과 평화를 위한 우리 사회가 가져야 할 하나의 철학이자 각 개인이 실천해야 할 삶의 원칙이다. 또한 공동체 안에서 같이 생활하는 구성원 간의 조화로움, 현 세대와 미래 세대의 자연스러운 지속성, 자연과의 공존 등을 구현하기 위한 우리 사회의 의지 표현이다. 교육을 통해서 환경적·사회적·경제적·문화적 문제를 인식하고 해결 방안을 모색하며, 실천하여 공동체가 지속가능한 사회를 구축하도록 해야 한다. 즉, 지속가능발전교육은 무엇을 가르치고 어떻게 가르쳐야 하는지에 대한 방향을 제시해 주고 있다. 개인이 속한 가정, 학교, 사회를 연결하여 이들의 지속적 발전을 최고의 가치로 삼고 가르쳐야 하며, 앎을 뛰어넘어 사회에서의 실천으로 연결하는 교육이 이루어져야 할 것이다.

또 다른 해답의 하나로 하버드 대학교 의과대학의 경우, 지식전수중심의 교육에서 강의와 교과서가 사라진 플립러닝(flipped learning)을 도입하였고, 경영대학원도 앎(knowing)의 교육에서 자기인식을 통해 조직과 구성원에게 긍정적인 영향을 미칠 수 있는 가치와 신념체계를 정립하는 존재(being)와 실제로 창조와 혁신을 실천하는 능력인 실천(doing) 중심의 교육으로 전환하였다(이지성, 2019). 최근에 교육은 가르침(teaching) 중심이 아닌 배움이 가능한 교육을 강조하면서 학습목표부터 학습 내용, 학습 방법 등이 학습자 개인에게 맞춰지는 최적화된 학습환경을 설계해 주어야 한다는 개인화 학습환경(Personalized Learning Environment: PLE; Kop, 2011)이 주목받고 있다. 개인화 학습환경은 학습자의 독특한 요구와 학습자의 수준 그리고 학습 방식 등 다양한 영역에서 학습자 맞춤형 접근을 한다. 이런 접근이 가능한 것은 학습분석학(learning analytics)을 포함한 다양한 테크놀로지의 발전으로 인해 학습자의 이해도뿐만 아니라 학습 습관과 학습 동기 그리고 학습자의 정서적 상황까지 진단하고 고려하여 학습 내용, 학습 속도, 학습환경, 학습 방법을 학습자에 맞추어 제공하는 학습환경을 의미한다(Harindranathan & Folkestad, 2019; Kop, 2011). 개인화 학습은 기존 학교 교육의 틀에서 벗어나 네트워크 학습을 기반으로 학습 공간의 혁신성, 지역사회와 소통 및 협력 등의 학습경험을 가능하게 한다(Luckin, Holmes, Griffiths, & Forcier, 2016). 그뿐만 아니라 스마트 기기와의 협업 가능한 인공지능을 결합한 교육이 이슈화되고 있고(김신애, 방준성, 2020), 교육부 차원에서도 기존의 학교 교육 시스템의 한계를 뛰어넘고자 지능형 교육체제 구축을 추진하는 과정으로 최첨단 교육기술을 활용하고 학교 교육의 교수·학습평가 혁신 및 지능형 학습 플랫폼을 활용하여 학생 맞춤형 학습을 위한 정책을 추진하고 있다(교육부, 2018).

결론적으로 미래 인재 양성을 위해서는 무엇을 어떻게 가르칠 것인가에 대한 변화가 필요하다.

먼저 분절되어 있는 학문적 지식을 가르치기보다는 사회 변화에 적응하거나 이를 주도하기 위한 변혁 역량이나 메타학습 역량 등을 가르칠 필요가 있으며, 이를 위해서는 학교라는 공간에 제한되기보다는 사회 현장이 교육의 공간이 되고, 학문적 지식이 아닌 실제 사회적 이슈가 교육 내용이 되어야 하며, 교수자의 역할 그리고 학습자의 역할에서 변화가 요구된다.

두 번째로 유네스코한국위원회(2007)에서 강조한 지속가능발전교육은 교육의 목적을 '교육을 통한 사회의 지속가능한 발전의 달성'이라고 보고, 환경적·사회적·경제적 관점에 대한 이해뿐만 아니라 그에 포함된 가치와 실천 방법까지 배워야 한다고 강조하였다. 즉, 지속가능발전교육은 학생들의 지속적 성장을 위해 지식을 많이 얻는 것을 넘어 가정, 학교, 사회와의 연계, 소통, 협업 및 프로젝트 수업 등을 통한 실천 중심의 교육을 지향하면서 개인의 성장뿐만 아니라 사회 발전의 공동 추구를 지향한다. 따라서 교육방법은 개개인의 독특한 재능을 극대화할 수 있도록 개인의 성장을 위한 맞춤형 교육이 이루어지는 동시에 학습자들이 직접 주도적인 실천과 성찰을 통한 학습이 이루어져야 할 것이다. 이 관점에서 미래교육의 대안적 방향으로 교육의 사회적 책임을 들 수 있다. 사회적 책임이란, 자기에 대한 책임, 공감 통해 타인에 대한 책임을 통해서 인간답게 함께 살아가는 데 필요한 것(Abu Hussain & Gonen, 2017)으로, 사회라는 삶의 현장에서 실제 사회적 이슈를 다루고 해결하는 과정에 더불어 살아가기 위한 역량이라고 정의할 수 있다. 교육의 사회적 책임의 의미를 좀 더 살펴보기 위해 다양한 영역에서 다루고 있는 사회적 책임의 의미를 살펴보고 이에 기반하여 시사점을 도출할 필요가 있다.

3. 책임, 사회적 책임 그리고 교육의 사회적 책임

1) 책임과 각 영역에서의 사회적 책임

교육의 사회적 책임의 의미를 탐색하기 위하여 개념적 구성 요소인 책임, 사회적 책임 그리고 교육의 사회적 책임에 대한 의미를 살펴보고자 한다. 먼저 책임의 의미를 살펴보면, 아부 후세인과 고넨(Abu Hussain & Gonen, 2017)은 책임을 다양한 선택사항 중 하나를 적극적으로 그리고 의식적으로 선택하는 능력, 다음에 어떤 사태가 일어날 것을 연결 지으면서 잠재적인 결과를 기대하는 능력, 원하지 않는 결과를 미리 대처하는 능력, 개인이 수행할 행동이나 역할을 충실히 수행할 수 있는 지식을 소유하는 것 그리고 분별력 있는 자가평가(self-evaluation)를 위한 의식 및 역량으로 정의한다.

이러한 정의를 바탕으로 책임을 세 가지로 구분하였다.

첫째, 자기책임(self-responsibility)은 개인에게 주어진 삶의 무게와 행동의 결과를 책임지는 것을 의미한다. 이는 높은 수준의 자기인식과 분별력을 필요로 한다. 그리고 자신에 대한 책임감이 있어야 타인에 대한 책임감을 가질 수 있는 기본적인 능력이다.

둘째, 타인에 대한 책임(responsibility to the other)은 다른 사람의 요구에 대하여 반응할 수 있는 능력 그리고 타인에게 헌신할 수 있는 능력을 의미하고 우리를 인간 되게 하는 능력이다.

셋째, 감정적 책임(emotional responsibility)은 타인에 대한 감정적 공감이면서 동시에 타인의 관점에서 타인을 이해할 수 있는 능력을 의미한다. 종합하면 책임이라는 것은 개인이 자신의 건강한 삶을 영위하고 타인과 함께 삶을 살아가는 데 필요한 공감을 토대로 가장 인간답게 살아가기 위한 기초가 되는 역량이다.

책임에 대한 개념에 기초하여 사회적 책임의 의미를 살펴본다면, 나와 타인이 어우러져서 공동체 안에서 인간답게 함께 살아가는 것으로 이해할 수 있다. 사회적 책임이라는 의미를 좀 더 살펴보면, 포브스(Forbes, 2019)는 사회에 대한 책임(responsibility to society)과 사회를 위한 책임(responsibility for society)을 구분하여 설명한다. 사회에 대한 책임은 현재 발생한 사회 문제를 해결하는 것이고, 사회를 위한 책임은 단순히 사회에서 원하는 그 무엇을 하는 것 이상으로서 사회에 긍정적인 영향을 주고, 사회를 형성시켜 나가는 미래지향적 차원에서의 책임을 의미한다. 즉, 사회적 책임은 현재의 개인과 사회적 이슈를 해결할 뿐만 아니라 이상적인 개인과 사회의 미래 방향을 제공하고 실현한다는 의미를 내포하고 있다고 해석할 수 있다.

사회적 책임은 기업, 대학, 디자인, 과학교육 등 다양한 분야와 영역에서 논의되고 있으며, 각 분야에서 정의하는 사회적 책임의 정의와 방향성에는 조금씩 차이가 있다. 먼저, 기업의 사회적 책임(Corporate Social Responsibility: CSR)을 살펴보면, 대표적인 학자 캐롤(Carroll, 1991)은 기업의 사회적 책임을 경제적 · 법적 · 윤리적 · 자선적 책임 등의 4단계로 제시하면서 사회적 기여, 지역사회의 경제적 책임 실현, 더불어 사는 사회라는 사회적 가치 추구, 창출된 이윤에 대한 자선적 기여로서의 실천 등을 강조한다. 이와 같은 의미를 실현하기 위해 생겨난 사회적 기업은 이윤 추구가 핵심인 일반 기업과는 달리 기업성과 사회성을 결합하여 사회에서 발생하는 문제를 해결하는 데 관심을 두는 기업(기영화, 2017)으로서 강조점을 둔다. 근래에 들어서 기업의 사회적 책임은 기업이 윤리적으로 행동하고 경제발전에 기여하는 동시에 지역사회와 사회 전체의 삶의 질을 향상하게 하는 지속가능발전의 관점을 강조하고 있다(Moir, 2001).

디자인 분야에서도 디자이너의 사회적 책임이 강조되고 있다. 예를 들어, 최근에는 기업과 소비자 간의 감성적 공감이 중요시되고 있으며, 디자인을 통해 소비자와의 감성적 의사소통을 한다는 점 등을 강조하는 디자인의 사회적 책임을 논하고 있다(장혜진, 2013). 디자인의 사회적 책임(Design for Social Responsibility: DSR)이란 단순한 사회공헌을 넘어서 사회에서의 이윤추구 활동과 사회적 책임으로서의 나눔 실천의 균형을 통해 사회에 지속적인 참여를 하기 위한 것이다(허린, 2013). 즉, 디자인의 사회적 책임은 환경, 사람, 경제적 가치가 균형 있게 발전하는 지속가능한 사회적 디자인을 강조하고 있어 최근에는 디자인의 사회적 책임으로 지속가능함과 조형적 미의 두 가지 기능을 강조하면서 보편적 디자인(universal design)의 의미가 논의되고 있다(박종빈, 2015). 디자인의 사회적 책임 관점에서 디자인은 연령, 장애에 상관없이 모든 사람이 안전하고 편하게 직관적으로 사용할 수 있도록 설계하는 것을 강조한다. 이를 위해 윤리적 책임의식이 있는 디자이너를 교육하여 사회에 긍정적인 영향을 미칠 수 있는 주체 중 하나로 지속적인 참여를 하도록 양성해야 한다고 제안하고 있다(허린, 2013).

과학교육에서는 '정보지능사회'라고 불리는 테크놀로지가 중심인 사회에서 발생하는 생명 윤리가 무시되는 사회, 생태계 파괴, 인간소외 현상 등의 심각한 사회 현상에 주목하면서 과학교육이 추구해야 하는 지향점으로 '사회적 책임을 접목하는 과학교육'에 관심을 둔 연구가 활성화되고 있다. 대표적으로 손연아(2016)는 과학교육의 과제는 학생들의 가치 판단에 따른 의사결정능력을 습득시키고, 이를 활용하여 사회 문제에 관한 해결 방안까지 숙고할 수 있는 문제해결능력을 키우는 것이라고 주장한다. 사회적 책임이 반영된 과학교육의 내용은 기본적인 교과교육 내용과 더불어 지역적·국가적·국제적 이슈인 환경오염, 천연자원의 이용, 식량 문제 등과 같은 과학 관련 사회 문제로 구성하여(정진수 외, 2012) 과학과 개인의 가치의 통합, 과학과 일상생활의 통합, 과학과 사회문화의 통합, 과학과 다른 학문의 통합으로서의 통합과학교육을 제안하고 있다. 특히 과학과 사회 간의 상호 관련성이 중요한 시대적 상황을 고려한다면, 수업에서 학생들의 생활이나 지역사회와 관련된 문제를 다루어 사회적 원칙이나 가치 그리고 실천에 대해서 함께 생각해 볼 기회와 경험을 제공하는 것이 과학교육의 사회적 책임이고, 이러한 과정에서 자연스레 사회에 대한 공감, 동료들과 협력적인 문제해결능력과 자아효능감 향상, 소통 및 합의 역량을 함양하게 되며 회복력 있는 학습자로 성장함을 지적하였다(손연아,

2016). 따라서 과학교육의 사회적 책임을 위해서는 교육 목표, 교육 시간, 교육 장소 및 교육 내용이 확장되어야 함을 주장한다. 예를 들어, 교육 장소는 학교라는 경계를 허물어 지역사회, 국제사회까지 그 학습 공간을 확장할 수 있다. 과학교육의 사회적 책임에서 추구하는 지향점은 사회적 이슈나 문제를 과학적 지식으로 해결하는 과정을 통해 개인의 성장과 사회 발전까지 추구한다고 볼 수 있다.

　마지막으로 최근에는 대학의 사회적 책임(University social responsibility: USR)에 대한 논의가 활발하게 이루어지고 있다. 대학의 사회적 책임에 대한 정의는 대학이 정의하는 대학의 사회적 역할과 사회가 요구하는 대학의 사회적 역할, 시대의 변화에 따라 달라진다(조영하, 2010). 대학의 사회적 책임은 사회적 책임과 관련한 제도적 관리, 교육, 연구, 서비스 및 공공 활동에 통합함으로써 사회 개선에 기여하는 대학이 공유하는 책임이다(Shek & Hollister, 2017). 즉, 대학의 사회적 책임은 경제, 사회 및 환경 영역에서 대학의 지속가능성을 달성하기 위한 방법이다. 국내에서 진행된 대학의 사회적 책임에 관한 연구를 살펴보면, 대학의 봉사적 역할, 사회 기여의 측면에서 연구가 진행되어 왔다. 일반적으로 고등교육의 사회적 책임은 주로 교육, 연구, 봉사의 세 가지 요소를 중심으로 정의되었으며, 교육적·사회적·문화적 목표 또한 세 가지의 요소 안에서 설정되었다(Scott, 2006). 현대에 들어서면서 대학은 지속가능한 지역 발전을 위해 공학적·기술적 측면에서의 논의뿐만 아니라 지역사회가 겪고 있는 다양한 문제 해결을 위한 사회적·문화적 접근도 필요로 하고 있으며, 지역 혁신에 대한 대학의 역할을 기대하고 있다(장후은, 이종호, 2017; 장후은, 이종호, 허선영, 2015). 이처럼 대학은 각 지역사회에서 교육 및 연구 기관으로서 지역사회와의 직간접적인 교류를 통하여 지역사회의 발전에 큰 영향을 미쳐 왔으며, 사회 문제에 적극적으로 참여하고 지역사회에 봉사하는 대학의 실천적 기능을 강조하고 있다(김철영, 2013). 즉, 지역 발전을 위해 대학을 포함한 지역의 다양한 주체의 참여, 주체 간 지역 발전의 비전 공유, 평등적이고 수평적인 네트워크 형성, 자발적 및 협조적인 협력이 이루어지고 있으며, 그 중심에는 지역 대학이 핵심 역할을 하고 있다(장후은 외, 2015).

2) 교육의 사회적 책임

앞서 논의한 기업, 디자인 그리고 교육 분야에서의 사회적 책임에 관한 의미에서 이 연구를 통해 탐색하고자 하는 교육의 사회적 책임에 주는 시사점은 다음과 같다.

먼저, 이들은 사회적 책임을 위해 지속가능성, 즉 사회와의 공존을 추구한다(박종빈, 2015; 손연아, 2016; 장후은 외, 2015; Moir, 2001). 기업의 사회적 책임의 경우 기업과 사회의 이윤을 동시에 추구하고, 사회와 공존하면서 공공성을 추구하고 있었으며, 디자인의 사회적 책임과 과학 교육, 대학의 사회적 책임에서도 지속가능성과 사회의 발전을 강조하고 있었다. 즉, 지역사회와 사회 전체가 성장할 수 있는 지속가능성을 전제로 한 사회적 책임을 강조한다는 점은 교육의 사회적 책임에 시사하는 바가 크다. 또한 각 다양한 분야에서는 사회적 책임을 앎의 지식이 아닌 사회적 실천으로서 보고 있다(김철영, 2013; 박종빈, 2015; 손연아, 2016; 허린, 2013; Carroll, 1999; Moir, 2001; Shek & Hollister, 2017). 포브스(2019)가 지적한 대로, 교육의 사회적 책임을 위해서는 사회적 책임을 '교육 내용(contents)'으로 이해하는 것이 아닌 '교육의 수행물(conduct of education)'로 이해할 필요가 있다. 사회적으로 책임질 수 있는 교육은 단순히 지식으로서의 앎이 중요한 것이 아니라 현재 사회가 요구하는 것은 물론 사회를 형성하고 사회에 영향을 끼칠 수 있는 실천으로서의 교육이어야 함을 강조해야 할 것이다. 그뿐만 아니라, 각 분야에서 의미하는 사회적 책임의 수준이 인적 및 물적 자원, 조직이나 개인이 가지고 있는 능력 기부 등과 같은 봉사활동을 뛰어넘어 지역사회, 국가적 차원, 더 나아가 국제적 차원의 사회 문제를 함께 해결하는 접근으로 사회적 책임을 이야기하고 있다. 곧, 교육의 사회적 책임 또한 단순히 사회적 책임을 위한 봉사정신, 윤리적 마인드, 재능 기부 등의 태도가 아닌 실제 사회 문제를 해결하는 접근으로서 그 의미를 개념화할 필요가 있다. 마지막으로, 각 분야에서 의미하는 사회적 책임의 실천에 있어서 조직이나 기관 단독 또는 한 개인의 노력이 아닌 협력적 접근을 강조하고 있다. 예를 들어, 대학의 사회적 책임의 경우에는 대학과 지역사회 간의 협업을 하거나 대학연합체를 구성해서 사회적 문제를 해결하는 활동 등이다. 즉, 교육의 사회적 책임의 개념에서는 개개인과 사회 전체가 성장할 수 있도록 다양한 교육 구성원, 학교, 다양한 교육기관과 사회와의 연관성을 반영할 필요가 있다.

교육의 사회적 책임의 의미 탐색을 위해서는 기존의 교육과 사회적 책임을 논의한 연구들도 분석해 볼 필요가 있다. 무엇보다도 교육의 사회적 책임을 개념 짓기위해서 '교육의 사회적 책임(Education for Social Responsibility)'과 '사회적 책임 교육(socially responsible education)'이라는 의미를 구분해야 한다(Sri, 2013). 사회적 책임교육은 사회적 책임감을 학습자에게 가르쳐야 하는 교육 내용으로서 정의하고, 교육이라는 수행 자체가 가져야 할 사회적 책임으로서 교육의 기능이나 역할임을 강조한다. 즉, 단순히 가르쳐야 할 내용으로서 정의하고 있는 사회적 책임 교육과는 차별화된 개념으로 이해할 필요가 있다. 교육의 사회적 책임을 공식적인 의미로 사용한 학자는 버만(Berman, 1990)이다. 그에 따르면, 교육의 사회적 책임이란 "교육은 개인과 사회 그리고 세계와의 관계성 이해를 기반으로 개인의 자기실현과 개인성취 그리고 사회적 자기실현과 집단 성취가 같다는 사회적 의식을 개발하는 것"으로 규정한다. 버만(1990)이 제안하는 교육의 사회적 책임에서는 사회적 의식(social consciousness)을 개발시켜서 개인과 사회 그리고 세계와의 관계성을 강화하도록 돌봄, 정의, 권한 위임, 공동체, 글로벌 상호 의존성, 사회적 기술, 공헌 경험, 집단 문제 해결, 조직기술 등을 가르치는 것으로 보았다. 사회적 의식이란 개인적 자기실현(personal self-realization)과 개인성취도(personal achievement) 그리고 사회적자기실현(social self-realization)과 집단성취도(collective achievement)를 동일시하는 관점이다. 버만(1990)의 교육의 사회적 책임은 개인의 성장과 사회 발전에 대한 상호 책임을 강조하여 세상의 이슈를 탐색할 기회를 제공하는 것이 중요하다고 하였다. 즉, 다양한 사회 문제에 대한 공감을 토대로 다양한 관점과 자원을 활용하여 해결 방안을 모색하도록 경험을 제공하는 과정에서 사회적 의식을 개발시키는 교육을 해야 한다고 주장하였다. 하지만 버만(1990)이 제안하는 교육의 사회적 책임의의미는 대안적 미래교육의 방향으로 몇 가지 한계점이 있다. 그중 한 가지는 교육의 사회적 책임을 사회적 의식 개발을 위해 가르쳐야 할 내용이라 강조한 점이다. 즉, 다문화교육, 환경교육, 협동이나 갈등 관리와 같은 사회적 기술교육 등을 통해 사회적 의식을 높이려고 한다. 또한 여전히 교사 중심 교육의 접근에서 벗어나지 못하고 있다. 학습자들에게 사회적 의식을 높이기 위해 교사가 돌봄, 사회적 정의, 사회적 책임감 같은 것을 사회적 모델이 되어 보여 주어야 하며, 교사가 직접 사회적 의식을 높이기 위한 교육 내용을 가르치거나 학생들이 경험할 수 있도록 환경을 조성해 주어야 한다는 주장을 하고 있다. 그리고 사회적 이슈를 탐구하는 접근에서도 교과목 중심의 학문적 접근을 강조하고 있다. 예를 들어, 과학 교과목에서 테크놀로지와 사회의 연결성을, 수학 교과목에서 숫자와 정치적 과정의 연계성을 그리고 영어 교과목에서 문학에서의 갈등을 다루도록 하고 있다.

마지막으로, 여전히 학교 중심의 교육에 초점을 두고 있다는 점이다. 사회적 이슈나 환경 문제 혹은 사회적 기술을 배우되, 학급 공동체와 같은 학교에서의 활동에 초점을 둔 접근을 하고 있다. 초연결, 초복잡 그리고 초지능화된 미래 사회에 필요한 인재를 교육하기 위해 교육 내용, 교육방법 그리고 교육 환경의 획기적인 변화가 필요하다는 관점에서 버만(1990)의 교육의 사회적 책임은 미래교육의 중요한 거시적 측면에서 지향해야 하는 가치는 제공하고 있지만, 기존의 교육 틀에서 벗어나지 못하는 측면에서 패러다임적 변화를 제공하지 못하는 한계점이 있다.

지금까지의 미래교육 방향, 책임, 사회적 책임 그리고 사회적 책임과 교육의 관계와 같은 다양한 기존 연구의 성찰 결과를 종합하여 여기서는 교육의 사회적 책임의 핵심 가치를 '개인과 사회의 상호 책임감에 기초하여 개인의 자기실현과 사회적 성장을 공동 추구'하는 것으로 설정하였다. 그리고 이러한 핵심 가치를 토대로 교육의 사회적 책임을 다음과 같이 정의하였다.

> 교육의 사회적 책임은 교육을 통해 사회적 이슈를 집단적으로 해결하는(collective problem solving) 과정에서 개인과 사회의 상호 책임감을 증진시켜서 개인의 자기실현과 사회적 성장을 돕는 교육의 이론과 실제이다.

4. 교육의 사회적 책임의 의미

1) '교육을 통해'에 대한 논의

이 책에서 제시한 교육의 사회적 책임의 개념에서 사회적 이슈의 해결은 '교육을 통해' 이루어져야 한다고 하였다. 사회적 이슈들을 해결하는 방법은 교육 외에도 다양한 전략이 사용될 수 있다. 예를 들어, 출산 저하 문제를 해결하기 위하여 출산을 위한 유인책의 제공과 아이들을 잘 키울 수 있는 육아지원 친화적 환경을 만들어 주는 등 다양한 전략의 사용이 가능하다. 하지만 '교육'의 사회적 책임에서는 교육 영역에서 어떻게 다양한 사회적 이슈를 해결하는 데 기여할 수 있을지에 초점을 두고 있다. 그렇다면 교육이 어떻게 사회적 이슈를 해결하는 데 도움을 줄 수 있는가? 지금까지 교육이 인재 양성을 통해 사회 발전에 기여하는 간접적 접근을 했다면, 교육의 사회적 책임에서는 교육이 사회적 이슈에 직접 접근하여 해결하는 전략이 되어야 하며, 이 과정에서 필요한 역량은 학습자 스스로 학습한다는 가정을 하고 있다. 이런 전제를 충족하기 위해서는 교육과 학습의 개념 자체에 대한 새로운 성찰이 필요하다.

기존 교육의 가장 큰 문제점으로 1차 산업혁명 이후 단순 노동자를 대량으로 생산하기 위한 단순 가르침(teaching) 중심의 교육이라는 비판과 함께 학습자들의 특별한 요구에 초점을 둔 배움(learning) 중심의 교육으로 변화되어야 한다는 주장(경기도교육청 장학 자료, 2013; 이상수, 2019)이 있다. 이 외에도 최근 들어서 지식전달 중심교육에서 벗어나 학생참여식 교육(신현석, 정용주, 장아름, 2019)이나 활동중심교육(권정선, 허경섭, 김회용, 2014; 노진영, 2017), 학습자중심교육(강에스더, 2018; 권낙원, 2001) 등이 강조되고 있다. 하지만 실제 학교 현장에서 이런 주장은 단순 구호가 되는 경우가 많다. 교육과 학습에 대한 파격적인 변화를 주장하는 학자들도 있다. 대표적인 예로, 연결주의(connectionism)는 기존의 인지주의 학습 이론에서 주장하는 지식 습득으로 인한 개인의 인지 구조의 변화를 학습으로 보는 관점에 대해 비판하고 있다. 엄청난 속도로 증가하는 지식의 양과 인공지능의 지식을 인간이 따라갈 수 없는 시점에서 인간이 사회생활에 필요한 지식을 학교에서 모두 배우고 이를 인지 구조에 저장한다는 교육과 학습 이론은 불가능하다는 것이다. 연결주의에서는 급변하는 지식생태계 속에서 최신의 지식 상태를 유지할 줄 아는 능력이 중요하다고 주장한다(Siemens, 2012). 즉, 학습을 데이터베이스(DB) 시스템이나 인공지능과 같은 지식체에 연결되어 언제든 현실의 문제를 해결하기 위해 사용할 수 있도록 연결(connection)이 이루어지면 학습이 이루어졌다고 말할 수 있다는 것이며, 중요한 것은 얼마나 지식의 최신성을 유지하는가이다(Siemens, 2012). 모든 지식을 인간의 뇌에 저장하는 것은 불가능하고, 다른 다양한 지식체와 연결하여 필요할 때 이들의 연결된 지식을 사용해서 삶의 문제를 해결할 수 있다면 학습이 이루어졌다고 말할 수 있다. 기존의 교육에서는 학습을 지식의 습득(acquisition)이라고 본다면, 앞으로의 학습은 네트워크에 분산된 지식에 '참여(participation)'(Kop, 2011)로서의 네트워크 학습을 강조한다.

교육이나 학습을 앎에 초점을 두기보다는 수행의 변화에 초점을 둔 접근도 있다. 대표적인 예로, 넛지 이론(nudge theory)을 들 수 있다. 넛지 이론이란 인간 행위를 어떠한 체험적인 것을 통해 변화하도록 설계하는 것으로, 인간의 행동 변화를 위한 기존의 직접 교육, 지시, 강화, 벌 등의 전통적인 방식과는 다른 접근이다(Yiling, Magda, & Richard, 2017). 예를 들면, 공중 화장실의 위생을 개선하기 위하여 소변기에 파리 스티커를 붙임으로써 직접적인 교육이나 지시가 아닌 사람들 스스로 선택을 통한 경험으로 자연스러운 변화를 통한 수행을 유도하는 것이다. 또 다른 예로, 에스컬레이터를 이용하는 사람들을 설득하기보다는 계단을 피아노 건반으로 바꾸어 계단을 오르며 즐거움을 경험하게 하고, 이를 통해 다른 곳에서도 스스로 계단을 오르도록 수행의 변화를 유도하는 것도 대표적인 넛지의 예이다. 즉, 교육을 넛지의 개념과 같이 인간 수행의 변화를 유도하는 것으로 확대한다면 다양한 사회적 이슈를 직접 해결하는 데 교육이 기여할 수 있게 될 것이다.

교육의 사회적 책임은 사회적 이슈를 '교육'을 통해 직접 해결한다는 가정을 하고 있으며, 이를 위해서는 기존의 교육이나 학습의 개념이 아닌 미래 사회의 변화에 맞는 새로운 교육과 학습의 의미 탐색을 포함한다. 즉, 여기서 의미하는 새로운 교육이란 가르침에서 벗어나 학습자가 중심이 되어 사회적 이슈를 현실에서 해결하고, 인간 수행의 직접적인 변화를 추구하는 과정에서 배움이 발생한다는 것을 의미한다. 사회적 이슈를 해결하는 과정에서는 다양한 새로운 교육적 접근으로 이루어져야 하고, 교육의 사회적 책임을 실천하는 동시에 새로운 교육의 의미와 실천 전략을 탐색하는 활동이 필요하다.

2) '사회적 이슈'에 대한 논의

교육의 사회적 책임은 두 가지 관점에서 사회적 이슈를 교육을 통해 해결하는 과정에서 학습이 자연스럽게 이루어질 것을 강조하고 있다.

첫째, 기존의 학문 중심의 교육은 여러 관점에서 비판을 받고 있으며, 우리의 삶에서 실제 사회적 문제를 해결하는 학습이 이루어질 필요가 있다는 주장이 있다. 급격한 사회 변화로 누구나 예상치 못한 초복잡 문제가 발생하고 있으며, 전통적인 교실 수업의 탈맥락된 환경에서 배운 지식은 실제 삶에서의 문제를 해결하지 못한다는 비판이 있다(Land & Hannafin, 1996; Rogoff, 1984). 사회적 문제들은 다양하고 복잡한 상황이 포함된 융복합적 특성이 있는 비구조화된 문제(ill-structured problem)이다. 비구조화된 문제는 구조화된 문제와 달리 그 문제가 매우 불명확하고 불분명할 뿐만 아니라, 다양한 문제 해결 과정으로 다양한 해결 방안이 도출되고, 이를 위해서 다양한 자원을 활용해야만 문제를 해결할 수 있는 특성이 있다(Jonassen, 1997; Voss & Post, 1988). 이러한 특성으로 인해 비구조화된 문제를 해결하기 위해서는 종합적인 사고력이 요구된다. 예를 들면, 세계경제포럼(2018)에서 제시한 창의성, 비판적 사고력, 복합적 문제해결력, 판단 및 의사 결정력 또는 컴퓨팅적 사고나 디자인 사고 등이 그 예이다. 컴퓨팅적 사고(computational thinking)는 컴퓨팅의 기본적인 개념과 원리를 기반으로 문제를 효율적으로 해결할 수 있는 사고능력으로(양순옥, 2017; Wing, 2006), 코딩과 같은 단순한 프로그램 교육으로 이해해서는 안 된다. 컴퓨팅적 사고력을 갖출 경우, 효율적 문제 해결이 가능한 융합

인재를 양성하는 데 효과적이며(김순화, 함성진, 송기상, 2015), 학습자들은 주위를 둘러싼 세상에 대한 충분한 이해와 더불어 세상이 변화하는 것에 깊게 관여할 수 있다(양순옥, 2017; Henderson, 2009). 디자인 사고(design thinking)는 사람의 관점에서 사람을 중심으로 생각하고 공감하며, 사람의 어려움이나 문제를 함께 해결해 나가는 과정으로(우영진, 박병주, 이현진, 최미숙, 2018), 기존의 창의적 문제 해결과 달리 인간 중심적 관찰과 공감을 강조한다(Brown, 2008). 특히 디자인 사고는 실제 맥락의 삶을 이해하기 위해 그 이슈에 대한 공감을 기반으로 한다는 점이 기존의 학문적 사고와 구분 짓는 가장 중요한 차이점이다. 이렇듯 사회적 이슈의 해결 과정은 단순히 문제해결능력을 함양하는 것에 그치는 것이 아니라 타인과의 관계성을 고려한 공감과 같은 비인지적 역량까지 함양할 수 있다는 점에 주목해야 한다. 또한 사회적 이슈에 대한 문제 해결 과정을 통해서 사회 현상에 대한 균형 잡힌 관점을 가지게 되고, 사회와 연결된 나의 문제이자 우리의 문제로 인식하는 가치관을 가질 수 있게 한다. 특히 교육 내용으로서 다루는 사회적 이슈 자체는 내 삶에서 일어날 수 있는 것으로, 이를 타인과 함께 주도적으로 해결하는 과정에서 책임 의식과 더불어 주인의식을 가질 수 있어(Bruffy, 2012; Montgomery, 2001) 기존의 학교 교육에서는 어려웠던 몰입도 높일 수 있다(Zhu, Gupta, Paradice, & Cegielski, 2018).

　두 번째 이유로 교육의 사회적 책임은 개인과 사회의 사회적 책임을 강조하고, 이러한 상호 책임의식을 길러 주는 것도 중요하다. 교육과정의 사회적 책임을 주장하는 토레스와 모라이스(Torres & Moraes, 2006) 그리고 과학교육의 사회적 책임을 주장하는 손연아(2016)에 의하면, 개인의 사회적 연결성과 책임을 가르치기 위해서는 기존의 교과 중심이나 학문적 접근에서 벗어나 학습자의 삶과 경험에 의미가 있는 주제 중심 교육이나 사회 문제를 직접 해결해 줄 수 있는 과학적 접근으로 변화가 필요하다고 주장한다. 즉, 교육과정 자체가 학문적으로 고정된 것이 아니라 시대적 그리고 사회적 이슈에 따라 반응하는 교육이 중요하다. 개인과 사회의 연결성과 상호 책임감은 누군가의 전달식 교육이 아닌 실제 사회적 이슈를 해결하는 과정에서 개인과 사회가 얼마나 밀접한 영향을 주고받는 생태계인지를 직접 깨닫게 하는 것이 최적의 효과적인 접근 방법일 것이다. 사회적 이슈가 핵심적인 교육과정이 되어야 한다는 점에 많은 논쟁이 있을 수 있다. 하지만 교육 현장에서 이미 진정한 의미의 융복합적 교육과정의 필요성이 강조되면서 그 방향성에 대해서는 모두 동의하고 있다. 다만, 학문 중심의 교육과정이 지배적인 현실적 이유로 실천에 어려움이 있지만, 미래 사회의 새로운 인재의 필요성이 변화를 앞당길 수 있다고 판단된다. 참고로 이 연구에서 '사회적 문제'라는 용어보다는 사회적 이슈라는 용어를 사용하는 이유로 사회적 문제라고 하면 사회에서 고쳐야 하는 것, 부족한 것, 잘못된 것 등으로 자칫 부정적인 인식이 될 소지가 있기에 중립적 의미를 포함하고 있으며, 사회 구성원들에게 높은 관심을 불러일으키는 쟁점이 되는 것을 지칭하는 사회적 이슈라는 용어를 사용하였다.

3) '집단적으로 해결하는 과정'에 대한 논의

초복잡사회의 초복잡 문제를 해결하기 위해서는 개인 혼자서는 만들어 낼 수 없는 새로운 아이디어나 문제 해결 방법을 집단적으로 접근하여 다양한 방식으로 제시할 수 있어야 하고, 개인이 아닌 집단적 문제 해결을 위한 협업(co-work) 또는 협력(Collaboration)이 필요하다. 그 대표적인 개념이 집단지성이다. 집단지성 (collective intelligence)은 지역적으로 분산된 개인들이 언제든지 어디에서나 서로 연결되어 자신이 가지고 있는 다양한 지식과 경험을 공유하면서 자유롭게 지식을 창출할 수 있는 집단의 능력이자 문제 해결 과정을 의미한다(이유나, 이상수, 2009). 집단지성을 통해 구성원들의 다양한 의견과 아이디어에 그동안 미처 알아내지 못하던 관점들이 더해져 개인이 생각해 내지 못했던 문제 해결 방안의 범위를 확장할 수 있다. 개인 혼자서는 수행하지 못했던 또는 불가능했던 것을 공유와 협력의 과정을 통해 해결할 수 있다는 것이 집단지성의 핵심 의미이다. 이러한 협업은 사람과 사람 간의 협업뿐만 아니라 인간 혼자서 해결하기 어려운 문제들의 해결을 위해 스마트 디바이스들과 협업하는 지능적 문제 해결 접근도 중요하다. 우리의 삶에는 이미 인공지능과 협업하지 않으면 문제 해결이 어려운 것들이 많다. 예를 들어, 원하는 장소에 가장 빨리 가기 위해서는 실시간으로 도로 정보를 분석하여 가장 빠른 길을 안내하는 인공지능인 GIS를 포함하여 구글이나 유튜브 등에서 개인의 검색 기록 분석을 통한 최적화된 내용을 추천해 주는 인공지능의 도움을 받고 있다. 최근에는 인간의 창의성만으로는 효율성을 담보하기 어려워 인공지능의 도움을 받는 'assisted creativity'라는 용어가 사용되고 있다(López-Ortega, 2013).

지역사회 문제와 같은 초복잡 문제를 해결하기 위해서는 네트워크를 통해 다층적이고 다차원적인 자원을 연결하고 연계하는 접근이 필요하다는 주장도 있다(김영종, 2019). 지역사회 문제를 해결하기 위하여 지역사회 내의 인적·물적 자원 간 상호 협력저 네트워크를 구축하면 딘일 기관이나 특정 영역만으로는 해결할 수 없는 복잡한 지역사회의 난제를 해결할 수 있다는 것이다. 사회적 네트워크나 공동체 차원의 문제 해결을 강조하는 접근도 있다. 이들에 따르면, 사회적 네트워크의 양과 질이 확대될수록 실천공동체 구성원 간의 지식 공유가 증가하고, 학습 전이 역시 증가할 수 있다는 것이다. 실천공동체나 학습동아리와 같은 집단의 경우, 사회적 네트워크는 지식 공유 또는 지식 공유를 위한 문화 조성에 직접적인 영향을 주는 것으로 보고되거나(백윤정, 김은실, 2008; Chakravarthy, Zaheer, & Zaheer, 1999; Lin & Lee, 2004), 정보 공유와 이를 위한 상호 지원을 제공하는 방식으로 지식 공유가 이루어진다고 한다(이경훈, 박영렬, 2008; 장은주, 박경규, 2005; Kostova & Roth, 2002; Xin & Pearce, 1996). 또 다른 예로, 리빙랩(living lab)이 최근 사회 문제의 해결을 위해 적용되고 있는데, 리빙랩은 전문가 집단과 사회 구성원 간의 지속적인 상호작용을 통해 공동 문제를 해결하는 데 중점을 둔다(송위진, 2012). 구성원을 적극적으로 참여시켜서 공공-민간-시민 파트너십인 Public-Private-People Partnership(PPPP) 개념을 기반으로 네트워크의 개방성과 다양성을 유도하고 문제 해결력과 사회적 가치를 증대시키는 방식이다(성지은, 송위진, 박인용, 2013). 또한 사회 구성원의 문제 해결 방식으로서 일상생활을 맥락으로 욕구를 도출하고, 이를 토대로 전문가들(이해관계자; stakeholder)과 공동으로 창조하는(co-creation) 혁신적인 문제 해결 방식이다. 사회 구성원의 욕구를 파악하기에 쉽고(정병걸, 2017), 서비스 사용자를 수동적 수혜자에서 능동적인 전문가의 역할로 변화시킬 수 있으며

(Curtis, 2015), 이용자의 능동적인 참여와 높은 만족도를 도출할 수 있다. 더욱이 리빙랩의 혁신적인 성과는 해결 과정에 참여한 모든 이해관계자에게 돌아가기 때문에 지속가능성이 높다(정병걸, 2017). 그러나 교육 현장에서 리빙랩과 같은 협업을 통한 사회 문제를 해결하기는 쉽지 않을 수 있다. 이를 위해서는 필요 인력의 네트워크를 구축하고, 역동적 소통을 할 수 있는 체제를 구축하여 지원할 필요가 있다. 기존의 학교 중심 교육은 이러한 접근에 제한적이지만, 최근 온라인 수업이 활성화되면서 다양한 사회적 네트워크와 포털을 통한 소통과 협력을 할 수 있게 되었고, 이러한 집단적 문제 해결을 위한 환경이 지속해서 확장 및 구축되고 있다.

4) '개인과 사회의 상호 책임감 증진을 통한 개인의 자기실현과 사회적 성장'에 대한 논의

앞에서 살펴보았던 기업의 사회적 책임, 과학의 사회적 책임, 대학의 사회적 책임 모두 사회적 책임의 범위와 목적에 있어서 차이가 있지만, 개인 또는 집단으로서의 발전과 책임을 강조하는 동시에 사회의 발전과 책임을 강조하고 있다. 앞에서 논의하였듯이, 버만(1990)은 개인의 자기실현 및 개인성취도는 사회적 자기실현 및 집단적 성취도를 동일한 것으로 보고 개인의 성장과 사회 발전에 대해 상호 책임을 강조한다. 사회적 책임은 '개인의 사회에 대한 책임'과 '사회의 개인에 대한 책임'을 모두 포함한다. 개인의 사회적 책임은 도덕적 혹은 윤리적 관점에서 사회 발전에 개인이 기여해야 한다는 관점도 있지만(이기춘, 1999), 세계시민교육 관점에서 개인은 자신의 국가뿐만 아니라 글로벌 공동체의 시민으로 서로 연결되어 있고 개인의 성장과 글로벌 사회의 발전 간 연계성을 강조한다(Deardorff et al., 2018). 세계 시민으로서 개인의 정체성 확장은 개인의 일상적 삶에서 타인을 돕고 공유하는 삶 속에서 공동체의 발전과 안녕에 기여하는 방식으로 생각하고 행동하게 한다(정문성, 2002). 이런 과정에서 개인은 개인과 사회의 권리와 책임을 이해하고, 지역, 국가, 세계 이슈 간의 상호 의존성과 상호 연계성을 이해할 필요가 있으며, 사회 차원에서는 개인이 지역, 국가, 더 나아가 세계 차원에서 책임감 있는 개인으로 성장할 수 있도록 필요한 교육을 제공할 필요가 있다(OECD, 2019). 최근 들어서는 사회의 개인에 대한 책임이 강조되고 있다. 한국의 경우, 흙수저와 금수저의 논란은 가정환경에 따라 교육의 질이 달라지고 이로 인해 사회적 지위가 결정됨을 시사한다. 따라서 사회가 다양한 불평등을 극복할 수 있도록 사회적 보장 시스템을 구축하여 사회구조적 영향이 아닌 개인의 능력이나 노력으로 개인의 성장이 결정될 수 있도록 하여야 한다. 개인의 노력에도 불구하고 사회의 구조나 요구가 이에 맞지 않는다면 개인의 사회에 대한 책임은 지속하기가 어렵다. 샌델(Sandel, 2020)은 개인의 노력과 능력에 따라 인정받을 수 있는 사회 구조가 필요하다고 주장하면서 기회의 평등을 넘어 조건의 평등이 이루어질 수 있도록 하는 것이 사회가 개인에게 보여 주는 책임이라고 주장한다.

개인과 사회의 상호 책임감 증진은 개인의 자기실현과 사회적 성장을 동시에 실현할 수 있게 한다. 즉, 개인과 사회의 상호 책임감은 개인과 사회의 연대의식을 높여 줌으로써 개인의 발전이 곧 사회의 발전을, 그리고 사회 발전이 곧 개인의 발전을 지원한다는 것을 인지하게 함으로써 개인과 사회의 발전을 함께 추구하게 된다. 공동체 이론에 따르면, 개인과 공동체의 연대의식인 공동체 의식이 형성되면 개인은 공동체 활동을 통해 자신의 자아를 확장하게 되고, 개인과 타인, 공동체 모두의 최선의 이익을 도모하는 행동을 선택함으로써 공동체에서의 개인은 이기적 가치를 추구하는 것이 아니라 타자의 선을 고려하는 가치를 추구하고, 공동체는 개인이 공동체 속에서 덕목과 자아를 실현하는 것을 본질적 가치로 추구한다(정문성, 2002; 정영수, 2004; Sergiovanni, 1994). 교육의 사회적 책임을 통해 사회적 이슈를 해결하는 과정에서 개인의 노력만으로는 해결이 안 되고, 사회의 다양한 구성원과 자원의 네트워크적 참여가 필요하다. 사회 변화는 곧 개인에게 직접적인 영향을 준다는 사회적 연계성을 배울 수 있으며, 그 과정에서 개인과 사회의 공동 성장이 이루어질 것이다.

5) '교육의 이론과 실제'에 대한 논의

교육의 사회적 책임은 삶 속에서 실제 사회적 이슈 해결을 강조하고 있다는 관점에서 실천적 접근을 강조한다. 즉, 개인과 사회를 위한 자아실현과 이타적 실천을 함께 추구하기 위해서는 삶에서 적극적으로 체험하고 실천하는 것이 중요하다(김현재, 2000). 이러한 이유로 교육에서 실천적 접근을 강조하는 연구들이 많다. 실천으로서의 교육이 중요한 또 다른 이유는 어떤 내용의 지식은 단순히 학습한다고 해서 그 지식에 따른 행동을 하게 되는 것은 아니며, 경험으로 얻은 지식을 통해 지식이 행동에 영향을 미치고 이러한 행동은 우리의 지식을 더 발전시키기 때문이다(Forbes, 2019). 배운 것(앎)과 사는 것(삶)은 어떤 방식으로든 서로 영향을 주고받고 앎과 삶이 통합되었을 때 진정으로 학습된 것이며, 앎과 삶이 통합되기 위해서는 실제로 행하는 것이 필요하다(고병헌, 2007). 교육의 사회적 책임은 교육을 통해 사회적 책임을 실천하는 것이 필요하며, 교육 내용으로서 교육의 사회적 책임이 아닌 실천으로서의 교육의 사회적 책임을 강조한다.

교육 이론과 교육의 실천은 구분되는 것이 아니라 밀접하게 서로 연결되어 있다. 교육 이론과 교육의 실천의 밀접한 관련성을 다수의 교육학자가 동의하지만, 이 사이에는 실제로 깊은 괴리가 있다는 논의는 계속되고 있다(김창환, 1995). 현재 교육 현장에서는 실행연구(action research), 개발연구, 형성연구 등의 현장 기반의 연구 방법론이 활용되고 있으나 이러한 연구 방법도 설계된 실험 상황이고, 실제 상황에서 발생하는 현상과 차이가 존재한다. 즉, 탈맥락된 상황에서 도출된 이론을 실제 교육 현장에 적용한다면 예상되었던 이론과는 다른 결과를 낳을 수 있어 이론과 실제의 괴리가 발생한다(강정찬, 이상수, 2011). 이러한 문제를 극복하기 위하여 현장으로부터 이론을 만들어 냄으로써 현장과 이론의 연계성을 높이려는 노력이나 연구 방법들이 있다. 대표적인 예로, 설계기반연구(Design-Based Research: DBR)는 반복적 문헌연구와 교육 현장의 검토를 통해 연구 과제를 도출하고, 교육 현장의 실제적 문제를 중심으로 현장 전문가와 연구자 간의 협력적 관계 속에서 연구 방법 및 절차를 설계하고, 형성적 순환 과정을 통해 실제 교육 현장으로부터 이론이나 실천 모형을 개발하는 연구 방법론(Wang & Hannafin, 2005)으로, 이론과 실제를 통합한 연구 방법론이다. 교육 현장은 학습자, 교수자, 환경 등 다양한 요인에 의한 복합적이고 역동적인 상호작용으로 교육의 과정과 결과가 크게 달라질 수 있으므로 교육 현장의 맥락에서 이론을 만들어 내는 접근은 매우 의미가 있다.

실천으로부터 이론 체계를 구축하는 것도 중요하지만 구축한 이론을 삶에 적용하고 체화하여 효과적으로 실천하는 것이 중요하다. 즉, 교육 이론의 반성적 성찰을 통해 교육의 실천이 이루어질 필요가 있다(고병헌, 2007; 김창환, 1995; 박영만, 2002). 이를 위해 학교 현장에서도 교육의 사회적 책임을 교육할 때 학생들의 수준에 맞는 사회적·정치적 이슈에 대한 실제적 문제와 관련된 문제 해결에 학생들이 참여할 기회를 제공하고, 과정에 참여할 수 있도록 적절한 전략들을 사용하여 사회적 의식과 사회적 책임을 향상할 수 있도록 해야 한다(Berman, 1990). 다시 말해, 교육의 사회적 책임은 이론과 실제 간의 괴리를 최소화하기 위하여 실제 현장을 기반으로 하여 이론을 정립하고, 정립된 이론은 다시 사회적 이슈를 해결하는 과정에서 지속적으로 성찰하고 개선하여 발전시키는 이론과 실천의 순환적 관계를 강조한다.

1. 교육의 사회적 책임이 미래교육의 대안적 접근이 될 수 있는가에 대해 긍정적 혹은 부정적 의견은 무엇인가?

2. 교육의 사회적 책임의 개념적 요소들에 대해 동의하거나 동의하지 못하는 의견이 있다면 무엇이고, 그 근거는 무엇인가?

3. 교육의 사회적 책임을 현장 실천을 방해하는 요인에 근거하여 어떤 전략적 접근이 가능한가?

강에스더(2018). 혁신학교 수업에서 나타난 협력학습 활동 양태와 학생 참여 특징 분석. 경희대학교 대학원 박사학위논문.

강인애, 김홍순(2017). 메이커 교육(Maker education)을 통한 메이커 정신(Maker mindset)의 가치 탐색. 한국콘텐츠학회논문지, 17(10), 250-267.

강정찬, 이상수(2011). 수업 개선을 위한 현장연구방법으로서 설계기반연구(DBR). 교육방법연구, 23(2), 323-354.

경기도교육청 장학 자료(2013). 나누며 함께 하는 배움중심수업. 경기도교육청.

고병헌(2007). 홀리스틱교육 패러다임의 교육적·시대적 의미 고찰. 홀리스틱융합교육연구, 11(1), 1-21.

교육부(2018). 2018년 교육부 업무계획 발표-모든 아이가 행복한 학교, 모두의 성장이 열려 있는 사회-. 2018. 1. 31. 보도자료.

권낙원(2001). 학습자 중심 교육의 교육의 성격과 이론. 학습자중심교과교육연구, 1(1), 29-40.

권정선, 허경섭, 김회용(2014). 듀이의 활동중심 탐구과정에 담긴 교육의 내용과 방법의 통합. 교육철학, 52(52), 81-108.

기영화(2017). 사회적 경제 차원의 사회적기업과 기업의 사회적 책임의 비교연구. 사회적경제와 정책연구, 7(3), 79-108.

김순화, 함성진, 송기상(2015). 컴퓨팅 사고력 기반 융합인재교육 프로그램의 효과성 분석 연구. 컴퓨터교육학회논문지, 18(3), 105-114.

김신애, 방준성(2020). '교육인공지능(Education AI)' 개념의 도입: 인간-AI 협업의 지속가능한 교육을 위한 도전. 교육원리연구, 25(1), 1-21.

김영종(2019). 부산 커뮤니티 콜렉티브 임팩트 교육컨설팅 교재. 부산: 부산복지전화네트워크.

김창환(1995). 교육이론과 교육실천의 관계에 대한 헤르바르트의 이해. 교육발전연구, 11, 1-17.

김철영(2013). 대학과 지역의 협력을 통한 지역사회 활성화 방향에 관한 연구: 일본의 대학과 지역이 연계하는 마을만들기 추진실태를 중심으로. 한국도시설계학회지, 14(5), 65-78.

김현재(2000). 행복한 교실을 위한 신홍익인간교육의 실천모형 탐색. 홀리스틱융합교육연구, 4(3), 39-73.

노진영(2017). 활동 중심 교육에 대한 고찰. 경상대학교 교육대학원 석사학위논문.

박영만(2002). 전환기의 교육 패러다임과 홀리스틱 교육. 홀리스틱융합교육연구, 6(1), 291-340.

박종빈(2015). 디자인의 사회적 책임에 관한 고찰. 조형미디어학, 18(4), 165-173.

박찬국(2018). 인간과 인공지능의 미래: 인간과 인공지능의 존재론. 현대유럽철학연구, 50, 119-166.

백윤정, 김은실(2008). 실행공동체(CoP)내 지식공유의 영향요인: 구조적 특성과 관계적 특성의 조절효과를 중심으로. 지식경영연구, 9(2), 63-86.

성지은, 송위진, 박인용(2013). 리빙랩의 운영 체계와 사례. STEPI Insight, 127, 1-46.

손연아(2016). 사회적 책임을 접목하기 위한 과학교육의 구조 및 지속가능발전교육과의 통합교육 전략 제안. 교육문화연구, 22(6), 279-312.

송위진(2012). Living Lab: 사용자 주도의 개방형 혁신모델. Issues & Policy, 59, 1-14.

신현석, 정용주, 장아름(2019). 한국 교육의 변화와 미래의 교육: 역사적 접근을 통한 미래 교육의 전망 탐색. 한국교육학연구, 25(3), 47-86.

양순옥(2017). 컴퓨팅적 사고의 필요성. 정보처리학회지, 24(2), 4-12.

우영진, 박병주, 이현진, 최미숙(2018). 디자인씽킹수업. 경기: 시공미디어.

유기윤, 김정옥, 김지영(2017). 미래 사회 보고서: 당신의 미래를 지배할 것들. 서울: 라온북.

유네스코한국위원회(2007). 지속가능발전교육을 위한 교사 지침서. 서울: 유네스코한국위원회.

이경훈, 박영렬(2008). 경영자 간 관계적 특성이 중국 진출 한국기업 지식습득과 성과에 미치는 영향: 신뢰와 비공식 네트워크의 역할을 중심으로. 경영학연구, 37(6), 1397-1424.

이기춘(1999). 소비자교육의 이론과 실제. 경기: 교문사.

이상수(2019). 수업컨설팅 사례로 본 수업이야기. 서울: 학지사.

이유나, 이상수(2009). 집단지성의 교육적 적용을 위한 개념모형과 설계 원리. 교육공학연구, 25(4), 213-239.

이종구, 천만봉(2013). 한국 대기업의 인재상 전개과정과 시대별 특성 비교분석에 관한 탐색적 연구—1980년대 이후 삼성, 현대, LG, SK 중심으로—. 경영사연구, 66, 49-78.

이지성(2019). 에이트. 서울: 차이정원.

이혁규(2013). 누구나 경험하지만 누구도 잘 모르는 수업. 서울: 교육공동체 벗.

장은주, 박경규(2005). 성별에 따른 개인특성 및 사회적 자본과 주관적 경력성공과의 관계. 경영학연구, 34(1), 141-166.

장혜진(2013). 기업의 사회적 책임(CSR) 활동을 위한 디자인 전략의 방향성. 기초조형학연구,

14(4), 461-471.

장후은, 이종호(2017). 지역사회 문제해결형 산학협력을 통한 대학의 역할 제고 방안. 한국지역지리학회지, 23(3), 459-469.

장후은, 이종호, 허선영(2015). 인문사회계열의 산학협력과 지역발전: 일본 사례를 중심으로. 대한지리학회지, 50(5), 515-526.

정문성(2002). 홀리스틱 접근에서 본 민주시민 교육. 홀리스틱융합교육연구, 6(2), 93-104.

정병걸(2017). 사회혁신의 장으로서 리빙랩과 패러독스. 과학기술학연구, 17(1), 41-69.

정영수(2004). 미래지향적 교육공동체 형성의 방향과 탐색. 교육행정학연구, 22(1), 111-134.

정진수, 강인애, 고대승, 김동원, 박성균, 박청담, 박현주, 심규철, 손연아, 손정우, 신명경, 신이섭, 연경남, 이봉우, 이현숙, 임성민, 임재근, 정현철, 조향숙, 차정호, 최호성, 홍옥수, 황태주(2012). 창의융합형 과기인재 육성 정책 연구 보고서. 교육부 · 한국과학창의재단.

조영하(2010). 21세기 대학의 사회적 책임에 대한 고찰—사회적 연대의 관점에서. 교육행정학연구, 28(1), 1-30.

한대동(2000). 학교훈육과 학교효과. 교육연구, 10, 43-58.

허린(2013). 디자인의 사회적 책임(DSR) 교육 프로그램 실천 연구. 기초조형학연구, 14(1), 461-469.

Abu Hussain, L., & Gonen, S. (2017). Educational Leadership for a Humane Culture in a Globalizing Reality (pp. 269-282: Education For Social Responsibility) Publisher: Sense Publishers. Boston Editors: Aloni, N, & Weintrob, L.

Berman, S. (1990). Education for Social Responsibility. *Educational leadership, 48*(3), 75-80.

Brown, T. (2008). Design Thinking. *Harvard Business Review, 86*(6), 84-92.

Bruffy, W. R. (2012). Authentic tasks: A participatory action research study on a teaching method for the inclusive classroom. Northeastern University, unpublished Doctoral thesis.

Brynjolfsson, E., & McAfee, A. (2012). Winning the race with ever-smarter machines. *MIT Sloan Management Review, 53*(2), 53-60.

Carroll, A. B. (1991). The Pyramid of Corporate Social Responsibility: Toward the Moral Management of Organizational Stakeholders. *Business Horizons, 34*(4), 39-48.

Carroll, A. B. (1999). Corporate social responsibility: Evolution of a definitional construct.

Business & Society, 38(3), 268-295.

Center for Curriculum Redesign. (2021). Retrieved from https://curriculumredesign.org

Chakravarthy, B., Zaheer, A., & Zaheer, S. (1999). *Knowledge sharing in organizations: A field study.* Organization Science Research Workshop on Management, 327-342.

Curtis, S. (2015). An investigation of living labs for sustainability: Reflections on the living lab methodology, Applied Research in Sustainable Consumption and Production (ARSCP) Master of Science in Environmental Management and Policy Lund, Sweden.

Deardorff, D. K., Kiwan, D., & Pak, S. Y. (2018). Global citizenship education: taking it local UNESCO. Retrieved from https://unesdoc.unesco.org/ark:/48223/pf0000265456

Desjardins, J. (2018). 10 skills you'll need to survive the rise of automation. World Economic Forum article, viewed 18 Feb 2020. https://www.weforum.org/agenda/2018/07/the-skills-needed-to-survive-the-robot-invasionof-the-workplace.

Forbes (2019). On socially responsible education. Retrieved from http://www.holistic-education.net/articles/soc-resp.pdf

Harindranathan, P., & Folkestad, J. (2019). Learning Analytics to Inform the Learning Design: Supporting Instructor's Inquiry into Student Learning in Unsupervised Technology-enhanced Platforms. *Online Learning, 23*(3), 34-55. doi: 10.24059/olj.v23i3.2057

Heidegger, M., & Herrmann, F. (1983). Die Grundbegriffe der Metaphysik: Welt—Endlichkeit—Einsamkeit. 이기상, 강태성 공역(2001). 형이상학의 근본개념들: 세계-유한성-고독. 서울: 까치글방.

Henderson, P, B. (2009). Ubiquitous computational thinking. *Computer, 42*(10), 100-102.

Jonassen, D. H. (1997). Instructional design models for well-structured and ill-structured problem-solving learning outcomes. *Educational Technology Research and Development, 45*(1), 65-94.

Kop, R. (2011). The challenges to connectivist learning on open online networks: Learning experiences during a massive open online course. *International Review of Research In Open and Distance Learning, 12*(3), 19-38.

Kostova, B., & Roth, K. (2002). Adoption of an Organizational Practice by Subsidiary of Multinational Corporations: Institutional and Relational Effects. *Academy of*

Management Journal, 45(1), 215-233.

Land, S. M., & Hannafin, M. J. (1996). A Conceptual Framework for the Development of Theories-in-action with Open-ended Learning Environments. *Educational Technology Research and Development, 44*(3), 37-53.

Lin, H. F., & Lee, G. G. (2004). Perception of Senior Managers Toward Knowledge-Sharing Behavior. *Management Decision, 42*(1), 108-125. doi: 10.1108/00251740410510181

Lin, Y., Osman, M., & Richard, A. (2017). *Nudge: Concept, effectiveness, and ethics. Basic and Applied Social Psychology, 39*(6), 293-306. https://doi.org/10.1080/01973533.2017.1356304

López-Ortega, O. (2013). Computer-assisted Creativity: Emulation of Cognitive Processes on a Multi-agent System. *Expert Systems with Applications, 40*(9), 3459-3470. doi: 10.1016/j.eswa.2012.12.054

Luckin, R., Holmes, W., Griffiths, M., & Forcier, L. (2016). *Intelligence unleashed: An argument for AI in education.* London: Pearson Education.

Moir, L. (2001). What do we mean by corporate social responsibility?. *Corporate Governance: International Journal of Business in Society, 1*(2), 16-22.

Montgomery, K. (2001). *Authentic assessments: A guide for elementary teachers.* Austin, TX: Pro-Ed, Inc.

OECD. (2017). The future of education and skills: Education 2030: Progress report of the OECD Learning Framework 2030. [제6차 비공식 작업반 회의자료: EDU/EDPC (2017)/25].

OECD. (2019). OECD Learning compass 2030: A series of concept note, available at: http://www.oecd.org/education/2030-project/contact/OECD_Learning_Compass_2030_Concept_Note_Series.pdf (accessed 16 May 2020).

Rina, V., Anusca, F., & Yves, P. (2019). Makerspaces for Education and Training: Exploring Future Implications for Europe. Luxembourg: Publications Office of the European Union.

Rogoff, B., & Lave, J. (Eds.). (1984). *Everyday Cognition: Its Development in Social Context.* Cambridge, MA: Harvard University Press

Sandel, M. (2020). *Tyranny of merit: What's become of the common good?.* 함규진 역

(2020). 공정하다는 착각: 능력주의는 모두에게 같은 기회를 제공하는가. 서울: 와이즈베리.

Scott, J. C. (2006). The Mission of the University: Medieval to Postmodern Transformations. *The Journal of Higher Education, 77*, 1-39.

Sergiovanni, T. J. (1994). Building Community in Schools. San Francisco: Jossey-Bass.

Shek, T. L. D., & Hollister, M. R. (2017). *University social responsibility and quality of life: A global survey of concepts and experiences.* Singapore: Springer Nature.

Siemens, G. (2012). *MOOCs are really a platform.* Retrieved from http://www.elearnspace. org/blog/2012/07/25/moocs-are-really-a-platform

Sreenivasulu, S. E. (2013). Performance Standards for Social Responsibility in Education: A Case Study. *International Journal of Advancements in Research & Technology, 2*(5), 31-36.

Torres, M. N., & Moraes, S. E. (2006). Building Socially Responsive Curricula through Emancipatory Action Research: International Contexts. *International Journal of Action Research, 2*(3), 343-374. https://nbn-resolving.org/urn:nbn:de:0168-ssoar-414223

UNESCO. (2015). Global citizenship education: Topics and learning objectives. 엄정민, 김슬기, 김효정, 조대훈 공역(2015). 세계시민교육: 학습 주제 및 학습 목표. 서울: 유네스코 아시아태평양 국제이해교육원.

Voss, J. F., & Post, T, A. (1988). On the solving of ill-structured problems. In M. T. H. Chi, R. Glaser, & M. J. Farr (Eds.), *The nature of expertise* (pp. 261-285). Lawrence Erlbaum Associates, Inc.

Wang, F., & Hannafin, M. J. (2005). Design-Based Research and Technology-enhanced Learning Environments. *Educational Technology research and development, 53*(4), 5-23. doi: 10.1007/BF02504682

Wing, J. M. (2006). *Computational Thinking. Computations of the ACM, 49*(3), 33-35.

Xin, K. R., & Pearce, J. L. (1996). Guanxi: Connections as Substitutes for Formal Institutional Support. *Academy of Management Journal, 39*(6), 1641-1658. https://doi. org/10.2307/257072

Zhu, S., Gupta, A., Paradice, D. B., & Cegielski, C. (2018). Understanding the Impact of Immersion and Authenticity on Satisfaction Behavior in Learning Analytics Tasks. *Information Systems Frontiers, 21*(4), 791-814. doi: 10.1007/s10796-018-9865-4

제2장

현대 철학이 건네는 책임의 의미

이소영

　이 장에서는 대표적인 현대 철학자 가운데 사르트르, 푸코, 하이데거, 레비나스의 사유를 중심으로 하여 '책임'의 개념을 보다 심층적으로 살펴보고자 한다. 앞의 철학자들은 합리적이고 이성적인 근대적 주체 개념이 성립할 수 있도록 기초를 닦아 온 서양 전통 철학의 한계에 대한 문제의식을 가지고 각자의 방식으로 자유, 책임, 윤리적인 주체 등의 주제를 탐구하였다. 이들의 사유를 따라가며 '책임'이 지니는 다양한 의미 층위를 분석해 보는 과정을 통해 비판적인 시각으로 교육 담론과 쟁점을 읽어 낼 수 있는 철학적 바탕을 마련하고자 한다.

1. 가르치는 일과 교사의 책임

　'책임'은 많은 경우에 '무엇을 위한 책임'이라는 의미로 받아들여진다. 예를 들어, 교사의 책임에는 아이들의 안전을 위한 책임, 학업성취도에 대한 책임, 학부모와의 관계에서의 책임, 국가수준 교육과정 및 학교의 지시에 따를 책임, 학생의 역량을 길러 낼 책임 등이 있다고 나열할 수 있다. 이처럼 누가 무엇에 대해 책임이 있는지를 좀 더 강조하고 있는 단어는 '책무'인데 이는 보통 직무에 따른 임무나 의무를 의미한다. 책임이 영어로 'responsibility'라고 번역된다면, 책무는 영어로 'accountability'

라고 번역될 수 있는데, 이 영어 단어를 뜯어보면 '설명할 책임(accountability to be able to give account)'을 지닌다는 의미로 보인다. 이는 누가 누구에게 그리고 무엇에 대해서 자신의 행위와 그 결과 등을 설명해야만 하는 의무를 가진다는 점을 가리킨다. 이러한 경우, 책무는 필연적으로 표준화가 가능하고 측정 가능한 어떤 것에 대한 책임이 된다. 오늘날 교사의 책임도 이러한 '책무성'의 의미로 논해지는 경향이 크다. 교육 목적을 설정하고, 이를 위한 보다 효율적이고 효과적인 방안을 마련하고, 그 목적을 달성하였는지를 평가하며 그 결과를 참고하여 다음 목표를 설정하는 일련의 과정은 매해 이루어지는 학교단위 교육평가의 기본 원리일 뿐 아니라, 교사로 하여금 매 수업 단위로 스스로를 돌이켜 보도록 권장되는 반성적 사고의 과정이기도 하다. 스스로 목표를 세우고 그 달성 여부를 평가하여 다음 계획에 반영하는 것에 교사의 중요한 책임이 있다는 것이다. 리오타르(Lyotard, 1979)는『포스트모던적 조건』에서 '수행성(performativity)'이라는 개념을 도입한 바 있다. 그에 따르면 소위 포스트모던시대에 중요한 것은 진리가 아니라 수행성이라는 것인데, 이때 가장 중요한 것은 투입 대비 산출이다. 이것은 수단과 목적이라는 일종의 틀 안에서 교사의 책임이 이해되는 것과 같은 맥락에 있다고 볼 수 있다. 투입과 산출, 수단과 목적이라는 경제적인 논리로 교육의 성취가 이해될 때 교사의 책임은 계획, 성과, 결과 등에 책임지고 설명할 수 있는 역량으로 다소 좁게 이해될 수밖에 없다.

그렇다면 교육의 책임 혹은 교사의 책임을 이해하는 다른 가능성이 있을까? 그리고 다른 가능성을 살펴보는 일이 교육에 대한 논의를 넓히고 방향을 잡는 데 어떤 도움이 될 수 있을까? 이번 장에서는 이러한 질문들을 가지고 현대 철학의 흐름 속에서 '책임'에 대한 어떤 논의가 있어 왔는지를 살펴보고자 한다. 그럼으로써 우리가 교육에서의 책임을 보다 근원적인 의미에서 논의하고 이해할 수 있는 가능성을 탐색할 수 있을 것이다. 이를 위해 이 장에서는 사르트르, 하이데거, 푸코, 레비나스와 같은 철학자들의 논의를 대략적으로 살펴본다. 이 철학자들은 모두 자신만의 방식으로 근대성의 한계를 비판적으로 극복하려는 시도를 하고 있다는 점을 염두에 두면 내용을 이해하는 데 도움이 될 것이다. 이들이 인간이 존재하는 방식을 탐구하고 인간과 세계와의 관계를 탐구하는 과정을 들여다보는 일을 통해 우리 또한 교육을 새로운 시각에서 바라보고 논의할 수 있을지도 모른다. 누군가를 가르치고 배우는 일 그리고 책임을 이해하는 다양한 가능성을 탐구하고, 현대 철학의 흐름에서 책임이 지니는 다양한 의미 층위를 분석해 봄으로써 교육에서 책임을 둘러싼 논의들을 확장할 수 있을 것이다.

2. 사르트르: 실존주의 철학과 책임

1) '실존은 본질에 앞선다'

장 폴 사르트르(Jean-Paul Sartre, 1905~1980)는 '실존주의'라는 철학의 흐름을 유행시키고 스스로 '실존주의 철학자'라는 타이틀을 받아들인 대표적인 사상가이다. 실존주의 철학의 사조는 제2차 세계대전 이후 프랑스를 중심으로 크게 유행했으며, 사르트르는 실존주의의 창시자라고도 볼 수 있다. '실존은 본질에 앞선다'라는 사르트르의 문장은 그의 사상에 익숙하지 않은 사람에게도 낯설지 않을 것이다. 다소 추상적이고 복잡해 보이는 이 문장의 의미는 무엇일까? 사르트르는 1945년 이후에 『실존주의는 휴머니즘이다』라는 제목으로 출판될 한 강연회에서 이 문장과 관련하여 다음과 같이 말한다.

실존주의자가 생각하는 인간이 정의될 수 없다면 우선은 그가 아무것도 아니기 때문입니다. 그는 오로지 그다음에야 그 스스로가 만들어 가는 것이 될 것입니다. 이처럼 인간 본성이란 없는 것입니다. 왜냐하면 인간 본성을 구상하기 위한 신이 없기 때문입니다. 인간은 인간 스스로가 구상하는 무엇이며, 또한 인간 스스로가 원하는 무엇일 뿐입니다. 인간은 이처럼 실존 이후에 인간 스스로가 구상하는 무엇이기 때문에, 또 인간은 실존을 향한 이 같은 도약 이후에 인간 스스로가 원하는 무엇이기 때문에, 결국 인간은 인간 스스로가 만들어 가는 것과 다른 무엇이 아닙니다. 이것이 바로 실존주의의 제1원칙입니다. 또한 이것은 사람들이 주체성이라고 부르는 것이기도 합니다(Sartre, 1946, p. 33).

볼펜과 같은 사물의 경우 우리는 그것이 무엇에 사용될 것인지, 즉 그것의 본질을 먼저 생각한다. 그러고는 그 본질에 맞게 볼펜이 만들어져서 세상에 존재하게 되는 것이다. 즉, 본질이 그것의 실존에 앞선다. 그런데 인간의 경우에는 어떠한가? 우리는 미리 정해진 어떤 청사진에 따라 이 세상에 온 것이 아니다. 오히려 우리는 일단 먼저 세상에 '던져진다'. 정해진 운명도, 주어진 삶의 목적이나 기준도 없이 일단 던져진 것이다. 어떻게 살아갈 것인지, 어떻게 의미를 만들어 갈 것인지는 온전히 우리 자신의 몫이다. 나의 실존이 본질보다 먼저이며, 나의 본질은 내가 스스로 만들어 가야만 한다. 이는 사르트르(1943)가 『존재와 무』에서 사물과 인간을 대비시키는 것과도 관련이 있다. 여기서 사르트르는 '즉자존재(en-soi)'와 '대자존재(pour-soi)'라는 개념을 사용하여 인간만의 실존적 특징을 설명하고자 한다. 즉자존재란 사물과 같이 그 자체로 꽉 차 있는 대상, 스스로 이미 충만한 대상을 말한다. 의식을 갖지 않은 사물은 그 자체로 온전하게 존재한다. 이와 달리 대자존재는 의식이 있는 존재인 인간을 의미한다. 인간은 스스로를 마주하여 자신의 경험을 해석하고 상기시키고 대상화할 수 있는 존재이며, 항상 변화하는 움직임 속에 있다. 이러한 의미에서 인간의 실존은 그 자체로 충만한 사물과 달리 '무'와도 같다. 사물과 달리 인간은 언제나 그가 아직 되지 않은 무엇이다. 의식은 항상 현재 있는 그대로의 자기가 아닌 형태로 존재하며 현재를 넘어선다. 스스로를 반성적으로 사고할 수 있는 능력은 우리로 하여금 세계에 의미를 부여할 수 있도록 해 주는데, 사르트르에 따르면 사물과 세계는 그 자체로서 의미를 가지는 것이 아니라 오직 인간이 의미를 부여함으로써 의미를 가진다. 그리고 여기에 우리 자신과 세계를 위한 우리의 책임이 있다. 그런데 사실상 많은 경우 우리는 자기 자신에게 이미 주어진 목적이나 본질이 있는 것처럼 살아간다. 사르트르에 따르면, 우리가 마치 인간에게 정해진 길이 이미 있는 것처럼, 꼭 완수해야만 하는 일들과 따라야만 하는 관습이 있는 것처럼 살아간다면 우리의 각자 삶에 대한 책임의식은 흐려지고 만다. 사르트르가 말하는 자유, 책임 그리고 자기기만 등의 개념을 통해 이를 좀 더 자세히 살펴보겠다.

2) 자유, 책임 그리고 자기기만

실존주의적 관점의 특징적인 태도 가운데 하나는 세상은 이해 불가능하고 부조리하며, 인간의 삶은 원래 불안한 것이라는 점을 안고 시작한다는 점이다. 그렇다고 해서 삶이 무의미하고 전적으로 가치 없다거나 신경증적인 무엇에 불과하다는 말은 결코 아니다. 실존주의가 지적하는 중요한 것은 이러한 불안을 회피할 것이 아니라 나의 것으로, 나의 책임으로 껴안는 데에서 인간다운 삶이 시작된다는 점이다. 사르트르가 '우리는 자유롭도록 저주받았다'고 한 대목은 이러한 맥락에서 이해되어야 한다. 그는 자유를 우리가 단순히 찬양할 수 있는 무엇으로 보지 않았다. 오히려 그 자유에는 항상 책임의 무게가 따른다. 이때 자유는 우리가 결코 피할 수 없는 무엇이며, 인간의 근원적인 존재 방식을 의미한다. 자유를 자신의 것으로 마주함으로써 개개인은 세계를 각자에게 의미 있는 무엇으로 만들 수 있으며, 바로 그러한 지점에 각자의 책임이 있다. 또 중요한 것은 나의 매 순간의 선택과 행위가 필연적으로 다른 사람과 연결되어 있다는 점을 인식하는 것이다. 이를 사르트르는 '앙가제한다(engage)'라는 표현으로 설명한다.[1] 나의 목표와 행위는 필연적으로 다른 모든 사람의 삶과 연결되며, 따라서 한 사람이 무엇을 선택할 때 그 선택은 인류 전체를 위한 것이기도 하다. 나의 선택이 내가 속한 공동체와 더 나아가 인류에게 어떤 변화를 가져온다면 그 선택은 결코 가벼울 수 없을 것이다. 따라서 우리는 선택에 있어서의 자유로움과 그에 따른 책임을 깨닫고 세계 내에서 자신의 역할을 인식해야만 한다. 이는 앙가제하는 역량을 길러야 한다는 주장이라기보다는 우리는 항상 이미 선택하고 행위함으로써 앙가제하고 있음을 보이는 것에 가깝다. 아무 선택을 하지 않는 것도 하나의 선택일 뿐이다. 자기 자신을 선택하는 동시에 인류 전체를 선택하는 이러한 책임에서 인간은 벗어날 수 없다고 사르트르는 말한다.

그러나 대부분의 상황에서 우리는 이러한 자유와 책임으로부터 회피하고 싶어

---

1) 이는 명사로는 앙가주망(engagement)으로, 영어의 engagement 또는 commitment에 가까운 의미이다.

한다. 에리히 프롬(Erich Fromm, 1952) 또한 비슷한 맥락으로 그의 저서『자유로부터의 도피』에서 우리가 자유를 직시하지 않고 외면하는 이유를 탐구하고 있다. 때때로 우리는 그저 정해진 규칙대로, 다른 사람들이 하는 대로 좇음으로써 나의 선택에 따르는 책임을 회피하고 싶어 한다. 그러나 앞서 살펴보았듯이 자유를 직시함으로써만 우리는 세계와의 관계 속에서 의미를 생성하며, 바로 거기에 진정한 의미에서의 자유와 책임이 있다. 실존주의에서의 자유는 쇼핑몰에서 옷을 고르거나 아이스크림 맛을 고르는 식의 자유가 아님은 분명하다. 이는 오히려 모종의 불안을 동반하는 자유이다. 내 본질이 정해지지 않았다는 것을 알고 그 본질을 내가 만들어 가야 함을 직시할 때 미래에 대한 불확실성과 함께 오는 불안이 그것이다. 사르트르는 이렇게 불안을 마주하여 나의 본질과 미래를 창조하는 것이 인간의 존재 방식임을 보이고자 한다. 이렇게 인간은 자유로부터 벗어날 수 없는, 자유롭지 않을 수 없는 양식으로 실존한다.

책임 회피의 양식인 사르트르의 '자기기만(mauvaise foi)'이라는 개념에 대해 좀 더 살펴보자. 이는 잘못된 신념 등으로도 번역될 수 있다. 사르트르는 이와 관련하여 그의 저서『존재와 무』에서 웨이터의 예를 들고 있다. 자기 직업에 만족하면서 자신의 일을 성실히 하는 웨이터를 상상해 보자. 만약 그가 자신의 삶은 이와 다를 수는 없으며 앞으로도 달라질 수 없다고 생각한다면 이것은 자기기만의 태도일 수 있다. 다른 시도를 해 볼 수 있는 여지를 사전에 차단하고 '나는 이 정도밖에 안 돼.'라고 스스로를 한계 지음으로써 다른 삶의 가능성을 계속해서 닫아 버린다. 전형적인 웨이터의 모습에 맞춰 행동하고 있는 지금의 자신이 모습이 전부라고 생각하는 것이다. 이렇게 자신을 현재의 모습으로 축소하고 미래로의 가능성을 닫는 것, 현재의 삶에 안주하면서 내가 사실은 다른 가능성에도 열려 있는 존재라는 점을 마주하기를 거부하는 것이 사르트르가 말하는 자기기만이다. 그러나 앞서 살펴보았듯이, 사르트르가 보기에 모든 인간은 이미 대자존재이다. 사물처럼 꽉 찬 본질로서 규정될 수 있는 존재가 아니라 주어진 것 밖으로 나아가서 지금 현재의 내가 아닌 다른 무언가가 되려고 하는 것이 인간의 본질이라는 것이다. 그럼에도 불구하고 자꾸 스스로를 규정된 무엇으로 생각하려고 한다면 그것은 인간의 실존 양식, 나의 본모습을 부정하는 것에 불과하다. 항상 현재의 나를 넘어서는 존재로 매 순간을 선택하는 일에 대자존재로서의 책임이 있다.

사르트르는 우리가 세계와의 관계 속에서 의미 있는 선택을 하고 의미를 생성할 책임에 대해 이야기했으며, 나의 자유를 직시하지 않고 부정하는 자기기만에 대해서도 설명하였다. 이를 통해 교사나 교육과 관련하여 책임을 다른 방식으로 이해할 수 있을까? 예를 들어, 교사의 책임이 '학생의 안전'에 있다고 하거나 '학생의 성적 향상'에 있다고 하면서 측정 가능하고 표준화가 가능한 영역에서 교사의 '책무'를 강조한다면, 그를 넘어서는 교사의 실존적 차원에서의 근원적인 책임에 대해서는 놓치기가 쉽다. 브래디(Alison Brady, 2021)는 교사는 같은 상황 속에서도 항상 다르게 해석할 수 있음을 지적한다. 예를 들어, 교사가 학생의 문제 행동을 책임 있게 수정한다고 하더라도 여기에는 이미 교사의 가치 판단이 들어간다는 것이다. '나쁜' 행동은 무엇인지, 그 행동의 책임은 학생에게 있는지 교사에게 있는지, 어떻게 수정할 것인지 등 눈에 띄지 않는 수많은 판단이 이미 교사의 행위에 포함되어 있다는 것이다. 아마도 많은 경우에 이러한 판단은 교사 본인조차 인지하지 못하는 방식으로 전제되곤 할 것이다. 또한 교실 속 교사의 모습을 상상해 보면, 교사는 사실상 매 순간 선택을 하고 있다. 우리가 사르트르의 사유를 따라가 본다면 이는 아마도 불안을 동반하는 선택일 것이고, 오히려 교사가 더 이상 불안하지 않는다면 그때의 교사는 대자존재로서의 존재 양식을 잃고 마치 사물과 같은 즉자존재가 되었음을 의미할 것이다. 행동하는 지성인으로서의 교사라면 자신의 인생에 정답이 있다고 믿고 그를 따라야만 한다고 변명하며 현재에 안주하는 것이 아니라, 미래를 향해 스스로를 던지고 매 순간 책임 있는 선택을 하려고 할 것이다. 그것이 그가 세계에 의미를 부여하는 방식이다.

사르트르는 문학의 중요한 역할도 사회적 책임의 맥락에서 보았다. 작가는 행위하는 사람으로 문학을 통해 사회적으로 참여하는 것이다. 언어를 통해 사회 현실을 폭로할 때 문학은 사회 참여의 도구가 된다. 사회적 부조리를 폭로하고, 독자의 참여를 독려하며, 읽는 이의 삶과 행동에 변화를 불러일으키는 일이 사회 전체 변화의 씨앗이 될 수 있다는 것이다. 사르트르의 논의는 우리에게 교사의 실존 양식으로서의 책임, 교사의 사회적 참여, 문학을 읽고 나누는 방식 등에 대한 고민거리를 던져 준다.

3) 사르트르와 하이데거

사르트르의 '책임' '자유' '자기기만' 등의 개념을 이해하는 데에는 사르트르에게 깊은 영향을 끼친 독일의 철학자 하이데거(Martin Heidegger, 1889~1976)를 살펴보는 것이 도움이 된다. 대부분의 사람은 사회에서 주어진 규범과 관습 안에서 안주하며 별다른 의심 없이 살아간다. 하이데거는 이러한 세상 사람들을 세인(Das Man)이라고 하는데, 이는 평균적이고 익명적인 다수의 사람을 의미한다. 그리고 이들 가운데 의미 없이 오가는 파편적이고 평면적인 말들을 '잡담'이라고 한다. 우리는 많은 경우 다른 사람들이 하는 대로 별 의미 없는 말을 주고받으며 살지만, 또 때로는 주어진 특정한 행위 양식이나 사고방식에 의심을 품게 된다. 예를 들어, '세상은 원래 그런 거야. 학교는 원래 그런 거야.'와 같은 떠도는 말에 동조하여 그 말 뒤에 숨고 침묵하여 책임을 회피하기도 하지만, 어떤 때는 이를 마주하고 내 마음 속의 목소리에 귀 기울여 다른 선택을 감행하기도 한다. 하이데거에 의하면 이것이 바로 본래적 도약의 가능성이 보이는 순간이다. 그러나 여기서 주의할 점은 하이데거의 본래성(Eigentlichkeit)이란 한 번 획득하면, 영원히 유지되는 방식으로 획득 가능한 목표가 아니라 계속해서 매번 새롭게 결심하고 결단해야 하는 무엇이라는 점이다. 한 번 본래적인 자아가 되면 비본래적 삶이 끝나는 것도 아니며, 비본래적 사람과 본래적인 사람을 간단히 양분할 수 있는 일도 아니다. 오히려 중요한 것은 매 순간 열리는 결단의 순간, 그 안에서의 움직임에 집중하는 일이다. 즉, '결단(Entschlossenheit)'은 매 순간 이루어져야만 하는 무엇이지, 한 번의 큰 결단이라고 해서 본래적 자아를 보증하지는 않는다. 하이데거 또한 우리가 사르트르와 함께 살펴본 바 있는 실존의 불안에 대해 이야기한다. 세인과 다르게 스스로 응답함으로써 결단을 내리는 것은 불안을 마주하는 일이며, 이렇게 불안을 마주하여 결단하는 그곳에 인간다운 삶, 본래적인 삶이 있다. 사르트르의 논의에서보다 하이데거를 통해 좀 더 분명해지는 것은 본래적 삶과 비본래적 삶의 구분은 단순하거나 명확하지 않으며, 한쪽은 순전히 긍정적이고 다른 쪽은 부정적인 것만도 아니라는 점이다. 오히려 본래적 삶의 가능성도 세인과 함께하는 삶으로부터 온다고 할 수도 있다. 현존재가 세인과 함께하는 삶으로 들어오는 과정, 어떤 문화와 전통 규범 등으로 들어와 언어를 배우고 사회적 가치를 습득하는 과정 등을 바탕으로 본래성으로서의 도약 또한 가능하기 때문이다.

하이데거의 죽음에 관한 논의도 이와 관련하여 살펴볼 만하다. 에픽테토스(Epictetus, 55~135)를 비롯한 많은 스토아 철학자는 죽음이란 살아 있는 동안에는 우리에게 일어나지 않는 일이고, 죽고 난 이후에는 나는 이미 없을 텐데 죽음에 대해 생각할 필요가 없지 않느냐고 묻는다. 죽음은 미래의 어느 순간에 일어날 일이지 우리의 현재와는 상관없는 일이라는 것이다. 그러나 하이데거는 이 죽음으로 앞질러 달려 나감으로써만 우리는 우리 자신으로서 인간답게 살 수 있다고 말한다. 죽음은 다른 누구도 대신해 줄 수 없는 나만의 것이며, 나는 죽음 앞에서 단독자로 세워진다. 나만의 고유한 가능성, 고유한 삶의 가능성이 죽음을 대면하는 일, 죽음으로 앞서 달려 나가는 일에서 시작한다. 이를 두고 하이데거는 현존재는 죽음을 향한 존재(Sein zum Tode)라고 하며, 현존재에게 죽음은 '불가능성으로서의 가능성'이라고 한다. 죽음이라는 불가능성이 본래적인 존재를 가능하게 하기 때문이다.

하이데거를 통해 우리는 교사의 실존적 불안에 대해서 좀 더 깊이 생각해 볼 수 있다. 사르트르의 논의를 통해서도 살펴보았지만, 교사는 일상적으로 불안 가운데에서 결단을 내려야 할 때가 많다. 사회적 문제와 관련하여 나만의 목소리를 내야 할 것 같은 책임과 함께 찾아오는 불안도 있을 것이고, 동료 교사들과 다른 방식으로 나의 학급이나 수업을 꾸려 나가는 데에서 오는 불안도 있을 것이다. 때로 교사들은 학부모들의 불만이나 서로 비교되는 것을 방지하는 차원에서 평균성과 통일성을 지향하는 경우가 많은데, 이때 다른 목소리를 내는 일은 불안과 결단을 동반한다. 특히나 튀는 것을 부정적으로 여기고 남과 다른 삶의 방식에 대해 이상한 눈초리를 보내는 문화에서 나만의 색깔을 추구하기는 더 힘들 것이다. 우리는 얼마나 많은 경우에 그저 튀지 않기를 바라며 행동하고 결정하는가? 이 밖에도 평균성에 안주하라는 유혹은 많을 것이며 교사에게도 그런 유혹의 목소리가 들릴 것이다. 이것을 어떻게 뛰어넘을 수 있을 것인가를 고민하고 결단을 내리기 위해서는 때로는 사회적 규범과 평균성에 종속되어 살아가는 데에서 오는 안정감에 맞서야만 한다. 기억할 것은 앞서 언급하였듯이 본래성의 도약은 '너를 찾아 떠나라'와 같은 낭만적인 과정이 아니며 사회에 대한 완전 거부를 의미하는 것도 아니라는 점이다. 중요한 것은 구체적인 경험의 깊이가 축소되고 평균화되는 것을 인지하는 일이며, 협소하고 파편화된 경험이 잡담으로 머물지 않게 사유에 깊이를 불어넣는 일이다. 나를 가능하게 한 사회와 문화를 바탕으로 하되, 어떻게 그것을 넘어서는 방향으로 스스로에게 진실된 자세로 살아갈 것인가에 대한 고민이 필요하다. 하이데거에 대한 관심을 바탕으로 죽음 교육 등이 스스로의 삶을 되돌아보게끔 하는 실존주의적인 교육 방안으로 도입되기도 하였다. 이는 의미 있는 일이라고 생각되지만, 그 과정에서 죽음 교육이 하나의 유행으로 소모되는 단순한 '잡담'이 되지 않고, 인간의 유한성이 주는 의미에 대해 고민할 수 있는 사유의 계기를 제공할 수 있도록 꾸준히 살피고 경계할 필요도 있다.

4) 『시지프스 신화』

　까뮈(Albert Camus, 1913~1960)의 단편 소설인 『시지프스 신화』를 소개하면서 실존주의 철학을 정리하고자 한다. 까뮈는 사르트르와 같은 시기를 살며 사상적으로 교류했으며, 부조리한 삶의 단면을 소설에 담아내곤 하였다. 그중에서도 그의 단편 『시지프스 신화』는 실존주의 세계관의 중요한 단면을 잘 포착하고 있다. 까뮈는 여기서 어떤 이유인지 확실치는 않아도 시지프스가 잘못으로 인해 제우스의 벌을 받게 된 이야기를 풀어 나간다. 제우스는 중죄를 범한 시지프스를 죽이는 대신에 벌을 내리기로 했고, 그 결과 시지프스는 산꼭대기까지 바윗돌을 굴려서 올리는 일을 하게 된다. 문제는 꼭대기까지 굴려서 올리면 그 돌이 다시 산 아래로 떨어지고 시지프스는 그것을 다시 산꼭대기 위로 올리는 일을 반복해야만 한다는 점이다. 이

끊임없는 반복의 굴레는 그 무의미함으로 인해 벌이 된다. 여기에 일종의 부조리함이 있다. 그러나 까뮈가 이 글을 마치는 방식은 의미심장하다. 까뮈(1942)는 글을 마치며 "산정(山頂)을 향한 투쟁 자체가 한 인간의 마음을 가득 채우기에 충분하다. 행복한 시지프를 마음에 그려 보지 않으면 안 된다."라고 쓴다. 그는 마치 이 무의미하게 반복되는 일을 계속해서 해내는 시지프스의 행위에서 어떤 희망이나 의미를 발견하려는 듯하다. 계속해서 굴하지 않고 바윗돌을 올려 내는 과정에서 일종의 투쟁을 본 것이다. 까뮈는 인간의 자유로움은 저주이자 동시에 축복이며, 끊임없이 본래성을 향해 도약하는 그곳에 인간다운 삶과 행복이 있다는 것을 의미한 것일지도 모른다.

3. 하이데거: 책임으로서의 사유

1) 하이데거와 존재 물음

하이데거는 서양 철학의 역사를 두고 존재 망각의 역사라고 한다. 그의 존재에 대한 물음은 존재자와 존재는 근본적으로 다르다는 데에서 출발한다. 개별 존재자가 어떤 방식으로 있게 되는 것은 존재로 인한 것인데, 이제껏 서양의 전통 철학은 여기에 관심을 두지 않았다고 하이데거는 지적한다. 다시 말해 존재자가 특정 방식으로 있도록 하는 것은 존재인데, 우리는 그동안 이 존재 자체에 대해서는 묻지 않았다는 것이다. 따라서 존재에 대한 물음은 무엇이 어떻게 의미 있게 드러나는지, 무엇이 어떤 관계 속에서 드러나는지 등에 대한 물음과 맞닿아 있다. 그렇다면 이 존재를 어떻게 알 수 있을까라고 했을 때, 하이데거는 존재에 대한 질문을 던지는 것은 오직 인간밖에 없으므로 인간을 탐구해야겠다는 결론에 이르렀다. 이렇게 그는 그의 저서『존재와 시간』에서 존재에 대한 질문을 탐구하기 위해 유일하게 스스로의 존재를 문제 삼는 존재자인 인간, 즉 '현존재'를 탐구한다(Heidegger, 1927). 그는 인간이라는 말 대신에 현존재(Dasein)이라는 용어를 사용하는데, 이를 풀어서 살펴보면 인간이란 거기(Da)에 있는(Sein) 존재라는 의미로 읽을 수 있다. 하이데거가 이렇게 낯선 단어를 사용한 이유는 '인간'이라는 단어가 그동안 서양 전통 철학에서 인간이 사유된 방식과 그 사상적 배경까지 함께 가져오기 때문이다. 따라서 이는 인간을 보다 근원적인 방식으로 이해하고자 하는 노력의 일환으로, 인간이라는 단어에 딸려 오는 역사적 논의와 선입견을 배제하고 새로운 논의의 장을 열기 위해서라고 볼 수 있다.

우리가 이후에 살펴보기도 할 철학자 레비나스(Emmanuel Levinas)는 『존재와 시간』을 철학사에서 가장 아름다운 책 가운데 하나로 꼽기도 하였다. 레비나스는 한편으로는 하이데거 철학을 디딤돌로 삼고, 다른 한편으로는 하이데거를 비판하면서 자신의 철학을 쌓아 올린 대표적인 철학자이다. 푸코(Michel Foucault), 아렌트(Hannah Arendt), 사르트르, 데리다(Jacques Derrida) 등 하이데거를 비판적으로 읽는 많은 철학자도 그의 사유를 발판으로 삼고 있다는 점에서 하이데거의 사상적 영향력은 매우 크다고 볼 수 있으며, 현대 사회를 살아가고 현대 문화를 향유하는 우리의 삶 곳곳에도 그의 사유는 다양한 모습으로 녹아들어 있다. 이번 장에서는 하이데거의 사유를 비판적으로 읽으면서 '책임'에 대한 어떤 통찰을 얻을 수 있을지, 특히 책임으로서의 사유는 어떤 의미일지를 살펴보도록 하겠다. 우리가 여기서 좀 더 집중적으로 살펴볼 저서는 『기술에 대한 물음』『사유란 무엇인가』 등 하이데거의 후기 저서들이다(Heidegger, 1936, 1952). 그의 존재 물음에 대한 직접적인 관심은 후기에 가서 언어에 대한 관심으로 옮겨 가는데, 이는 그의 관심사가 급변했다기보다는 그가 존재 물음을 묻는 방식이 바뀌었다고 볼 수 있다. 이번 장에서는 하이데거의 후기 저서에서 사유나 언어에 대한 논의가 좀 더 직접적으로 드러나는 부분들을 살펴보면서 어떻게 생각하는 일 그 자체가 책임의 한 양식일 수 있는지 살펴보도록 하겠다.

2) 계산적 사유와 명상적 사유[2]

하이데거의 『기술에 대한 물음』이라는 짧은 에세이를 살펴보는 것으로 시작하고

자 한다. 그가 1954년에 쓴 이 글이 오늘날 우리에게 어떤 방식으로 유효할 수 있을까? 오늘날 우리가 왜 '기술이 무엇인가?'라는 질문을 던져야 하는지, 그의 질문과 고민이 우리에게 어떤 통찰을 줄 수 있는지에 대한 질문을 가지고 시작하면 좋을 것이다.

하이데거가 하고자 하는 말은 단순히 기술 자체에 대한 비판으로, 기술이 없던 시대로 회귀하자거나 기술 발전을 멈추자는 이야기가 아니다. 오히려 기술의 발전이 우리의 경험과 관계를 어떻게 바꾸는가에 대한 질문과 관련이 깊다. 그는 기술이 단순히 우리가 생각하듯이 도구가 아니며, 우리로 하여금 특정 방식으로 생각하고 세계를 경험하도록 하는 하나의 사유 방식이라고 설명한다. 하이데거는 진정한 의미에서 우리가 아직 사유하고 있지 않으며 따라서 사유해야만 한다고 촉구하는데, 우리는 이를 '기술로서의 사유'를 넘어서는 방식으로 사유해야 한다는 촉구로 이해할 수 있다. 그는 기술로서의 사유를 계산적 사고라고 이름하고, 이를 보다 진정한 의미에서의 사유라고 할 수 있는 명상적 사유와 구분한다. 계산적 사고는 세계를 에너지 자원, 언제든 소모될 수 있는 대상으로 본다. 이는 "자신의 도구적 목적에 따라 그가 마주하는 모든 것을 계산하고 지배하려는, 소유하고자 하거나 또는 착취하려고 하는 사고"로, 이때 사물은 오직 수단적 관계 안에서 의미를 가진다(Bonnett, 2002 참조).

하이데거에 따르면, 기술로서의 사유를 벗어난 진정한 사유의 모습은 소목장이가 목재를 대하는 자세와 닮아 있다. 그는 다음과 같이 쓴다.

> 예를 들어, 소목장이의 도제가, 즉 가구나 그와 유사한 물건들을 만드는 법을 배우는 사람이 배움을 익힐 때 작업 도구 사용의 노련미만을 익히는 것은 아니다. 그는 자신이 만들고자 하는 물건들의 전래적인 형태에 관한 지식만을 습득하는 것은 아니다. 그는, 참된 소목장이가 되려면, 무엇보다도 목재의 다양한 성격에, 목재의 잠들어 있는 형상에, 요컨대 감추어진 본질의 충만함을 가지고 인간의 거주지 안으로 불쑥 들어온 그와 같은 목재에 자기 자신을 응

---

2) 해당 부분은 이소영(2015, 2016)의 일부를 재구성한 것이다.

대시켜야 한다. 목재에 대한 이러한 관련이 수공업(Handwerk)의 전 공정을 담보한다. 목재에 대한 이러한 관련이 없다면, 수공업은 공허한 몸놀림에 그치고 말 것이다. 모든 수공업은, 나아가서 인간의 모든 행위는 항상 이러한 위험에 처해 있다. 이에 관해서는 사유가 예외가 아니듯이 시작도 예외가 아니다.

그러나 소목장이의 도제가 배울 때, 목재나 목재로 된 것들에 자기 자신을 응대시키는 경지에 도달하느냐 도달하지 못하느냐는 분명히 그 도제를 가르치는 사람이 있느냐 없느냐에 달려 있다(Heidegger, 1952, p. 130).

진정한 소목장이 장인은 목재와 관련한 단편적 지식과 정보를 얻는 데 급급하지 않다. 그는 나무와 나무의 본질과 관계를 맺으며, 그 각각의 목재에 응답하는 자세로 대한다. 목재의 종류와 색, 질감을 단순히 나의 틀에 맞추어 이해하는 것이 아니라 목재의 본질에 응대함으로써 그 관계 속에서 대상을 이해하고자 한다.

교육에 좀 더 직접적인 예를 들기 위해 문학작품을 읽는 경우나 예술 작품을 감상하는 경우를 생각해 볼 수 있다. 문학작품을 감상하고 이해하는 경우에 소목장이 장인의 태도를 연결해 본다면, 나의 선지식이나 개념과 틀로 하나의 작품을 분석하고 평가하기보다는 작품을 읽으면서 시간을 두고 작품이 하고자 하는 말 자체에 응답하며 기다리는 자세에 가까울 것이다. 실제로 많은 수험생이 수능시험은 감성을 배제하고 기술적으로 준비하는 것이라는 가르침을 받는다고 이야기한다. 현실적으로 불가피하다는 미명아래 학생들은 고전이나 문학을 미처 음미하고 느낄 틈도 없이 글의 형식이나 글쓴이의 의도, 시대적 배경 등을 외우는 데만 급급하다. 시의 '의미'와 화자의 '의도'를 찾아내는 문제들을 푸는 가운데 시를 직접 쓴 시인조차도 정답을 맞히지 못했다고 고백하는 해프닝이 일어나기도 한다. 하이데거가 보기에 마치 글을 정복하고자 하는 이러한 태도는 문학을 감상하는 데 있어 적합한 태도가 아니다. 문학이 단순한 정보의 합 이상이라면 거기에는 이성적 · 논리적 활동과 명제적 · 방법적 지식을 넘어서는 무엇이 있을 것이다. 하이데거에 따르면, 사유한다는 것은 분명 이러한 것들을 넘어서는 무엇이다. 그렇다면 교사와 학생 모두에게 글에 머무르고, 다가가고 반응할 수 있는 시간적 여유가 필요하다. 시를 파편적으로 읽고 단편적인 지식을 뽑아내는 식의 읽기는 우리가 다른 방식으로 고전과 관계 맺을 수 있는 기회를 가로막는다. 이는 음악을 듣는 데에도, 예술 작품을 감상하는 데에도 혹은 영화를 보는 데에도 마찬가지이다. 어떤 대상을 대할 때에는 마치 소목장이 장인이 목재와 관계 맺듯이 시간을 들여서 그에게 다가가야 하는 것이다. 이것은 대상을 단순히 정복하고 지식을 소유하려는 태도에서 잠시 벗어나서 대상이 스스로 말하도록 기다리는 자세, 나의 이해를 넘어서는 부분을 존중하는 자세의 중요성을 이야기한다. 음악 수업에서 악보를 분석하고 악보에서 작곡가, 작사가, 박자, 빠르기, 셈여림 등의 여러 정보를 찾는 일은 곡의 이해에 도움이 될 수 있지만 그것이 곡을 이해하는 전부인지, 그것으로 충분한지라는 질문은 여전히 남는다. 그 이상의 무언가가 필요하다면 이는 교사의 역할에도 어떤 시사점을 던져 줄 것이다. 교사의 역할과 책임은, 예를 들어 지도안이나 특정 역할로 환원될 수 있는가? 가르치는 일은 지도안이나 주어진 절차를 따르고 양적으로 평가 가능한 요소들을 수업 목표로 설정하고 달성하는 것 그 이상이 아닌가?

　하이데거는 가르치는 일에 대해 다음과 같이 말한다.

　　가르친다는 것은 배운다는 것보다 더 어렵다. 사람들은 이것을 잘 알고는 있지만, 좀처럼 곰곰이 사려해 보지는 않는다. 가르친다는 것이 배운다는 것보다 더 어려운 까닭은 무엇인가? 가르치는 사람이 엄청난 양의 지식을 섭렵하고 나서 언제나 만반의 준비를 갖추고 있어야 하기 때문은 아니다. 가르친다는 것이 배운다는 것보다 어려운 까닭은, 가르친다는 것이 배우도록 한다는 것을 뜻하기 때문이다. 참된 교사는 배운다는 것 이외에 어떠한 것도 배우지 못하도록 한다. 그래서 의외로 '배운다'라는 것이 유용한 지식의 전수로 이해된다면, 그의 행동은 본래 그에게서 배울 것이 전혀 없다는 인상을 종종 불러일으킬 것이다. 교사가 그의 제자들보다 나은 점은 그들보다 배울 것이 더 많다는 사실, 즉 배우도록 하는 법을 배워야 한다는 사실 단 하나이다(Heidegger, 1952, p. 130).

　가르치고 배우는 일은 단순히 측정 가능한 결과나 수치로 환원될 수 없다. 오히려 가르치는 일에는 일종의 숭고함이 있으며, 이는 교사는 한편으로는 세계와 관

계를 맺고, 다른 한편으로는 학생을 세계에 연결되도록 한다는 점에 있다. 이때 중
요한 것은 세계가 학생에게 단순한 분석과 통제의 대상 이상으로 드러나게 해 주는
일일 것이다. 이를 생각한다면 가르침과 배움의 과정은 항상 존중받아야 하며, 충
분한 공간과 시간이 주어져야 한다. 단순한 체크리스트 등으로 교사의 책무를 평가
하는 일은 이러한 측면을 가릴 뿐이다.

3) 책임으로서의 사유[3]

하이데거의 논의를 따라가면 사유 그 자체가 일종의 책임을 나타내고 있음을 알
수 있다. 세계를 단순히 개념화하고 우리의 통제하에 두며 우리가 언제든 처분할
수 있는 수단으로 사유하는 것이 아니라, 세계가 자신의 모습을 있는 그대로 드러
낼 수 있도록 사유하는 방식은 이미 세계에 대한 일종의 책임감의 표현이다. 이러
한 수용적이면서도 존재에 응답하는 사유를 하이데거는 '초연한 내맡김'이라는 표
현으로 설명한다. 그리고 그 예시를 우리는 앞에서 소목장이 장인의 태도를 통해
살펴보았다. 하이데거는 초연한 내맡김으로서의 사유는 저절로 일어나는 것이 아
니며, 오히려 이를 위해서는 기다릴 수 있어야 한다고 말한다. 좀 더 "강도 높은 집
중"과 "오랜 연습"이 필요하며, "모든 여타의 수공업" 작업보다도 더욱 섬세해야 한
다(Heidegger, 1957, p. 124). 그러나 동시에 "싹이 피어나 잘 여물어 결실을 거둘 때
까지 그저 [초연히] 기다리는 그런 농부"와 같이, 사유는 그렇게 기다릴 수밖에 없다
(ibid.). 이러한 하이데거의 비유는 다소 현대사회에는 맞지 않아 보일 수도 있다.
이러한 그의 주장이 오늘날 교사에게는 어떤 의미를 가질까? 교사의 가르침은 단
순한 지식의 전달이 아닌 지식을 전달할 때의 자세, 예를 들어 보다 주의 깊게 준비
된 그리고 숙련된 자세도 포함한다. 그러나 우리가 교사의 가르침뿐 아니라 학생의
배움을 고려한다면, 교사는 또한 어떤 지점에서는 기다릴 수 있어야 한다. 교사가
자신이 제공한 것에 대한 결과를 보기 위해 서두르거나, 학생들을 손쉽게 판단하고

---

3) 해당 부분은 이소영(2015, 2016)의 일부를 재구성한 것이다.

재단하기보다는 학생들에게 충분한 시간과 공간을 줌으로써 그들 스스로 사유할 수 있도록 해야 한다. 이로써 학생들은 스스로 안에 있는 무엇을 실현할 수 있다. 이것은 곧 농부가 씨앗의 발현을 기다리는 모습과 다르지 않다. 다만, 재차 상기할 것은 이러한 기다림이 그저 수동적인 태도를 의미하지 않는다는 점이다. 이는 오히려 학생들에게 언제든지 반응할 수 있도록 주의를 기울이고 있는 적극적인 수용의 모습이다. 이를 바탕으로 학생들은 교사와의 의미 있는 관계 맺기를 통해 그 안에서 자신의 자아를 만들어 갈 수 있을 것이다. 기다림의 의미를 이와 같이 이해한다면, 기다림은 많든 적든 모든 직업군에서 대상(사람이든 사물이든)과의 본래적인 관계 맺음에 기여한다. 물론 농부와 교사의 경험에 다른 점은 존재한다. 농부는 매해 계절의 변화의 흐름을 어느 정도 알고 이에 따라 행동하는 반면, 교사는 학생들의 변화무쌍한 상태에 매 순간 대처해야 하기 때문이다. 그렇다면 교사는 학생들의 변화하는 상태에 대한 충분한 지식, 즉 이를테면 발달심리학에 대한 지식이 필요한 것일까? 그러나 하이데거가 제안하는 바는 교사가 더 많이 알아야 한다는 식의 해결책이 아니다. 그는 오히려 교사가 가진 인식의 한계를 받아들이는 데에서 시작해야 한다고 제안한다. 다시 말해 교사는 학생을 자신의 선개념에 따라서 마치 재단하듯 이해할 수는 없음을 받아들여야만 한다. 그리고 중요한 것은 학생들의 그날그날의 기분과 그들을 움직이게 하는 동인 등에 관심을 가지고 그에 따라 조화롭게 반응하고자 하는 열린 자세를 가지는 것이다. 학생들이 공부할 과제에 대해 어떻게 생각하고 있는지, 어떤 관계성을 키워 나가는지, 무엇에 흥미를 가지고 있으며 그 흥미를 어떤 방향으로 이끌어 줄 수 있을 것인지 등에 관심을 가지고 고민하는 것이 교사의 일이다. 이때 인간으로서의 유한함에 대한 인식이 교사와 학생의 의미 있는 관계 맺음의 바탕이 된다.

　하이데거는 초연한 내맡김으로서의 사유를 통해 비로소 우리는 사물을 단지 계산적으로 바라보는 태도를 넘어서서 그 대상이 가진 다양한 측면에 열려 있을 수 있다고 제시한다. 교사들은 매일 수많은 결정을 내려야 하는 상황에 내몰려 있으면서도 정작 자신의 일과 관련하여 충분히 생각하고 반성하며 되짚어 볼 시간과 장소는 턱없이 부족한 가운데 있다. 심지어 자신이 가르치는 교육과정과 관련하여서도 진도를 맞추기에 급급한 나머지 충분한 주의를 기울이지 못하기도 한다. 동시에 교사들은 보다 효과적인 역할을 수행하도록 요구받고 있으며, 특히 시간적 효율성의 문제는 교사들에게 큰 압박으로 다가온다. 이러한 상황 속에서 교사 스스로도 자기 검열을 통해 아무것도 하지 않고 보내는 시간에 대해 죄책감을 느끼기 쉽다. 아무것도 하지 않는 것 혹은 하지 않는 것처럼 보이는 자체가 비효율성을 의미하기 때문이다. 이 지점에서 적어도 두 가지 문제를 생각해 보아야 한다. 먼저, 교사가 언제든 다른 무엇으로 교체 가능한 대상으로 여긴다는 점이다. 교사가 주어진 특정한 역할만 수행할수록 그리고 완벽히 계획되어 누구든 그 일을 대신할 수 있는 임무에 집중하게 될수록 교사는 대체 가능한 부품이 된다. 교사의 역할이 단순화되고 오직 효율성을 기준으로 계산된다면, 교사 스스로도 자신의 일에서 의미를 찾지 못할 가능성이 크다. 교사로서 하는 일과 친숙한 관계를 형성할 시간적 여유가 없다면, 자신이 가르치는 내용과 방법에 대해 사유하지 못하게 되는 만큼 자신의 일과 분리된다.

수단-목적의 이분법적 틀은 교육에 있어서 모든 교육 활동 과정 및 결과를 효율성과 효과성으로 평가하는 담론으로 나타나고 확실성 추구로 뒷받침된다. 그리고 이에 매몰된 교사의 언어는 그가 가진 소위 전문적인 지식으로 아이를 분류하고 분석함에 봉사한다. 이는 결국 교사가 가진 개념 또는 지식의 틀 안에 아동의 열린 가능성을 제한하는 결과를 낳는다. 아동의 열린 가능성에 대한 구체적 논의를 위해 먼저 언어의 생산적인 측면을 상기해 보자. 하이데거의 논의를 따른다면 교사가 무언가를 말하기 시작할 때 그는 동시에 무언가 새로운 것을 생산하는 것이다. 지금부터는 이와 관련하여 아동의 열린 가능성을 향한 교사의 역할을 크게 두 가지 측면에서 살펴보고자 한다. 먼저, 언어를 통해 교사는 학생들에게 세계를 특정한 방식으로 나타내어 보인다. 교사는 지식을 구조화하고, 학생들의 주의를 이끌며, 세계를 열어 보인다. 교사는 세계의 어떤 부분을 보일 것인지 선택할 뿐만 아니라 그 부분을 어떤 방식으로 혹은 어떤 맥락에서 보일 것인지 또한 결정한다. 한편, 교사 스스로도 이미 세계에 속해 있다는 점에서 교사의 태도—여러 주제에 대한 시간 안배, 교사의 성향이나 기호 등—를 온전히 벗어난 교육 내용의 전달은 불가능하다. 따라서 교사가 얼마나 객관적인 자세를 유지하려고 노력하느냐의 여부에 관계없이 그는 그저 세계에 대한 정보를 단순히 전달하는 것이 아니며, 이미 세계와 관계 맺는 특정한 방식을 학생들에게 보이고 있는 것이다. 이러한 의미에서 교사는 지식을 구조화하고 학생들에게 보일 때 편협하거나 닫힌 구조를 지양해야 할 뿐 아니라 더 나아가 학생들이 제시된 구조를 넘어서서 세계와 연결되도록 해야 한다. 이는 능동성을 넘어선 수동, 즉 존재에 대한 열린 자세를 향한 것이다. 지식이 그 맥락 또는 배경과 분리되어 학생들에게 단순한 정보로 제시된다면 그 본래의 의미를 잃기 쉬울 뿐 아니라, 학생들로 하여금 세계에 주의를 기울이는 열린 자세로 다가갈 수 없도록 할 것이다. 교사(교육자)가 이러한 언어의 힘을 인정하고 계속해서 스스로에게 상기하는 것이 대안적 교육 담론의 시작이다.

또한 교사의 언어는 학생들의 자아실현을 돕거나 반대로 제한할 수도 있다. 후자의 경우를 먼저 언급하자면, 교육 현장에 만연한 꼬리표 붙이기의 관행을 들 수 있겠다. 주의력결핍 과잉행동장애, 난독증 등의 이름으로 학생들을 분류하는 것이 대표적인 예이다. 이러한 꼬리표 붙이기를 통해 교사는 학생들을 분류하며, 보다 효과적인 분류를 위해 새로운 개념을 만들기도 한다. 물론 특정 개념을 통해 학생들을 이해하고자 하는 태도는 그 자체로서 부정적인 것도 아니고 오히려 도움이 되는 경우도 많다. 그럼에도 불구하고 나의 관심은 이러한 교육 실천의 바탕에 자리하고 있는 아동의 본성, 즉 인간의 본성에 대한 특정 이해에 있다. 아동을 알맞은 기준과 개념에 맞게 분류하고, 그 개념 안에서 설명하고자 하는 열정보다 그들의 열린 가능성을 이해하고, 아동을 예상 가능성과 설명 안에 온전히 포섭할 수 없음을 인식하며 인정하는 교육자의 태도가 필요하다. 설명 불가능, 예측 불가능의 측면에서 학생들의 열린 가능성을 이해하는 것이 그들이 스스로의 속도와 독자성에 맞게 성장하는 것을 가능하게 할 것이다.

교사가 질문하기를 멈추고 관행적으로, 혹은 너무 쉽고 빠르게 그리고 자신에 찬 태도로 학생들을 분류하고 평가하기에 급급하다면, 이 같은 태도는 문제시되어야 한다. 아동을 교사의 선개념과 분류 체계에 따라 일반화하여 이해하고 판단하기에 앞서 개개 학생을 고유하고 독자적인 정체성에서 이해하고자 할 필요가 있다. 아동안에 숨겨진 무언가를 이해하고 실현하는 것은 오직 아동에게 주의를 기울이는 태도로, 서로 간의 관계 안에 머물 때 가능해진다. 아동의 고유한 정체성, 사회적 배경 그리고 흥미 등을 이해하기 위한 노력이 그 구체적 실천의 예가 될 수 있다. 이러한 노력은 고정된 분류 체계를 기반으로 하는 것이 아니며, 오히려 그에 대한 교사의 끊임없는 질문에 의해서 가능하다. 교사는 학생들보다 "훨씬 더 자기의 본분을 자신하지 못한다."라는 하이데거의 말은 이와 같은 맥락에서 이해되어야 한다 (Heidegger, 1957, p. 131).

정리하자면 교사의 역할은 쉽게 확신하고 단정 짓지 않음, 즉 아동의 열린 가능성에 대한 경각에서 비롯되어야 한다. 이러한 교사의 인식 변화는 한편으로는 세계(존재)에 대한 아동의 열린 자세를 가능하게 하고, 다른 한편으로는 열린 가능성으로서의 아동의 실존에 대한 이해의 지평을 마련한다. 이는 곧 아동의 열린 가능성, 앞으로 다가올 미래에 대한 책임을 지는 일이기도 하다. 주어진 것에서 벗어나 스스로를 열린 가능성으로 이끌어 줄 수수께끼 안에 들어섬으로써 아동을 이해하는 새로운 지평이 열릴 수 있다는 것이다. 여기서 중요한 것은 교사가 반복하여 새로운 언어를 찾고 기반을 새로이 쌓는 일이며, 고정불변의 무언가를 확립하는 것이 아니라 늘 다시 시작하는 일이다.

우리는 앞서 사르트르의 자기기만에 대한 논의가 어떻게 하이데거의 본래성으로의 도약에 대한 논의와 닮아 있는지 살펴보았다. 그러나 하이데거는 사르트르가 아직 주체에 대한 근대적인 이해에서 벗어나지 못했다고 본다. 사르트르에게 초점은 어떤 상황에서도 자유롭게 선택하고 의미를 생성할 수 있는 주체와 주체성에 있으며, 이는 하이데거가 주체를 이해하고자 하는 방식과는 차이를 보인다. 하이데거는 현존재를 세계-내-존재(In-der-Welt-sein), 공동존재(Mit-sein)로 일컫기도 하였는데, 이는 그가 대상으로서의 세계와 분리된 주체로서의 인간이 아닌 이미 세계와 타자와 분리될 수 없게 근원적으로 얽혀 있는 현존재의 모습을 보이려고 시도하는 것과 관련이 있다. 우리는 앞서 초연한 내맡김으로서의 사유를 통해서도 그가 단순히 자율적 · 이성적 주체가 아닌 수용적인 태도를 지닌 주체의 면모를 중요시 여긴다는 점을 알 수 있었다. 사유의 수용적인 태도는 존재의 부름에 응답하는 자세를 가능하게 하며, 주체의 의지와 능력을 넘어서는 세계와의 만남을 가능하게 한다. 그리고 이러한 태도가 근대의 합리적 주체로서의 인간이 이성의 힘으로 세계를 지배하고 소유하고자 했던 오만함으로부터 벗어날 수 있는 길인 것이다. 하이데거가 보기에 근대의 세계상에서 주체와 대상은 서로 분리되어 있으며, 마치 주체가 단독적이고 자족적으로 존재하는 듯한 착각을 주었고, 이것이 세계를 대상화하고 도구화하는 근거를 제공하였다. 그의 세계-내-존재 개념은 우리가 홀로 선 주체로서 이차적으로 세계 또는 타인과 관계를 맺는 것이 아니라 이미 떨어질 수 없이 얽혀 있는 세계와의 관계 속에서 주체가 된다는 점을 강조한다. 현존재는 세계와 분리되어서 생각될 수 없는 존재라는 것이다. 이 같은 주체성에 대한 입장 차이가 아마도 하이데거가 사르트르와 함께 '실존주의자'라는 범주에 묶이기를 거부했던 이유 가운데 하나일 것이다.

지금까지 우리는 하이데거의 사유에서 세계에 대한 책임과 윤리적 태도를 읽어낼 수 있었다. 세계에 대한 책임 있는 태도와 관련하여 비슷한 맥락에서 하이데거를 환경 교육과 연계해서 읽으려는 시도들을 살펴보는 것도 의미가 있을 것이다.

4. 푸코: 후기 구조주의 철학과 책임

1) 판옵티콘

이번에는 조금 다른 색깔의 사상가인 푸코(Michel Foucault, 1926~1984)를 살펴보고자 한다. 푸코의 논의를 다른 사상가들과 비교하면서 살펴보아도 좋을 것이다. 먼저, '판옵티콘(panopticon)'이라는 하나의 건축양식으로부터 이야기를 시작해 보겠다. 판옵티콘이란, 영국의 철학자이자 법학자이기도 한 벤담(Jeremy Bentham, 1748~1832)이 제안한 새로운 감옥 건축양식이다. 판옵티콘은 그리스어로 '모두'를 뜻하는 'pan'과 '본다'를 뜻하는 'opticon'을 어원으로 한다. 여기에는 소수의 감시자로 또는 감시자가 없을 때에도 한눈에 모든 수용자를 감시할 수 있다는 의미가 담겨 있다. 가운데에 위치한 탑이 밝게 빛나고 있어서 수감자들은 탑에 감시자가 있는지 없는지 볼 수가 없는 반면, 탑에서는 모든 곳을 한눈에 볼 수 있다. 감금된 사람에게는 자신을 살펴보고 있는 탑이 항상 보이지만 스스로가 현재 감시를 받는지 아닌지는 알 수가 없는 구조인 것이다. 이러한 감옥의 형태는 감시자가 없을 때에도 수감자들이 스스로를 감시하는 효과를 낳는다. 즉, 최소한의 감시로 효율성을 높일 수 있게 되는 것이다.

푸코가 자신의 계보학적 연구로 드러내고자 하는 한 가지는 역사적으로 통치는 계속되어 왔으나, 단지 통치하고 통제하는 방식이 바뀌었을 뿐이라는 점이다. 우리는 보통 범죄자를 처단하거나 통치하는 방식이 역사가 흐르면서 보다 완화되었다거나 혹은 '인간적'으로 바뀌었다고 생각한다. 우리는 더 이상 단두대에서 처형을 하거나 광장에 사람들을 참수하여 전시하지 않으며, 그저 우리 눈에 잘 띄지도 않는 감옥에 보낼 뿐이다. 그러나 푸코가 보기에는 그저 통치의 방식이 보다 효율적인 방식, 신자유주의에 영합하는 방식으로 바뀌었을 뿐이라는 것이다. 예전에는 군주가 최고 권력자임을 보이기 위한 예식을 행하거나 군주의 힘을 보여 주는 장치들이 필요했다면, 이것이 이제는 더 효율적인 방식으로 대체된 것이다. 판옵티콘에서 보이듯이, 사람들이 스스로를 예속화하도록 하는 방식으로 작동하기 때문에 폭력적 수단이 불필요한 것뿐이며, 오히려 폭력보다 훨씬 효과적으로 심지어 감시받는 사람조차 눈치 채지 못하는 방식으로 통치가 이루어진다.

푸코가 지적하는 것은 폭력이 작동하는 방식이 역사적으로 달라졌다는 것이며, 그 방향이 보다 권력을 경제적이고 효율적으로 작동시키는 방향으로 달라졌다는 것이다. 그에 따르면, 감옥, 학교, 군대, 병원도 개인을 통치하려는 의도를 가지고 있는 권력 기구로 역사적 산물에 불과하다. 그러나 우리는 보통 이러한 기관들을 통해 통치받는다고 여기지 않으며 스스로 자유롭다고 여기는데, 바로 거기에 통치의 효율성이 있다. 우리는 스스로 자유롭다고 여기지만, 그 자유는 스스로를 끊임없이 계발하여 신자유주의에 기여하는 자유일 뿐이다. 마치 판옵티콘 안에 있는 수감자들처럼 아무도 보지 않아도 스스로를 검열하는 것처럼, 사실상 통치를 내면화하여 스스로를 검열하고 통제하는 과정에 불과한 것이다. 즉, 통치는 이제 자유를 주는 방식으로 이루어지고 있다. 이에 대해 좀 더 자세히 살펴보도록 하자.

2) 통치성과 주체화

스스로 자유롭게 주체화되는 것처럼 보이는 과정이 결과적으로는 어떻게 주체가 통제되고 종속되는 길이 되는 것일까? 우리는 흔히 나에게 주어진 자유로 인해 내가 선택한 일에 대한 책임은 나에게 있다고 생각한다. 즉, 내가 성공하지 못했다면 충분히 노력하지 않은 것이며 내가 잘못된 길을 선택한 탓이다. 이와 관련하여 학교에서 평가제도가 어떤 식으로 학생들에 대한 통제로 작동하는지를 살펴보는 것이 도움이 된다. 예를 들어, 조수경(2014)은 평가제도를 논의하면서 다음과 같이 썼다. '신자유주의 교육이란 추상적 이데올로기나 오롯이 드러난 현실체가 아니다. 그것은 개별적 주체를 향해 행위의 조건을 구성하고, 평가하며 또한 그것에 관해 보상하는 지식, 권력 그리고 윤리가 착종된 결합체이며, 새로운 주체를 탄생시킨다'(p. 138). 이 새로운 주체는 스스로 목적을 세우고 이를 평가하는 방식으로 스스로를 통제하고 검열한다. 이러한 주체는 과연 자유로우며 통치의 방식은 과연 인간화된 것일까? 앞에서 암시되었듯이, 이러한 방식이 눈에 드러나는 신체적 처벌보다 위험한 이유는 실제적으로 예속되는 방식이 가려지고 논의에서 배제되기 때문이다. 개인화되어 자신의 선택과 평가 결과에 대해 온전히 책임지는 신자유주의적 주체는 하나의 개인 기업이 된다. 스스로를 검열하며 권력의 요구에 따라 규율에 복종할 뿐 평가의 본질이나 근거를 문제 삼지는 않는다. 평가 결과에 슬퍼하거나 자신을 탓하거나 더 나아가 공정한 평가를 요구할 수도 있겠지만 평가 그 자체에 대해서는 의심할 수 없게 된다. 우리는 평가 외에도 학교의 시공간 배치, 규율, 학생의 신체에 대한 통제, 서열화 등이 어떻게 통치를 내재화시키고 권력이 작동하는 장치가 되는지 또한 푸코를 통해 분석하고 질문할 수 있다.

한 예로 학생들의 주체적 선택을 존중하고 그들의 자율성을 길러 주는 것을 목표로 하는 고교학점제의 경우를 생각해 보자. 학생들은 스스로 선택하고 그에 대한 결과를 감당하고 책임을 지게 될 것이다. 그러나 이때의 자유와 선택은 자칫하면 학생들에게만 그 책임의 짐을 지우는 방식으로 작동할 수 있다. 자신의 선택에 책임지기 위해 마치 개인 기업을 운영하고 관리하듯이 투입 대비 산출을 극대화하는 개인은 체제 자체에는 의문을 갖지 않는 순종적인 주체가 된다. 주위에 넘쳐나는 자기계발서와 자기계발의 담론, 육아서와 지침, 스펙 관리에 이어 건강 관리에 이르는 담론들도 어떻게 개개인이 자율적이 될수록 종속되는지를 보여 주는 예가 된다. 이렇게 푸코는 자유와 책임에 대한 담론이 어떻게 통치의 수단이 될 수 있는지, 그것들이 어떻게 내재화된 규율로 작동하여 스스로를 끊임없는 자기계발로 몰아세우고 개인이 기업화가 되게끔 하는지를 볼 수 있도록 도와준다. 교사의 경우도 마찬가지이다. 교사 또한 규범을 내재화하고 판옵티콘의 감시를 내재화하여 스스로의 행위를 검열하고 제한한다. 이는 교사에게 사회적으로 기대되는 규범이나 행위 등을 비롯하여 특정 언어를 자신의 언어로 수용하는 일을 포함한다. 이때 교사는 비판적으로 질문하기보다는 지배적인 교육 담론이라든지, 학교 현장에서 팽배한 효율성과 통제의 언어 등을 자신의 언어로 받아들일 것이다. 푸코는 아마도 이렇게 자발적으로 체제와 규범에 순응하는 교사를 길러 내는 것이 보다 더 섬세한 방식의 통치라고 볼 것이다. 푸코는 한 인터뷰에서 다음과 같이 말한다.

> 우리는, 권력이란 그것을 소유한 사람과 소유하지 않은 사람을 구분할 수 있는 성격이 아님을 명심해야 합니다. 권력이란 사회 속에 유통되면서 하나의 사슬처럼 엮여 있는 그물망이기 때문이지요. 권력이란, 여기저기 널려 있는 것이지 결코 어느 한 사람의 손아귀에 장악될 수 있는 물건이 아니며, 상품이나 부처럼 독점될 수 있는 것도 아닙니다. 권력은 오로지 살아 있는 유기체처럼 섬세하게 퍼져 있는 그물망을 통해서 행사되는 것입니다. 그런데 이와 같은 권력모델에서는 권력을 행사하는 주체가 개인으로 국한되는 것은 아닙니다. 개인은 오히려 소리 없는 가운데 권력이 겨냥하고 있는 대상입니다. 즉, 개인은 권력이 유통하는 데 필요한 매개체이지 권력을 행사하는 주인은 아니라는 것입니다(Foucault, 1980, p. 130).

권력의 속성을 이같이 이해할 때 푸코에게 사르트르의 자유 개념은 다소 순진한 생각으로 보일 것이다. 그는 우리가 과연 사르트르가 말하는 것처럼 자유로울 수 있겠느냐고 물을 것이다. 푸코에 따르면, 우리는 이미 통치성이 작동하는 방식 안에서 살아가고 있으며 이를 완전히 벗어나는 것은 불가능하다. 그러나 중요한 점은 푸코는 이 통치성을 부정적인 것으로만 보고 있지 않다는 점이다. 푸코는 통치성의 힘이 작동하는 곳이 개별 주체라면, 새로운 가능성과 저항의 가능성도 그 개별 주체에 있다고 하였다. 니힐리즘에 빠지지 않고 저항의 가능성을 찾기 위해서는 개개인의 비판적 성찰이 필요하다는 의미일 것이다. 푸코는 후기 저서에서 이러한 저항에 좀 더 관심을 두고 있는 것처럼 보인다. 그가 후기에 관심을 두고 있는 '파레시아'라는 개념에 대해 살펴보도록 하자.

3) 파레시아

후기에 푸코는 그리스 고전에 관심을 가졌는데, 그때 '파레시아(parrhesia)'라는 주제로 여러 번 강의를 하였다. 파레시아란 무슨 말이든 자신과의 진실된 관계 속에서 솔직하게 할 수 있는 것을 의미하며 그럴 수 있는 사람을 '파레시아스트'라고 한다. 파레시아스트의 중요한 증표는 그의 용기이다. '파레시아스트가 위험한 뭔가를 말한다는 사실, 다수의 생각과는 다른 뭔가를 말한다는 사실은 그가 파레시아스트라는 것을 증명하는 증표'이다(Foucault, 2017, p. 120). 그리고 우리는 여기에서 어떤 저항의 가능성을 찾아볼 수도 있을 것이다. 푸코는 다음과 같이 말한다.

> 하지만 우리가 어떤 사람에 대해 그가 파레시아를 행하고 있고, 또 파레시아스트로 간주될 자격이 있다고 말할 수 있기 위해서는 그가 진실을 말할 때 반드시 위험이 수반되어야 합니다. 예를 들어, 문법 선생은 자신이 가르치는 아이들에게 진실을 말할 수 있고, 또 그가 가르치는 바는 의심의 여지없는 진실일 수 있지만, 신념과 진실의 이와 같은 일치에도 불구하고 고대 그리스인의 시각, 관점에서 볼 때, 문법 선생은 파레시아스트가 아닙니다. 그리고 그리스인은, 적어도 정상적인 교육 환경에 있는 선생이 파레시아스트라고는 결코 말하지 않을 겁니다(ibid., p. 95).

푸코는 파레시아스트의 역할이 교육자의 역할과 일치할 가능성을 염두에 두고 있으나, 일반적인 교육자에게서 이 파레시아스트의 모습을 더 이상 찾아보기가 힘들다고 생각하는 듯이 보인다. 그는 이렇게 말한다.

> 그리고 마지막으로 파레시아스트는 교육자와 다른데, 그 이유는 이미 아주 잘 알고 계시듯이 교육자는 가르칠 때 용기를 갖거나 위험을 감수할 필요가 없기 때문입니다. 교육자는 만인이 알고 있는 것을 말합니다. 교육자의 역할은 아직 통합되지 않은 사람을 통합하는 일, 이들이 [사회] 내부로 들어가도록 돕는 일입니다. 하지만 교육자 자신도 사회 안에 존재합니다. 반면, 파레시아스트는 근본적으로 분쟁적 상황 속에 위치합니다. 그는 권력과 맞서고, 다수의 사람이나 여론 등과 대립합니다. 이것은 교육자가 할 수 없는 일입니다. 파레시아스트는 통합의 역군으로 활동하는 것이 아니라 해체의 역군으로 활동합니다(ibid., p. 131).

실제로 우리 주변에서 교육자로서 비판하는 역할, 비판적 태도를 견지하는 경우를 찾아보기가 힘든지의 여부는 우리 스스로 고민해 볼 일이다. 푸코에 의하면, 파레시아는 우리가 인간으로서 존재하는 방식에 대한 어떤 진실을 보여 준다. 따라서 비록 푸코는 교육자에게서 파레시아스트로서의 희망을 보지 않았다고 하더라도 오늘날 우리는 이것을 교육자로서의 책임에 있어 중요한 측면으로 논의할 수 있다. 푸코는 다음과 같이 말한다.

> 그리고 주체화의 계보와 비판적 태도의 계보와의 교차 지점에 있는 파레시아의 분석은 우리 자신에 대한 역사적 존재론이라고 불릴 수 있는 것에 속합니다. 왜냐하면 인간 존재로서 우리는 진실을 말할 능력이 있고, 우리 자신을 변화시킬 수 있으며, 우리 자신의 습관과 태도, 우리 사회를 변화시킬 능력이 있고, 진실을 말함으로써 우리 자신을 변화시킬 수 있기 때문입니다(ibid., p. 134).

정리하자면, 푸코에게 규율 권력의 대상이 되는 주체(신체)는 그럼에도 불구하고 새로운 가능성의 장소이기도 하다. 규율 권력을 완전히 벗어날 수는 없지만, 권력이 작동하는 그곳에 주체화의 가능성도 있다. 푸코는 역사적으로 우리가 '진리'를 어떻게 진리로 받아들이게 되었는지를 밝히고 드러냄으로써 다른 사유의 가능성을 탐구하려고 하였다. 그가 거대담론이나 시스템을 제시하려고 하지 않았으며 후학들에게도 자신의 철학을 그저 새로운 문제를 탐구하기 위한 도구 상자로 사용할 것을 권하였다는 점은 우리에게 생각할 거리를 남긴다. 또 이번 장에서는 푸코가 계보학적 연구를 통해 제도와 담론의 우연성을 드러냈음도 살펴보았다. 우리는 때로 우리가 태어나기 전부터 있었다는 이유로 어떤 제도나 기관의 존재의 정당성을 의심조차 하지 못한다. 그러나 예를 들어, 학교의 존재 또한 역사적으로 어떤 한 순간에 시작된 것이며, 학교의 평가 방식들도 마찬가지라는 점을 생각하면 역사적으로 필연적이고 불변하는 것은 없으며 무엇이든 변할 수 있는 가능성이 있다고 볼 수 있다. 이러한 맥락에서 푸코는 광기와 이성의 관계를 분석하기도 하였는데, 우리도 푸코의 사유를 틀로 삼아 정상과 비정상이 어떻게 규정되는지 혹은 정상가족과 비정상가족을 구분하는 담론은 어떻게 생성되고 지속되는지 등을 분석할 수도 있을 것이다.

5. 레비나스: 타자성의 철학과 책임

1) 태양 아래 나의 자리를 의심하라

에마뉘엘 레비나스(Emmanuel Levinas, 1906~1995)의 철학적 질문은 그의 홀로코스트 경험과 밀접하게 연결되어 있다. 제1, 2차 세계대전과 홀로코스트는 레비나스뿐만 아니라 많은 철학자가 근대적 사유에 대해 의심하게 되는 계기를 제공했으며, 특히 합리적 주체를 도덕적 주체와 동일시했던 가정이 재검토되었다. 합리성의 부족에서 비윤리적 문제의 원인을 찾기보다는 서양근대철학이 그동안 타자와의 윤리적 관계 안에서만 존재하는 주체의 본질을 간과해 온 것에 그 원인이 있지 않을까 질문하기 시작한 것이다. 레비나스에게 책임은 자유로운 주체가 이차적으로 타자와 관계를 맺으면서 발생하는 것과는 거리가 멀다. 오히려 주체의 '자유' 그 자체를 의문시하는 데에서 윤리적 사유가 시작한다. 그에 따르면, 주체는 오직 타자를 통해서만 주체가 되며 타자에게 빚지지 않은 온전히 자유로운 주체는 없다. 레비나스는 파스칼의 다음 문구를 인용하였다. "'…… 바로 거기 볕이 비치는 곳이 내 자리이다.' 이것이 전 세계의 횡령의 상징이자 시작이다"(Levinas, 1974). 레비나스는 '태양 아래 그 자리가 정말 나의 자리인가? 나는 존재할 권리가 있는가?'라고 물으면서 주체의 자유와 권리를 시험한 것이다.

레비나스의 철학은 국내외에서 교육과 관련하여 광범위하게 논의되어 왔다. 특히 레비나스를 통해 교사와 학생의 관계를 새롭게 보려는 시도가 많으며, 그 밖에 사회정의, 교육과정 등과 관련해서도 논의되고 있다. 이번 장에서는 레비나스의 철학을 개략적으로 살펴보도록 하겠다. 레비나스의 철학은 타자성의 철학, 타자 윤리학이라고도 불린다. 레비나스는 하이데거의 '존재'를 중립적이고 탈인격적인 무엇으로 보았으며, 여기에는 윤리성이 결여되어 있다고 비판하였다. 레비나스는 하이데거의 존재론을 비롯한 서양의 근대철학을 타자를 동일자로 흡수하는 철학으로 보고, 이에 균열을 내는 '무한으로서의 사유'를 드러내고자 하였다. 존재론이 자기에게 돌아오는 운동이라면, 무한으로서의 사유는 존재 저편을 향하는 초월의 운동이자 항상 스스로를 넘어서며 돌아오지 않는 운동이다. 레비나스는 이러한 무한으로서의 사유가 사실 '전체성으로서의 사유'에 바탕이 됨을 보이고자 하였다. 만약 자신의 바깥에 열려 있지 않다면, 타인에게 열려 있지 않다면 우리는 주체가 될 수 없다는 것이다. 실제로 우리는 타자와의 관계 속에서 누군가에게 응답하고 누군가의 손길을 받음으로써 인간으로서 성장한다. 누구와도 접촉하지 않은 늑대 아이의 모습을 상상해 본다면 현상학적으로 타자와의 윤리적 관계가 '나'(주체)에 선행한다는 점을 알 수 있다. 이로써 레비나스는 윤리학을 제1철학으로 정립하고자 하였다. 그에게 중요한 것은 나의 자유로부터 오는 힘, 도덕적 선택을 할 수 있는 힘 등이 아니라 나의 자유를 의심하고, 내가 근원적으로 이미 타자와 연결되어 있으며 타자 없이는 나의 자유도 없다는 것을 인식하는 일이다. 나는 사실상 내가 아닌 것으로 이루어져 있다. 내가 향유하고 즐기고 나에게 양분이 되는 것들도 나의 바깥에 있는 것이며 나의 사유를 가능하게 하는 언어와 문화 등도 타자가 있기에 내가 빌릴 수 있었던 것들이다. 나는 이미, 그리고 항상 타자와의 관계에 기대에 있는 존재라는 것을 깨닫는 것이 윤리적 주체로서의 시작이다.

레비나스는 그의 대표 저서 『전체성과 무한』에서 다음과 같이 쓴다.

> 타자를 알고자 하는 그리고 타자에 가닿고자 하는 지망은 타인과의 관계 속에서 성취되며, 이 타인과의 관계는 언어의 관계 속으로 스며드는데, 언어에서 본질적인 것은 호명이고 호격이다. 우리가 타자를 호명하자마자 타자는 자신의 이질성 속에서 스스로를 유지하고 스스로를 확증한다. 비록 우리가 말을 건넬 수 없다고 타자에게 말하기 위해서, 타자를 병든 자로 분류하기 위해서, 사형 선고를 알리기 위해서 타자를 부르는 경우라 하더라도 그렇다. 사로잡히고 상처 입고 폭행당하는 바로 그때 타자는 '존중받는다'. 불리어진 자는 내가 이해하는 그 무엇이 아니다. 타자는 범주에 속하지 않는다. 타자는 내가 말을 건네는 자이다. 그는 자신을 지시할 따름이다. 타자는 어떤 본질을 가지지 않는다. 그러나 호명의 형식적 구조는 전개해 봐야 한다(Levinas, 1961, p. 89).

타자는 언제나 나의 이해와 범주를 넘어서는 존재이다. 우리는 때로는 편의를 위해, 때로는 나의 두려움을 극복하기 위한 수단으로 타인을 범주화하고 분류한다. 레비나스는 우리에게 '타인의 얼굴'을 보아야 한다고 말하는데, 타인의 얼굴을 본다는 것은 얼굴을 통해 어떤 정보를 얻고 인종이나 성별, 생김새 등을 통해 그 사람을 알아 가라는 뜻이 아니다. 그는 심지어 얼굴을 본다는 것은 그의 눈 색깔조차 보지 않는 것이라고 말하였다. 우리는 시각을 통해 눈 색깔, 나이, 학력, 성적 지향성, 장애, 인종, 성별 등 다양한 정보를 얻을 수 있다. 레비나스는 여기에 계몽주의 철학 사상을 바탕으로 한 합리적이고 근대적인 주체가 객체로서의 대상을 흡수하는 힘으로서 앎의 방식이 있다고 본다. 계몽주의(Enlightenment)의 어원에서도 드러나듯이 서양 철학에서 이성의 힘은 빛의 힘과 동일시되어 왔고, 이는 이성으로 우리가 사물과 세계, 심지어 타자를 명명백백하게 알 수 있다는 착각을 심어 주었다. 레비나스는 이러한 이유로 서양 철학이 홀로코스트의 윤리적 책임에서 자유롭지 못하다고 본다.

이와 반대로, 윤리적 사유는 타자는 나의 이해를 벗어나는 절대적인 타자임을 인정하는 것에서 시작한다. 타자를 온전히 아는 것은 불가능하고, 오히려 타자는 우리가 알수록 더 알고 싶게 하는 그러한 존재이다. 그러면 얼굴을 보는 방법은 무엇일까? 레비나스에 의하면, '얼굴'은 항상 그것에 대한 나의 아이디어 그 이상이며 타자는 나의 이해로 환원될 수 없다. 그리고 우리는 오직 그의 언어에 귀 기울임으로써 그에게 다가갈 수 있다. 빛이 아닌 소리에 주의를 기울이는 것이다.

언어에 대한 통찰은 하이데거를 통해서도 얻을 수 있었다. 앞서 살펴보았듯이 하이데거에게도 계산적 사유를 극복하는 데 있어서 언어의 본질에 대한 이해가 중요하다. 하이데거는 우리가 언어를 통제할 수 있는 언어의 주인이라기보다는 오히려 언어의 산물임을 보이며 '언어가 말한다'고 한다. 인간은 언어를 통제할 수도 없을 뿐더러 오직 언어 안으로 들어옴으로써만 인간이 되기 때문이다. 내가 내뱉는 말의 의미도 나의 통제를 넘어서고 그 의미는 언제나 어느 정도는 타인에 의해 결정되며, 우리는 언어와 불가분의 관계에 있는 인간 문화 안으로 들어와 우리가 태어나기 전부터 이미 존재했던 그 언어에 응답함으로써 말한다. 즉, 인간이 아닌 언어가 먼저 말하고 우리는 뒤따라 말할 뿐이다. 따라서 언어는 단순한 의사소통 수단이 아니라 오히려 사유를 가능하게 하는 원천과도 같다. 그러나 레비나스는 하이데거의 논의에서 중요한 것이 빠져 있다고 보았는데, 그것은 언어가 언제나 '누군가'의 언어라는 점이다. 언어는 호격이고 호명이며, 누군가를 부르고 누군가에게 말을 건네는 언어이며, 나에게 대답할 것을 요구하는 언어이다. 이 단순한 사실을 잊는다면 우리는 응답하라며 우리를 불러 세우는 타자의 언어에 귀를 닫게 될 것이다.

2) 불가능성

레비나스에게 책임은 채울 수 없는 무엇이다. 타인에게 응답할수록 나의 책임은 오히려 더 깊어진다. 이를 이해하기 위해 레비나스에게 영향을 받은 철학자 데리다(Jacques Derrida)를 잠시 살펴보면 도움이 될 것이다. 데리다는 선물이라는 개념 자체가 사실은 불가능성을 향하고 있다고 말한다. 순수한 선물이라면 모든 경제적 교환관계를 벗어나야 하며, 어떤 종류의 보답에 대한 기대도 없어야만 한다. 어떤 식으로든 출발했던 그 지점으로 다시 돌아와서는 안 되는 것이다. 데리다는 그러나 선물이 마치 한 방향으로 가는 것처럼 보이지만, 사실은 어떤 식으로든 항상 보답이 있으며 상호성이 있다는 점을 지적한다. 아이의 기뻐하는 모습, 무기명으로 하는 자선행위에 따라오는 소소한 만족감, 조심스럽게 떠오르는 나의 훌륭함에 대한 생각 등 선물의 순수함을 위협하는 것들이 많다는 것이다. 또한 한 번 선물로 인식되면 그것은 일종의 빚이 되고, 어떤 식으로든 보답해야 할 무엇이 된다. 그렇다고 해서 아무도 선물을 선물로 인식하지 않는다면 그것이 선물이라고 생각되어야 할 이유도 없다. 따라서 순수한 선물은 불가능하다. 그렇다면 데리다는 우리에게 선물은 순수할 수 없기에 아무 의미가 없다고 말하고 있는 것일까? 오히려 데리다가 하고자 하는 말은 순수한 선물은 불가능함에도 불구하고 우리는 선물을 해야만 한다는 것이다. 불가능성에 다다르고자 하는 그 자체가 우리를 단순한 교환경제에서 끌어내며, 그 순간이 우리를 보다 더 인간답게 한다. 선물을 주고받는 문화는 우리의 삶의 중요한 부분을 차지하고 있으며, 우리가 단순히 거부할 수 없는 무엇이기도 하다. 어쩌면 이것이 우리의 삶이 사실은 단순히 교환과 상호성에 바탕을 두고 있는 것이 아니라는 점, 우리의 삶은 그런 식으로 정리되지 않는다는 점을 보여 주는 것이 아닐까? 이는 단순히 생존으로서의 삶에 균열을 낸다. 자신에게로 돌아오는 원을 그리는 움직임이 아니라 자신으로부터 떠나는 타자를 향하는 움직임이 되며, 경제적인 사고에 틈을 내고 무한으로서의 사유에 열려 있게끔 한다(Lee, 2019a 참조).

　따라서 중요한 것은 이러한 불가능성, 즉 주체의 한계와 유한성에 대한 인식이다. 이러한 인식은 나의 자유, 힘, 능력을 시험하며, 타자를 맞이할 준비가 되어 있는 사유를 향하기에 그 자체에 윤리성이 있다. 레비나스는 이 같은 책임을 인식하기 위해 교사가 특별히 어떠한 기술을 익히거나 역량을 익혀야 한다고 말하지는 않을 것이다. 오히려 그는 교사는 이미 책임으로서 존재한다고 말할 것이다. 책임은 이미 그리고 항상 교사가 존재하는 방식 안에 있다. 특히나 교사는 항상 스스로를 전면에 내세우는 직업이다. 스스로를 드러내고 내어 보이는 일에는 두려움과 불안이 동반된다. 많은 교사가 학기 초에 웃지 말라든지 학생들에게 감정을 내보이지 말라고 서로 조언하는 데에는 이러한 두려움으로부터 자신을 지키기 위한 목적이 크다. 그러나 바로 그러한 두려움을 마주하여 나를 드러내고, 상대방에게 말을 건네고, 내 생각을 전하고, 상대방의 반응을 살피는 그 대화의 과정 속에 책임이 구조적으로 박혀 있다. 상대방의 말을 듣고 거기에 내 말을 보태고, 때로는 방향을 트는 그 모든 대화 과정이 서로에게 책임 있게 응답하는 과정인 것이다. 레비나스에게 타자는 언어로 온다. 신조차도 타인을 통해 그리고 타인의 언어를 통해서 온다. 그래서 레비나스에게 언어는 곧 타자이기도 하다.

타자에 대한 레비나스의 태도는 하이데거와의 또 다른 차이를 하나 더 보여 준다. 하이데거에게 죽음이 '불가능성의 가능성'으로 나의 유한성을 직시함으로써 오는 자유라면, 레비나스에게 죽음은 '가능성의 불가능성'으로 삶의 생동성이 멈추고 말 그대로 불가능해지는 것이다. 이때 죽음은 내가 알 수 없는 무엇이라는 점에서 타자와 닮아 있다. 레비나스는 햄릿을 인용하며 죽느냐 사느냐는 더 이상 중요한 질문이 아니라고 하였다. 그는 아마도 하이데거에게 자신의 죽음을 넘어서서 타자의 죽음을 보라고 제안할 것이다.

3) 지식과 역량[4]

무한으로서의 사유를 위해서 우리는 보다 겸허한 자세로 쉽사리 고정되거나 일반화될 수 없는 타자성을 지닌 주제와 대상에 주의를 기울일 필요가 있다. 어떤 주제는 다른 것들보다 도구화에 더 취약함을 염두에 두어야 할 것이다. 그러나 사실 교사는 정도의 차이는 있을지라도, 그들이 가르치는 대상을 소비하고 부당하게 이용하는 것에서 온전히 자유로울 수는 없다. 때로는 학생들의 흥미를 끌기 위해 주제나 자료가 선정되기도 하는데, 논쟁적이거나 감성을 자극하는 각종 이미지는 종종 그 목적에 부합된다(대량 학살과 같은 역사적 사건 등). 타자성에의 억압은 다름 아닌 교사의 열정적인 노력에 의해 발생하기도 하는 것이다. 이런 경우가 아니더라

---

4) 해당 부분은 이소영(2020)의 일부를 재구성한 것이다.

도 교사는 어떤 식으로든 하나의 틀을 통해 대상을 제시할 수밖에 없으며, 이때 대상이 어느 정도 확정되고 설명되어 버림으로써 소실되는 것들이 생길 수밖에 없다. 중요한 것은 교사의 책무가 이러한 소실을 사전에 차단하는 일에 있기보다는 오히려 스스로가 이런 책임으로부터 결코 자유로울 수 없다는 점을 기억하는 것에 있다는 점이다. 기억해야 할 것은 어렵게 알아 가야만 하는 것을 알기 쉬운 납작한 대상으로 만들어 버릴 때, 나의 말을 책임감 있게 내어놓는 대신에 남들이 이미 해 놓은 말에 손쉽게 기댈 때, 나를 불편하게 하는 것들을 마주하는 법을 잊어버리고 무감각해질 때 우리가 놓치는 것이 있다는 사실이다. 어떤 지식은 오직 시적인 태도로만 이야기되고 다가갈 수 있는지도 모른다.

또한 무엇을 안다는 게 명제적 지식이나 방법적 지식, 심지어 정보로 좁게 여기는 경향이 있는데, 이러한 배경에는 사유하는 일 자체를 사유의 대상을 통제하고 지배하는 행위로 여기는 태도가 있다. 그리고 이러한 태도는 필연적으로 타자성, 즉 나와 급진적으로 다른 무엇을 사유하는 길을 가로막는다. 동일성으로서의 사유를 넘어서기 위해서는 우리의 통제 아래에 있지 않고 우리의 선개념과 이해를 넘어서는 대상을 마주하는 경험 그 자체를 중요하게 여길 필요가 있다. 예를 들어, 시나 예술 작품을 감상하는 것은 우리 스스로의 생각과 판단을 요구하며 백과사전에서 찾을 수 없는 지식과 이해를 요구한다. 나의 책임 있는 사유를 요구하는 이 같은 대상을 마주하는 경험이 타자를 만나는 윤리적 태도를 준비시킨다. 상투적인 말, 정보로서의 지식, 백과사전적 지식이 담지 못하는 것들과 깊이 있게 관계하는 자세가 우리의 일상 언어를 생생하게 하고 새로운 생각들을 불러들이며, 닫힌 사고와 질서에 균열을 낼 수 있다. 언어의 가능성을 열어 놓는 것, 타자성을 보존할 수 있는 언어를 찾는 일은 윤리적이고 또 정치적인 것이다.

이러한 이해를 바탕으로 교사는 지식의 사회경제적 도구화를 경계하고 지식을 그 이상의 것으로 열어 내어 보일 수 있다. 이는 학생이 배우는 대상(지식)과 고유한 관계를 맺을 기회와 판단의 공간을 열어 주는 일과 다르지 않다. 또한 배우는 일이 명제적 진술을 넘어서는 세계를 만나는 일, 고정된 '의미'를 넘어서는 언어의 무게를 느끼는 일 그리고 오직 자신만의 말과 감각으로 만나야만 하는 대상들을 책임 있게 마주하는 일의 연장선에 있도록 그 통로를 열어 주는 일이기도 하다. 교육이 역량이나 기술 등의 이름을 붙여 특정 종류의 지식만을 추구할 때, 우리가 쉽게 장악할 수 없는 대상들은 교육 밖으로 걸러진다. 정제되어 남은 "지식은 타자를 사로잡음에 의한, 장악에 의한 혹은 사로잡기에 앞서서 사로잡는 시각에 의한 타자에의 억압이 될 것이다"(Levinas, 1961a, p. 337).

앞서 언급하였듯이, 레비나스가 던지는 질문은 그의 홀로코스트 경험과 무관하지 않다. 제1, 2차 세계대전은 그를 비롯한 많은 철학자로 하여금 이성적·합리적 주체와 도덕적 주체를 동일시하는 전제에 대해 다시 생각해 보도록 하였다. 홀로코스트가 정말 합리적 주체들의 부족으로, 또는 우리가 충분히 합리적이지 못했기 때문에 생겨난 것인가? 혹은 레비나스의 말처럼 어디에든 항상 있는 타자와의 윤리적인 관계를 인정하지 못하고 부정한 것에서 비롯된 것인가? 합리성과 윤리를 동일시하는 사유는 윤리를 어떤 총체적인 시스템, 즉 보편적으로 완성되고 완성된 이후에 누구든 따를 수 있는 하나의 시스템으로 생각하게끔 한다는 점에서 위험할 수 있다. 윤리는 우리 일상 속에 마주하는 매일매일의 어려움과 문제들과 분리될 수 없으며, 우리가 의식적으로 하는 판단뿐 아니라 우리가 의도하지 않은 채로 상처 주는 것 등을 모두 포함하기 때문이다. 여기에 레비나스는 선택보다 더 오래된 선함이 있다고 말한다. 우리가 말 건네는 그곳에는 사실 '보편'에 통합될 수 없는, 어떤 하나로도 환원될 수 없는 개개인이 있다는 것을 기억해야만 한다.

레비나스의 철학에 대한 소개를 마무리하면서 채울 수 없음에도 불구하고 우리가 계속해서 응답해야만 하는 그 책임의 부름이 어떤 의미가 있는지 생각해 보자. 만약 우리가 민주주의를 이미 성취했다고 생각한다면 어떠할까? 아마도 더 이상 사회정치적으로 변화가 없거나 오히려 민주적 측면에서 퇴보할지도 모른다. 우리가 평등하게 선거권을 가졌을 때 이제 충분히 민주적이라고 생각했다면 어땠을까? 노예제도가 폐지되었을 때 충분히 민주적이라고 생각했다면 어땠을까? 데리다는 이러한 의미에서 민주주의는 항상 '도래할 민주주의'라고 말하였다. 절대 성취할 수 없으나 우리를 방향 짓는 어떤 지향점으로서의 민주주의라는 의미이다. 타자에 대한 책임도 마찬가지이다. 자신이 오늘의 책임을 완벽히 다했으므로 더 이상 나는 할 것이 없다고 생각하는 교사를 상상해 보자. 그리고 여전히 부족함을, 여전히 더 할 일이 있다고 생각하는 교사도 상상해 보자. 레비나스는 후자에서 타자를 환대하고 책임을 다하는 교사의 모습을 볼 것이다.

　지금까지 우리가 읽은 철학자들은 인간에 대한 자신만의 이해를 바탕으로 실존적 측면에서 우리에게 다양한 생각할 거리들을 던져 주고 있다. 이들의 논의가 나로 하여금 내가 어떤 존재인지, 교사와 학생이 어떤 존재인지에 대해 인식하는 바를 변화시킨다면 혹은 가르치고 배우는 일을 대하는 관점을 변화시킨다면 그들의 철학은 실천성이 있다고 볼 수 있을 것이다. 여기에도 마찬가지로 '책임'이 전제되어 있다. 문제를 던지고 새롭게 사유하려는 방식 자체가 이미 하나의 실천적 행위이며, 이것이 내가 타자와 사회적 문제 등 나의 외부에 대해 어떻게 책임 있게 응답할지를 결정한다. 방법적인 것을 내어놓는 것만이 실천이 아닌 이유이다.

　보다 넓은 차원에서의 '실천'과 '책임'에 대해 논의하기 위한 바탕으로 우리는 사르트르, 하이데거, 푸코, 레비나스 등의 철학자들을 살펴보았다. 책임을 개인화함으로써 신자유주의 경제 논리에 스스로 복종하게끔 하는 통치성에 대한 푸코의 분석, 어떻게 의미를 생성하고 세계와 타인과 좀 더 책임 있는 관계를 맺을 것인지를 고민하는 사르트르와 하이데거, 무게 중심을 주체에서 타자로 온전히 옮기면서 주체의 구조를 책임 그 자체로 드러내고자 하는 레비나스의 논의를 살펴보면서 책임에 대한 논의가 다양한 층위에서 가능함을 보았다. 이들 철학자들의 이야기를 우리의 현재 삶 속에서 우리가 당면한 문제들과의 연관하여 이해하기 위해서는 그들의 사유를 추상적이고 개념적이기만 한 이론으로 읽을 것이 아니라 그 사상의 등장을 요구한 시대적 배경 속에서 읽어야 할 것이다. 오늘날 그들의 사상이 여전히 의미를 가진다면 이는 그들의 사유가 우리 교육의 어떤 단면을 읽어 내는 데 통찰을 제공하고 지금-여기의 우리에게 의미를 주기 때문이다. 그리고 이를 바탕으로 나의 목소리를 내며 교육 담론을 비판적으로 읽어 내는 토론의 장이 열린다면, 이는 '세상은 원래 그러하니 어쩔 수 없다'라는 말에 저항하는 마음으로 더 나은 세상을 기다리기보다는 만들어 가는 일과 다르지 않으며, 그곳은 타자와 함께 도래할 미래를 향해 열려 있는 장소일 것이다.

참고문헌

이소영(2015). 하이데거 언어 사유의 교육적 의미와 교사의 역할. 교육철학, 57, 1-23.

이소영(2016). 하이데거의 '초연한 내맡김'으로서의 사유와 그 교육적 함의. 교육철학, 60, 117-139.

이소영(2020). 지식의 문제: 시를 읽다, 묻어진 기억을 읽다. 교육철학연구, 42(4), 93-116.

조수경(2014). 교과교육학: 미셸 푸코와 교육 평가에 관한 고찰. 윤리교육연구, 33, 129-148.

Ball, S. J. (2003). The Teacher's Soul and the Terrors of Performativity. *Journal of Education Policy, 18*(2), 215-228.

Ball, S. J. (2016). Neoliberal Education? Confronting the Slouching Beast. *Policy Futures in Education, 14*(8), 1046-1059.

Bonnett, M. (2002). Education as a Form of the Poetic: A Heideggerian Approach to Learning and the Teacher-Pupil Relationship. In M. Peters (Ed.), *Heidegger, Education, and Modernity* (pp. 229-243). Lanham, Md: Rowman & Littlefield Publishers.

Brady, A. (2021). Response and Responsibility: Rethinking Accountability in Education. *Journal of Philosophy of Education, 55*(1), 25-40.

Camus, A. (1942). *(Le)mythe de Sisyphe.* 김화영 역(2016). 시지프 신화. 경기: 민음사.

Foucault, M. (1980). *Power/knowledge: Selected interviews and other writings, 1972-1977.* 홍성민 역(1991). 권력과 지식: 미셸 푸코와의 대담. 서울: 나남.

Foucault, M. (2009). *Discours et vérité: Précédé de la parrêsia.* 오트르망, 심세광, 전혜리 공역(2017). 담론과 진실: 파레시아. 경기: 동녘.

Fromm, E. (1952). *Escape from freedom.* 원창화 역(2006). 자유로부터의 도피. 서울: 홍신문화사.

Heidegger, M. (1927). *Sein und zeit.* 이기상 역(1998). 존재와 시간. 서울: 까치글방.

Heidegger, M. (1936). *Vorträge und Aufsätze.* 이기상, 신상희, 박찬국 공역(2008). 강연과 논문. 서울: 이학사.

Heidegger, M. (1952). *Was heisst Denken?.* 권순홍 역(2014). 사유란 무엇인가. 서울: 길.

Heidegger, M. (1957). *Identität und differenz.* 신상희 역(2000). 동일성과 차이. 서울: 민음사.

Lee, S. (2019a). 'Ethics is an Optics': Ethical Practicality and the Exposure of Teaching. *Journal of Philosophy of Education, 53*(1), 145-164. doi: 10.1111/1467-9752.12314

Lee, S. (2019b). Thinking in Nearness: Seven Steps on the Way to a Heideggerian Approach to Education. *Journal of Philosophy of Education, 53*(2), 229-247. doi: 10.1111/1467-9752.12317

Levinas, E. (1961). *Totalité et infini: essai sur l'extériorité.* 김도형, 문성원, 손영창 공역(2018). 전체성과 무한: 외재성에 대한 에세이. 서울: 그린비.

Levinas, E. (1974). *Auterment qu'êre ou au-delà de l'essence.* 김연숙, 박한표 공역(2010). 존재와 다르게: 본질의 저편. 경기: 인간사랑.

Lyotard, J. F. (1979). *The post-Modern condition: A report on knowledge.* Manchester, London: Manchester University Press.

Sartre, J. P. (1943). *Être et le néant.* 정소정 역(2009). 존재와 무. 서울: 동서문화사.

Sartre, J. P. (1946). *L'existentialisme est un humanisme.* 박정태 역(2008). 실존주의는 휴머니즘이다. 서울: 이학사.

제3장

사회적 책임에 대한 심리학적 이해

김정섭

이 장에서는 사회적 책임의 의미를 심리학적 관점에서 살펴보고, 개인의 사회적 책임의 의미와 이를 높이기 위해 필요한 것을 살펴볼 것이다.

이를 위해, 먼저 사회적 책임의 의미를 경제적 · 윤리적 · 시민 참여적 · 교육적 관점에서 살펴본 다음 심리학적 관점에서 의미를 제시하였다. 둘째, 사회적 책임에 대해 심리학적으로 접근하기 위하여 사회적 책임의 구성 요소를 책임의 구성 요소에서 찾았다. 셋째, 사회적 책임에 대한 심리학적 접근의 한 형태로 개인의 사회적 책임을 측정할 때 사용할 수 있는 척도에 초점을 두었다. 넷째, 사회적 책임을 촉진할 수 있는 심리학적 접근을 다루었다. 사회적 책임을 심리학적 관점에서 분석하기 위해 개인의 사회적 책임과 밀접하게 관련된 심리적 개념을 제시하였다.

1. 사회적 책임에 대한 심리학적 이해

1) 사회적 책임의 의미

최근 한국에서 사회적 책임에 대한 관심이 높아지고 있다. 이러한 관심은 사실 기업의 사회적 책임에 대한 관심에서 나온 것이다. 과학기술과 산업의 발전으로 인해 발생한 환경 파괴와 지구온난화가 가속화되고 있는 지금 누가 책임을 져야 하는

지 논쟁이 일어나고 혜택을 많이 본 기업이 책임을 져야 한다는 주장이 많았다. 이에 기업이 영리만 추구하던 시대에서 벗어나 기업이 환경을 보호해야 할 책임, 소비자를 보호해야 할 책임, 직원의 인권을 보장해야 할 책임, 지속적인 발전을 할 수 있는 토대를 마련할 책임 등 다양한 책임을 다해야 한다는 인식이 높아지게 되었다.

기업의 사회적 책임에 대한 관심은 모든 조직의 사회적 책임에 대한 관심으로 확대되었다. 더 나아가 전 세계의 시민이 지구의 보존과 안녕을 위해 책임을 져야 한다는 글로벌 사회적 책임도 등장하였다. 대학도 이러한 경향에서 빗겨날 수 없었으며 대학의 사회적 책임에 대한 관심과 연구가 증가하고 있다.

대학의 사회적 책임도 대학이라는 제도 및 교육기관의 사회적 책임을 가리키며, 대학이라는 조직적 차원에서 사회에 대해 지니는 책임을 가리킨다. 대학의 사회적 책임은 대학 교육의 이념에서 자주 등장하는 진리, 자유, 봉사 중 지역사회에 기여하는 것을 의미하는 봉사와 밀접하게 관련되어 있다(조영하, 2010). 대학은 연구하고, 교육하고, 봉사하는 기능을 수행하는 것뿐만 아니라 지역사회에 대해 다양한 형태의 책임을 가져야 한다는 것이다. 대학의 사회적 책임은 지역의 발전을 위해 독자적인 역할을 해야 한다는 것에서도 나타난다. 대학은 기술 혁신과 적용을 통해 지역 경제를 지원하고 향상시킨다. 더 나아가 대학의 사회적 책임은 경제적·사회적·환경적 영역에서 대학의 지속가능성을 달성하는 수단이 되고 있다(Sawasdikosol, 2009). 따라서 지역사회에 책임을 진다는 것은 대학이 지역사회의 지속적인 발전을 위해 필요한 인력을 양성하고, 지역사회가 직면한 문제를 해결하기 위해 대학이 윤리적이고 법적으로 타당한 방법으로 연구를 수행하고, 대학을 운영하고, 학생을 교육하고, 봉사활동에 참여해야 한다는 것이다. 특히 대학의 봉사적 기능은 대학과 지역사회를 연결시켜서 대학이 사회적 책임을 완수하도록 돕는다(이준형, 2004; 조영하, 2010). 따라서 대학은 교육, 연구, 봉사라는 핵심 기능을 초월해서 나아가(Clugston & Calder, 1999) 공공의 선과 환경적 지속성을 증진시킬 수 있게 행위해야 한다.

사회적 책임의 의미가 계속 발전하는 동안에 이것은 캐럴(Carroll, 1979)이 제안한 경제적·사회적·윤리적 문제뿐만 아니라 환경 보호 또는 생태계 보호라는 새로운 영역도 포함하게 되었다(Lo, Pang, Egri, & Li, 2017). 이로 인해 대학의 사회적 책임과 지속가능성 사이의 개념적 연결이 점진적으로 이루어졌다.

사회적 책임에 대한 연구 영역도 다양하고 이를 정의할 때 주체가 누구이냐에 대한 견해도 다양하지만, 사회적 책임을 정의할 때 반드시 포함되어야 할 점이 몇 가지 있다.

첫째, 사회적 책임은 사회에 속한 개인이 자기 이익을 초월하여 다른 사람을 위한 관심을 가리킨다(Gallay, 2006). 사회적으로 책임진다는 것은 사람이 공공의 선을 위해 돕고, 기여하고, 심지어 자신을 희생하려는 의지가 있다는 것을 의미한다(Sooksomchitra, Koraneekij, & Na-Songkhla, 2013).

둘째, 사회적 책임에서 '사회적(social)'은 책임의 대상이 사회 전체라는 것이다. 송(Song, 2003)은 사회적 책임은 조화로운 사회를 건설하기 위해서는 없어서는 안 될 필수 요소이며, 사회적 책임감이 높은 사람은 사회의 안정성과 발달에 관심이 높고 공공복지를 위해 자신의 지혜를 쏟는다고 주장하였다. 실바, 산손, 스마트, 툼부로(Silva, Sanson, Smart, & Toumbourou, 2004)도 사회적 책임은 잘 기능하는 사회를 위해 중요하다고 주장하였다. 따라서 사회적 책임을 실천하는 것은 공공재를 적절히 보호하는 것, 자연 자원을 보존하는 것, 사회적 이익과 공동체의 프로젝트에 적극적으로 참여하는 것, 현재의 사회적 상황을 주시하고 해결하기 위해 노력할 준비가 되어 있는 것을 포함한다.

종합하면, 사회적 책임은 타인 및 사회의 생존과 발달에 대해 져야 하는 개인의 책임을 의미한다. 사회적 책임은 개인이 미래 사회를 위해 필요한 공적 봉사와 원인을 위해 해야 하는 의무적 기여를 의미한다(Zhang, 2016). 심리학적 관점에서 이러한 사회적 책임의 의미를 명확하게 밝히기 위해서는 경제적 관점, 윤리적 관점, 시민 참여적 관점, 교육적 관점을 먼저 살펴보는 것이 필요하다.

(1) 경제적 관점에서 본 사회적 책임

사회적 책임에 대한 관심은 1930년대에 경제 영역에서 처음 등장하였고, 이후 계속 발전하고 있다. 보웬(Bowen, 1953)이 1950년대에 사회적 책임을 경제적 관점에서 정의하였고, 1960년대에 널리 확산되었다. 예를 들어, 버코워츠와 다니엘(Berkowitz & Daniel, 1964)에 따르면, 사회적 책임은 즉각적인 사적 보상을 기대하지 않고 타인을 도우려는 경향성이다.[1) 맥과이어(McGuire, 1963)는 사회적 책임을 사회 복지를 증진하기 위해 경제적 영역과 법적 영역을 초월하는 행위로 정의하면서 사회적 책임의 의미가 점점 확장되었다.

1970년대에도 여전히 경제적 관점에서 사회적 책임을 연구하는 경우가 많았는데, 그 당시의 사회적 책임은 사회적 선을 높이려는 동기에서 나온 자발적 행위로 정의된다(Manne & Wallich, 1972). 이 정의에서 알 수 있듯이 1970년대에 사회적 책임을 경제적 관점에서 정의하면서 '동기'와 '자발적 행위'라는 심리학적 개념이 도입되기 시작하였다.

경제적 관점에서 본 사회적 책임에 대한 정의는 1970년대 후반에 캐럴(1979)에 의해 통합적으로 정의되었다. 캐럴(1979)은 사회적 책임을 경제적 책임, 법적 책임, 윤리적 책임, 재량적 책임으로 나누었다. 기업의 경제적 책임은 좋은 상품과 서비스를 제공하는 책임이고, 법적 책임은 법과 규칙을 준수하는 책임이다. 윤리적 책임은 사회 규범과 사회로부터 받는 기대를 지키는 책임이고, 재량적 책임은 가장 상위에 있는 것으로 주관적이고 자율적으로 판단하며 약속을 지키는 책임이다. 이러한 네 가지 책임은 서로 배타적이지 않으며 많은 경우에 함께 요구되기도 한다.

1980년대에는 사회적 책임에 관해 연구하는 경제학자들이 사회적 책임에서 경제적 뉘앙스를 줄여 정의하였다. 예를 들어, 홈스(Holmes, 1985)는 사회적 책임을 사회 활동의 범위 내에서 참여함으로써 사회를 향한 자신의 행위와 행동에 대한 약속 또는 헌신(commitment)이라고 정의한다. 이후 사회적 책임은 경제와 생태계 사이의 균형을 유지하기 위해 각 개인이 수행해야 하는 의무(duty)로 정의되면서 소비자의 사회적 책임에 관한 연구도 증가하였다.

종합하면, 경제적 관점에서 보는 사회적 책임은 다음과 같이 정의된다. 사회적 책임은 개인과 회사가 주변의 환경과 사회의 최고 이익을 위해 행위해야 할 의무를 지닌다는 의미이다. 사회적 책임은 기업인이 공유 가치를 극대화하여 사회에 이익이 되는 방식으로 행위해야 한다는 것을 의미한다. 따라서 경제적 관점에서 볼 때 사회적 책임은 기업의 사회적 책임과 동의어가 된다.

사회적 책임은 기업인, 회사원, 공무원 등 거의 모든 사람에게 사회에 이로운 방식으로 행위할 것을 요구하는 암묵적 규칙이다. 기업의 사회적 책임에서는 기업이 자신들의 이익을 위해 사회와 환경에 손해를 끼치는 것이 아니라 사회와 환경에 이로운 방식으로 행위해야 할 것을 요구하는 것처럼 학교에서는 교직원들의 이익을 위해서가 아니라 학생뿐만 아니라 지역사회에 이로운 방식으로 교육체제를 운영해야 한다는 규범이다.

경제적 관점에서 보는 사회적 책임은 최근에 소비자의 사회적 책임으로 진화하고 있다. 소비자의 사회적 책임은 소비자로서 경제 상품을 구매하고 사용할 때 사회, 경제, 환경의 문제도 함께 책임지는 것을 의미한다(Devinney, Auger, Eckhardt, & Birtchnell, 2006; Pigors & Rockenbach, 2016). 쉽게 말해서 과소비하지 않고, 환경에 해로운 상품을 사용하지 않고, 반인륜적 상품을 구매하지 않고, 반대로 필요한 상품만 구매하고, 친환경 상품을 구매하고, 사회적 책임을 다하는 기업의 상품을 더 선호하는 것을 의미한다. 기업의 사회적 책임이라는 개념이 소비자의 사회적 책임으로 확장되면서 경제적 문제뿐만 아니라 사회 및 환경의 문제도 사회적 책임의 범주에 포함되고 있다.

(2) 윤리적 관점에서 본 사회적 책임

사회적 책임에 대한 경제적 관점과 달리 윤리적 관점에서는 사회적 책임을 권리, 의무, 정체성, 윤리, 임무, 양심과 같은 여러 도덕적 개념과 관련시켜서 정의하려고 한다. 윤리적 관점에서 본 사회적 책임은 도덕적 정서로 각 개인이 국가, 공동체, 집단, 타인을 위해 지는 책임, 과제, 임무에 대한 태도를 가리킨다(Kangni & Lianyun, 2014). 사회적 책임에서 사회는 국가, 공동체, 집단, 타인을 가리키며, 이러한 조직이 구성원에 대해 지니는 도덕적 의무와 각 개인이 사회에 대한 긍정적 태도나 정서적 경험을 가지는 것을 의미한다. 개인의 사회적 책임은 독립된 개인으로서 사회 구성원이 타인, 집단, 공동체, 국가를 위해서 해야만 하는 의무를 의미한다. 즉, 개인이나 조직이 사회에 이익을 주는 방식으로 행위해야 할 의무를 가진다고 제안한다. 종합하면, 윤리적 관점에서의 사회적 책임은 각 개인이나 조직이 경제적 발달과 사회와 환경의 복지 사이에 균형을 유지하도록 행동해야 하는 의무이다. 따라서 윤리적 관점에서 본 사회적 책임은 개인이나 조직이 사회에 이익을 주도록 행동해야 한다는 의무를 가진다는 윤리 이론이다.

특히 사회적 책임에 대한 윤리적 관점은 기업, 조직, 개인의 의무와 권리를 동시에 강조한다. 예를 들어, 윈저(Windsor, 2006)는 기업의 사회적 책임에 대한 세 가지 접근을 언급하면서 윤리적 관점을 강조한다. 윈저에 따르면, 기업의 윤리적 관점에서 본 사회적 책임은 기업과 구성원들이 보편적인 인권을 실현하기 위해 자발적으로 자제력과 이타성을 발휘하면서 도덕적 의무를 다하는 것이다. 윤리적 관점을 강조한 사회적 책임은 자제력과 이타주의를 실천하고 공공정책을 수용하는 데 있어서 공명정대하고 도덕적으로 성찰하는 데 필요한 공유된 기본 원리를 사용한다. 따라서 윤리적 관점에서 본 사회적 책임은 도덕에 무관심한 기업을 파헤쳐서 대중에 공개하고, 반대로 도덕적으로 민감한 기업, 조직, 사람들이 얻는 사회적 이점을 부각시킨다.

사회적 책임에 대한 경제적 관점이 소비자의 경제적 관점으로 발전한 것처럼 윤리적 관점도 소비자의 윤리적 책임을 강조한다. 먼시와 비텔(Muncy & Vitell, 1992)은 소비자의 사회적 책임을 정의하면서 상품과 서비스를 구매하고, 사용하고, 버릴 때 개인의 행동을 위한 지침이 되는 도덕적 원리와 기준을 강조한다. 이들의 관점에서 볼 때 사회적 책임은 소비자가 지켜야 하는 윤리적 가치와 기준이 중요하다.

이러한 관점을 학생에게 적용한다면, 학생이 갖추어야 할 사회적 책임은 모든 학생이 자신의 행위에 대해 책임을 지닌다는 것을 의미한다(Vaidya, 2017). 이것은 각 개인이 자신의 주변 사람들이 부정적으로 영향을 받지 않는 방식으로 행위하도록 만드는 도덕적 구속이다. 이렇게 함으로써 모든 학생은 사회를 향해 사회적 · 문화적 · 경제적 원인에 공헌하겠다고 약속을 한다. 학생이 물질적 관심을 가지는 영역에 초점을 두기보다는 자선적 이유를 지지한다.

(3) 시민 참여적 관점에서 본 사회적 책임

사회적 책임은 시민들의 참여(civic engagement)를 통해 구현된다. 조직이나 개인이 사회적 책임을 느낀다고 말로만 말하는 것은 진정한 의미의 사회적 책임이 아니다. 조직이나 개인이 시민 참여라는 실천 과정을 거칠 때 진정한 의미에서 사회적 책임을 완수하는 것이다. 즉, 사회적 책임을 완수한다는 것은 조직이나 개인이 시민으로서 지니는 의무를 다하면서 지역사회가 잘 기능하도록 적극 참여하는 것을 의미한다. 시민 참여적 관점에서 볼 때 사회적 책임은 시민적 책임과 동의어처럼 사용될 수 있다.

시민적 책임(civic responsibility)은 심리학에서는 다소 생소한 개념이며 통일된 정의도 없다. 시민적 책임은 시민으로서 역할을 적극적으로 받아들이려는 개인의 의지로 정의된다(Silva et al., 2004). 이 정의는 개인은 타인의 복지에 대해 개인적 차원에서뿐만 아니라 사회적 차원에서 관심을 가진다는 것이다.

섹(Shek, 2010)은 시민적 책임을 사회적 책임과 동의어로 보면서 시민적 책임이 더 구체적이고 실천이 가능한 것이라고 주장한다. 그러나 시민적 책임은 심리학 영역에서 비교적 새로운 개념이며 다양하게 해석되고 있다. 이것은 시민으로서 역할을 적극적으로 수용하려는 개인의 의지로 해석되기도 한다(Silva et al., 2004). 시민적 책임은 개인이 타인의 복지에 대해 관심을 가지고 있다는 의미를 지닌다. 실바 등(Silva et al., 2004)은 시민 책임을 사회에 혜택을 주려는 태도와 행동이라고 정의하였다. 이러한 태도와 행동은 공공의 선을 증진하려는 마음에서 나오는 친사회적 행동과 닮았다.

사회적 책임은 더 나은 사회를 만들기 위해 조직이나 개인이 주어진 의무를 다하거나 책임을 진다는 것을 의미하며, 공동체 또는 개인의 자기 규율을 포함한다(Peng, 2003). 특히 대학생의 사회적 책임은 인간과 사회의 발달을 위한 책임을 지는 데 있어서 자신의 내적 요구를 만족시키고 있다는 가리킨다(Peng, 2003). 대학생은 사회의 발달과 인간의 생존을 위해 자신에게 책임이 있다는 것과 자신의 성장과 인류의 진보가 서로 연결되어 있다는 것을 인식하는 것이 중요하기 때문이다. 섹과 청(Cheung, 2013)은 대학생의 시민적 책임을 향상시키는 것은 젊은이의 전인적 발달을 촉진하는 데 있어서 중요한 전략이라고 주장한다.

(4) 교육적 관점에서 본 사회적 책임

교육적 관점에서 본 사회적 책임은 사회적 책임을 누가 어떻게 가르치느냐에 초점을 둔다. 이 관점은 '사회적 책임을 위한 교육(education for social responsibility)'이라는 주제로 연구되고 있다. 여기서도 이러한 관점에 기초하여 사회적 책임을 분석하고 교육하는 방법을 찾는 데 초점을 두고 있다. 사회적 책임을 위한 교육은 교수자와 학습자의 측면으로 나누어진다. 먼저, 교수자의 사회적 책임에 대해 살펴보겠다.

로선(1999)에 따르면, 사회적 책임의 교육을 위한 전제조건 중에서 가장 우선적으로 고려할 것이 교수자(교수나 교사)이다. 교사나 교수가 먼저 사회적으로 책임을 지는 행동을 보이는 모범이 되어야 하기 때문이다. 즉, 교수자가 사회적 책임을 다할 때 주변의 교육환경에 직접 영향을 주어 학생들도 사회적 책임을 관찰 학습할 수 있다. 또한 학교 책무성이나 교육 책무성에 관한 연구에서 강조하는 책무성도 교사의 사회적 책임과 밀접하게 관련된 개념이다. 학교 및 교사가 주어진 의무를 얼마나 잘 완수했느냐를 확인하는 책무성은 사회적 책임의 한 가지 형태로 볼 수 있기 때문이다. 보벤스(Bovens, 2007)는 책무성이 민주주의를 실현하는 데 필요한 덕목이고, 책임감보다 더 넓은 의미라고 주장한다.

또한 학생의 사회적 책임을 향상시키려는 노력과 연구도 많이 이루어지고 있으며(Caret, 2019), 이러한 것들도 모두 교육적 관점에서 본 사회적 책임에 해당한다. 특히 과학 및 공학을 전공하는 대학생에게 사회적 책임을 가르치는 것을 강조하며, 이들 대학생의 사회적 책임에 대해 정의를 내리고 학생을 가르치기 위한 방법을 모색한다. 과학과 공학의 발전과 함께 핵무기가 만들어져서 많은 인명을 살상하고, 농약이 만들어져서 환경 파괴와 생태계가 혼란을 겪고, 온난화가 심해져서 지구촌이 자연재해를 더 심하게 겪는 것을 본 세계의 지성인들이 미래의 과학자나 공학자에게 사회적 책임을 가르쳐서 이들이 책임 있는 행동을 하기를 바라기 때문이다.

학생의 사회적 책임은 학생이 자신의 행위와 그 결과에 대해 책임을 진다는 것을

의미한다. 이것은 주로 도덕적 구속을 의미하며, 주변의 사람들에게 부정적으로 영
향을 주지 않는 방식으로 행위한다는 것을 의미한다. 사회적 책임이 강한 학생은
사회를 향해 사회적, 문화적, 생태적으로 좋은 영향을 주겠다고 약속한다. 이러한
관점은 사회적 책임이라는 개념을 교육과정 속으로 도입하고 비교과 활동을 조정
하는 것으로 사회적 책임을 지는 차기 세대를 길러 내는 것을 강조한다. 잇웨이, 블
렌드와 알라이(Atweh, Bland, & Ala'i, 2012)에 따르면, 학생의 사회적 책임을 높이기
위해서 학생이 자신의 학교생활에 대한 지식을 높이는 것도 필요하다. 자신의 학
교생활에 대한 지식을 가지고 있어야 학교에서 요구하는 바를 제대로 실천할 수 있
고, 그렇게 되어야 사회적 책임을 다할 수 있다고 본 것이다. 사회적 책임을 느끼는
사람은 자신을 사회적 책임과 동일시하기 때문이다. 이들은 자신의 책임이 무엇인
지, 왜 그 책임을 져야 하는지, 책임을 지는 것이 얼마나 중요한지를 알고 있다. 이
들은 자신의 사회적 책임을 깊게 이해하고 그 이해를 내재화하며 그 책임을 다하기
위해 주도적으로 행동하려고 한다.

　교육적 관점에서 볼 때 사회적 책임은 조직 차원에서뿐만 아니라 개인적 차원에
서도 중요한 이슈가 된다. 교육의 사회적 책임을 교육기관 또는 기관에 종사하는
사람이 지녀야 하는 사회적 책임이라고 해석하는 경우와 사회적 책임을 학생에게
가르치는 경우로 나누어 볼 수 있다.

　예를 들어, 대학이라는 학교기관이 지녀야 하는 사회적 책임은 대학생을 잘 가르
쳐서 지역사회의 발전에 필요한 인재를 충실히 양성하고, 교수들이 지역사회의 발
전에 필요한 연구를 수행하고, 더 나아가 지역사회에 봉사하는 것이다. 반면, 사회
적 책임을 대학생에게 가르치는 것은 대학생들에게 개인 이익뿐만 아니라 지역사
회의 공공 이익을 추구하는 정의로운 태도와 대학에서 배운 전문지식을 지역사회
의 발전을 위해 적극 실천하는 태도 등을 가르치는 것을 가리킨다.

(5) 심리학적 관점에서 본 사회적 책임

　사회적 책임에 대한 경제적 관점, 윤리적 관점, 시민 참여적 관점, 교육적 관점에
대해 살펴보았다. 이러한 관점들은 모두 사회적 책임을 고유한 방식으로 정의하고

각각 독자적인 내용을 가진다. 사회적 책임에 대한 심리학적 관점은 앞의 관점들에 비해 가장 늦게 등장하였으며, 아직 충분히 발달하지는 못하였다. 이에 여기서는 사회적 책임을 학생에게 가르치는 교육을 위한 심리학적 접근에 초점을 둔다.

모든 사람은 자신의 사회적 역할에 비추어 사회적 책임을 분석하고, 사회 구성원 각자의 과제를 확인하며, 자신의 책임을 다하기로 결심하고 그 결심을 실천하기를 기대받는다. 이에 사람이 자신의 사회적 책임을 인식하고 실천하는 능력을 향상시키도록 도우려고 할 때 우리는 사회적 책임의 심리적 측면을 이해하는 것이 필요하다.

심리학적 관점에서 볼 때 사회적 책임은 대학생이 자신의 공부와 사회의 미래를 위해 자신이 져야 하는 책임에 대해 올바른 이해를 가지고, 그 이해를 내재화하고, 행동으로 옮기는 것으로 정의된다(Liu & Zhu, 2017).

심리학적 관점에서 볼 때 학생이 가져야 할 사회적 책임은 고유한 심리적 특징을 가진다.

첫째, 학생의 사회적 책임감은 학습지향적이다. 학생은 사회적 책임감에 대해 배우고 있으며, 자신의 사회적 책임감을 배양할 수 있는 다양한 학습 기회를 스스로 만들어야 하기 때문이다. 둘째, 학생의 사회적 책임감은 현실지향적이다. 학생은 자신이 속한 학생 단체에서 책임을 완수하려고 의식적인 노력을 해야 하며, 학교에서 주어지는 과제를 완수해야 한다. 셋째, 학생의 사회적 책임감은 미래지향적이다. 학교 졸업자는 미래에 사회적 책임을 다하기를 기대받고 있기 때문이다. 넷째, 학생의 사회적 책임감은 미래지향적이다 보니 불확실성이라는 특징을 가진다. 학생의 진로는 학교에서 배우는 학문이나 실천과 관련이 있을 수 있으나 반드시 그렇지 않기 때문이다.

앞에서 제시한 특징에 따라 학교는 학생의 사회적 책임감을 배양하기 위해 적절한 방법을 채택해야 한다. 사회적 책임감을 높이기 위해 심리학적 관점에서 제공하는 방법은 다음과 같다(Liu & Zhu, 2017).

첫째, 학생은 다양한 사회 현상에 대한 타당한 설명과 분석을 제공하는 교과목을 수강하고 수업에 적극 참여함으로써 사회적 책임감을 높일 수 있다. 그렇게 함으로써 학생은 고상한 가치와 강한 사회적 책임감을 구축할 수 있다. 둘째, 학생은 학교에서 제공하는 다양한 사회 활동에 참여함으로써 관련 이론을 실천해 볼 수 있고 더 강한 사회적 책임감을 형성할 수 있다. 셋째, 학교를 학생들이 좋아할 수 있게 만들고 학생의 사회적 책임감을 학교 문화 속으로 통합시키는 것도 한 가지 방법이다. 넷째, 인터넷을 통해 학생이 의사소통에 참여할 공간을 넓히는 것도 필요하다. 요즘 학교는 SNS를 통해 학생들에게 사회적 가치를 더 많이 알리고, 학생들이 자신의 의견을 피력할 수 있는 공간을 제공해야 한다.

2) 사회적 책임의 구성 요소

사회적 책임은 개인의 사회적 책임, 조직의 사회적 책임, 세계의 사회적 책임(global social responsibility) 등과 같은 형식으로 나타난다. 그럼에도 불구하고 사회적 책임은 책임의 한 가지 형태이므로 이것의 구성 요소를 탐색하려고 할 때 책임의 구성 요소에서 단서를 찾아야 할 것이다. 슐렌커, 브릿, 페닝턴, 머피와 도허티(Schlenker, Britt, Pennington, Murphy, & Doherty, 1994)는 이미 책임의 구성 요소를 분석해 놓았고, 이를 토대로 다양한 연구가 진행되고 있으므로 이들이 분석한 책임의 구성 요소는 사회적 책임의 구성 요소를 찾는 데 있어서 훌륭한 출발점이 된다. 그러므로 책임의 구성 요소를 먼저 살펴보는 것이 요구된다.

슐렌커 등(1994)이 제안한 책임의 구성 요소에는 정체성, 처방, 사건이 있다. 슐렌커 등에 따르면, 정체성(identity)은 행위자(agent)의 역할, 질, 헌신, 허세 등을 의미한다. 이러한 정체성은 각자가 처한 맥락에 따라 달라질 수도 있다. 예를 들어, 심리적 상태가 건강한 경우와 그렇지 못한 경우에 따라 요구되는 정체성이 달라지고 그에 따른 책임의 정도가 달라질 수 있다. 각자의 지위에 따라 책임의 소재와 정도가 달라질 수도 있다. 예를 들어, 어떤 규칙은 교수에게만 해당되고 어떤 규칙은 학생에게만 적용되므로 교수와 학생에게 주어지는 책임의 형태도 달라진다.

처방(prescription)은 사람이 행위(conduct)를 할 때 참고해야 하는 규칙이나 규정이다(Schlenker et al., 1994). 처방은 목표에 관한 정보나 기준이며 목표를 달성하기

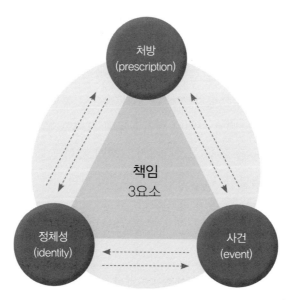

[그림 3-1] 책임의 3요소

출처: Schlenker et al. (1994)의 모형.

위한 방법도 포함한다. 즉, 처방은 행위자가 목표를 달성하기 위해 무엇을 어떻게 해야 하는지를 알려 주는 기준이다.

끝으로, 사건(event)은 행위의 결과이며 성과로 나타나기도 한다(Schlenker et al., 1994). 특히 행위자가 처방에 따라 행위하였을 때 나타나는 결과가 기대치에 미치지 못하거나 나빴을 때 행위자는 책임감을 느끼게 된다. 그러나 사건은 개인의 책임을 구성하는 요소로 간주될 때 주로 과거의 사건을 의미한다. 한 개인에게 책임이 있다고 말할 때 그것은 개인이 과거에 일으킨 사건에 대해 책임을 진다는 것을 의미한다.

그러나 일반적인 책임과 달리 사회적 책임에서는 구성 요소들이 모두 바뀌어야한다.

첫째, 슐렌커 등(1994)이 말하는 '처방'은 행동의 범위와 방향을 정할 때 참고하는 기준이며 반드시 지켜져야 한다. 의사가 내린 처방을 약사가 반드시 따라야 하는 것처럼 처방은 책임지는 사람이 반드시 따라야 하는 의무(obligation)이다. 그러나 이러한 처방은 개인의 이익과 사회의 공익을 구분해서 설명하지 못한다. 한 개인의 책임이라는 측면만 고려할 때는 자신의 행동 목표나 방향을 정하는 기준으로 처방이 적절할 수 있으나, 개인의 사회적 책임이라는 측면을 고려할 때는 사익보다 공익을 더 중요시하기 때문에 처방이라는 개념을 사회적 책임의 요소로 사용하기에는 부적절하다. 처방과 달리 사회적 규범은 지켜지면 좋고 지켜지기를 기대하는 바를 가리키는 것으로, 반드시 준수해야 하는 의무라기보다는 다소 윤리적 또는 도덕적 의미를 가진다. 사회적 규범은 개인의 이익보다는 공공의 이익을 더 중요하게 여기기 때문이다. 따라서 사회적 책임에서는 처방보다 '사회적 규범(social norm)'이 더 적절하다. 사회적 규범은 어떤 상황에서 어떻게 행동해야 하는지에 대해 사회적으로 합의된 규칙이다. 역할 책임의 관점에서 본다면, 사회적 규범은 한 사람의 지위나 신분에 따라 기대되는 명시적 또는 암묵적 역할을 의미한다. 즉, 사회적 규범은 주체로 하여금 어떻게 행동해야 하는지를 말해 주며, 주체에게 당연히 해야 할 일 또는 해 주면 좋겠다고 기대하는 바를 알려 준다. 동양적 관점에 따르면, 이것은 인간의 도리와 비슷하다. 한 인간이 마땅히 해야 할 도리는 각 개인이 어떻게 행위해야 하는지를 정해 주는 규범으로 작동할 수 있기 때문이다. 어떤 상황에서 어떻게 행동해야 하는지 명확하게 잘 규정되어 있다면, 그에 따라 책임에 대한 기대도 명확해질 것이다. 예를 들어, 교수에게 기대되는 사회적 규범은 학생에게 전문적 지식을 가르치거나 학생이 수업에 참여하도록 이끄는 것이다. 그러나 많은 경우 규범이 문화적 관습이나 관행에 포함되어 암묵적이어서 행위자는 자신에게 요구되는 사회적 역할을 인식하지 못할 수도 있다.

둘째, 슐렌커 등(1994)이 제시한 책임의 구성 요소인 '정체성'을 사회적 책임에서는 '주체(agent)'로 바꿀 필요가 있다. 사회적 책임은 개인의 책임과 달리 주체가 가진 하나의 심리적 특성인 정체성에 의해 발생한다기보다는 행위자의 모든 측면에서 발생한다고 보는 것이 더 타당하기 때문이다. 따라서 사회적 책임의 개념을 명확하게 정의하기 위해 사회적 책임의 구성 요소로 주체를 포함시킨다. 주체는 책임의 소지가 있는 사건을 일으킨 행위자를 가리킨다. 행위자는 자신의 주체성과 정체성의 힘으로 규범과 얽히게 된다. 주체는 주체성을 가진 존재로 자유의지, 자율성,

의도, 역량(capacity), 도덕성, 고유한 성격에 따라 행동을 하게 되며, 이때 사회 규범과 상호작용하면서 행위한다. 주체의 지식, 특성, 능력, 의도 등이 책임의 문제에서 중요한 역할을 한다. 주체, 즉 행위자가 가진 규범에 대한 지식 또는 이해 수준에 따라 책임의 소재가 자신에게 귀인이 될 수도 있고 그렇지 않을 수도 있기 때문이다. 문제는 주체가 규범에 대해 알고 있고, 그 규범에 따라 행동하였을 때 책임의 소재가 항상 주체에게 귀인이 될 수 없을 때도 있다는 데 있다. 규범과 절차를 지켜서 행정 처리를 한 공무원에게 행위 결과가 나쁘다고 그가 반드시 처벌을 받아야 하는 것은 아니다. 하지만 규범을 지키지 않았을 때는 책임의 소재가 주체에게 국한될 수도 있다.

셋째, '사건'을 '타인' 또는 타인에게 주는 영향으로 바꿀 필요가 있다. 슐렌커 등(1994)이 제안한 사건은 사회인지이론에서의 행동과 비슷한 기능을 한다. 여기서 '사건'은 개인적인 행위 결과를 가리킨다. 접시를 떨어뜨려서 깨었을 때 이러한 개인적 행위 결과는 사건이 된다. 그리고 접시를 깬 것에 대한 원인이 자신에게 있다고 확신할 때 사람은 그 행위에 대해 책임감을 느낀다. 그러나 자신의 행위가 초래한 사건에 대해 책임지는 것과 달리 사회적 책임은 자신을 포함하여 타인의 복지나 권리에 대해 책임을 가지는 것이며, 자신의 행위가 타인에게 주는 영향도 포함한다. 사회적 책임은 타인의 존재 자체를 존중하고, 타인과 협력하기 위해 노력하고, 자신의 재능이나 자산을 기부하고, 타인의 복지와 권리를 존중하고, 타인에게 피해를 주지 않기 위해 노력하는 것이기 때문이다. 따라서 타인의 존재를 사회적 책임의 구성 요소로 포함시킨다.

종합하면, 나는 슐렌커 등(1994)이 제안한 책임의 구성 요소 세 가지를 모두 버리고 사회적 책임의 구성 요소를 주체성을 가진 행위자, 사회적 규범, 타인(개인, 집단, 조직, 사회, 환경, 생태계 모두 포함)이라고 제안한다. 슐렌커 등(1994)이 제안한 책임의 삼각형 모형의 장점은 세 요소 각각을 따로 떼어 내어서 책임에 대해 논의하는 것보다 세 요소가 유기적으로 영향을 주고받으면서 상호작용하는 과정을 설명한다는 데 있다. 어떤 사건의 결과가 좋고 나쁨 그 자체보다 그러한 결과가 나오도록 원인을 제공한 정체성과 처방이 그 상황에서 어떻게 작동했는지를 종합적으로

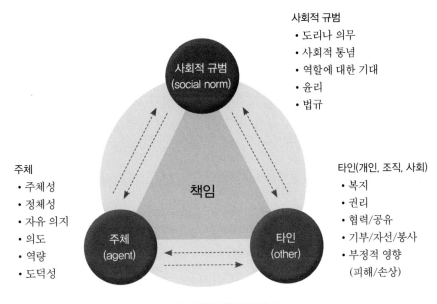

[그림 3-2] 사회적 책임의 3요소

검토하는 것이 필요하다는 뜻이다. 이와 마찬가지로 여기서 제시하는 사회적 책임의 삼각형 모형도 주체, 타인, 사회적 규범이 서로 연결되어 있으면서 상호작용한다고 보고 있다.

3) 개인의 사회적 책임: 의미와 지표

역사적으로 볼 때, 사회적 책임이라는 개념은 개인의 행위보다는 조직의 행위와 더 깊게 연관되어 있다(Figueroa-Armijos & Berns, 2021; Secchi, 2009). 사회적 책임은 조직의 사회적 책임, 세계의 사회적 책임, 개인의 사회적 책임(individual social responsibility) 등 다양한 유형으로 나누어진다. 기업이나 큰 조직이 사회에 대해 가지는 책임을 기업의 사회적 책임이라고 부르며, 조직의 사회적 책임은 주로 조직이 지역사회를 이롭게 하기 위해 행하는 활동을 가리킨다. 봉사활동, 기부금 제공 등이 여기에 해당한다. 기업의 경우 환경 문제도 책임지는 것을 포함한다. 대학이 지역사회에 대해 가지는 책임을 대학의 사회적 책임이라 부르고, 이것은 인재 양성 및 지역사회 발전을 위한 연구 활동으로 나타난다.

한편, 범인류적 차원에서 지구촌 전체에 대해 책임지는 태도나 자세를 세계시민 책임이라고 하며, 이것은 세계의 사회적 책임과 동의어로 사용된다. 이와 같이 각 개인이 지역사회의 지속가능한 발전을 위해 맡아야 하는 책임을 개인의 사회적 책임이라고 한다. 그러므로 사회적 책임이라는 용어 자체가 매우 포괄적이며 상당히 모호하게 사용되기도 한다. 하지만 조직(기업 또는 대학)의 사회적 책임, 글로벌 사회적 책임 등은 이 장의 범위를 벗어나므로 여기서는 개인의 사회적 책임에 초점을 둔다.

데이비스와 블룸스트롬(Davis & Blomstrom, 1966)은 사회적 책임을 개인이 자신의 의사결정과 행위가 사회체제 전체에 주는 영향에 대해 고려해야 할 의무라고 정의한다. 이 정의는 사회적 책임을 가진 개인은 자신이나 주변인뿐만 아니라 사회체제 전체를 고려한다는 것을 강조한다는 점에서 새롭다. 그러나 이 정의는 조직보다는 개인의 결정과 행위가 낳은 결과에 초점을 둔다는 점에서 조직의 사회적 책임보다 개인의 사회적 책임에 초점을 둔다는 것을 알 수 있다(Secchi, 2009). 그러므로 데이비스와 블룸스트롬(1966)은 사회적 책임을 개인 차원에서 일어나는 것으로 보았다고 말할 수 있다.

(1) 개인의 사회적 책임의 의미

개인의 사회적 책임은 개인이 사회에 대해 지녀야 하는 책임을 가리키며, 그 책임에 대한 사적 인식이다(Jang, 2021). 기업이나 조직이 사회를 위해 해야 할 역할은 기업 또는 조직의 사회적 책임이 되지만, 한 시민으로서 지역사회 또는 타인을 위해 자기 자신이 해야 할 역할은 개인의 사회적 책임이 된다. 이러한 개인의 사회적 책임은 조직의 사회적 책임을 위한 토대가 된다(Muthukumar & Subramanian, 2017). 모든 조직은 개인으로 구성되고, 구성원 각자의 사회적 책임이 조직의 사회적 책임을 만드는 데 결정적 역할을 하기 때문이다(Păceşilă, 2018).

기업의 사회적 책임이 기업이 사회에 해야 하는 역할에 대한 개인의 인식을 가리키는 것과는 달리 개인의 사회적 책임은 사회를 돕기 위해 자신이 반드시 해야 하는 것에 대한 개인의 인식이다(Păceşilă, 2018). 따라서 개인의 사회적 책임은 개인이 속한 사회 속 타인의 삶을 향상시키기 위해 하는 활동에 관한 도덕적 원리로 작동한다(Păceşilă, 2018). 또한 개인의 사회적 책임은 각 개인이 지역사회 및 생태계를 향한 책무성을 완수하고, 그 사회와 생태계를 계속 존속시키고 발전시켜야 한다는 의무로 나타나기도 한다. 즉, 이것은 개인이 사회적 환경, 자연적 환경, 경제적 환경에 긍정적 영향을 주는 결정을 내리는 것과도 관련이 있다.

개인의 사회적 책임에서 특히 강조하는 것은 모든 사람은 독립된 자유를 가진 존재이므로 자신의 권리와 이익과 함께 타인의 권리와 이익을 존중한다는 것이다. 이것은 각 개인이 도덕적 책임을 다하여 자신의 주변 사람에게 나쁜 영향을 주지 않아야 한다는 것도 포함한다(Park, Shin, & Yun, 2009). 따라서 사회적 책임감이 높은 개인은 물질적 풍요보다는 타인의 복지를 더 강조하며, 자신의 흥미보다 타인에게 이로운 것을 더 높이 평가한다.

데이비스, 리브스와 루이스 드마야(Davis, Rives, & Ruiz-de-Maya, 2020)는 개인의 사회적 책임의 실천적 측면을 강조한다. 이들에 따르면, 개인의 사회적 책임은 사회를 돕기 위해 개인이 해야 하는 실천 행동이므로 지역사회에서 일어나고 있는 것에 대한 관심을 보여 주거나 지역 문제를 해결하기 위해 적극적으로 참여하는 것으로 표현된다. 개인의 사회적 책임은 단순히 의무를 인식하는 것뿐만 아니라 자신의 책무성을 완수하기 위해 바람직한 태도와 가치를 지키면서 실제로 바람직한 행동도 해야 한다는 의무를 포함한다. 바꾸어 말하면, 개인의 사회적 책임감이 높은 사람은 지역사회에서 일어나고 있는 일에 많은 관심을 가지며 지역사회의 문제를 해결하기 위해 적극적으로 참여한다. 예를 들어, 장(Jang, 2021)에 따르면 개인의 사회적 책임은 각 개인이 쓰레기 재활용과 건강한 소비와 같은 소비자의 사회적 책임을 완수하고, 타인의 복지와 권리를 위해 봉사하며, 타인을 위해 재능이나 금전을 기부하는 것을 포함한다. 그러므로 개인의 사회적 책임은 사회의 한 구성원으로서 개인이 일상생활 속에서 행동으로 수행해야 하는 것이다(Păceşilă, 2018).

이러한 개인의 사회적 책임은 여러 가지 속성을 가진다(Saracaloğlu & Gerçeker, 2018).

첫째, 개인의 사회적 책임은 자발적 행동에 의존한다. 이러한 속성에 따르면, 각 개인은 사회적 책임을 가지도록 강요받기보다는 자발적으로 자신의 주변 환경에 대해 민감하게 반응하고 타인의 문제를 해결하려고 적극적으로 노력해야 한다.

둘째, 자신의 주변에서 무엇이 일어나고 있는지 자각하는 능력을 가지고 그 능력을 계속 높이려는 경향성을 포함한다. 개인은 주변 환경의 변화를 주시하고 그 변화에 민감하게 반응할 때 사회적 책임을 완수할 수 있기 때문이다.

셋째, 사회적 책임을 완수하는 개인은 타인을 향한 긍정적 정서를 자주 표현하고 부정적 정서를 적절히 표현해야 한다. 자신의 감정만 강조하기보다는 감정을 적절히 조절하여 타인과 원만한 관계를 유지할 수 있어야 한다는 뜻이다.

넷째, 개인은 문제를 진단하는 데 그치지 않고 결과를 얻기 위해 타인과 협력하는 과정에 참여해야 한다. 문제를 파악하고 사회를 비난만 하는 것이 아니라 타인과 협력하여 그 문제를 해결해야 한다는 것이다.

다섯째, 개인의 사회적 책임은 보편적 영역(예: 교육, 환경, 건강)뿐만 아니라 특수한 영역(예: 동물의 권리, 거리의 청소년 문제)에도 관여한다. 사회적 책임을 완수하는 개인은 소외된 사회적 약자 및 동물을 돌보고 배려하는 것에도 관심을 가진다는 의미이다.

개인의 사회적 책임을 좀 더 쉽게 설명하기 위해 이에 해당하는 구체적인 내용을 살펴보면 다음과 같다.

첫째, 각 개인은 지역공동체 또는 사회에 경제와 생태계 사이의 균형을 향상시키거나 지원해야 하는 의무를 가진다. 즉, 각 개인은 자신의 행위나 의사결정이 사회 전체의 경제와 생태환경에 미치는 영향에 대해 책임을 지닌다.

둘째, 각 개인은 자신의 삶과 의사결정을 지배하는 가치와 원리에 대해 자각하고 자신의 복지뿐만 아니라 타인의 복지를 위해 행위해야 한다. 개인의 사회적 책임은 자신의 주변에 있는 타인의 삶과 복지에 대해 관심을 가지고 그들을 위해 봉사해야 하는 책임을 가진다. 그러므로 아동과 청소년의 사회적 책임을 배양하기 위해 교육자는 이들이 시민적 가치와 역량을 실천하는 기회를 제공할 뿐만 아니라 이들이 친사회적 행동을 하도록 격려해야 한다.

(2) 개인의 사회적 책임 지표 또는 행동

개인의 사회적 책임은 그것을 보여 주는 지표나 행동을 명확히 할 때 더 쉽게 이해된다. 개인의 사회적 책임은 사회에서 보여 주는 개인의 책임 행동(Ecimovic et al., 2013)이며, 이것은 소비 활동으로 드러나기도 한다(Davis, Rives, & Ruiz-de-Maya, 2020). 데이비스 등(Davis et al., 2020)은 개인의 소비 활동을 사회적으로 책임 있는 행동과 생태적 의식을 가진 소비 행동으로 나누었다. 개인의 사회적 책임을 가진 사람은 사회가 직면한 도전에 관심을 가지며, 그러한 도전을 해결하기 위해 적극적이고 진취적인 자세를 취한다(Păceşilă, 2018). 개인의 사회적 책임은 개인이 모두의 상호 의존성을 받아들이고, 자신의 권리와 책임에 대해 알고 있으면서 타인의 이익을 위해 행동하는 사회에서 나타나는 특성이다(Păceşilă, 2018). 이러한 개인의 사회적 책임 행동은 유기농 상품을 소비하는 것(Bénabou & Tirole, 2010)뿐만 아니라 사회, 문화, 환경을 위해 상품이나 돈을 기부하는 것으로 표현되기도 한다(Păceşilă, 2018).

개인의 사회적 책임은 자원봉사를 통해 고통을 받고 있는 사람, 동물, 자연을 보호하는 것(Omoto & Snyder, 1995)을 가리키며, 여기에는 학대받는 동물, 학대받는 아동, 사회적 포용, 차별, 이민, 인권, 게임중독자, 노인 보호, 교육, 환경보호, 가정폭력, 도시의 빈민, 약물 중독, 알코올 의존증, 자살 예방, 친환경 에너지, 에이즈, 시민의 안전, 재활용, 문맹, 암 등 다양한 원인에 기인한 고통을 보살피는 것이 포함된다.

그러나 라트나(Ratna, 2020)는 개인의 사회적 책임의 지표를 교육적 장면과 관련시킬 때 전혀 다른 행동으로 나타난다고 주장한다. 라트나(2020)가 제시하는 개인의 사회적 책임 지표의 여섯 가지를 상세히 살펴보면 다음과 같다.

- 학교 및 직장 친구에 대한 태도: 자기가 다니고 있는 학교 또는 직장에서 만나는 친구, 그 밖의 친구, 교직원 또는 직원을 향한 바람직한 행동이 여기에 해당한다. 예를 들어, 약속을 잘 지키고 학교 규칙을 잘 준수하는 행동이다.
- 노인을 향한 태도: 부모나 지역사회의 노인을 향한 바람직한 행동이 여기에 해당

한다. 예를 들어, 지하철이나 시내버스에서 노인들에게 자리를 양보하는 행동
이다.

- 사회에 대한 태도: 정부, 문화적 지향성, 역사적 배경, 기타 주류가 되는 조건에 의해 영향을 받거나 만들어진 바람직한 행동 또는 신념이 여기에 해당한다. 지역사회를 위해 봉사하거나 헌신하는 행동이다.
- 자연에 대한 태도: 자연 자원을 보존 및 사려 깊게 사용하고, 가축을 아끼고, 야생을 보존하려는 행동이 여기에 해당한다.
- 국가 가치에 대한 태도: 국가의 보편적인 문화 경험에 대한 가치를 부여하며, 민주주의를 존중하고, 종교, 문화, 인종, 성적 지향, 능력에 관계없이 국가의 목표를 높이 사는 행동이 여기에 해당한다.
- 보편적 가치에 대한 태도: 문화권에 사는 모든 사람이 공통적으로 인식하는 가치를 존중하는 행동이 여기에 해당한다.

2. 개인의 사회적 책임 교육을 위한 심리학적 접근

1) 개인의 사회적 책임에 대한 심리학적 접근

개인의 사회적 책임에 대한 심리학적 접근은 개인의 사회적 책임을 측정하기 위해 척도를 만들려는 노력에서 나타난다. 한 개인이 가진 성격, 속성, 행동은 그 사람의 심리적 특성에 해당하므로 개인의 사회적 책임도 심리적 특성 중 하나로 볼 수 있기 때문이다. 따라서 심리적 특성을 측정하기 위해 척도를 만들려는 노력은 모두 심리적 접근을 따른다고 보아야 할 것이다.

개인의 사회적 책임을 측정하려는 노력이 다양하게 일어나고 있다. 데이비스 등(2020)은 종합적 관점에서 개인의 사회적 책임 척도(personal social responsibility scale)를 개발하였다. 이들의 척도는 경제, 법, 윤리, 자선, 환경이라는 다섯 가지의 일상생활 영역에서 개인이 보여 주는 사회적 책임 정도를 측정하기 위해 만들어졌

다. 이 척도의 변인 중 자선적 책임은 자원봉사와 관련된 5개의 문항으로 구성되어 있으며, 타인을 돕기 위해 시간, 노력, 돈을 헌납하는 정도를 가리킨다. 두 번째 변인인 환경적 책임은 4개의 문항으로 구성되어 있으며, 환경 문제에 대한 자각, 환경오염을 줄이기 위한 개인적 노력, 친환경 상품과 서비스를 구매하려는 정도를 가리킨다. 윤리적 책임은 4개의 문항으로 구성되어 있으며, 윤리가 개인의 성공에 영향을 주는 것과 도덕 윤리가 한 개인 또는 가족의 삶에 포함되는 정도를 묻는 것이다. 법적 책임은 법을 준수하려는 의지, 세금 납부, 모든 사람이 지켜야 한다고 간주되는 규칙 등과 같이 개인에게 부과된 법적 의무를 다하려고 하는 것이다. 경제적 책임은 3개의 문항으로 구성되어 있으며, 필요한 것만 자신의 소득에 맞추어 구매하거나 소비하는 정도를 나타낸다.

데이비스 등(2020)이 개발한 개인의 사회적 책임 척도는 회사, 정책입안자, 기타 조직이 사람들의 복지에 기여할 수 있는 결정을 하도록 돕거나 사람들의 행동을 더 잘 이해하도록 도울 수 있다. 예를 들어, COVID-19 팬데믹 속에서 사람들이 사회적 거리 두기를 얼마나 잘 준수하는지를 예측하고 싶을 때 기관이나 단체는 개인의 사회적 책임 척도를 활용할 수 있다.

한편, 한국의 교육심리학자인 정초하와 안도희(2016)는 사회적 책임을 심리학적 관점에서 이해하고 이를 측정하는 도구를 개발하였다. 이들은 사회적 책임을 학술적 용어로 정의하는 것이 쉽지 않다고 실토하면서 사회적 책임을 '개인이 사회적으로 수행해야 하는 일이나 의무'라고 정의하였다. 정의에서 드러나듯이, 정초하와 안도희(2016)가 정의한 사회적 책임은 개인의 사회적 책임에 해당한다. 개인의 사회적 책임은 사회를 구성하는 각 개인이 공동체에 대해 가지는 책임이며, 공동체의 지속 가능성과 복지를 위해 개인이 갖춰야 할 도덕적 덕목이기 때문이다.

개인의 사회적 책임 측정 도구를 개발하면서 정초하와 안도희(2016)는 사회적 책임은 배려, 감사, 공동체 정신, 리더십이라는 네 가지 하위 요인으로 구성된다고 주장하였다.

첫째 하위 요인인 '배려(caring)'는 타인의 입장과 마음을 먼저 고려하고, 필요하다면 양보하고, 그의 성장을 돕기 위해 주의를 기울이고, 실제 행동으로 드러내는 것을 의미한다(Noddings, 1984). 나딩스(1984)에 의해 학문의 세계에 소개된 배려라는 개념은 거의 모든 학문 영역에서도 중요하게 받아들이고 있다. 따라서 한 사람이 타인을 배려한다는 것은 사회적 책임을 지는 것과 같다고 볼 수 있다.

둘째 하위 요인인 '감사(gratitude)'는 도움이나 혜택을 준 사람에게 고마움을 느끼는 정서를 가리키며(권선중, 김교헌, 이홍석, 2006, p. 178; McCullough, Emmons, & Tsang, 2002, p. 113), 긍정심리학에서 강조하는 미덕 중 하나이다. 감사는 다른 사람에게 고맙다고 느끼는 심리적 상태를 표현한 말이나 신체적 신호이며, 그 사람으로부터 혜택이나 도움을 받았다고 느낄 때 일어나는 정서이다(Emmons & McCullough, 2004, p. 3). 감사는 상대방의 긍정적 측면을 말로 표현하는 것이므로 타인이 베푼 은혜에 대해 느끼는 긍정적 정서 반응으로 여긴다. 정초하와 안도희(2016)는 감사를 사회적 책임의 하위 요인으로 보았으나, 주체와 객체가 바뀌었으므로 감사를 사회적 책임의 하위 요인으로 간주하는 것은 타당하지 않다.

셋째 하위 요인인 '공동체 정신(community spirit)'은 공동체에 대해 느끼는 소속감이며(김경준, 김성수, 1998; McMillan & Chavis, 1986), 행위자로 하여금 공동체 활동에 깊이 참여하도록 이끈다. 공동체 정신의 정도가 높을수록 사회적 책임을 더 높게 가지는 것이 당연해 보인다.

정초하와 안도희(2016)가 개발한 사회적 책임 척도의 넷째 하위 요인은 '리더십(leadership)'이다. 리더십은 조직의 리더만 소유하는 능력이 아니다. 비록 정도의 차이는 있을지라도 모든 사람이 리더십을 어느 정도 소유하고 있다. 다만, 조직의 리더일수록 더 높은 리더십을 가진다.

그런데 정초하와 안도희(2016)가 개발한 사회적 책임 척도의 하위 요인들을 면밀히 검토하고 이를 수정할 필요가 있다. 예를 들면, 감사와 리더십은 개인의 사회적 책임의 하위 요인으로 간주될 이론적 근거가 부족하다. 타인이 주는 혜택이나 은혜에 대해 고마움을 느끼는 정도를 가리키는 감사는 사회적 책임을 일으키는 요인이라기보다는 사회적 책임이 높은 사람이 자주 느끼는 것이 감사라고 보는 것이 더 타당해 보인다. 또한 책임감은 리더십의 하위 요인이지 리더십이 책임감의 하위 요인이라고 간주하는 것은 무리이다. 정초하와 안도희(2015)도 인정하였듯이 리더나 영재 학생들은 높은 수준의 책임감과 지적 능력, 합리적인 카리스마, 끈기, 자신감 등을 가지고 있다(Judge, Colbert, & Ilies, 2004). 따라서 사회적 책임을 리더십의 하위 요인으로 보는 것이 더 타당하다.

감사와 리더십보다는 사회정의를 추구하려는 경향성(예: 정의에 대한 민감성, 정의 세계에 대한 신념), 타인 지향성[예: 이타적 성격, 친사회적 성격 및 행동, 타인을 이롭게 하려는 욕구(desire to benefit others)], 타인을 도우려는 태도 등이 개인의 사회적 책임의 하위 요인으로 더 적합할 수 있다.

2) 개인의 사회적 책임과 관련된 심리적 개념

(1) 친사회적 행동

친사회적 행동은 행위자가 외적 보상을 바라지 않으면서도 타인에게 혜택이나 이익을 주거나 도와주는 행동을 의미한다(Mussen & Eisenberg, 1977). 타인에게 이익을 주는 친사회적 행동은 의도적이고 자발적이어야 한다(Batson, 1991)는 전제 조건을 충족해야 한다. 거꾸로 강요 또는 압력을 받고 타인에게 이로운 행동을 하는 것은 친사회적 행동에 포함되지 않는다. 이러한 친사회적 행동은 행위자의 정서적 건강, 긍정적인 대인관계, 성공적 학업 등과 같은 성취를 이룰 수 있는 기초이다 (Wentzel, Filisetti, & Lonney, 1998).

이러한 친사회적 행동은 자원을 나누거나 기부하는 행동, 다른 사람을 돕는 행동, 봉사와 협력, 어려움에 처한 사람을 위로하기 등으로 표현되며, 관점 수용 능력, 공감, 도덕적 추론 등이 있어야 가능하다(Hoffman, 2000; Holmgren, Eisenberg, & Fabes, 1998). 친사회적 행동에서 강조하는 기부, 봉사, 협력, 타인을 돕는 행동 등은 앞에서 살펴본 개인의 사회적 책임의 개념에서도 등장하는 것이므로 친사회적 행동과 사회적 책임은 서로 밀접하게 연관되어 있다고 볼 수 있다. 따라서 파세실라(Păceşilă, 2018)는 개인의 사회적 책임을 배양하기 위해서는 친사회적 행동을 촉진하는 것이 필요하다고 주장하였다.

친사회적 행동은 가정에서의 부모나 형제와의 관계, 학교에서의 또래나 교사와의 관계에서 비롯되는 다양한 유형의 사회적 상호작용을 통해 발달되고(Carlo, Fabes, Laible, & Kupanoff, 1999; Wentzel, Filisetti, & Looney, 2007), 친사회적 행동은 사회적 책임과 밀접하게 연관되어 있으므로 개인이 어릴 때부터 친사회적 행동을 할 수 있는 환경을 제공하는 것이 사회적 책임을 향상시키는 한 가지 방법이 된다. 다른 사람을 이롭게 하기 위한 자발적 행동으로서 친사회적 행동은 생애 초기부터 부모와의 애착과 상호작용을 통해 발달하므로(Nantel-Vivier et al., 2009) 개인이 어린 시기부터 나누고, 돕고, 공감하고, 기부하고, 봉사하고, 고통을 받고 있는 사람을 위로하는 행동, 즉 친사회적 행동을 자주 할수록 개인의 사회적 책임 수준은 더 높아질 것이기 때문이다.

오코너와 쿠에바스(O'Connor & Cuevas, 1982)는 친사회적 행동과 사회적 책임 사이의 관계를 밝힌 초창기의 심리학자들이다. 이들에 따르면, 보통 순수한 사람들은 어려움에 처한 타인을 도우려고 한다. 오코너와 쿠에바스(1982)의 연구 결과에 따르면, 친사회적 행동을 자주 하는 어린 아동들도 사회적 책임감이 높았다.

친사회적 행동이 사회적 책임에 영향을 줄 수 있다는 것은 친사회적 행동을 하는 사람은 물질적 이득을 얻지는 못하지만, 사회적 또는 심리적 혜택을 받는다는 바질과 베버(Basil & Weber, 2006)의 연구 결과에서 도출할 수 있다. 바꾸어 말하면, 친사회적 행동을 많이 할수록 사람들은 심리적으로 안정되고, 자신의 삶에 보람을 느끼고, 자신이 소중한 존재임을 느끼게 되어 사회에 더 많은 것을 돌려 주어야 한다고 믿게 된다. 마침내 사회적 책임감이 더 높아진다.

그러나 여기서 신중해야 할 것은 친사회적 행동은 개인의 사회적 책임을 강화시키는 요인으로 기능하기도 하지만 거꾸로 개인의 사회적 책임에 의해 친사회적 행동 또는 태도가 높아질 수 있다는 점이다. 즉, 친사회적 행동은 개인의 사회적 책임의 원인으로 역할을 할 수도 있고 그 결과가 될 수도 있다.

(2) 공감

공감은 타인의 상황에 대한 정서적 반응으로(Hoffman, 2000) 타인과 교류하는 동안에 타인의 느낌, 기분, 정서, 기타 내적인 경험을 마치 자신의 것처럼 느끼고 이해하는 것을 의미한다. 사회적 합의를 촉진하고 타인과의 관계를 성공적으로 만드는 기초 역량인 공감은 타인의 정서적 신호를 정확하게 지각하고, 해석하고, 반응하는 것을 요구하므로 우리의 생존에 결정적인 역할을 한다(Preston & de Waal, 2002). 타인과 공감하려면 타인의 감정이나 생각과 함께 그 사람이 처한 상황까지도 이해하고, 그 사람의 관점에서 사건이나 일이 진행되는 과정을 살피고, 그 사람의 역할을 맡아 보는 것이 요구된다.

이러한 공감이 사회적 책임과 연결되어 있다는 증거는 정서 조절이 사회적 책임의 발달에 선임자 역할을 한다는 데에서 찾을 수 있다(Wray-Lake & Syvertsen, 2011). 타인이 자신의 부정적 정서를 조절하도록 돕는 동안에 그 사람과 공감을 하기 위해서는 사회적 책임을 가지고 타인을 돕는 사람도 자신의 부정적 감정을 적절히 조절해야 하기 때문이다.

더 나아가 공감은 친사회적 행동과 이타적 행동과 깊게 관련되어 있으므로 (Batson, Ahmad, & Stocks, 2004) 사람이 사회적 책임을 완수하는 데 중요한 역할을 한다. 즉, 공감은 타인과 사회에 이로운 영향을 주는 친사회적 행동을 위한 초석이므로(Eisenberg & Mussen, 1989) 이타적 동기와 도움 주기 행동을 촉진하며(Batson, Chang, Orr, & Rowland, 2002; Batson, Eklund, Chermok, Hoyt, & Ortiz, 2007), 공감 수준이 높을수록 갈등해결력도 높아진다(Segal, Wagaman, & Gerdes, 2012). 특히 Batson(1991)의 공감-이타주의 가설은 공감이 이타적 동기를 높여서 친사회적 행동 또는 도움 행동을 증가시킬 수 있음을 보여 준다. 공감한 상태에서 타인의 요구를 지각하게 된 사람은 이타적 동기를 더 많이 느끼고 마침내 그 사람을 도와주게 된다.

반대로 공감이 부족할 때 파괴적인 행동은 증가하고, 대인관계에 부정적인 영향을 준다. 예를 들어, 공감이 낮은 사람은 자기애에 빠지고, 타인을 괴롭히고, 범죄를 저지르고, 성적 학대를 할 가능성이 높아지므로(Elsegood & Duff, 2010) 사회적으로 책임지는 행동을 할 가능성은 거의 없다.

(3) 이타주의와 이타적 행동

이타주의(altruism)란 자신에게 손해가 일어나더라도 타인을 이롭게 하고자 하는 동기에 따라 행동하려는 경향성이다(Singer, 1979). 이타주의는 자신이 손해를 입더라도 타인을 위해 행동하려는 것이라고 정의한다(Singer, 1979). 따라서 이타주의 성향이 강한 사람은 자신의 사적 이익보다는 타인, 특히 사회적 약자의 이익과 복지에 더 많은 관심을 가진다. 이타주의에 대한 연구가 증가함에 따라 이것에 대한 정의도 다양하다.

뱃슨(Batson, 2010)은 이타주의를 세 가지 다른 방식으로 정의된다고 말한다.

첫째, 이타주의를 도우려는 동기가 아니라 돕기 행동으로 본다. 특히 발달심리학자들은 아동의 이타주의가 어떻게 발달하는지를 설명하면서 이타주의와 돕기 행동을 동의어로 취급한다.

둘째, 이타주의를 도덕적으로 행위하는 것으로 본다. 이러한 경향성은 이타주의와 도덕성에 공통점이 많으며, 자신의 이익보다는 타인의 이익을 더 중요시하려는 심리학자들에게서 나온 것이다.

셋째, 이타주의를 외적 보상보다는 내적 보상을 얻기 위해 돕는 행위로 본다. 이 것은 타인에게 혜택을 주려는 동기를 강조하는 정의이다. 이타주의에 대한 세 번째 정의는 타인뿐만 아니라 자신에게 이익이 되는 것을 추구하는 것도 포함한다. 다만, 다른 목적을 달성하기 위한 수단으로 이타적 행동을 하는 것보다는 자기만족 또는 성취감을 얻기 위한 것도 이타주의에 포함시키려는 시도이다. 효과적인 이타주의를 주장하는 심리학자들은 이타주의를 타인뿐만 아니라 자신에게도 이익이 되는 것을 추구하도록 허락한다. 다만, 그 동기가 순수해야 함을 강조한다.

이타적 행동(altruistic behavior)은 이타주의 신념 또는 성격을 행동으로 옮긴 측면을 강조하는 것으로, 타인을 돕고 혜택을 주기 위한 목적으로 타인에게 긍정적인 반응을 제공하는 행동으로 정의된다. 이타적 행동은 나누고, 사랑하고, 존중하고, 협력하고, 위험에 처한 타인을 구하기 위해 지원하고, 타인과 공감하는 것을 포함한다. 이러한 측면에서 이타적 행동은 친사회적 행동과 매우 유사한 것이 된다(김항인, 1999). 또한 이타적 행동은 소비 행동에서도 나타나는데, 친환경 제품을 더 자주 구매하면서 환경을 파괴하는 성분으로 만든 상품 또는 약자의 노동을 착취하는 기업의 제품을 구매하지 않으려고 한다.

　이타주의 또는 이타적 행동이 사회적 책임과 연관되어 있는 것은 이것이 공감과 깊게 연관되어 있다는 뱃슨(2011)의 가설과 이것이 친사회적 행동과 연관되어 있다는 파세실라(2018)의 주장을 통해 알 수 있다. 앞서 언급한 친사회적 행동과 이타주의 또는 이타적 행동은 모두 자신의 이익보다는 타인의 복지를 더 중요시한다는 공통점을 가진다. 또한 타인의 복지를 자신의 이익보다 더 중요하게 여기는 태도는 모두 공감을 전제로 하는 행위이다. 앞서 언급하였듯이, 친사회적 행동과 공감이 사회적 책임과 밀접하게 연관된다면 이타주의 또는 이타적 행동도 사회적 책임과 깊게 연관되어 있다고 볼 수 있다. 실제로 도비디오, 필리아빈, 가트너, 슈뢰더, 클라크(Dovidio, Piliavin, Gaertner, Schroeder, & Clark, 1991)도 이타적인 사람은 타인을 도우려는 경향성이 높으므로 사회적 책임도 높다는 것을 확인하였다.

1. 조직(기업 또는 대학)의 사회적 책임과 개인의 사회적 책임의 차이를 자신의 언어로 설명해 보자.

2. 이 장에서는 개인의 사회적 책임을 심리학적 관점에서 이해하려고 하였다. 개인의 사회적 책임을 심리학적 관점이 아닌 다른 관점(예: 교육적 관점, 공학적 관점, 철학적 관점, 사회학적 관점, 행정학적 관점, 교육과정적 관점)에서 분석해 보자.

3. 대학생 또는 대학원생이 개인의 사회적 책임을 향상시키도록 돕는 방법을 찾아보자.

 참고문헌

권선중, 김교헌, 이홍석(2006). 한국판 감사성향 척도(K-GQ-6)의 신뢰도 및 타당도. 한국심리학회지: 건강, 11(1), 177-190.

김경준, 김성수(1998). 지역사회 주민의 공동체의식에 관한 연구. 지역사회발전학회논문집, 23(2), 211-232.

김항인(1999). 친 사회적 행동과 도덕성 발달: 이타주의를 중심으로. 도덕윤리과교육, 10, 246-260.

이준형(2004). 21세기의 대학사명. 한국사회와 행정연구, 15(1), 259-281.

정초하, 안도희(2016). 청소년의 사회적지지, 사회성 책무성 및 학교 적응 간의 관계. 한국청소년학회청소년학연구, 23(9), 381-408.

조영하(2010). 21세기 대학의 사회적 책임에 대한 고찰-사회적 연대의 관점에서. 교육행정학연구, 28(1), 1-30.

Ali, R. M., & Bozorgi, Z. D. (2016). The relationship of altruistic behavior, empathetic sense, and social responsibility with happiness among university students. *Practice in Clinical Psychology, 4*(1), 51-56.

Al-Jabri, M. A. (2001). *Traditional Arab wisdom: Critical analysis study of the values system in Arab culture.* Beirut, Lebanon: Centre for Arab Unity Studies.

Aloni, N. (2013). *Good education towards meaningful life, moral conduct, and self-realization.* Tel Aviv, Israel: Mofet Institute.

Atweh, B., Bland, D., & Ala'i, K. (2012). Education for social responsibility: Ethics and imagination in engaging teachers and students. In. T. Cotton (Ed.), *Towards an education for social justice: Ethics applied to education* (pp. 13-40). Oxford, UK: Peter Lang Publishers.

Back, S. (2006). *The technical rationality vision: The case of teacher education.* BeerSheva, Israel: Ben Gurion University.

Bajaj, M. (2018). Conceptualizing Transformative Agency in Education for Peace, Human Rights, and Social Justice. *International Journal of Human Rights Education, 2*(1), 1-22.

Bandura, A. (1986). *Social foundation of thought and action: A social cognitive theory.*

Englewood Cliffs, NJ: Prentice Hall.

Basil, D. Z., & Weber, D. (2006). Values motivation and concern for appearances: The effect of personality traits on responses to corporate social responsibility. *International Journal of Nonprofit and Voluntary Sector Marketing, 11*(1), 61-72.

Batson, C. D. (1991). *The altruism question: Toward a social-psychological answer.* Hillsdale, NJ: Erlbaum.

Batson, C. D. (2010). Empathy-induced altruistic motivation. In M. Mikulincer & P. R. Shaver (Eds.), *Prosocial motives, emotions, and behavior: The better angels of our nature* (pp. 15-34). Washington, D.C.: American Psychological Association.

Batson, C. D. (2011). *Altruism in humans.* New York: Oxford University Press.

Batson, C. D., & Moran, T. (1999). Empathy-induced altruism in a Prisoner's Dilemma. *European Journal of Social Psychology, 29*(7), 909-924.

Batson, C. D., Ahmad, N., & Stocks, E. L. (2004). Benefits and liabilities of empathy-induced altruism. In A. G. Miller (Ed.), *The social psychology of good and evil* (pp. 359-385). New York, NY: The Guilford Press.

Batson, C. D., Chang, J., Orr, R., & Rowland, J. (2002). Empathy, attitudes, and action: Can feeling for a member of a stigmatized group motivate one to help the group?. *Personality and Social Psychology Bulletin, 28*(12), 1656-1666.

Batson, C. D., Eklund, J. H., Chermok, V. L., Hoyt, J. L., & Ortiz, B. G. (2007). An additional antecedent of empathic concern: Valuing the welfare of the person in need. *Journal of Personality and Social Psychology, 93*(1), 65-74.

Bauman, Z. (1998). What prospects of morality in times of uncertainty?. *Theory, Culture & Society, 15*(1), 11-22.

Bell, L. A. (1997). Theoretical foundations for social justice education. In M. Adams, L. Bell, & P. Griffin (Eds.), *Teaching for diversity and social justice: A sourcebook* (pp. 3-15). New York: Routledge.

Bénabou, R., & Tirole, J. (2010). Individual and corporate social responsibility, *Economica, 77*(305), 1-19.

Ben-Naftali, M. (2006). *Hannah Arendt's visit.* Jerusalem, Israel: Van Leer Institute and Hakibbutz Hameuchad.

Berkowitz, L., & Danial, L. R. (1964). Resistance to improper dependency relationship. *Journal of Experimental Social Psychology, 5*(3), 283-294.

Berkowitz, L., & Lutterman, K. G. (1968). The traditional socially responsible personality. *Public Opinion Quarterly, 32*, 169-187.

Bovens, M. (2007). Analysing and assessing accountability: A conceptual framework. *European Law Journal, 13*(4), 447-468.

Bowen, H. R. (1953). *Social responsibility of the businessman.* New York: Harper and Row.

Buber, M. (1971). The Education of Character. In J. P. Strain (Ed.), *Modern philosophies of education.* New York: Random House.

Caret, R. L. (2019). Social responsibility and civic readiness as critical higher education outcomes. *Metropolitan Universities, 30*(4), 9-16.

Carlo, G., Fabes, R., Laible, D., & Kupanoff, K. (1999). Early adolescence and prosocial/ moral behaviour II: The role of social and contextual influences. *Journal of Early Adolescence, 19*, 132-133. doi: 10.1177/0272431699019002001

Carroll, A. B. (1979), A three-dimensional conceptual model of corporate performance. *Academy of Management Review, 4*(4), 497-505.

Carroll, A. B. (1999). Corporate social responsibility: evolution of a definitional construct. *Business and Society, 38*(3), 268-295.

Carroll, A. B. (2008), A history of corporate social responsibility: Concepts and practices. In A. Crane, A. McWilliams, D. Matten, J. Moon, & D. S. Siegel (Eds.), *The Oxford handbook of corporate social responsibility* (pp. 19-46). Oxford: Oxford University Press.

Chun, S., & Lan, S. (2020). On the goal of social responsibility cultivation from the psychology of responsibility. *Canadian Social Science, 16*(9), 22-24.

Clugston, R. M., & Calder, W. (1999). Critical dimensions of sustainability in higher education. In W. Leal Filho (Ed.), *Sustainability and university life* (pp. 31-46). Frankfurt: Peter Lang.

Davis, K., & Blomstrom, R. L. (1966). *Business and its environment,* New York: McGraw-Hill.

Davis, S. L., Rives, L. M., & Ruiz-de-Maya, S. (2020). Personal social responsibility: Scale development and validation. *Corporate Social Responsibility and Environmental Management, 28*, 763-775.

Devinney, T. M., Auger, P., Eckhardt, G., & Birtchnell, T. (2006). The other CSR. *Stanford Social Innovation Review, 4*(3), 29-37.

Dewey, J. (1959). My pedagogic creed. In M. Dworkin (Ed.), *Dewey on education* (pp. 19-32). New York: Teachers College press.

Dewey, J. (1963). *Experience and education.* New York: Macmillan.

Dovidio, J. F., Piliavin, J. A., Gaertner, S. L., Schroeder, D. A., & Clark, R. D. III. (1991). The arousal: Cost-reward model and the process of intervention: A review of the evidence. In M. S. Clark (Ed.), *Prosocial behavior* (pp. 86-118). Sage Publications, Inc.

Ecimovic, T., Chumakov, A., Dobrila, B., Esposito, M., Haw, R., Hrast, A., Ivanova, W., Kulic, S., Lasvicka, R., Makarenko, A., Mulej, M., Sdhamkaranarazana, H. A., Song, S., Sreedhara, T. N., Tavcar, J., Tolpadi, R., & Topal, S. (2013). The corporate and individual social responsibility (C & ISR)- A part of the sustainable future of humankind. *Age of Globalization, 3*, 132-142.

Eisenberg, N., & Mussen, P. H. (1989). *The roots of prosocial behavior in children.* Cambridge: Cambridge University Press.

Elsegood, K. J., & Duff, S. C. (2010). Theory of mind in men who have sexually offended against children: A U.K. Comparison study between child sex offenders and nonoffender controls. Sexual Abuse. *Journal of Research and Treatment, 22*(1), 112-131.

Emmons, R. A., & McCullough, M. E. (Eds.). (2004). *The psychology of gratitude.* New York: Oxford University Press. https://doi.org/10.1093/acprof:oso/9780195150100.001.0001

Figueroa-Armijos, M., & Berns, J. P. (2021). Vulnerable populations and individual social responsibility in prosocial crowdfunding: Does the framing matter for female and rural entrepreneurs? *Journal of Business Ethics.*

Franke, J., & Simonson, J. (2018). Social justice beliefs regarding old-age provisions in Germany: A latent profile analysis. *Social Justice Research, 31*(2), 182-205.

Gallay, L. (2006). Social responsibility. In L. Sherrod, C. A. Flanagan, R. Kassimir, & A.

K. Syvertsen (Eds.), *Youth activism: An international encyclopedia* (pp. 599-602). Westport, CT: Greenwood Publishing.

Giubilini, A., & Levy, N. (2018). What in the world is collective responsibility?. *Dialectica, 72*(2), 191-217.

Gonen, S. (2014). Responsibility for education and education for responsibility: A glance at a college course at Al-Qasemi College. *Yozma Pages*, 39-57.

Gordon, H., & Gordon, R. (1995). *Sartre and evil*. Westport, CT: Greenwood Press.

Hage, J. (2017). Theoretical foundations for the responsibility of autonomous agents. *Artificial Intelligence and Law, 25*, 255-271.

Hamilton, V. L. (1978). Who is responsible? Toward a social psychology of responsibility attribution. *Social Psychology, 41*(4), 316-328.

Hart, H. L. A. (2008). *Punishment and responsibility* (2nd ed.). New York: Oxford University Press.

Heider, F. (1958). *The psychology of interpersonal relations*. New York: Wiley.

Hoffman, M. L. (2000). *Empathy and moral development: Implications for caring and justice*. Cambridge, UK: Cambridge University Press.

Holmes, S. (1985). Corporate social performance and present areas of management. *Journal of Business, 20*, 14-20.

Holmgren, R. A., Eisenberg, N., & Fabes, R. A. (1998). The relations of children's situational empathy-related emotions to dispositional prosocial behaviour. *International Journal of Behavioral Development, 22*(1), 169-193. https://doi.org/10.1080/016502598384568

Inbar, D. (1983). *Responsibility*. Tel Aviv, Israel: Sifriat Poalim.

Jang, S. (2021). The effect of corporate social responsibility on religiosity, individual social responsibility, and corporate financial performance in South Korea. *The Journal of Asian Finance, Economics and Business, 8*(8), 525-532.

Judge, T. A., Colbert, A. E., & Ilies, R. (2004). Intelligence and leadership: A quantitative review and test of theoretical propositions. *Journal of Applied Psychology, 89*(3), 542-552. https://doi.org/10.1037/0021-9010.89.3.542

Kangni, W. U., & Lianyun, Y. I. (2014). Sense of social responsibility: The connotation and the denotation. *Studies in Sociology of Science, 5*(4), 52-58.

Krishnamurti, J. (1969). *Freedom from the known.* San Francisco, CA: Harper & ROW.

Krishnamurti, J., & Rajagopal, D. (Eds.). (1958). *Commentary on living* (2nd ed.). New York, NY: Harper.

Kuang, Z. H., & Ye, H. S. (2008). *Psychology of responsibility.* Shanghai: Shanghai Educational Publishing House.

Lampert, K. (2008). *Empathic education: A critique of neocapitalism.* Tel Aviv, Israel: Carmel.

Lauermann, F., & Karabenick, S. A. (2013). The meaning and measure of teachers' sense of responsibility for educational Outcomes. *Teaching and Teacher Education, 30,* 13-26.

Lawson, H. A. (1999). Education for social responsibility: Preconditions in retrospect and prospect. *Quest, 51*(2), 116-149.

Levinas, E. (2004). *Humanism of the other.* Jerusalem, Israel: Mosad Bialik.

Levy, Z. (1997). *The other and responsibility.* Jerusalem, Israel: Magnes.

Lickona, T. (1991). *Educating for character: How our schools can teach respect and responsibility.* New York, NY: Bantam Books.

Liu, C., & Zhu, X. (2017). Three Approaches to Cultivating College Students' Sense of Social Responsibility. In D. T. L. Shek & R. M. Hollister (Eds.), *University social responsibility and quality of life a global survey of concepts and experiences* (pp. 223-234). Berlin/Heidelberg, Germany: Springer.

Lo, C. W., Pang, R. X., Egri, C. P., & Li, P. H. (2017), "University social responsibility: Conceptualization and an assessment framework", *Quality of life in Asia University social responsibility and quality of life* (pp. 37-59). doi: 10.1007/978-981-10-3877-8_4

Manne, H. G., & Wallich, H. C. (1972). *The modern corporation and social responsibility.* Washington, DC: American Enterprise Institute for Public Policy Research.

McCullough, M. E., Emmons, R. A., & Tsang, J. (2002). The grateful disposition: A conceptual and empirical topography. *Journal of Personality and Social Psychology, 82*(1), 112-127. https://doi.org/10.1037/0022-3514.82.1.112

McGuire, J. W. (1963). *Business and society.* New York, NY: McGraw-Hill.

McMillan, D. W., & Chavis, D. M. (1986). Sense of community: A definition and theory.

Journal of Community Psychology, 14(1), 6–23. https://doi.org/10.1002/1520-6629
(198601)14:1⟨6::AID-JCOP2290140103⟩3.0.CO;2-I

Mergler, A., & Shield, P. (2016). Development of the personal responsibility scale for adolescents. Journal of Adolescence, 51, 50–57.

Muncy, J. A., & Vitell, S. J. (1992), Consumer ethics: An investigation of the ethical beliefs of the final consumer. Journal of Business Research, 24(4), 297–311.

Mussen, P., & Eisenberg-Berg, N. (1977). Roots of caring, sharing and helping: The development of prosocial behavior in children. San Francisco: W. H. Freeman.

Muthukumar, T., & Subramanian, C. (2017). Awareness about individual social responsibility and corporate social responsibility among MSW students. In T. Muthukumar & C. Subramanian (Eds.), International Journal of Multidisciplinary Educational Research, 6(2), 219–227.

Nantel-Vivier, A., Kokko, K., Caprara, G. V., Pastorelli, C., Gerbino, M. G., Paciello, M., Cote, S., Pihl, R. O., Vitaro, F., & Tremblay, R. E. (2009). Prosocial development from childhood to adolescence: A multi-informant perspective with Canadian and Italian longitudinal studies. Journal of Child Psychology and Psychiatry, 50(5), 590–598.

Noddings, N. (1984). Caring: A feminine approach to ethics and moral education. Berkeley, CA: University of California Press.

Nuyen, A. T. (2008). Moral luck, role-based ethics and the punishment of attempts. International Journal of Applied Philosophy, 22(1), 59–69.

O'Connor, M., & Cuevas, J. (1982). The relationship of children's prosocial behavior to social responsibility, prosocial reasoning, and personality. The Journal of Genetic Psychology, 140(1), 33–45.

Omoto, A. M., & Snyder, M. (1995). Sustained helping without obligation: Motivation, longevity of service, and perceived attitude change among AIDS Volunteers, Journal of Personality and Social Psychology, 68, 671–686.

Păceşilă, M. (2018). The individual social responsibility: Insights from a literature review. Management Research and Practice, 10(1), 17–26.

Palmer, P. J. (1997). The courage to teach: Exploring the inner landscape of a teacher's life. SanFrancisco, CA: Jossey-Bass.

Park, H. S., Shin, Y. S., & Yun, D. (2009). Differences between white Americans and Asian Americans for social responsibility, individual right and intentions regarding organ donation. *Journal of Health Psychology, 14*(5), 707-712.

Peng, M. W. (2003). Institutional transitions and strategic choices. *Academy of Management Review, 28*(2), 275-296.

Pigors, M., & Rockenbach, B. (2016). Consumer social responsibility. *Management Science, 62*(11), 3123-3137.

Preston, S. D., & de Waal, F. B. M. (2002). Empathy: Its ultimate and proximate bases. *Behavioral and Brain Sciences, 25*(1), 1-72.

Ratna, S. (2020). Individual social responsibility(ISR) indicator in education. *Asian Journal of Advances in Research, 4*(3), 16-21.

Reisinger, A. (2015). Individual social responsibility: Theorethical and some empirical approach. *Journal of Central European Green Innovation, 3*(3), 133-148.

Saracaloglu, A. S., & Gerçeker, C. S. (2018). Relationship between individual social responsibilities and personal values of teacher candidates. *International Education Studies, 11*(10), 64-77.

Sawasdikosol, S. (2009). *Driving universities' collaboration toward the new era of sustainable social responsibility*. Penang, Malaysia: Proceedings material presented at the University-Community Engagement Conference.

Schlenker, B. R., Britt, T. W., Pennington, J., Murphy, R., & Doherty, K. (1994). The triangle model of responsibility. *Psychological Review, 101*(4), 632-652.

Secchi, D. (2009). The cognitive side of social responsibility. *Journal of Business Ethics, 88*(3), 565-581.

Segal, E. A. (2011). Social empathy: A model built on empathy, contextual understanding, and social responsibility that promotes social justice. *Journal of Social Service Research, 37*(3), 266-277.

Segal, E. A., Wagaman, M. A., & Gerdes, K. E. (2012). Developing the social empathy index: An exploratory factor analysis. *Advances in Social Work, 13*, 541-560.

Shaw, M. E., & Sulzer, J. L. (1964). An empirical test of Heider's levels in attribution of responsibility. *The Journal of Abnormal and Social Psychology, 69*(1), 39-46.

Shek, D. T. L. (2010). Nurturing holistic development of university students in Hong Kong: Where are we and where should we go?. *The Scientific World Journal: TSW child health & Human Development, 10*, 563-575.

Shek, D. T. L., & Cheung, B. P. M. (2013). Developmental issues of university students in Hong Kong. *International Journal of Adolescence Medical and Health, 25*(4), 345-351.

Shek, D. T. L., & Yuen-Tsang, A. W. K., & Ng, E. C. W. (2017). USR Network: A Platform to Promote University Social Responsibility. In D. T. L. Shek & R. M. Hollister (Eds.), *University social responsibility and quality of life: A global survey of concepts and experiences* (pp. 11-21). Berlin/Heidelberg, Germany: Springer. doi: 10.1007/978-981-10-3877-8

Shepherd, L. L. (2003). Face to face: A call for radical responsibility in place of compassion. *Public Law and Legal Theory, 77*, 1-82.

Shore, A., & Freire, P. (1990). *Pedagogy for liberation*. Tel Aviv, Israel: Mifras.

Shulman, L. S. (2006). Teacher education does not exist, *Stanford University School of Education Alumni Newsletter, 7*. Retrieved from: http://www.digitaldivide.net/news/view.php?HeadlineID=956

Silva, L. D., Sanson, A., Smart, D., & Toumbourou, J. (2004). Civic responsibility among Australian adolescents: Testing two competing models. *Journal of Community Psychology, 32*(3), 229-255.

Singer, P. (1979). *Practical ethics*. Great Britain, UK: Cambridge University Press.

Skinner, B. F. (1971). *Beyond freedom and dignity*. Harmondsworth, Middlesex, UK: Penguin.

Smithkirai, C., Longthong, N., & Peijsel, C. (2015). Effect of using movies to enhance personal responsibility of university students. *Asian Social Science, 11*(5), 1-9.

Song, Y. (2003). The moral connotation and realization mechanism of responsibility formation. *Journal of Nanjing University, 4*, 89-93.

Sooksomchitra, A., Koraneekij, P., & Na-Songkhla, J. (2013). Education for social responsibility: The use of CSCL in undergraduate service-learning modules. *Creative Education, 4*(9), 59-62.

Vaidya, S. A. (2017). Social responsibility of students. *International Journal in Management and Social Science, 5*(3), 133-141.

Wentzel, K. R., Filisetti, L., & Looney, L. (2007). Adolescent prosocial behavior: The role of self-processes and contextual cuse. *Child Development, 78*(3), 895-910.

Windsor, D. (2006). Corporate social responsibility: Three key approaches. *Journal of Management Studies, 43*(1), 93-114.

Wray-Lake, L., & Syvertsen, A. K. (2011). The developmental roots of social responsibility in childhood and adolescence. In C. A. Flanagan & B. D. Christens (Eds.), Youth civic development: Work at the cutting edge. *New Directions for Child and Adolescent Development, 134*, 11-25.

Zaborowski, H. (2000, January). On freedom and responsibility: Remarks on Sartre, Levinas and Derrida. *Heythrop Journal, 41*(1), 47-65.

Zhang, F. (2016). Corporate social responsibility and family enterprise. *Open Journal of Business and Management, 4*, 476-482. doi: 10.4236/ojbm.2016.43049

Zilberstein, M., Ben Perets, M., & Ziv, S. (Eds.). (1998). *Reflection in teaching: Central axis in the development of a teacher.* Tel Aviv, Israel: Mofet.

제**4**장

대학의 사명과 사회적 책임

김회용

우리 사회는 그 조직과 구조, 구성원들의 사고방식 등을 포함한 유무형의 모든 것이 변화해 왔고, 또 쉼 없이 변화하고 있다. 단순하게 보면 대학은 이렇게 변화하는 사회의 조직과 구조의 한 부분이기도 하지만, 심도 있게 살펴보면 복잡하게 얽혀 지구적 삶의 연대기를 이루어 가고 있는 사회를 움직이는 여러 중심축 중의 하나이기도 하다. 대학은 시대별로 주요 기능을 달리하고 있지만, 당대 사회의 변화와 필요에 따라 진리 탐구와 연구, 전문적 기능 훈련 등의 다양한 역할을 수행함으로써 결과적으로 사회 구성원들의 교육과 자원의 활용 및 가치 상승 등을 종합적으로 이루어 온 기관이라고 할 수 있기 때문이다. 이는 곧 대학의 변화와 노력이 사회의 변화와 발전을 주도하는 데 있어 매우 중요한 역할을 한다는 의미이기도 하다.

최근 학령 인구의 급속한 감소와 제4차 산업혁명을 위시한 IT 중심 산업화의 심화 등은 '벚꽃이 피는 순서대로 대학이 사라질 것'이라는 말이 회자되는 데 일조한 사회 현상들이다. 급속한 사회 변화를 이끌고 그 방향성을 점검하며, 새로운 역할을 창출하는 데 있어 대학이 더 이상 효과적으로 기능하지 못할 것이라는 우려를 반영하기도 하지만, 이는 사실상 사회 변화에 따라 대학의 기능 역시 변화할 것이라는 전망과도 같다. 즉, 현대사회의 변화와 이슈는 머지않은 미래에 21세기 대학의 주요 기능과 역할이 어떻게 변화하였나를 설명하는 데 중요한 역사적 배경이 될 것이다.

늘 사회와 맞물려 존재하는 대학은 그 사회에 대해 갖는 책임성이 곧 사명이 되며, 이는 대학의 기능과 성격을 규정하는 핵심 요인이 된다. 다시 말해, '대학의 책임'은 당대의 시대적 가치를 반영하여 변화하는 역사적 산물인 것이다. 대학의 사명, 즉 사회적 책임은 시대적 요구 및 가치 변화에 따라 개념과 내용이 달라질 수밖에 없다. 이러한 대학의 책임은 역사적으로 확대되고 발전해 왔으며, 20세기를 전후로 하여 전통적인 대학의 책임에 더욱 큰 변화가 있었다. 뿐만 아니라 현재의 사회 변화는 변화무쌍이라는 말이 무색할 정도로 역동적이며, 그만큼 대학에 더 큰 변화를 요구한다고 할 수 있다.

변화하는 대학의 책임과 역할에 대한 실제적 논의의 효과성을 담보하기 위해서는 무엇보다도 이념과 가치, 사상과 철학 등에 기초한 본질적 논의가 뒷받침되어야 한다. 특히 지극히 관념적이라고 여겨지는 철학에 있어서도 실상 그것이 다루는 문제들은 사회생활의 갈등과 문제에 기원을 둔다고 할 수 있다. 그렇기 때문에 사회 구성원의 교육을 직접적으로 담당하는 기관으로서 대학의 책임은 철학적 차원의 숙고와 반성이 끊임없이 전제될 수밖에 없다. 이 장에서는 역사적·철학적 고찰이라는 본질적 논의를 통해 대학의 책임과 역할에 대한 이해의 토대를 마련하고자 한다.

1. 사회적 책임의 의미와 발전 과정

책무성(accountability)이라는 개념은 영국의 윌리엄 1세(William I)의 통치 기간인 1805년에 왕이 토지 소유자에게 그들의 모든 재산을 계산(acount)하여 보고할 것을 요구하였고, 이를 토지 대장(Domesday Book)에 평가하고 기록한 역사적 사실에서 유래하였다. 이것은 책무성이 부기(bookkeeping)의 의미를 갖는 회계(accounting)와 관련이 있음을 보여 준다. 이후 시간이 지나면서 책무성과 회계의 어원적인 관계는 느슨해졌고, 책무성은 부기와 재무 관리보다는 공평하고 공정한 거버넌스라는 의미를 더 부여받게 되었다. 책무성은 사회심리학, 경영학, 행정학 등 다양한 분야에서 논의되어 왔으나, 아직까지 그에 대한 일반적인 개념은 명확히 정의되어 있지 않다.

우리의 주 관심은 책무성과 유사한 책임감이며, 특히 사회적 책임이다. 사회적 책임(social responsibility)은 기업이 사회의 일원으로서 사회와 환경에 미치는 영향에 대해 책임의식을 갖고, 투명 경영, 봉사 등에 앞장서는 것을 의미하는 기업의 사회적 책임인 CSR(Corporate Social Responsibility)에서 'C(corporate)'를 삭제한 것으로, 기업뿐만 아니라 정부, 노조, 시민단체 등 다양한 조직에 있어서도 사회적 책임이 적용되도록 한 개념이다(한경 경제용어사전). 다시 말해 사회적 책임이란 용어는 일반적으로 기업의 사회적 책임(CSR)이라고 이해되기 때문에 교육의 사회적 책임 (Educational Social Responsibility: ESR)의 의미를 제대로 파악하기 위해서는 기업의 사회적 책임의 의미를 명료히 하는 것으로부터 시작해야 한다.

　기업의 사회적 책임이란 기업 활동에 의해 영향을 받거나 영향을 주는 직간접적인 이해관계자 사이에서 발생 가능한 제반 이슈들에 대해 법적·경제적·윤리적 책임을 감당할 뿐 아니라, 기업의 위험을 줄이고 기회를 포착하여 중장기적인 기업의 가치를 제고할 수 있도록 추진하는 일련의 '이해관계자 기반 경영 활동'이라고 할 수 있다. 그러나 이에 대한 정의는 학자 및 단체마다 다르게 나타나고 있고, 공통적으로 사용하고 있는 정의가 없는 실정이다. 화이트하우스(Whitehouse, 2006)는 기업의 사회적 책임을 '움직이는 과녁'에 비유하면서 명확히 정의하기가 어려움을 지적한다.

　첫째, 경영학, 법학, 사회학, 정치학, 철학 등의 다양한 학문 분야에서 각각의 시각에 따라 강조하는 지점이 다르기 때문에 기업의 사회적 책임의 정확한 개념 및 범위에 대한 학문적 합의가 어렵다.

　둘째, 국가 및 지역별로 처한 기업 환경과 정치·경제 제도가 달라서 저마다의 맥락에 따라 기업의 사회적 책임이 강조하는 의미에 편차를 보인다. 유럽에서는 환경 문제가, 중국이나 아프리카에서는 노동 조건과 인권 문제 등이 기업의 사회적 책임의 핵심 문제로 부각되어 이를 잘 설명해 준다.

　셋째, 시대적 화두 및 특정 사건에 따라 영향을 받아 기업의 사회적 책임의 구체적 이슈가 달라진다. 2010년 영국의 석유회사 BP(British Petroleum)의 멕시코만 원유 유출 사건 발생에 따라 환경 문제가 부각된다든가, 1990년대에는 나이키, 갭, 2020년대에는 허쉬, 네슬레 등에 의한 저개발국의 아동노동 착취 문제가 거론됨으로써 인권과 노동 문제가 부각되는 것이 그 예이다.

　한편, 사회과학적 측면에서도 기업의 사회적 책임의 개념은 그 외연과 내포가 불분명하다는 점이 지적된다(정재관, 2015). '기업의 사회적 책임'에서 기업은 대기업과 중소기업, 글로벌 기업과 다국적 기업 등 어디까지를 포괄하는 것인지, 또 이들 기업의 생산 과정을 넘어 서비스를 제공하는 기업인 금융 및 보험회사 등도 해당이 되는지 모호하다. '사회적 책임'에서는 책임을 져야 할 사회가 구체적으로 어떤 행위자들을 말하는 것인지, 기업이 뿌리내리고 있는 지역사회의 공간적 의미를 지니는 것인지 불분명하다.

요컨대, 기업의 사회적 책임은 서로 다른 문화, 국가의 발전 정도, 지역사회에서의 우선순위, 시기 등이 반영된 결과로, 다양한 조직에서 서로 다른 내용으로 다양하게 정의를 내리고 있는 실정이며, 사회과학적 측면에서도 개념적 정의의 불분명성이 존재한다. 개념 정의의 어려움과 불분명성에도 불구하고, 기업의 사회적 책임을 "기업이 전통적인 운영 목표로서 이익을 창출하기 위한 활동에 그치지 않고, 환경 경영, 윤리 경영, 사회 공헌과 같이 이해관계자를 포함한 사회와 환경 등에 대한 책임감을 가지고 그것을 실천하는 행위"로 개념화하는 것에는 사회적 공감대가 이루어지고 있는 것으로 보인다.

다음에서는 기업의 사회적 책임 개념을 보다 명료히 하는 하나의 방안으로 기업의 사회적 책임에 대한 시대적 발전 과정을 앵글로 색슨계인 영미권을 중심으로 살펴보기로 하자.

1) CSR-기업의 사회적 책임
(corporate social stewardship, 1950~1960년)

기본적인 개념이 태동하기 시작한 단계로, 기업 경영인들이 다양한 사회의 이해관계자들에 대한 광범위한 사회적 책임이 있다고 보던 시절이다. 이 시기에 최고경영자들을 중심으로 자발적인 자선활동이 주를 이루었다고 볼 수 있다. 이 시기 기업의 해당 기금은 가치 있는 지역사회의 프로젝트 등에 주로 활용되었는데, 대학 도서관 건립이라든가 시립 및 주립 도서관과 박물관 건립 등이 두드러지게 나타났다. 이 시기의 자선적 · 기부적 기업의 사회적 책임 활동은 최소 수준에서 가진 계층과 그렇지 못한 계층 간의 차이를 줄이는 선에 그쳤다. 결국 이 시기의 기업의 사회적 책임의 주요 관점과 행위는 기업 행위로 큰 수익을 거둔 대기업들이 주로 빈곤 완화 및 기부 활동을 중심으로 하는 최고경영자의 개인적 행위 중심의 활동이라고 특징지을 수 있다(Bowen, 1953).

보웬(Bowen, 1953)과 프리드먼(Friedman, 1962, 1970)에 따르면, 이 시기 기업의 사회적 관리에 대한 기업의 전략은 전체적인 수익 및 주주 수익의 극대화에 그 중심이 있다고 할 수 있다. 주주 수익 극대화에 따른 잉여 수익을 자선활동의 일부로 활용함으로써 세금 감면의 혜택을 얻고, 동시에 지역사회로부터 신뢰와 주주들의 호의적인 투자 선택을 얻게 되는 실행 전략을 행하는 등 상대적으로 명확하고 일방적인 형태를 띤다. 다시 말해 수익의 극대화 추구와 자본 소유자에 대한 책임을 통해 창출된 기업의 부(富)가 곧 기업의 사회적 책임이라는 것이다.

2) CSR-기업의 사회적 책임
(corporate social responsiveness, 1960~1970년)

이 시기는 1950년대에 비해 전혀 다른 의미의 기업의 사회적 책임이 발전한 시기로, 사회적 요구에 반응하는 단계로 볼 수 있다. 다양한 거리 시위 활동과 불매운동 등의 압력에 대응하여 사회적으로 기업들이 자발적 자선활동 이상의 활동에 나서 줄 것을 요구받는 시기가 도래하였다. 특히 사회 전반적으로 사회적 문제 해결에 적극적으로 나서 줄 것을 요구하는 분위기가 커져 가던 시기로, 기업과 사업장에서의 인종 및 성차별의 문제 해결, 산업공해 문제 해결, 사업장의 보건 및 안전문제 개선, 공정거래 및 가격, 제품의 안전성 확보, 투자자들에 대한 정보 공개, 경쟁 기업들과의 가격 담합 거부, 거래업체에 대한 공정한 거래 등의 문제가 두드러졌다. 이 시기에 기업들은 이러한 사회적 요구에 대해 무언가 가시적인 행위를 보여야만 하였다. 이에 따라 기업들은 수동적으로, 즉 자발적이기보다는 적극적인 '반응(response)'을 강조하는 시대적 요구에 따라 많은 최고경영자가 실질적인 노력을 하기 시작하였다. 이 시기에 기업 전략은 사회적으로 책임 있는 목표를 반영하기에 이르렀고, 이해관계자들이 기업들에 따라 구체적으로 파악되어 각 주요 이해관계자의 요구가 구체적으로 반영되기 시작하였다. 그럼으로써 이 시기에는 이해관계자가 기업에 미치는 영향에 따라 제1차(또는 핵심) 이해관계자와 제2차 이해관계자로 구분되기 시작하였다(Ackerman, 1975; Preston & Post, 1975).

그간 기업의 전략은 기업의 소유주 및 주주들의 재무 가치 극대화가 기본을 이루고 있었다. 그러나 환경 시설 투자라든가 직원 복지 및 안전 시설 확보 등에 대한 투자가 주주 가치 극대화와 갈등을 일으키는 주 원인이 되었다. 따라서 기업들은 환경 및 안전 관련 등과 관련한 점차 강화되는 규제에 대응하는 데 전략의 초점을 맞추게 되었다. 즉, 기업 전략은 규제대응적 측면이 강화되고, 기업 또는 산업별로 해당 기업에 미치는 중요성에 따라 구분하여 차별화된 이해관계자에 대한 선택적 대응이 강화된 시기라고 할 수 있다.

3) CSR-기업 윤리(business ethics, 1980~1990년)

1980년대 초반부터 기업의 윤리적 차원에 대한 요구가 높아지면서 기업의 사회적 책임의 의미는 또 달라지기 시작하였다. 이 시기는 기업 문화 또는 조직 문화 그리고 윤리적 이슈에 대한 기업 내부 분위기의 유형, 기업의 정책, 전략 및 의사결정 과정에서의 규범적 원칙 등에 대한 내부적 경영 관리 차원에서 기업의 사회적 책임이 본격적으로 태동한 시기라고 할 수 있다. 모든 기업이 일관적인 유형의 기업의 사회적 책임보다는 자사 고유의 조직 문화에 따라 각각 특성화된 기업의 사회적 책임 유형 및 활동 등을 나타내기 시작하였다. 그에 따라 기업별로 다양화된 '기업 윤리(business ethics) 및 윤리 헌장' 등이 등장하기 시작하였고, 사회계약적 관점에 따른 '기업 및 사회(business and society)' 등이 다양한 기업 활동과 문헌에 등장하기 시작하였다. 이 시기에는 최고경영자 개인 차원의 실행 의지나 행위보다는 기업 전체가 실행의 주체가 되어 사회의 요구나 이해관계자들에 대한 기업의 조직적 차원에서의 체계적 대응 및 실행이 두드러지게 나타나기 시작했다고 볼 수 있다 (Murphy, 1998; Victor & Cullen, 1988).

따라서 이 시기에는 기업이 사회적으로 보았을 때 '옳은 일을 하는 것'에 자부심을 가지면서도 그에 대한 보상을 바라지 않음으로써 이타적이면서 상호적인 기업 전략을 갖는 특징을 보이게 되었다. 또한 이로 인해 과거의 단기적 재무 성과에 집착한 수동적 기업의 사회적 책임 전략에서 보다 적극적이고 공격적인 기업의 사회적 책임 전략으로 전환되는 과도기적 시기라고도 할 수 있다. 기업들은 중장기적 전략의 수입과 지역사회를 포함한 직원, 국제적 사업 파트너와 공급업체 등을 포함한 포괄적 기업의 사회적 책임이라는 기업 전략을 실행하기 시작하였다.

4) CSR-기업의 시민의식(corporate citizenship, 1990~2000년)

이 시기에는 기업이 하나의 법적 객체로서 다른 시민사회의 구성원과 동일한 의무와 규범을 따를 책임이 있다고 보는 시각이 두드러지게 나타났다. 특히 1990년대부터 글로벌화에 따른 글로벌 시민의식이 성장하게 되었는데, OECD(OECD Guidelines for Multinational Enterprises), 유엔(UN Global Compact), 국제표준화기구(ISO 26000) 등을 중심으로 환경 및 사회적 책임에 대한 글로벌 시민의식의 국제적 확산 노력이 등장하면서 '기업 시민의식'으로 표현되기에 이르렀다. 이로부터 성숙된 사회의 시민으로서 기업이 행한 모든 행위에 대해 책임이 있고, 소유자 및 경영자 역시 잘못된 행위에 대해 책임의식을 가져야 한다는 인식이 뚜렷해지게 되었다. 글로벌화에 따른 기업의 활동 반경이 커짐에 따라 글로벌 식품 기업들에 의한 아동의 노동착취, 내부 거래 관행, 금융 안전망 미흡 등에 대한 책임도 동일하게 질 것을 요구하기에 이르렀다.

이 시기의 기업의 사회적 책임은 기업 시민의식으로 특징짓기는 하지만, 앞서 언급된 세 가지의 기업의 사회적 책임을 모두 포함하고 가장 세련된 형태로 발전한 단계이자 현재 우리가 직면하고 있는 단계이다. 기후 변화, 사회 책임 투자, 세계화에 따른 빈곤 문제 해결 등과 같은 다양한 국제적 문제에 적극적으로 나설 뿐만 아니라 지속가능성(sustainability)에 대한 이슈를 환경, 경제 및 사회 등에 균형적으로 접근하려는 시도에 이르기까지 매우 다양하고 복잡한 문제를 다루는 단계에 이르렀다고 할 수 있다(McIntosh, Thomas, Leipziger, & Coleman, 2003). 또한 기업의 사회적 책임이 기업 시민의식으로 성장하는 이 단계에는 과거 소위 '여력이 있는 기업'의 자선 및 기부 행태였던 대기업 중심에서 중소기업(Small and Medium Enterprises: SMEs)까지 확대되면서 기업의 사회적 책임은 더 이상 1인 리더나 최고경영자 중심의 활동이 아니게 되었다. 이제 기업 단위에서 글로벌 기업 시민의식에 따라 조직 중심의 전략 및 실행, 즉 기업 경영 활동이 이루어지는 단계까지 발전하게 되었다.

이와 같이 기업의 사회적 책임은 시대별로 다양한 의미와 개념으로 기업과 사회 간의 상호작용을 통해 발전해 왔다. 1950년대는 시기별로 빈부 격차 및 국제적 이데올로기의 대결 양상으로 부의 분배가 고르지 못하던 시기였다. 그렇기 때문에 주로 대기업 중심의 소유주가 자선이나 기부를 해 왔다. 이 시기의 기업의 사회적 책임은 기업 입장에서 보면 사회에 베푸는 것으로, 기업 경영과는 별 연관성이 없다고 할 수 있다. 1960년대는 사회가 다양해지고 발전함에 따라 이해관계자들의 요구가 증대하기 시작하였고, 이에 대한 기업 차원의 대응이 필요하였다. 물론 이때에도 최고경영자의 인식이나 의식 수준이 기업의 사회적 책임에 큰 영향을 미치는 요인으로 평가되었다. 1970년대 들어 기업의 활동 범위와 기업 간 거래 영역이 다국적으로 크게 확산되었고, 다양한 지역사회, 문화, 인종, 종교 등에 걸쳐 경영 활동을 펼치게 되면서 기업의 내부적 갈등 및 충돌이 발생하게 되었다. 특히 서구 사회의 뿌리 깊은 문제 중 하나로 기업 내 인종 및 성별에 따른 갈등이 표출되면서 다양성 수용 및 문제 해결을 요구받게 되었다. 1980년대에 들면서는 개인적 차원이 아닌 기업의 조직적 차원에서 다양한 기업 문화와 사회적 이슈에 대해 적극적인 참여를 요구받게 되었다. 이 시점에 윤리 헌장을 비롯한 다양한 조직 내부의 경영 관리 문화가 변화하는 계기가 일어나게 된 것이다. 본격적으로 기업의 사회적 책임을 기업 경영의 문제로 보기 시작하는 단계로, 최고경영자의 의식 수준뿐만 아니라 기업 전체 차원의 경영에서 기업의 사회적 책임이 커다란 부분을 차지하게 되면서 조직 문화의 일부로 여기기에 이르렀다. 향후 1990년대 들어 기후 변화 문제를 비롯한 지속가능성 관련 환경, 경제 및 사회 분야의 문제가 다양하게 이슈화되었고, 이에 대한 기업의 대응도 매우 복잡하고 어려운 문제로 등장하게 되었다. 이에 따라 기업들은 영향력이 높은 이해관계자 그룹을 구분하고, 그들이 요구하는 사항 가운데 우선적으로 대응해야 할 부분을 고려하여 선택과 집중을 하는 차별화된 대응을 시작하였다. 1960~1970년대에 사회적 요구가 폭발적으로 높아지고 다양해지면서 나타난 기업의 사회적 반응(Corporate Social Responsiveness)이 2000년대를 넘어서는 시점에 다시 새롭게 부각되는 현상이 나타났다. 국제적 금융 위기로 인해 미국을 비롯한 주요 유럽 선진국들이 경제 위기 및 침체를 경험하는 등 위기와 불안정의 긴장감이 계속 이어지고 있다. 경제사회적 불안감이 높아지는 한편, 복지 및 사회적 갈등 해소에 대한 요구도 동시에 높아지는 등 지구촌의 다양한 이해관계자의 요구는 기업들이 대응할 수 있는 수준을 넘어서는 단계에까지 이르렀다. 그에 따라 기업들도 '차별화된 이해관계자 그룹들의 요구'에 반응하는 수동적인 입장을 기본으로 하여 기업 경영의 이익과 기업의 사회적 책임 대응 전략을 기업의 조직적 차원에서 개발 및 실행함으로써 한 단계 발전된 수준으로 기업의 사회적 책임 전략을 꾀하게 되었다고 할 수 있다.

2. 대학의 전통적인 사회적 책무

서구의 대학은 역사적 흐름 속에서 그 이념도 변화되었고, 그 결과로 대학의 전통적 사명은 교육, 연구, 사회봉사라는 3대 요소로 정의되고 있다. 이러한 대학의 사명은 당대의 시대적 가치를 반영하는 역사적 산물이라고 할 수 있다. 그 배경을 간략히 설명하면 영국의 옥스브리지(Oxbridge) 중심의 개인교수제도로부터 '교육'이, 19세기 독일 대학의 전통에서 유래된 세미나 중심 연구공동체에서 '연구'가, 19세기 후반 미국의 주립 대학에서 시작된 봉사의 전통으로부터 '봉사'가 대학의 보편적 기능으로 여기면서 오늘날 대학의 사회적 책임을 정의하는 주요 3대 사명으로 자리 잡게 되었다(박의수, 2006).

여기서는 스콧(Scott, 2006)의 정리를 기반으로 하여 역사적 흐름별로 대학사명의 개념 발달 과정을 다음과 같이 살펴보도록 하자. 3대 사명 중 교육과 연구는 근대 국가 형성 이전의 단계(pre-nation-state stage)에 등장한 대학의 사명이다. 교육은 중세 시대 후기에 이탈리아의 볼로냐 대학교와 프랑스의 파리 대학교에서 처음 제공되었고, 학부 수준의 교양교육과 대학원 수준의 전문교육으로 구체화되어 제공되었다(김철, 2006b). 연구는 17세기 산업화 직전의 독일(근대 국가로서 통합되기 이전) 베를린 대학교에서 등장하였고, 근원적 탐구심을 최대의 가치로 삼았다. 이후 독일 대학에서의 연구는 교육과 자연스럽게 융합되어 발전하였으며 기초연구도 응용연구와 맞물리는 과정을 겪었다. 근대 개념의 독립된 국가(nation-state stage)가 형성된 후 국가화, 민주화, 사회봉사라는 3대 요소가 대학의 사명으로 새로 등장하게 되었고, 그 배경에는 국가의 필요에 대학이 부응하여야 한다는 시대적 요구가 더해졌다. 아울러 전통적 사명인 교육과 연구는 이들 사명과 융화되었다. 국가화는 정부의 요구에 부응하는 대학의 사명으로서 16세기 서유럽 대학들에 기원을 두고 있다. 영국, 스페인, 프랑스 등의 절대 군주국들이 대학의 효용을 위하여 국가주의 교육을 강조한 것이 예이다. 오늘날 대부분의 유럽 대학들이 국립대학인 것도 이와 무관하지 않다. 한편, 시민 개인의 요구에 부응하는 대학의 사명인 민주화는 19세기 미국의 신흥 대학들을 중심으로 형성되었는데, 민주사회에서 고등교육의 역할은 개인과 사회가 필요로 하는 바를 실현시키는 데 있음을 전제로 하였다(Henderson, 1970). 사회봉사는 공익을 위한 대학의 사명이며, 1862년과 1890년에 「모릴법(Morrill Acts)」을 통하여 미국 고등교육의 사명으로 공식 규정되었다. 이후 사회봉사는 1940년에 위스콘신 이념(Wisconsin idea)에 의하여 미국 전역으로 확대되었고, 오늘날 미국 대학에서 교육 및 연구의 사명과 동등한 위상으로 자리매김하였다(강선보, 2006).

　20세기 전반기의 대학들이 봉사적 사명을 강조하였다면, 후반기는 지식정보화 사회의 시대적 요구에 부응하는 새로운 대학의 사명이 논의되었다(김천권, 2007; 김철, 2006b). 21세기는 국제화 시대이다(Brennan, 2008). 국경을 초월한 고등교육의 국제화가 진행되고 있는 현재(globalization stage, 국제화 시대) 국가들은 과거와는 달리 상호 의존적이다. 이러한 추세에서 국제화는 20세기 이후 대학의 사명을 정의하는 핵심 개념으로 등장하였다(Stearns, 2009). 국제화는 상기 사명들을 모두 아우르며, 교육, 연구, 사회봉사를 지구촌 정보화 시대의 맥락에 맞게 국제화하는 것을 대학의 사명으로 규정한다. 유럽연합(EU), 동남아시아국가연합(ASEAN), 북미자유무역협정(NAFTA) 등 많은 국제기구나 조약도 고등교육의 국제화를 촉진하는 동력이 되고 있다.

이와 같이 대학의 사명이 역사적으로 확대 및 발전되어 온 것은 서구 사회와 문명 사회의 도래에 기인한다. 중세 유럽 대학에서 시작된 교육적 사명은 전통과 학풍을 고집한 스콜라 철학과 함께 중세 후기까지 급속하게 발전하였고, 고등교육의 수요는 사회적으로 팽창하였다. 이후 유럽과 남미의 초기 근대 대학들에 의하여 국가화와 인문주의가 등장하였고, 독립 국가들의 출현과 함께 19세기 미국 대학들을 중심으로 민주화가 새로운 대학의 사명으로 등장하였다. 동시에 19세기 독일의 훔볼트 사상은 대학의 연구적 사명과 학문적 자유를 강조하였다. 20세기에 들어서면서 미국의 대학들은 사회봉사를 핵심적 사명으로 규정하였고, 현재는 국제화가 지구촌 대학들의 사회적 역할을 정의하는 근원적 사명이 되고 있다.

이 같은 스콧(2006)의 분석에서 흥미로운 점은 중세시대 이래 대학의 사명을 역사적으로 고찰하는 과정에서 봉사(service)가 대학의 사회적 책임을 규정하는 핵심 요소였음을 밝힌 부분이다. 안영진(2007)도 대학은 설립 기반, 성장 배경, 발달 과정에서 직간접적으로 봉사라는 사명을 강조한다고 보았고, 이는 매우 자연스러운 현상이라고 규정하였다. 즉, 대학은 모두 사회 조직으로서 교육과 연구와 같은 고등교육 서비스를 통하여 사회에 기여하도록 설계되었으므로 교회, 정부, 개인, 공공부문, 지역 및 전체 사회에 봉사하는 학문적 주체라는 것이다. 이 같은 견해는 아다드(Haddad, 2000)의 해석을 통해 그 내재된 의미를 읽을 수 있다. 아다드는 대학의 기원(origin)을 탐색하면서 라틴어로 대학교(universitas)가 지역공동체 사회(community)를 의미하며, 고전 라틴어로는 전체(totality)를 의미함을 발견하였다(Neave, 2000). 이러한 개념적 기원에서 본다면 대학 사회(특히 21세기 대학)란 생각하는 것보다 훨씬 더 많은 구성원을 포함한다(Jongbloed, Enders, & Salerno, 2008). 내부적으로는 학생과 직원, 교수 사회를, 외부적으로는 연구 집단, 동문 사회, 비즈니스, 사회·시민 운동, 소비자 단체, 정부, 전문가협회 등, 지리적으로는 캠퍼스 근접 지역 등을 대학 사회의 핵심 구성원으로 정의할 수 있다. 그러나 국제화 시대인 지금 지리적 기준에 의한 대학 사회의 구성원은 별 의미가 없으며, 국경에 관계없이 지구촌 사회의 누구나 대학 사회의 구성원이 될 수 있다. 대학 사회의 구성원에 대한 논의는 현재 이들 간의 관계, 환경, 기대, 책임과 같은 논의로 자연스럽게 확대되고 있다(Jongbloed et al., 2008).

1) 중세 시기에 주로 강조된 대학의 사명

중세 말에는 교회 기관에 의해서가 아닌 현대적 의미의 일반 대학이 발생 및 설립되기 시작하였다. 당시 유럽에서 발생한 초기 형태의 대학에는 이탈리아의 살레르노(Salerno) 대학교와 볼로냐(Bologna) 대학교가 있다. 이 두 대학의 발생보다는 다소 늦지만 프랑스의 파리(Paris) 대학교, 영국의 옥스퍼드(Oxford) 대학교(1167)와 캠브리지(Cambridge) 대학교(1209)도 초기의 전형적 형태의 대학으로 오늘날까지 그 역사와 전통을 이어 오고 있다. 현대적 의미의 대학의 생성과 발전 과정을 살펴보면 그것이 '대학의 설립'이라는 표현보다는 '대학의 발생, 형성'이라는 표현이 더 적합하다는 데 주목할 필요가 있다. 십자군 원정 및 상업과 교역의 발달로 타 문화와 접촉하는 과정에서의 지적 진보나 교육적 이상의 추구로 자연스레 대학 발생이 자극될 수 있었고, 다른 한편으로 로마의 수사학 학교의 제도적 운영이나 중세 말경에 시민학교의 발생, 기독교 교리와 사상 강화를 위한 교육 기회의 제공 등과 같이 경제적 동기, 체제 유지나 전문직 마련을 위한 훈련 요소 등이 대학 형성의 요인으로 꼽힌다(이석우, 1998, pp. 54-74). 또 페스트 대유행 및 십자군 전쟁 등과 같은 사회적 상황에 따라 의술 및 의학 지식이 사회적으로 자연스럽게 요구됨으로써 의과대학 중심의 대학이 형성되거나, 상업 및 무역의 발달에 따라 발생되는 제반 문제 및 분쟁 해결을 위한 법률적 지식 요구에 따른 법학대학의 발생과 같이 대학들은 자연스럽게 발생 및 형성된 것이다. 오늘날 대학은 설립의 형태로 인식되고 있지만, 이처럼 역사 속의 대학은 형성으로부터 지금까지 연속과 단절의 숱한 변화 과정을 거쳐 왔다. 그리고 중세의 여러 가지 요소가 역사 속에서 부침을 거듭했지만, 중세의 대학만은 오랫동안 'university'라는 이름 아래 지적 탐구와 훈련의 중심부 역할을 수행해 왔다.

중세 말에 발생한 대학들은 성직자, 관료, 의사, 법률가 등을 배출시키는 실용적인 전문인 양성을 추구하는 당시 실정으로 인한 실천의 어려움에도 불구하고, 르네상스 이후의 인문주의적 이상에 따라 기존의 대학 내에서 또는 새로운 일반 대학들이 설립되면서 서서히 그 뿌리를 내리게 되었다. 옥스퍼드 대학교나 캠브리지 대학교에 인문주의 교육을 실천할 수 있는 새로운 단과대학(college)이 추가로 설립되었고, 이러한 현상은 이탈리아를 거쳐 15~16세기 독일에서도 나타났다. 프라이부르크(Freiburg) 대학교, 튀빙겐(Tübingen) 대학교, 프랑크푸르트(Frankfurt) 대학교의 설립은 대학의 초기 이념이 인문주의적 성향을 띠는 계기가 되었다. 이때의 교육과정은 그리스 고전 번역, 수사학, 시학 등을 중요하게 여겼는데, 이는 자유인의 가치 실현을 목적으로 했던 그리스의 자유교양인 양성교육과 일치한다. 즉, 르네상스기의 인문주의 교육 이념은 인문주의의 특징이 말해 주듯이 교양을 갖춘 자유인 양성에 있다고 할 수 있다. 여기서 교양인이란 고대 그리스에서 추구했던 파이데이아(paideia)로서 이 시기에 고대어를 자유롭게 구사하고, 자신의 사상과 감정을 조리 있게 합리적이고 세련된 문장으로 표현하며, 심미적인 감각을 소홀히 하지 않는 인간상을 의미한다. 당시의 대학들이 이러한 교양을 갖춘 자유인 양성을 담당하였다. 특히 중세시대 말부터 새로운 계급으로 등장했던 시민 계급들에게 이것은 중요한 인간상이었기 때문에 대학에서의 교육 역시 매우 중요한 것으로 여겨지게 되었다. 이에 따라 자녀들의 대학 진학을 위한 시민학교의 설립이 증가하였고, 이는 곧 대학의 설립 증가로 연결되었다.

르네상스기의 대학들은 중세 사상과 전통의 영향을 받았기 때문에 인문주의 교육 이념이 제도적, 기능적으로 완전하게 뿌리를 내리지 못하고 교과목(7자유과) 중심으로 수용되었다. 그럼에도 불구하고 인문주의 사상은 대학에 들어온 이후로 착실히 정착되고 확산되어 갔다. 당시 대학의 인문주의 교육 이념은 중세의 신 중심의 사상을 인간 중심의 사상으로 전환시키면서 인간 해방, 자기각성, 모험 정신 그리고 대학의 세속화에 기여했다는 점에서 주목할 만하다(김철, 2006a).

르네상스와 인문주의는 종교개혁과 함께 서구사회를 근대사회로 도약시키는 데 기여하였다. 이렇게 형성된 근대사회는 17~19세기를 일컬으며, 새로운 과학, 철학, 교육 사상의 대두를 기본적인 특징으로 한다. 여기에는 르네상스를 자극했던 갈릴레이(Galileo Galilei), 코페르니쿠스(Nicolaus Copernicus), 뉴턴(Isaac Newton),
칸트(Immanuel Kant), 데카르트(René Descartes) 등의 철학자들의 업적이 크게 기여
하였다. 특히 이 시기는 교육적인 측면에서 코메니우스(Johann Amos Comenius),
베이컨(Francis Bacon), 밀턴(John Milton), 로크(John Locke), 몽테뉴(Michel Eyquem
de Montaigne) 등이 주장한 실학주의 사상이 영향을 주었다. 실학주의는 인문적 ·
사회적 · 감각적 실학주의의 세 갈래로 구분되며, 이들은 기본적으로 종래의 인문
주의 교육이 지나치게 추상적인 언어에 집착하여 사물을 등한시한다는 문제의식
으로부터 출발하였다. 언어는 사물로부터 나온 것이므로 '언어 이전에 사물'이라는
명제를 염두에 두고 학습에 임해야 한다는 것이다(주영흠, 2001). 인문적 실학주의
는 기존의 인문주의와 동일하게 교육에 고전을 이용한다. 그러나 고전을 배우되 그
것을 실생활에 유익하게 이용한다는 면에서 기존의 인문주의 교육과는 구별된다.
인문적 실학주의는 그간 단순히 고전 연구나 고전어 학습에만 매달려 온 인문주의
자들이 실제 삶의 유익성을 간과했다는 것을 비판하였다. 즉, 언어주의와 형식주의
가 안고 있는 한계를 극복하고 실천과 실제를 강조하였다.

인문적 실학주의가 교육의 내용적인 측면에서 실제적인 것을 강조했다면, 사회
적 실학주의는 형식적인 학교 교육보다는 사회적 인간관계를 통해 얻을 수 있는 교
육의 효과를 주장하였다. 이 입장에서 인문주의적 교양이 신사 양성에는 부적당한
것으로 간주되었다. 사회적 실학주의 입장에서 교육을 통해 양성되는 '신사'는 고
상한 이상주의나 엄격한 금욕주의자, 열정적인 감상주의자가 아니라 공리주의적
인 태도로서 지혜, 판단력, 겸손한 예의 등을 바탕으로 사회를 올바르게 이해하며
인간관계에서의 지식과 예의를 갖춘, 현실 생활에 유능한 인간을 의미하였다.

실학주의를 대표하는 사조로서 감각적 실학주의는 코메니우스로 대표되며, 감
각을 통해 받아들이는 경험이 모든 교육의 기초가 된다고 보아 교육방법적 측면에
서 감각 인식을 중요시하였다. 당시까지의 교육방법이 주로 암기와 설명에 의존했
다는 점을 감안하면 감각을 기초로 한 교육방법은 상당히 획기적인 것이었다. 이
입장에서 교육은 단순한 기억 활동이 아니라 감각적인 지각 훈련에 기반을 두는 활
동이다. 지식의 원천으로서 교육은 암기를 중요시하는 인위적인 작용이 아닌 지각

을 중시하는 활동이라고 본 것이다. 그렇기 때문에 자연적 과정을 통해 이루어지는 현상으로 간주하는 이 교육방법은 교육이 따라야 할 법칙이나 원리를 자연 속에서 발견하려고 했다는 점에서 교육과학 운동의 초기 형태라고 할 수 있다(주영흠, 2001). 그 결과로 감각적 실학주의자들은 감각을 통해 사물을 인식하는 능력의 신장을 위해 표본을 통한 관찰학습 및 시청각 교육을 중시했고, 교육의 실제적인 측면에서 문학이나 어학 교재로부터 자연과학과 실제적인 교과를 중요시하는 모국어 교육을 강조하였다.

그러나 이러한 17세기 실학주의의 일반적인 교육 성향과는 다르게 정치적으로 절대주의를 표방한 당시의 대학들은 국가의 기능적인 기관으로 전락하여 국가의 시설로 자리 잡아가고 있었다. 다시 말해 당시의 대학들은 국가의 정책을 입안하여 가르치고, 국가에서 필요로 하는 인재를 양성하는 역할의 충실한 대행자였다고 할 수 있다. 절대 권력을 가진 군주와 국가의 출현으로 대학은 적극적인 교육과 연구의 중심지가 되지 못하고 수동적인 역할만을 담당하였다. 그렇기 때문에 17세기의 대학교육은 국가에서 필요로 하는 서기, 비서, 관리, 훈련된 공무원을 양성하는 기관, 전문 직업인을 양성하는 기관으로서의 역할이 컸다. 물론 대학은 이러한 예속적인 경향에도 불구하고 전문 직업인을 양성하기 위해 나름대로 행정법, 정치, 경제학, 역사, 응용과학을 개설하여 가르쳤기 때문에 이 분야에서 근대화의 길을 열었다는 면에서 긍정적인 측면도 있다(이석우, 1998).

'이성시대'라고 일컫는 18세기는 정신사적으로 계몽주의라고 칭한다. 이 시기는 전통적인 권위로부터 탈피하여 경험을 통한 지식 습득이 올바른 지식이며, 그 활동 자체가 교육이라고 강조했던 시기이다. 그만큼 인간의 이성을 바탕으로 한 지성과 자유를 강조했던 시기라고 할 수 있다. 대표적인 사상가인 루소(Jean Jacques Rousseau)는 그의 저서 『에밀(Emile)』을 통해 아동을 하나의 이성적인 인격체로 보고 아동의 감각적 자유를 존중해야 함을 피력하였다. 칸트 또한 그의 교육철학적 관점에서 개인의 자유와 자율성이 인정될 때 보다 나은 발전이 가능하다고 보면서 자율성과 자유를 강조하였다. 이러한 점을 바탕으로 18세기의 대학은 비록 17세기 대학의 영향 아래에 있기는 하였지만 자유라는 개념과 관련시켜서 그 이념을 추출해 볼 수 있다. 즉, 대학 내의 자유 사고, 합리적인 사고방식, 이성적 도야 등이 대학교육의 목적으로 자리 잡았다고 할 수 있다.

2) 19세기 독일 대학에서부터 강조된 대학의 사명

19세기에 들어서면서부터 서구 사회는 종교의 권위가 더욱 위축되고 세속국가의 권위가 크게 확대되었다. 자유와 합리주의는 정치적으로 미국의 독립과 프랑스혁명 등에 영향을 주었고, 이를 기초로 여러 나라는 현대적 의미의 국가주의를 표방하기 시작하였다. 시민사회가 팽창함에 따라 교육은 새로운 방향 모색이 필요했고, 영국의 산업혁명을 계기로 경제는 자본주의 체제가 도래하였다. 19세기의 정치, 경제, 문화에 걸친 사회 전반의 변화는 적극적으로 교육 이념에 반영되었다. 그래서 교육은 산업과 산업적 관계에 있어서 자유 탐구 정신을 적용하여 강한 국가주의 형태로 나타났다. 이런 국가주의의 교육관은 자국의 존속과 번영을 목적으로 국민들의 자각과 단결의 필요성을 인식하고, 공교육제도와 의무교육제도 같은 근대교육제도를 실시함으로써 국가 이익의 증대를 위한 인재 양성에 투자하는 것을 의미한다.

19세기 대학의 이념을 정립한 사람으로 베를린(Berlin) 대학교(현 베를린 훔볼트대학)의 창설자인 훔볼트(Wilhelm Von Humboldt)가 지칭된다. 훔볼트는 프로이센의 교육 개혁을 담당하면서 교육학적인 사유의 핵심을 인간 도야 이론에 두고 베를린 대학교를 설립하였다. 훔볼트는 대학이 무엇보다 학문을 논하고, 다른 의도에서가 아닌 목적 그 자체에서 나온 내용으로서의 학문을 정신과 도덕성의 도야에 기여하도록 연구하는 곳이어야 한다고 보았다. 그는 대학의 존재 이유가 내면적으로는 객관적 과학을 주관적 도야에 연결함으로써 학문 연구가 정신 및 도덕의 함양과 분리되지 않도록 하고, 외부적으로는 스스로 주도하여 이미 완전히 종결된 학교 교육을 새로 시작하는 학문 연구와 연계하는 것에 있다고 보았다. 즉, 대학은 학문의 전당일 뿐만 아니라 인간 도야의 기관이어야 한다는 것이다. 그러므로 대학교육은 학문의 통일성을 이해하고 표현하는 데 목적이 있고, 그것 때문에 항상 창조적 힘이 요구된다.

　훔볼트는 이런 대학 이념의 실현을 위해, 첫째, 대학은 학문상의 자치기관으로서 국가 권력으로부터 독립되어야 하고, 둘째, 교수는 연구를 통해 학문을 발전시키고 장려해야 하며, 셋째, 학생은 비록 아직 충분한 학술적 인식을 지니지 못하였지만, 원칙적으로는 학문의 논의와 연구에서 교수와 동등한 자격을 지니고 참여해야 한다고 대학의 기능을 제시하였다(정영근, 1999). 훔볼트의 대학 이념은 19세기부터 오늘날에 이르기까지 대학이 추구하는 진리 탐구, 학문의 자유, 연구의 자유, 교수의 자유, 대학의 자유 등의 정신을 낳는 커다란 역할을 하였다. 특히 그의 주장은 학문 연구를 통하여 인간이 도야하고, 자유롭고 성숙한 인간으로서 행동에 따르는 책임을 스스로가 지는 교육의 전당으로서 대학의 기능을 설정하는 데 기여하였다.

　그리하여 독일의 베를린 대학교는 연구 중심 대학의 시초로 여겨진다(Atkinson & Blanpied, 2008). 독일 정부는 대학의 연구 활동에 적극적으로 재정을 지원하였고, 대학은 기존의 교육 기능 외에 새로운 지식 창출의 연구 기능을 갖게 되었다. 베를린 대학교는 연구 실적 및 능력을 교수 임용과 승진의 요건 중 가장 중요한 요소로 삼았고, 이러한 시스템이 점차 확산되면서 훗날 미국에도 도입되어 큰 발전을 이루었다. 연구 중심 대학은 지식을 전수하는 대학의 기본적인 교육 기능보다 새로운 지식 창출을 위한 연구의 기능을 강조하였고, 이러한 연구를 수행하는 인재 육성에 중점을 두었다.

3) 19세기 후반 미국 주립 대학에서부터 강조된 대학의 사명

　19세기 중반, 미국에서 주립 대학이 설립되면서 대학에는 '사회봉사'라는 기능이 새로이 추가되었다. 따라서 20세기 초중반까지 대학 이념은 교육과 연구라는 기존의 대학 이념에 더해 사회봉사 활동이라는 새로운 대학 이념이 탄생한 시기라고 규정할 수 있고, 20세기 후기부터는 지식 기반 사회, 정보화 사회라는 구호 아래 사회적·시대적 요청에 따른 대학의 새로운 이념에 대한 논쟁의 시기라고 할 수 있다. 20세기 초중반까지는 두 번의 세계대전으로 복잡하고 혼란스러운 세계사가 전개되었다. 세계대전 후 세계는 경제 공황과 이데올로기의 대립으로 전개되었고, 경제적 불균형과 군사적 세력 경쟁은 국가의 재편성을 요구하기에 이르렀다. 그리고 교육의 힘은 곧 국가 발전의 원동력이라는 인식이 강화되어 개인의 발전과 국가 및 사회 발전을 목적으로 한 교육의 필요성이 더욱더 증대되었다.

이러한 배경 아래 나타난 대학의 이념이 바로 사회봉사 이념이다. 사회봉사의 장이라는 대학의 이념은 민주주의와 실용주의의 두 철학적 조류로부터 출발한다. 실용주의란 진리의 유용성을 강조한 철학이다. 진리의 유용성은 적응 또는 응용성을 의미하며, 이것은 곧 대학의 사회봉사 이념의 핵심이다. 이 사상은 기존의 대학들에게 사회적인 응용성을 강조하여 그 당시 미국에 농·공과 대학이 설립되는 데 기여하였다(오성삼, 2001).

한편, 사회봉사의 이념은 실용주의 정신에 입각하여 민주적 시민을 양성하려는 취지를 토대로 한 미국의 토지불하(土地拂下, land grant) 대학교에서 유래한다. 토지불하 대학은 연방정부가 주립 대학에 무상으로 땅을 제공할 수 있도록 한「모릴법」제정을 통해 설립된 대학으로, 랜드그랜트 대학교(Land Grant University)로도 불린다.「모릴법」은 버몬트 주 출신의 미국 하원이었던 저스틴 스미스 모릴(Justin Smith Morril)이 농업교육과 공업교육 지원을 위해 연방정부 토지의 사용 허가를 핵심으로 하여 발의한 법안이다. 1862년에 제정되고 발효된 이「모릴법」은 미국의 주립 대학 진흥법으로서 오늘날의 주립 대학이 탄생하게 된 계기를 마련해 주었을 뿐 아니라 기존의 대학들도 광활한 땅을 개척하는 데 필요한 농학, 축산학, 수의학, 공학, 건축학, 가정학 등의 실용적인 학과를 설치하여 사회의 요구에 부응할 수 있는 대학으로 발전할 수 있는 토대를 마련해 주었다. 이들 대학은 지역사회 발전에 필요한 전문인력을 양성하면서 사회적 역할이 더욱 강조되었다.

미국의 산업사회 발달에 따라 더욱 복잡하고 다양화되는 사회 문제 해결을 위해 토지불하 대학은 더욱더 다양한 분야의 전문인력 양성을 요구받게 되었다. 엔지니어링, 공공보건, 농업, 임학, 간호학 분야 등의 전문직 수요가 급증하였고, 당시 이러한 전문가를 배출할 수 있는 전문대학이 없었다. 또 당시 대부분의 사립대학은 상위의 소수 엘리트 양성교육에 치중했던 터라 새로운 대학들은 이러한 사회적 문제를 해결할 수 있는 좋은 방법 중 하나가 되었다. 나아가 교육 기회 불평등으로 인한 사회의 빈부 격차를 인지한 사람들은 더 나은 생활을 추구하는 데 필요한 기능 훈련과 실기교육을 갈망하게 되었고, 역시 새로운 대학들이 이러한 사회적 요구에 부응하게 되었다. 토지불하 대학교는의 싼 학비는 가정 형편과 배경에 구애받지 않고 질 좋은 교육을 받을 수 있는 기회를 많은 사람에게 제공하였다. 결과적으로「모릴법」은 일부 계층에 한정되었던 고등교육의 기회를 일반 대중에게 확대되도록 하는 데에도 크게 기여하였다. 이러한 토지불하 대학교의 이념적 의의는 대학이 보다 전통적인 인문 자유교양 교육과 전문가적인 교육뿐만 아니라 농업교육, 공학 그리고 다른 응용과학을 더욱 발전시켰다는 데에서 찾을 수 있다.

이상과 같이 학문 연구, 교수(교육)와 더불어 사회봉사가 20세기에 들어서면서 대학의 본질을 규정할 수 있는 이념으로 자리 잡았다는 것을 알 수 있다. 이러한 대학의 이념은 그동안 대학이 무엇을 위한 곳인지에 대한, 즉 대학의 정체성에 관한 논의의 결과이다. 이는 오늘날의 대학들이 안고 있는 현실적인 과제를 파악하는 데 도움을 줄 수 있다.

20세기까지 대학의 이념이 연구, 교육, 사회봉사의 세 가지 맥락에서 파악될 수 있다는 것은 시카고(chicago) 대학교의 총장을 지냈던 허친스(Hutchins)의 사상으로 다시 한번 종합해 볼 수 있다. 허친스는 그의 저서『미국의 고등교육』(1936)에서 미국의 대학이 상업주의와 실리적·실용적 직업 훈련에 치우친 나머지 대학의 본질적인 이념을 상실했다고 비판하였고, 인간이 자유로운 입장에서 자주적으로 사고하고 판단하는 지성과 예지를 함양해야 함을 강조하면서 지식과 지혜의 탐구 이념을 제시하였다. 이는 곧 그가 대학이라는 곳이 무엇보다 지적인 성격을 지녀야 하는 장소임을 피력했다는 것을 의미한다. 여기서 대학의 지적인 성격이란 대학의 구성원들과 대학의 학문적 특징을 표현한 것으로, 허친스는 대학이라는 곳은 지성이 자연스러운 유일한 곳으로서 지적인 사람들과 지적 내용을 가진 학문만이 존재해야 한다고 주장하였다. 그리하여 대학은 하나의 지적 공동체로서 그 안의 구성원들은 전문성에 대한 의무를 지니게 된다. 뿐만 아니라 대학은 학문을 향한 공통적인 대화를 일삼는 학자들이 존재하고, 독립적인 사고와 비판의 센터로서 독자적이고 자율적으로 사고하는 삶들로 구성되어 있는 장소이다(Hutchins, 1963).

허친스는 대학이 제일 우선으로 수행해야 할 기능은 기존의 지식 및 전통의 단순한 이해와 수용에 있지 않고 기존의 지식과 전통을 토대로 새로운 지식을 창출하는 활동이라고 보았다. 새로운 지식을 창출한다는 것은 대학이 연구소와 마찬가지로 학자와 학생들이 연구 활동에 참여하여 기존의 기본적 관념들을 명료화하고 재해석하는 기능을 수행해야 함을 의미한다. 대학의 목적은 대학이라는 곳이 곧 고등지식을 연구하여 고등학습의 영역을 보존 및 확장하는 일로서 연구 활동에 헌신해야 한다는 것이다(오성삼, 2001). 그리고 허친스는 연구 활동과 더불어 대학교육의 또 다른 목적으로 교양교육과 전문 직업교육을 제시하였다. 대학은 이해와 대화가 존재하는 지적 공동체이므로 반드시 교양교육이 이루어져야 하며, 전문 직업교육 또한 교양교육의 바탕 위에서 이루어져야 한다고 주장하였다(Hutchins, 1953). 이렇게 되면 비로소 대학은 사회가 필요로 하는 인적·물적 자원을 공급하는 사회봉사 활동을 수행할 수 있다. 특히 그가 주장하는 대학 교육의 목적으로서 교양교육의 필요성은 오늘날 미국의 많은 대학에 영향을 주어 전문 직업인 이전에 지혜인을 양성하기 위한 하나의 과정으로 받아들이고 있다. 즉, 대학이 지성을 중요시한다는 것은 일정한 분야에서의 탁월한 지식을 지닌 전문인을 양성하는 것을 중요시하기 이전에 지혜와 선을 겸비한 인간을 양성하는 것이 고등교육의 목적이며 인간생활의 목적이라는 것을 의미한다.

21세기 사회는 흔히 컴퓨터 혁명, 정보 혁명, 커뮤니케이션 혁명이 지배하는 지식 기반 사회, 정보화 사회라고 일컫는다. 이는 정치, 경제, 사회, 문화 등의 사회 구조 전반에서 지식과 정보의 가치가 높아지는 사회가 되었음을 말한다. 실제로 오늘날 인간 사회의 여러 가지 현상을 살펴보면 IT(Information Technology) 산업의 발달에 따른 정보통신기술의 발전에 힘입어 인간의 지식 정보 처리 용량이 증가하고, 지식 정보의 검색 기능이 다양해졌으며, 의사소통 기능이 대폭 증강됨으로써 새로운 지식의 창조와 개발이 더욱 촉진됨을 알 수 있다(강선보, 2006). 이처럼 21세기의 제반 현상들은 그동안 유지되어 오던 사회의 전체적인 구조로부터 미세한 영역까지 모든 틀을 변화시키고 있다. 강선보(2006)는 그 구체적인 변화 추세를 지식관의 변화, 삶에 대한 포스트모더니즘적 가치관 지향, 인간관계의 변화, 세계화 현상, 국제화된 시장경쟁 원리, 환경의 변화 그리고 평생학습사회의 대두로 나누어 설명하였다. 특히 '평생학습사회로의 지향'이라는 구호로 대표되는 21세기의 교육은 교육체제의 근본적인 변화를 요구한다. 지식과 정보의 급격한 변화는 기존 교육제도의 탈피를 가능하게 한다. 구체적으로 학교 중심의 표준화된 시공간 체계와 교육양식으로부터 탈피하여 언제 어디서나 교육 정보망을 통해 고급 지식을 쉽게 접근할 수 있는 인터넷교육, 가상교육, 원격교육, 재택교육과 같은 교육체제가 일반화되어 교육 공간이 다양해진다(강선보, 2006).

이러한 변화는 오늘날 인류의 최고 걸작이라고 하는 대학에 새로운 과제를 안겨 준다. 대학은 어떻게 이러한 변화의 현상들을 수용할 수 있을까? 21세기에 요구되는 사항들을 반영하듯, 오늘날의 대학들은 경쟁력 제고를 위해 신자유주의에 입각한 시장경제의 원리 도입을 서두르고 있다. 이러한 현상은 오늘날의 대학이 '세계화 속의 경쟁'이라는 구호 아래 창조적이고 다(多)기능적인 역할을 성공적으로 수행할 수 있어야 한다는 것을 보여 준다.

신자유주의의 원리에 입각한 대학은 대학의 정체성 논의에 자본의 논리가 개입되었다는 것을 의미한다. 시장, 생산성, 경쟁력 등의 경제용어가 더 이상 경제 활동을 추구하는 사회에만 국한된 것이 아니게 되었다. 대학도 하나의 경영으로 간주되고, 학문의 영리화, 교육의 실용화, 지식의 도구화라는 경향으로 나타나고 있다. 대학교육이 산업계의 요구를 적절히 반영하지 못하고 있다고 하여 대학교육의 개편을 강조한 것은 이러한 현상을 입증하는 좋은 예이다. 지식 기반 사회, 정보화 시대의 도래함에 따라 대학들은 지금까지 공급자 위주로 해 왔던 대학 운영을 소비자 중심의 교육서비스 제공과 운영으로 전환시키려고 노력하고 있다. 이러다 보니 지식 정보화 사회에서의 경쟁력 확보와 수월성의 제고라는 측면에서 고급 인력의 양성은 대학의 핵심 과제로 대두되고 있다. 오늘날의 대학은 고등교육기관으로서 목적적 준거를 무한의 경쟁 시대, 급변하는 세계의 정세 속에서 살아남는 방법을 잘 터득해야 하는 인재 양성에 두고 그를 위한 경영기관으로 변모하게 되었음을 알 수 있다.

3. 현대 국제 사회에서 대학의 사회적 책임

1) 미국 대학의 사회적 책임

앞서 살펴보았듯이, 미국 대학의 이념은 실용주의 정신에 그 뿌리를 두고 있다. 이 실용주의 정신은 대학과 사회의 괴리를 제거하고, 대중에게 교육의 기회를 확대하였으며, 교육 내용을 실용화하여 '사회봉사'의 이념을 그 특유의 전통으로 자리잡게 하였다. 이러한 전통에 따라 미국의 대학들은 여느 기업과 마찬가지로 사회적 책임의 필요성 및 정책 설립의 혜택을 인지하고 사회적 책임으로 분류되는 공식적·비공식적 활동에 적극적으로 참여하고 있다. 대학의 사회적 책임은 현재와 미래의 대학생, 동창, 기업 후원자, 교직원들을 포함하는 모든 이해당사자뿐만 아니라, 대학이 속한 지역에서 경쟁 우위 전략으로 여겨진다.

대학의 주요 이해관계자는 대부분 18~25세 사이의 현재 대학생들이다. 이들은 Y세대라고 지칭되는 디지털 기술에 능숙한 세대이다. 밀레니엄 세대라고도 불린다. 이들은 실용적인 사고방식을 가지고 있으며, 개인의 가치보다는 집단의 가치를, 권리보다는 의무를, 감정보다는 명예를, 말보다는 행동을 중시하는 경향이 있다고 특징짓는다. 그렇기 때문에 단체의 사회적 행위에 관심이 높고, 투명성과 진실성을 위배하는 것을 용납하지 못한다. 이들 다음으로 대학의 잠재적 이해관계자는 미래의 대학생들이다. 대학교 지망생들은 대학의 학문적 명성뿐만 아니라 단체로서의 대학의 성격에도 관심을 가지고 있다. 그들이 사회적 책임의 문화를 반영하는 단체에 호의적이라면 대학을 선택할 때에도 이러한 점이 반영될 수밖에 없다. 그리고 또 다른 대학의 주요 이해관계자로 기업의 후원자 집단을 꼽을 수 있다. 대학에 재정 및 전략적 지원을 제공하는 기업들은 기업의 사회적 책임 문제에 빠르게 익숙해지고 있다. 그들 역시 이러한 사회적 책임 문제가 반영된 대학의 전략을 지지하며 그 혜택을 얻는 데 관심을 기울일 것이다.

최근 기업의 사회적 책임 관련 기사는 대학의 사회적 책임 실천 방법으로 대학의 사회적 책임 문화 장려와 이해관계자들과의 소통과 교류를 위한 사회적 마케팅 방법 개발을 제안하였다(Leitão & Silva, 2007). 이에 더하여 장애를 가진 학생들이 고등교육을 받을 수 있게 격려하고 도와줄 수 있는 대학의 입학 정책 또한 대학의 사회적 책임이라고 보는 견해도 있다.

이러한 사회적 분위기와 함께 실제로 미국의 대학들은 사회적 책임 실천에 상당히 적극적으로 나서고 있다. 미국의 대학 자원봉사 연합협의회(Campus Compact)의 조사에 따르면, (조사에 참여한) 미국의 대학 95%가 봉사학습 과목을 평균 66개 개설하였다. 많은 대학이 교수의 봉사학습 과목 개설과 지역사회 기반 연구에 재정적 지원을 하고 있다. 미국 대학들에서 이루어지는 대학생 봉사프로그램의 주요 이슈들은 교육, 빈곤(기아 및 주택 문제), 보건(정신건강, 영양, 어린이 돌봄), 환경보호, 아동 보호 등이다. 이 프로그램에 대학당 평균 44%의 학생들이 참여하고 있으며, 이러한 참여를 경제적 가치로 환산하면 약 97억 달러에 달한다고 한다(Campus Compact, 2012).

미국의 대학들은 주로 별도의 사회봉사 센터를 설립하여 학생들의 사회봉사활동을 전문적으로 관리 및 운영하고 있다. 하버드와 스탠퍼드 대학교의 사회봉사 센터의 봉사활동을 통해 미국 대학의 사회적 책임 실천 사례를 살펴보도록 하자.

(1) 하버드 대학교

하버드(Harvard) 대학교는 사회적 책임 활동에 오랜 전통을 가지고 있다. 우수한 교수와 학생, 시설 설비를 토대로 음악, 스포츠, 고용과 창업, 교육, 보건, 연구와 혁신, 환경 및 지속가능발전, 다문화 발전 등 다양한 분야에서 봉사활동을 해 오고 있다. 하버드 대학교는 PBHA(Phillips Brooks House Association), PSN(Public Service Network), IOP(Institute of Politics)와 같은 단체들을 통해 자원봉사에 참여하고 있다.

대표적 단체인 PBHA를 살펴보자. PBHA는 하버드 대학교의 졸업생이자 사회 공헌에 이바지한 브룩스(Phillips Brooks) 목사를 기념하며 1893년에 설립된 지역사회를 중심으로 한 공공서비스 조직으로, 학생들이 자발적으로 기획하고 운영하는 미국에서 가장 오래되고 규모가 큰 학생봉사단체이다. 하버드 대학교뿐만 아니라 미국 전역의 대학을 대상으로 하고 있다. 현재 80여 개 이상의 프로그램을 운영하며, 프로그램별로 상근 행정직원을 두어 지원하고 있다.

PBHA는 1~2학년 학부생을 대상으로 회원을 모집하며, 매년 50%에 이르는 학생들이 봉사활동에 참여한다. PBHA는 성인프로그램, 법률·조직·주택·보건 관련 프로그램과 학내 및 방과 후 프로그램, 멘토링 프로그램, 여름캠프, 기타 여름 프로그램 등을 구성하여 연중으로 운영하고 있다. 이들 프로그램은 지역 주민들에 대한 일방적인 봉사보다는 함께 공동으로 작업하는 것을 기본 방침으로 한다. 또한 프로그램이 반복되거나 중복되지 않도록 하고 서로 다른 수혜자 혹은 같더라도 다른 측면의 수요에 초점을 맞추도록 하여 다양한 대상을 지원할 수 있도록 한다. 특히 세분화된 프로그램 운영을 통해 소외 계층의 다양한 수요를 만족시키고 있다.

(2) 스탠퍼드 대학교

스탠퍼드(Stanford) 대학교는 교내 봉사학습 과목, 교외 연구, 지역사회 기반의 리더십 프로젝트 등 다양한 공공서비스 및 지역 사회봉사 기회를 제공하고 있다. 스탠퍼드 대학교는 사회봉사활동 추진을 위한 자원봉사 전담 기구로 하스 공공서비스 센터(Haas Center for Public Service)를 두고, 학문 과정과 사회봉사를 결합한 다양한 봉사학습 과정을 갖추고 있다. 이 외에도 학생들의 봉사활동을 지원하는 각종 후원회(fellowship)와 장학금 프로그램이 있다.

스탠퍼드 대학교의 학생들은 주로 학생봉사단체 가입을 통해 사회봉사활동에 참여한다. 캠퍼스 내에 100여 개의 봉사 조직이 있는데, 이 중 대표적인 조직이 바로 하스 공공서비스 센터이다. 하스 공공서비스 센터는 1985년 케네디(Donald Kennedy) 총장에 의해 설립되었고, 사회봉사, 장학금 지원, 지역과의 파트너십을 통한 사회의 지속가능한 발전에 공헌을 목표로 하고 있다. 교육 기회와 교육 균등의 향상, 환경의 지속적인 발전 향상, 보건 의료 수준의 향상의 세 가지 분야에 중점을 두고 있다.

하스 공공서비스 센터는 실천 활동, 지역 봉사 장학금, 직접 서비스, 개인 시간, 에너지 및 자원 기부, 개인이나 조직에 대한 기부, 민주적 자치 과정에의 참여, 사회적 기업 및 사회 문제 해결을 위해 친시장적 대응 방식을 취하는 조직 구조의 확대 등에 대한 프로그램을 지원하며, 학생들에게 개인 맞춤형 봉사활동 기회를 소개 또는 연결해 주는 역할을 한다. 또 워크숍, 조언, 보조금 등을 통해 교수들의 봉사학습 관련 수업 개발과 지역 수요에 초점을 두는 연구 활동의 참여를 지원하기도 한다. 이 외에도 공공서비스와 관련된 많은 연구프로그램을 지원하고 있다.

2) 영국 대학의 사회적 책임

영국의 대학들은 다음과 같은 다양한 사회적 책임과 연관된 많은 역할을 하고 있다.

첫째, 사회적 책임에 관한 수업 제공을 통해 사회적 책임에 관한 개념의 인지도와 기량, 지식 등을 향상시킨다.

둘째, 연구와 학회의 중심지로서 사회적 책임에 대한 담론의 발전과 네트워크 향상 그리고 사회적 책임 영역을 계발한다.

셋째, 고객을 위한 주요 서비스 제공자로서 관련된 많은 책임을 진다. 2차 세계대전 이후 복지 국가의 설립 시점부터 개인과 지역사회를 위한 교육 제공에 대한 인식은 영국 교육의 핵심 정책으로, 영국의 대학들은 포괄적 관점에서 양질의 교육을 제공하며 그 서비스의 질과 범위를 지속적으로 넓혀 왔다.

넷째, 영국의 대학은 기업이자 지역사회의 구성원으로서 지역, 경제, 시장(학생 및 공급자), 일터(직원)의 네 가지 핵심적인 사회적 책임에 큰 영향을 끼친다.

다섯째, 영국 정부는 대학 설립을 포함해 정부-민간 파트너십에 사회적 책임 활동의 의무를 잇달아 부과한다.

여섯째, 영국의 대학들과 학생, 직원들은 더 나은 사회적 책임을 위한 활동가이자 지지자의 역할을 담당한다.

영국의 대학들이 사회적 책임과 관련하여 이처럼 많은 역할을 하고 있는 것은 사회적 책임의 중심 개념이 영국 대학의 전 과정에 잘 스며들어 있기 때문일 것이다. 세계적으로 기업의 사회적 책임이 발전의 초기 분야라는 것을 감안하면, 기업의 사회적 책임 과목이 영국 대부분의 경영 관련 학부와 대학원에 교육과정으로서 또는 일부가 포함되어 있다는 점은 이를 확인해 주는 한 예이다. 게다가 초기 대학의 전문화 양상과 영국 대학의 세분화된 교육 범위를 감안하면 사회적 책임에 특화된 석사과정이 20개나 된다는 것도 영국 대학의 사회적 책임에 관한 인식과 그 노력을 짐작하게 한다.

　사회적 책임론의 영국 고등교육으로의 유입은 경영대학의 범위를 넘어 사회적 책임에 관한 다양한 학위와 여러 관련 과목을 다른 학과에서도 찾아볼 수 있다. 더욱이 사회과학, 인문학 등의 거의 모든 영국의 학위과정에서 윤리적 요소를 포함하고 있다. 이처럼 영국의 대학은 사회적 책임 교육 발전의 선두에 있다.

　학문적으로 영국의 대학들이 사회적 책임 발전의 중심에 있다는 점은 교육기관으로서 국제기구의 기반이자 국제회의의 주최, 관련 분야 네트워크와 연구의 증진을 통해 영국 대학의 중요성을 반영한다. 사회적 책임 연구 네트워크(The Social Responsibility Research Network)는 2003년 9월 런던 메트로폴리탄 대학교(London Metropolitan University)가 주도적으로 설립하였고, 현재 광범위한 국제적 멤버십을 자랑하고 있다. 또한 영국의 대학은 유럽의 사회적 책임 교육에도 큰 영향을 끼치고 있다. 영국의 300여 개가 넘는 대학이 EAUC(Environmental Association for Universities and Colleges)에 속해 있으며, 2008년 4월 엑서터 대학교(University of Exeter)에서 열린 12번째 연례회의의 주요 사항이 기업의 사회적 책임에 대한 벤치마킹일 정도로 사회적 책임에 대한 대학들의 관심이 크다. EAUC는 영국의 대학들을 위한 지속가능한 대변기구로, 구성원들에 의해 운영되고 있고 구성원, 파트너들과 함께 더 나은 교육의 중심으로 지속가능성을 이끌기 위해 노력하고 있다. 주요 경영 관련 대학 23개로 이루어진 대학교 연합(The University Alliance)은 세계적인 연구와 학생들의 질적 경험을 위해 헌신하고 있다.

　대학들은 서비스 제공에 있어 보다 많은 사람의 만족도 제고를 위해 높은 기준을 맞추는 데 중점을 두고 있다. 높은 수준의 교육과 서비스 제공은 미국 대학의 오래된 우선순위이기는 하지만, 영국이 세계의 주요한 순위에서 상위권에 자리매김해 감으로써 인정을 받고 있다. 구체적인 예로, 전체적으로 순위권에는 미국이 더 많은 자리를 차지하고 있지만 상위 10위권 내에서는 미국에 비해 인구와 대학의 수가 현저히 적은 영국이 거의 비슷한 정도로 차지한다. 영국에서는 대학교육이 상대적으로 이른 전문화와 함께 최상위 교육 수준에 초점을 맞추고 있다는 점 때문에 배타적인 엘리트 단체를 양성할 수도 있다는 우려가 있어 왔다. 이런 이유로 영국은 비교적 최근까지 대학에 다니는 인구의 비율이 유럽의 다른 나라들이나 동아시아, 미국 등에 비해 적었다. 제2차 세계대전 이후부터 영국은 엘리트주의 교육 시스템 인식에 대한 반대급부로서 포괄적인 교육에 초점을 맞춰 왔다.

광범위하고 포괄적인 교육 초점은 고등교육 제공에 있어 두 가지 중요한 결과를 가져왔다.

첫째, 영국의 대학과 학생 수 그리고 비특권층 배경의 학생 비율이 급격히 증가하였고, 1950~1960년대에 레드 브릭 대학교(Red Brick University)[1]들의 성장과 1990년대에는 기술학교와 전문학교들이 자격을 갖춘 대학으로 변모하게 만들었다.

둘째, 교육 비용이 낮아졌다. 버킹엄 대학교(University of Buckingham)와 BPP 대학교(BPP University College)를 제외한 대부분의 영국 대학이 국립이며, 최근까지 유럽연합 시민권자들에게는 학부과정을 무료로 제공하였다. 대다수의 대학이 상당히 적은 교육 비용을 요구하며, 경제적으로 어려운 학생들의 비용 부담을 완화하기 위해 다양한 형태의 경제적 지원을 제공하고 있다.

그럼에도 불구하고 사회 소외계층이 대학교육에 접근할 때의 문제가 여전히 존재한다. 영국 학생들의 7% 정도가 다니는 사립학교에서 16세 이상 학생들의 18%가 상위 대학 재학생의 50%를 차지한다. 영국 정부와 대학들은 이러한 부분에 대해 상당히 고심하고 있다. 대학연합은 사회 유동성과 사회 통합을 조성하는 일이 사회·경제적으로 매우 필요하다는 것을 강조하며, 영국 사회 유동성에 주요한 공

---

1) 빅토리아풍의 붉은 벽돌로 지어진 당시의 대학들을 일컫는다. 산업혁명 당시 실용 학문에 대한 수요 증가로 인해 19세기 영국 주요 산업 도시 6곳에 세워진 대학들로, 맨체스터(Manchester) 대학교, 브리스틀(Bristol) 대학교, 버밍엄(Birmingham) 대학교, 리즈(Leeds) 대학교, 셰필드(Sheffield) 대학교, 리버풀(Liverpool) 대학교를 지칭한다. 영국의 산업화와 근대화에 발맞춰 생겨난 대학들이기 때문에 시작은 과학 및 공학 단과대학이었지만, 1차 세계대전 이후 종합대학으로 승격하고 현재는 세계적인 명문대학으로 명성을 떨치고 있다.

헌을 하고 있다고 주장한다. 더불어 다양한 학생을 입학시켜야 한다고도 강조한다. 예를 들면, 브래드퍼드 대학교(University of Bradford)의 학생 50%는 소수 인종이고, 52%는 사회·경제적 소외 계층 출신이며, 76%는 학비 보조금을 받는 저소득층이다. 새로 생겨나는 일자리 중 80%가 첨단기술 분야에 해당하는 요즘 대학은 열정과 능력을 가지고 성공하고자 하는 사람들을 적극적으로 지원할 수 있는 시스템을 갖추어야 한다.

영국의 대학들은 교육에 초점을 맞춘 경험과 연구 정보를 제공하고, 취업기술을 향상시키며, 다양한 계층의 학생을 받아들이는 데 목표를 두고 노력하고 있다. 경제 침체 기간 동안의 극도로 경쟁적인 시장에서 서비스 제공자인 영국의 대학들 역시 졸업생들의 취업을 위한 현재 상황에 집중해야만 했는데, 이러한 노력의 한 예로 노섬브리아 대학교(Northumbria University)의 졸업생 중 91%의 학생은 3년 후 실업률이 1% 이하였다. 최근 들어 학생들에게 직업 훈련의 기회 제공과 경쟁적인 시장에 대비할 수 있는 역량을 길러 주는 것으로 초점이 옮겨 가면서 영국의 대학들은 기술 개발, 학생 배치, 석사 취업 등에 우선순위를 두고 있다. 뿐만 아니라 고용주들과의 유기적인 관계를 유지하고, 의료업·교육·기술·법 관련 직업에 대한 접근성을 신장시키는 데에도 노력하고 있다. 브래드퍼드 대학교는 학부과정 중 70%가 직업교육을 인정받기도 하였다. 또 2014년 영국 대학 순위 12위의 코번트리 대학교(Coventry University)는 영국 대학 최초로 교내에 사회적 기업 센터를 설립하고, 사회적 기업 인큐베이팅을 시도하기도 하였다(조선일보, 2017). 코번트리 대학교의 사회적 기업 센터에서는 학생 및 지역 주민들이 스스로의 기업가적 가능성을 발견하도록 돕는 프로그램을 운영하고 있다. 코번트리 및 인근의 워릭셔(Warwickshire) 지역 학생과 주민의 창업을 돕는 이블브(EVOLVE) 프로그램은 대표 프로그램으로, 창업 아이디어를 가진 이들이 창업 허브(enterprise hub)를 찾아오면 언제든 필요한 도움을 얻을 수 있도록 지원하는 프로그램이다. 이 외에도 해외 연수를 지원하는 '에라스무스(Erasmus)' 프로그램, 사업계획서 개발, 인큐베이팅, 학생 스타트업 융자 및 보조금, 기업가 툴키트(toolkit) 등으로 창업의 준비부터 진행 과정 전반을 돕는 데 주력하고 있다. 기업과의 친밀한 관계 유지 및 증가뿐만 아니라 대학 스스로 정부와 민간의 파트너십이자 사업가로서 집중하는 것은 기업 관점에서 사회적 책임의 새로운 도전이 되어 왔다.

3) 독일 대학의 사회적 책임

독일과 한국은 교육의 사회적 책임에서도 차이를 보인다. 독일의 대학교육은 통상 10년 이상 이루어져 독일 대학생은 한국 대학생보다 더 오래 학교에 다닌다. 재학 기간의 차이에서 유추할 수 있듯이 독일의 대학은 상당히 연구 중심으로 운영되고 있다. 앞서 대학의 이념 형성의 역사에서도 살펴본 '연구' 이념의 전통이 바탕이 되어 있음을 확인할 수 있다.

교육의 역사에서 유럽에서 대학이라는 개념이 형성된 것은 매우 오래되었다. 독일 최초의 대학은 약 800여 년 전인 1386년에 하이델베르크(Heidelberg)에 설립되었다. 이 대학교의 출발점은 아리스토텔레스와 플라톤의 오래된 철학적 논의에 대한 재발견으로 거슬러 올라간다. 이러한 배경 아래 대학이라는 개념이 유럽에서 재탄생되었고, 적어도 독일에 한정해서 보면 대프랑스혁명 이후 나폴레옹 시대에 들어서면서 대학이 점진적으로 발전하게 되었다. 교육에 있어 진정한 변화가 시작되었고, 이때부터 많은 사람이 대학과 사회에 대해 다시 생각하기 시작하였다.

대학의 존재 이유는 무엇일까? 아마도 지식을 배양하고, 학생들을 교육하기 위해 대학이 필요할 것이다. 그렇다면 지식을 배양한다는 것의 의미는 무엇이며, 그 이유는 무엇인가? 독일의 저명한 학자인 훔볼트(von Humboldt, 1792)는 다음과 같이 말한다.

"…… 자유의식이 사람의 마음을 일깨울 때, 우리는 모든 단계에서 진보를 촉진하게 될 것이다(von Humboldt, 1792)."

이러한 훔볼트의 발언은 과학과 교수법에 있어 통합의 기본 개념을 제시한다. 과학과 교수법의 통합이 필요한 이유는 그러한 방식을 통해 비판적 사고능력을 배

양할 수 있기 때문이다. 훔볼트는 대학이란 곳이 오로지 학문을 논하고, 다른 의도
가 없는 목적 그 자체에서 나온 내용으로서 학문을 정신과 도덕성 도야에 기여할
수 있도록 연구하는 곳이어야 한다고 보았다(Menze, 1975). 그러므로 대학이 존재
하는 이유는 내면적으로 객관적 과학을 주관적 도야에 연결(통합)함으로써 학문 연
구가 정신 및 도덕의 함양과 분리되지 않도록 하는 데 있다(김철, 2006a). 훔볼트는
과학과 교수법의 통합을 이야기했지만, 이는 사실상 대학이 제공하는 교육의 모든
분야에서 통합이 필요하다는 이야기와 같다고 할 수 있다. 대학은 학생들이 비판적
사고를 발전시킬 수 있는 구조와 환경을 제공함으로써 그들이 자유롭게 인성을 발
달시키고, 비판적이고 자존감 있는 개인으로 성장할 수 있도록 기여해야 할 의무가
있다. 이러한 자질은 미래를 이끌어 갈 사회의 지도자로서 학생들이 반드시 갖추어
야 할 자질 중 하나이다.

　이러한 이유로 우리 사회는 연구와 교육의 통합이 필요하고, 과학을 통해서 통합
교육이 가능할 수 있다. 물론 다른 분야도 가능하다. 어떤 것에 대한 비판적인 토론
이 제기되면 그것은 곧 논쟁과 사고의 촉발을 야기하는 대화로 이어질 수 있다. 이
과정에 참여하게 되면 새로운 발상을 매우 빠르게 습득하고 경험할 수 있게 된다.
이는 단순한 교과의 암기가 결코 중요한 것이 아니라 이해하는 능력이 얼마나 중요
한지를 환기시켜 주며, 독일의 대학들이 표방하는 연구 중심의 진의가 무엇인지 한
번 짐작하게 해 준다.

　독일 교육의 전통이 이러한 가운데 20세기 후반에 유럽연합은 시장 통합을 넘어
정치·경제적으로 또한 문화적 통합체로도 진전하게 되었다. 유럽연합이 통합되는
과정에서 교육은 매우 큰 변화를 겪었다. 국가들은 각기 다른 교육체계를 가지고 있
었고, 특히 남부와 북부 유럽 국가 간의 교육제도의 차이는 매우 컸다. 교육제도의
통합은 유럽 내의 대학교육과 학위제도를 동일화(equalize)하려는 목적에서 시행되
었다. 이러한 노력은 사실상 2000년대에 들어서면서 미국 대학의 영향력이 증대하
고 온라인 대학이 급증하는 등 교육 지형의 변화에 맞서기 위함이기도 하다. 유럽
대학들은 공동 학위인정제도, 학사 일정 상호 조정 등을 통해 교육적 영향력 확대의
활로를 모색하였다.

공동 학위인정제도는 1998년에 프랑스, 스페인, 독일, 영국의 4개국이 파리 소르본(Sorbonne) 대학교에 모여 처음 논의하기 시작했고 이미 부분적으로 시행되고 있었는데, 2003년에는 프랑스, 이탈리아, 스페인, 체코 등 유럽의 30여 개국이 베를린에 모여 공동 학위인정제도 등 대학 간 협력을 강화하기 위한 방안을 논의하게 되었다. 이러한 결과로 현재 독일에서 받은 학사학위와 석사학위는 유럽 내 다른 국가들에서도 모두 인정받을 수 있다. 이는 고등교육기관의 이수제도와 학점제도 등을 통합하면서 가능해진 일이다.

　이러한 변화들이 독일 대학에 있어서는 사회적 책임 활동을 해 나가는 것과 다름이 없다. 사회적 책임에는 개인으로서의 독립성, 세계시민의식 그리고 학문의 자유 등이 포함되어 있다. 먼저, 학문의 자유가 필요한 이유는 정치적 압박에서 자유로워야만 자유로운 사고, 학문적 토론과 연구가 가능할 수 있기 때문이다. 이에 더해 정치적 압박과 같은 외부적 억압에서 자유로운 것뿐만 아니라 학문 활동이 이루어지는 내부, 즉 대학 내 교수와 학생 간의 관계에 있어서도 대화와 토론이 자유롭게 이루어질 수 있어야 한다. 그리고 대학은 그 운영에 있어 사업적 측면과 교육이 엄격히 구분됨으로써 주체적이어야 한다. 독일의 대학 내에서는 상점을 찾아보기가 힘들다. 예를 들어, 대학 건물에 록펠러 홀(Rockefeller Hall)과 같은 이름을 지을 수 없는데, 사업(비즈니스)과 대학은 어떠한 관계도 가져서는 안 된다는 것이다. 독일은 전통적으로 사업적 운영이 대학의 발전을 저해한다고 보기 때문이다.

　이에 더해 독일의 대학에서 또 다른 사회적 책임은 학생들의 교육에 대한 책임이라고 볼 수 있다. 현재 독일의 문제는 학생들이 취업시장에서 경쟁력을 갖도록 하는 데 있다. 대학 내에서 학생들을 자유롭게 교육시킨다고 하더라도 졸업 후 학생들은 직장이 필요하게 되고, 이 학생들이 취업하지 못한다면 교육은 실패로 돌아가는 것이다. 시대와 사회가 변화하면서 독일의 대학교육도 한편에는 취업이라는 요구와 다른 한편에는 학생들에게 자유로운 사고를 일으키는 교육을 실천해야 할 현실적인 사명이 생긴 것이다. 어쩌면 이것을 모순의 존재로 여길 수 있지만, 이는 결국 자주적인 판단능력(sovereign judgment)의 문제로 귀결된다. 자주적인 판단능력이란 자기 행동에 대한 고찰을 수행하는 것을 의미한다. 취업시장에서 요구하는 것에 대한 판단은 대학이 아닌 개인의 몫이기 때문에 취업과 같은 사회적 요구에 응하는 대학의 노력은 결국 학생 개인의 자유로운 사고교육에 더욱 주력해야 한다는 것으로 연결된다.

각 연구자와 학생은 자유롭게 연구하고 참여할 개인의 권리를 지니고 있으며, 이것은 곧 대학의 제도적인 보장이라고 할 수 있는 주체성(autonomy)으로 귀결된다. 그리고 교수와 학생의 참여와 책임의 공유는 대학의 주체성에 있어 필수적인 요소이다. 이러한 자유는 결과적으로 과학자들이 사회에서 책임감 있게 행동하고, 그 행동에 대해 자기비판적으로 사고하며, 대중에게 책임감 있고 투명한 행동을 하도록 의무감을 지워 준다. 과학의 자유권의 핵심은 인간적이고, 관대하고, 사회적이고, 평화적이고, 책임감 있고 공평한 세상에 일조하는 것이다. 그러므로 독일 대학에서의 사회적 책임을 이야기하면 교육은 비판적인 사고를 가능하게 하는 일이어야 한다는 것을 확인하게 된다.

4. 새롭게 요청되는 대학의 사회적 책무

1) 기업가적 대학

그리스에서 파생된 대학의 역사는 중세시대부터 발전을 이루기 시작해서 자율성을 누리는 교수, 학생, 강의제도, 행정기구, 연구 기능의 확대 등으로 발전해 왔다. 그리고 현대에 이르기까지 교육, 연구, 봉사라는 다소 규격화된 기능으로 변하였다(Clark, 2000). 그러나 최근 현대사회의 변화는 대학이 순수 학문으로서의 연구에서 탈피하여 연구의 성과를 기술 상업화로 연결시키고, 학문을 위한 후학 양성에 한정된 교육을 뛰어넘어 산업과 사회에서 즉시 활용 가능한 인재 양성의 실용적 교육으로 그 방향을 전환해야 함을 시사한다. 즉, 정형화된 대학의 기능은 지식기반 산업의 발전과 개방형 혁신이라는 현대 경제 사회의 환경 변화에 따라 대학의 기업가적 역할 확대(university entrepreneurship)를 요구받기에 이른 것이다. 대학의 기업가적 역할의 확대는 구체적으로 두 가지로 요약할 수 있다. 하나는 연구 중심 대학의 기업 연계 및 지식재산권 그리고 기술 창업 관련 대학 조직의 확장이며, 또 다른 하나는 교육, 연구, 봉사로 요약되는 대학의 전통적 기능의 기업가적 성격의 변화이다(Rothaermel, Shanti, & Jiang, 2007). 무엇보다도 기업가적 경제(entrepreneurial economy)에 있어서 대학은 개인교육과 창업 촉진의 주체로서 매우 중요한 역할을 하고 있다고 평가되고 있다. 이제 대학은 전통적인 교육과 연구에 머무르지 않고 경제 성장의 근간으로 '경제 및 사회적 임팩트 창출에 대한 기여'라는 제3의 기능을 수행하는 주체로서 '기업가적 대학(entrepreneurial university)'으로 변모해야 하고 또한 현재 그 과정에 있다(이채원, Marc Meyer, 2021, p. 2).

기업가적 대학에 있어 기업가 정신 교육과 경험적 교육은 핵심적인 구성 요소이다. 먼저, 대학의 본질적 역할이 교육에 있고, 기업가적 대학 또한 다른 여러 구성 요소가 영향 요소로 작동한다고 하더라도 기업가 정신 교육은 매우 중요한 요소이며, 기업가적 대학에서 가장 중요한 역할을 한다고 할 수 있다. 기업가 정신 교육은 세계적으로 기업가 정신 교육 중심 대학으로서 높게 평가받고 있는 미국의 밥슨 대학(Babson College)이 그 위상을 갖추기 위해 가장 중요한 요소로 꼽기도 하였다. 밥슨 대학 및 미국의 여러 기업가적 대학으로 평가받는 교육기관들이 제시하는 기업가 정신 교육은 크게 교과과정, 비교과과정, 융합과정 등의 형태를 포함한다. 정규 교과로서 기업가 정신 교육은 미국 대부분의 대학에서 이루어지고 있으며, 미국뿐만 아니라 유럽과 아시아 등 전 세계의 교육 방향이라고 해도 과언이 아니다. 기업가 정신 교육은 학생들의 기업가적 성향에 큰 영향을 미치기 때문에 기업가적 경제를 추구하는 국가 대부분이 이 교육에 힘쓰고 있다(Bae, Qian, & Miao, 2014; 이채원, Marc Meyer, 2021에서 재인용). 한편 시카고 대학교도 연구를 통해 기업가적 대학에서 기업가 정신 교육과 교육 대상자인 인적 자원이 가장 중요한 요소라고 밝히며, 대학 내의 잠재적 창업자나 학생 창업가가 기업가적 대학을 만드는 데 매우 중요한 역할을 한다고 보았다(Miller & Acs, 2017). 학부에서의 기업가 정신 교육과 더불어 미국의 주요 대학과 유럽의 많은 대학이 대학원 수준의 기업가 정신 교육을 중시하고 있다. 이처럼 기업가 정신 교육이 강조됨에 따라 기업가 정신 교육을 위한 교원의 육성 또한 그 중요성이 부상되었다. 즉, 기업가적 대학으로의 변모를 위해서는 해당 분야의 전담 교원이 필요하고, 그 교원의 우수한 역량 역시 담보되어야 한다는 과제도 함께 주어질 수밖에 없다.

또 학생들의 기업가적 활동 참여 기회를 제공하는 경험적 교육도 상당히 중요한 요소이다. 이채원과 오혜미(2017)에 의하면, 대학생 및 대학원생 대상의 기업가적 의도 및 창업 의도에 관한 연구에서 학생들의 기업가 정신 교육과 창업 활동의 경험 여부가 기업가적 의도 및 창업 의도에 영향을 미치는 주요 변수이다. 즉, 학생들의 기업가적 활동 참여 여부는 상당히 중요한 역할을 한다는 것을 의미한다. 사실 경험적 교육의 중요성은 기업가 정신 교육에서뿐만 아니라 전통적인 교육학에서도 오랜 교육방법으로 논의되어 온 영역이다. 19세기 후반 시카고 대학교의 부설 학교인 실험학교 설립을 통해 경험적 교육을 실천한 미국의 교육학자 듀이(John Dewey)는 전통적 교육학에서의 경험적 교육론자로 대표되는 학자로 꼽을 수 있다. 20세기 후반에 이르러 콜브(Kolb, 1984)는 듀이의 경험적 교육을 비판적으로 분석하여 현재에 걸맞은 경험적 교육에 대해 새롭게 정의하기도 하였다. 콜브(1984)는 경험적 교육이 경험의 변형을 통해 새로운 지식을 창출하는 과정이라고 하면서 확고한 경험, 성찰, 추상화, 적극적 실행의 네 가지 구성 요소를 제시하며 강조하였다.

결국 오랜 교육적 전통에서도 확인할 수 있듯이, 경험적 교육은 잠재적 인재들이 기업가로서 창업 의도를 가질 수 있도록 하는 근간이 된다고 할 수 있다. 우수 기업가적 대학 선발대회(Deshpande Foundation Award)에서 1위를 수상한 바 있는 미국의 노스이스턴 주립 대학교(Northeastern state University)는 장기 현장실습과 창업 기업에서의 인턴십을 강조하고 있다. 특히 노스이스턴 주립 대학교는 전교생이 창업 기업 인턴십을 포함한 장기 코업(co-op)에 반드시 6개월 이상, 최소 2회 이상의 참여를 필수 졸업 요건으로 하며, 이는 타 대학과 비교해 가장 차별화된 특성이라고도 할 수 있다.

한편, 대학의 기업가적 역할 확대의 중요성은 한국의 산업 경제에서의 중요 역할로 대두되는 상황으로도 확인할 수 있다. 현재 한국은 산업 경제가 노쇠화하고 중소기업의 생산성 및 성장 동력이 약화되고 있는 상황이기 때문에 대학의 혁신기술과 인적 자원을 적극적으로 활용하여 새로운 성장 동력을 얻고 신 산업을 창출하는 것이 무엇보다 중요하게 되었다(곽승준 외, 2012). 이는 곧 새로운 혁신과 기회를 획득하는 기업가 정신이 대학이라는 플랫폼을 통해 산업 경제의 선순환을 형성하는 것을 의미한다. 미국과 유럽 등 선진국의 대학은 이미 상당 부분 기업화되었다 (Mowery, Nelson, Sampat, & Ziedonis, 2004). 그렇기 때문에 기업가적 대학이라는 용어는 선진국에서는 폭넓게 활용되고 있다. 이와 같이 대학의 역할 변화에 대한 요청은 글로벌 경쟁 강화에 따른 산업계의 기술 혁신 요구와 대학의 자체 변화 의지, 정책 변화 등의 복합적인 요인이 반영되어 진행되고 있다(박문수, 이호형, 2012).

이러한 대학의 기업가적 역할 확대에 대한 논의는 학술적으로도 강조되고 있다. 미국 대학의 기업가적 역할 확대에 대한 학술연구의 조사 결과, 2007년까지 집필된 173편의 논문 중 75%가 2000년대 이후에 저술되었을 정도로 최근 선진국에서도 대학의 기업가적 역할이 강조되고 있다(Rothaermel, Agung, & Jiang, 2007).

2) 변혁적 대학

변혁적 대학(transformative university)은 대학이 공공성과 지속가능성 실천에 대해 인식하고, 공공성의 원칙에 따라 개인과 사회 전체에 이익이 되도록 공공 영역 확장과 평등 사회 진흥을 통해 사회를 변화시키는 의무와 역할을 수행해야 한다는 패러다임으로 등장하였다. 즉, 대학은 지역에 기여하고 사회적 가치를 창출할 수 있어야 한다는 인식의 반영임을 알 수 있다.

중세시대 이탈리아의 볼로냐를 시작으로 대학들이 설립된 후부터 유럽 사회에서 대학은 현실과 동떨어진 순수 학문만을 추구하는 곳으로 오랫동안 인식되어 왔다. 상아탑이라는 비유적 표현으로 비판되기도 했던 초기 전통적 대학의 모습은 산업혁명과 세계대전 등의 사회 변화를 겪으며 1990년대에 들어 미국과 유럽을 중심으로 급격히 전환되기 시작하였다.

앞서 살펴보았듯이 1990년대 초부터는 미국을 중심으로 연구 성과의 기술 상업화로의 연결과 실용적 교육을 강조하는 기업가적 대학 패러다임이 등장하였다. 실리콘밸리나 소피아앙티폴리스 등과 같이 첨단산업 클러스터의 성장을 경험한 지역의 중심에 기업가적 대학이 있었기 때문이라는 연구 결과들이 속속 발표되면서 기업가적 대학 패러다임은 학문적 측면뿐만 아니라 정책입안자들의 관심을 크게 자극하였다(이종호, 2019). 기업가적 대학 패러다임이 등장한 초기에는 대학이 기업화되면서 천박한 자본주의의 노예로 전락했다거나 상아탑의 본질을 잃어버리고 있다며 반발하는 분위기가 팽배하기도 했지만, 대학이 사회가 필요로 하는 기술을 개발하고 인재를 양성한다는 측면에서 거스를 수 없는 시대적 요청으로 받아들이는 인식이 점차 확산되었다.

기업가적 대학 패러다임이 미국을 중심으로 확산하는 한편, 1990년대 후반부터 유럽에서는 변혁적 대학과 시민대학(civic university) 패러다임이 등장하여 확산하게 되었다. 이 시기에 유럽에서는 국가의 세금으로 운영되는 대학들이 지역과 사회에 기여하는 바가 무엇인지에 대한 의문이 제기되기 시작했는데, 변혁적 대학은 이러한 물음에 대한 해답을 추구하는 과정에서 등장한 개념이라고 할 수 있다. 구체적인 예로, 이 시기에 경제지리학자들은 지역의 성장 및 발전의 조건으로 지역의 기술 혁신 역량에 주목하고, 지역혁신체계(regional innovation system)에 대해 이론화하며 사례 탐구에 집중하기 시작하였다. 이러한 과정에서 지역 혁신을 견인하는 핵심 주체로서 '대학'을 주목하게 되었고, 학자들은 지역혁신체계가 잘 구축되어 있는 지역의 대학에서는 지역 산업에 필요한 연구 개발(R&D) 활동을 활발하게 수행하는 동시에 지역 기업들이 필요로 하는 인재를 양성하고 있다는 것을 발견하게 되었다. 이 발견은 지역의 발전은 소위 명문 대학의 존재 여부에 달려 있다는 일반적인 통념과는 달리 지역 산업의 수요에 맞는 교육과 연구를 수행하는 대학이 해당 지역에 존재하는지의 여부가 더 중요한 영향을 미친다는 점, 즉 지역혁신체계가 잘 구축될 수 있는 점을 시사한다. 그러므로 변혁적 대학이란 개념이 갖는 의미는 대학이 공공성과 지속가능성을 실천해야 한다고 인식하고, 공공성의 원칙에 따라 개인과 사회 전체에 이익이 되어야 하며, 공공 영역 확장과 평등 사회 진흥을 통해 사회를 변화시키는 의무와 역할을 수행해야 한다는 것이다.

이와 같이 대학이 지역 기업 및 기관들과 연계하여 지역에 봉사하는 역할을 할

때 공공성을 확보할 수 있을 뿐만 아니라, 대학과 지역 모두의 지속가능성이 확보
된다는 믿음으로서 변혁적 대학 패러다임이 점차 강조되며 대학과 지역과의 관계
가 더욱 부각되고 있다.

3) 시민대학

기업가적 대학, 변혁적 대학 등에 대한 패러다임의 형성은 현재 전 세계적으로
대부분의 대학이 그 필요성을 인식하고 실제적인 변화의 노력에 공감하는 분위기
이다. 세계 대학의 총장들은 대학이 실적 위주의 연구 중심 운영에서 탈피해 지역
사회 교육과 산업을 이끌 수 있어야만 세계화에도 발맞출 수 있음에 의견을 같이하
고 있다. 연구 실적, 평판도 등과 같은 준거로 연구 중심 대학에 유리하게 설정되어
있는 기존의 전통적인 세계대학평가 시스템은 향후 혁신교육을 중심으로 지역사
회에 크게 공헌하는 대학이 공정한 평가를 받는 시대로 변화해야 한다는 인식을 심
화하고 있다(김원진, 2019).

이러한 변화와 함께 대학과 지역의 관계를 오랫동안 연구했던 영국의 경제지리
학자인 고다드(John Goddard) 교수는 변혁적 대학의 패러다임과 대학의 지역적 영
향력을 모두 포함한 개념으로서 '시민대학(civic university)'을 강조하였다. 시민대학
은 대학이 입지한 지역에 봉사하는 대학을 의미하며, 대학이 지역사회와 긴밀한 관
계를 맺고 상호 이익을 도모하는 역할에 특히 주목하였다. 이는 변혁적 대학의 역
할과도 유사하지만, 그 영향력의 범위를 지역(region)으로 제한함으로써 대학이 지
역주민, 지역의 유관 기관 및 기업체와 활발한 네트워크를 통해 지역 문제 해결에
적극적으로 기여하는 대학의 역할, 즉 장소 기반 전략을 가지는 것에 보다 무게를
두고 있는 점이 변혁적 대학과 구분되는 특징이다.

영국의 대학사에서 이러한 시민대학이 부상한 시기는 1950년대부터이다. 시민
대학은 옥스브리지로 대표되는 전통 대학과 1960년대 이후에 국립대학으로 건립
되었던 신대학(new university)과 구분된다. 19세기를 거치면서 영국 북부 및 중부
의 주요 산업도시에 각 지역의 산업가와 유지를 주도로 설립되었고 민립대학이라

는 특징을 갖는다(박찬영, 2006). 이런 특징 아래 시민대학은 해당 도시에 필요한 지식을 전달하고 연구를 담당하는 지역 봉사 기구로서의 역할이 강조되었다.

영국의 노팅엄(Nottingham) 대학교는 이러한 시민대학 중 하나로 산업도시에 세워진 민립대라는 특징과 시민대학의 전형성을 이루는 요소들을 잘 보여 주는 사례이다. 영국 노팅엄 지역의 초기 주요 산업은 양말 제조업이었고, 이후 레이스 직물업, 자전거, 담배 제조, 제약업 등이 주요 산업으로 각광받으며 자리를 잡았다. 산업 발달에 기초해 도시는 확장되고, 도시 및 학교 건설의 필요성이 제기되었다. 이러한 분위기에서 제조업자인 헤이먼(Lewis Heyman)의 기부로 도시를 위한 대학으로서 노팅엄 대학교의 건립이 시작되었고 이후 발전의 역사를 누적해 왔다. 노팅엄 대학교는 도시를 기반으로 하는 근대 고등교육의 산실이라는 영국 시민대학의 전형적인 예로서 19~20세기에 설립된 시민대학들에서 공통적으로 발견되는 지역의 산업적 요구 반영과 지역 유지의 영향력(대학 이전, 운영 방식 등에의 관여) 등의 특징을 갖고 있다(박찬영, 2006).

영국의 시민대학 설립은 빅토리아 시대의 주요 산업도시들의 지역적 요구의 반영이자 지역 산업의 성과를 바탕으로 한 도시의 자긍심을 대표한다고 할 수 있다. 그러나 동시에 세계대전을 전후로 시민대학들은 해당 시기의 각 지역이 경험하는 경제적 타격과 고충 역시 반영하고 감내해야 하였다. 즉, 시민대학은 도시의 문제점을 민감하게 받아들일 수밖에 없는 구조적 특성을 갖는다고 할 수 있다.

이러한 고찰에 기반해 보면 새롭게 요청되는 대학의 책무로서 시민대학은 지역사회와 상호작용하고 영향력을 행사하는 방법을 잘 검토하여 분석해야 함을 알 수 있다. 그리고 지역 및 지역사회를 위해 대학이 무엇을 할 수 있고, 지역 변화를 위해 어떤 긍정적 영향을 끼칠 수 있을지를 탐구해야 한다. 이러한 관점에서 시민대학으로서 대학이 사회적 책임에 접근하는 방법에 있어 주의해야 할 점은 지역의 수준을 국가 및 글로벌 수준에 맞추어 조명해서는 안 된다는 것이다. 다시 말해 시민대학의 패러다임에서 대학은 지역사회에 실질적이고 광범위한 변화를 촉발하는 잠재력을 가지고 노력하는 존재이므로 모든 것을 대학이 위치하고 있는 지역 및 지역사회에 기반을 두고 준거를 마련해야 한다.

성 찰 과 제

1. '학문의 상아탑'이라고 불리는 대학의 본질과 역할에 대한 논쟁이 뜨겁다. 대학의 전통적 기능인 교육, 연구, 사회봉사의 지속가능성에 대해 논의해 보자.

2. '사회적 책임'이라는 관점에서 새롭게 강조될 대학의 역할과 기능에 대해 논의해 보자.

참고문헌

강선보(2006). 지식기반사회에서의 대학교육 개혁의 이념. 교육문제연구, 24, 49-71.

곽승준, 김기찬, 이민화, 정지훈, 최종욱, 강민수, 김창우, 김병선, 오명준(2012). 스마트 자본주의 5.0: 산업생태계를 흥분케 하라. 경기: 나남.

김원진(2019). 세계대학랭킹 주요 지표는 지역사회 공헌도. 인천일보 7월 5일. [online]. [cited 2020. 8. 4.]. http://www.incheonilbo.com/news/articleView.html?idxno=959430

김천권(2007). 대학과 지역개발: 지식사회의 지역 의사중심지 역할에 관한 담론. 한국지방자치학회보, 19(1), 143-165.

김철(2006a). 대학의 이념과 21세기 대학교육. 교육의 이론과 실천, 11(1), 19-36.

김철(2006b). 대학이념의 역사적 변천과정과 21세기 대학이념에 대한 고찰. 교육의 이론과 실천. 11(2), 25-46.

박문수, 이호형(2012). 기업의 기술 특성에 따른 산학협력 비교 연구. 정보화연구, 9(2), 199-207.

박의수(2006). 한국 대학교육의 본질적 문제와 개혁의 방향. 교육철학회 편저. 대학교육 개혁의 철학과 각국의 동향(pp. 109-134). 경기: 서현사.

박찬영(2006). 노팅엄 대학(Nottingham University)-중부 산업도시의 신생 시민대학. 영국연구, 16, 123-140.

안영진(2007). 대학의 지역사회 봉사: 전남대학을 사례로. 한국경제지리학회지, 10(1), 64-80.

오성삼(2001). 세계 대학의 이해. 서울: 건국대학교 출판부.

이민화, 정지훈, 김기찬, 곽승준, 최종욱(2012). 스마트 자본주의 5.0. 경기: 나남.

이석우(1998). 대학의 역사. 서울: 한길사.

이의영, 이기훈(2012). 사회책임경영(CSR)의 역사적 고찰과 기업의 대응전략. 창조와 혁신, 4(1), 87-117.

이종호(2019). 대학, 지역사회와 '함께 살기'. https://www.pressian.com/pages/articles/241250

이채원, 오혜미(2017). 공감, 도덕적 의무감, 사회적 지지에 대한 인식이 사회적 기업가적 의도에 미치는 영향. 벤처창업연구, 12(5), 127-139.

이채원, Marc, M. (2021). 기업가적 대학(entrepreneurial university)의 개념적 프레임워크 개발: 탐색적 사례연구. 한국진로창업경영학회지, 5(1), 1-27.

이현숙, 오혜미(2017). 공감, 도덕적 의무감, 사회적 지지에 대한 인식이 사회적 기업가적 의도에 미치는 영향. 벤처창업연구, 12(5), 127-139.

정영근(1999). 홈볼트. 연세대학교 교육철학연구회 편저. 위대한 교육사상가들 3(pp. 297-360). 서울: 교육과학사.

정재관(2015). CSR 논의의 전개 과정. 서재혁 외 공저. 사회적 책임 사회적 기업(pp. 11-35). 서울: 동아시아연구원.

조동성, 문휘창(2014). 대학의 사회적 책임: 나눔과 이론의 실천. 서울: 서울경제경영.

조영하(2010). 21세기 대학의 사회적 책임에 대한 고찰. 교육행정학연구, 28(1), 1-30.

주영흠(2001). 서양교육사상사. 서울: 양서원.

Ackerman, R. (1975). *The social challenge to business.* Cambridge, MA: Harvard University Press.

Atkinson, R. C., & Blanpied, W. A. (2008). Research universities: Core of the US science and technology system. *Technology in Society, 30*(1), 30-48.

Bae, T. J., Qian, S., Miao, C., & Fiet, J. O. (2014). The relationship between entrepreneurship education and entrepreneurial intentions: A meta-analytic review. *Entrepreneurship: Theory and Practice, 38*(2), 217-254.

Bowen, H. R. (1953). *Social responsibilities of the businessman.* New York: Harper & Row.

Brennan, J. (2008). Higher education and social change. *Higher Education, 56*(3), 381-393.

Campus Compact. (2012). https://kdp0l43vw6z2dlw631ififc5-wpengine.netdna-ssl.com/
    wp-content/uploads/large/2013/04/Campus-Compact-2012-Statistics.pdf

Clark, K. (2000). *Uses of the university*. 이형행 역(2000). 대학의 효용: 연구중심대학. 서울: 학
    지사.

Deborah, D. (2005). The myth of csr. https://ssir.org/articles/entry/the_myth_of_csr

Friedman, M. (1962). *Capitalism and freedom*. Chicago, IL: University of Chicago Press.

Friedman, M. (1970). The social responsibility of business is to increase its profits. *New
    York Times Magazine, September, 13*, 32-33.

Goossen, R. (2009). Universities and corporate social responsbility: A competitive
    advantage? Retrieved from http://www.avantage.com/content/universities-and-
    corporate-social-responsibility-competitive-advantage

Haddad, G. (2000). University and society: Responsibilities, contracts, partnerships. In
    G. Neave (Ed.), *The universities' responsibilities to society: International perspectives
    series*. Oxford: Pergamon.

Henderson, A. D. (1970). *The innovative spirit*. San Francisco: Jossey-Bass.

Humboldt, W. (1792/1854). *The sphere and duties of government*. London: John
    Chapman.

Hutchins, R. M. (1936). *The higher learning in America*. New Haven, CT: Yale University
    Press.

Hutchins, R. M. (1953). *The university of Utopia*. Chicago: University of Chicago Press.

Hutchins, R. M. (1963). Education and the national purpose. *Rich University Studies, 49*(3).

Institute for International Trade and Cooperation, Ewha Womans University (2012).
    University and Corporate Social Responsibility in the Global Community. '국제사회에서
    의 대학과 기업의 사회적 책임' 컨퍼런스.

Jongbloed, B., Enders, J., & Salerno, C. (2008). Higher education and its communities:
    interconnections, interdependencies and a research agenda. *Higher Education, 56*,
    303-324.

Kolb, D. A. (1984). *Experiential learning: Experience as the source of learning and
    development*. Englewood Cliffs, NJ: Prentice Hall.

Leitão, J., & Silva, M. J. (2007). *CSR and social marketing: What is the desired role for *universities in fostering public policies?*. Retrieved from http://mpra.ub.uni-muenchen. de/2954/1/MPRA_paper_2954.pdf

McIntosh, M., Thomas, R., Leipziger, D., & Coleman, G. (2003). *Living corporate citizenship: Strategic routes to socially responsible business*. London: Financial Times/ Prentice-Hall.

Menze, C. (1975). *Die bildungsreform wilhelm von Humboldts*. Hannover: Schroedel.

Miller, D., & Acs, Z. (2017). The campus as an entrepreneurial ecosystem: The University of Chicago. *Small Business Economics, 49*(1), 75-95. doi: 10.1007111

Mowery, D. C. (2004). *Ivory tower and industrial innovation*. Stanford, CA: Stanford Business Books.

Mowery, D. C., Nelson, R. R., Sampat, B. N., & Ziedonis, A. A. (2004). *Ivory tower and industrial innovation: University industry technology transfer before and after Bayh-Dole Act*. Stanford, CA: Stanford University Press.

Murphy, P. E. (Ed.) (1998). *Eighty exemplary ethics statements*. Notre Dame: Notre Dame University Press.

Neave, G. (2000). *The Universities' responsibilities to society: International perspectives*. Oxford: Pergamon.

Preston, L. E., & Post, J. E. (1975). *Private management and public policy: The principle of public responsibility*. Englewood Cliffs, NJ: Prentice-Hall.

Rothaermel, F. T., Shanti, D. A., & Jiang, L. (2007). University entrepreneurship: A taxonomy of the literature. *Industrial and Corporate Change, 16*(4), 691-791.

Scott, J. C. (2006). The mission of university: Medieval to postmodern transformations. *The Journal of Higher Education, 77*(1), 1-39.

Stearns, P. (2009). *Educating global citizens in colleges and universities*. New York, NY: Routledge.

Victor, B., & Cullen, J. B. (1988). The organizational bases of ethical work climates. *Administrative Science Quarterly, 33*, 101-125.

von Humboldt, W. (1792). *The sphere and duties of government: The limits of state action*. http://www.panarchy.org/humboldt/government.html

Whitehouse, L. (2006). Corporate social responsibility: Views from the frontline. *Journal of*

Business Ethics, 63, 279-296.

조선일보 공익섹션 더 나은 미래(2017. 12. 26.). 영국 최초의 대학 내 사회적기업센터, 코벤
    트리대 키스 제프리 센터장. https://futurechosun.com/archives/30163

한경 경제용어사전. http://dic.hankyung.com

제5장

고등교육기관의 사회적 책임

김대현

이 장에서는 고등교육기관의 사회적 책임 개념의 이해를 목적으로 한다. 이를 위해 교육에서의 사회적 책임 개념 체계를 목적, 대상, 주체, 내용, 방법, 프로그램, 문화, 환경 차원에서 설명하였다. 이러한 기본적인 개념 체계에 기초하여 고등교육기관의 사회적 책임 개념 체계와 책임 지수를 제시하였다. 고등교육기관의 사회력 책임에 관한 실제적인 이해를 돕기 위해 사회적 책임을 실천한 한 국내 대학의 사례를 제시하고, 이 사례를 통해 고등교육기관의 사회적 책임 실천을 위한 개선점을 논의하였다.

1. 교육에서 사회적 책임의 개념 체계

1) 사회적 책임의 개념 체계

COVID-19 바이러스에 의한 감염병의 확산으로 온 나라, 온 세상이 혼란에 빠져 있다. 최근 바이러스 확산세의 가파른 증가를 두고 종교계, 업계, 정부 등에서는 서로 책임이 있다고 맞서고 있다. 일부 개신교에 책임이 크다는 쪽과 유흥업소와 목욕탕 등의 대중 시설의 운영에 책임이 있다는 주장과 정부의 대응이 적절하지 않았다는 의견이 팽팽하다. 나라 밖을 보면 이러한 감염병이 중국의 우한시에서 시작되었다고 하여 중국에 책임이 있다는 주장과 우한시에서 발견되었을 뿐 근원지는 아니라는 중국 당국의 입장이 엇갈린다. 여하튼 사태의 발생에 대하여 누구에게 '책임'이 있는가를 놓고 의견이 분분하다.

　그러면 책임이라는 말은 어떤 뜻인가? 책임이라는 말은 한자로 책임(責任)이라고 쓴다. 여기서 책(責)이라는 말은 꾸짖다, 따져 밝히다, 요구하다는 의미를 가지며, 임(任)은 맡기다, 맡은 일 등을 가리킨다. 따라서 책임이라는 말은 '꾸중을 듣고 요구하는 일을 명확히 밝혀서 하다'라는 의미로 풀이할 수 있다. 국어사전에도 '맡아서 행해야 할 의무나 임무' 등으로 규정하고 있다. 영어의 responsibility도 '다시'를 나타내는 're'와 약속하다, 계약하다는 의미의 'spon', 능력을 뜻하는 'ability'가 결합된 명사로, '약속된 부름에 응답하는 것'이란 뜻으로 상대방에 대한 의무나 임무를 나타낸다. 이러한 말들을 유심히 살펴보면, 책임이라는 말은 ~요구하는 일을 하는 것, ~행해야 할 일을 하는 것, ~약속한 일을 하는 것 등을 의미하는데, 요구하는 주체, 요구를 받아서 수행하는 주체, 약속의 주체 등이 명확하지 않은 채로 사용되기도 한다.

　책임이라는 말은 관계 속에서만 의미를 가진다. 무인도에서 혼자 살아가는 사람에게 책임이라는 말은 의미가 없다. 또한 책임의 주체는 사람일 수도 있고 조직일 수도 있으나 자유 의지가 있는 자에게만 책임이라는 말을 사용할 수 있다. 집에서 키우는 반려견이나 반려묘에게 책임을 묻는 일은 하지 않는다.

　이와 같이 책임은 주체와 대상 또는 공동 주체 간의 관계 속에서만 의미를 갖는다. 책임을 지는 주체는 사람이나 조직이 될 수 있으며, 책임을 요구하는 대상이나 공동 주체는 사람이나 조직, 동식물이나 자연생태계가 될 수 있다. 예를 들면, 부모로서 자녀의 교육에 책임이 있다고 말할 수 있다. 또한 국가가 국민의 건강과 복지에 책임을 가진다고 할 수 있다. 시민으로서 자연생태계의 파괴를 막아야 하는 책임이 있다고도 말할 수 있다. 이와 같이 부모, 국가, 시민 등의 주체가 자녀, 국민, 자연생태계 등의 대상에 책임이 있다고 할 수 있는 것이다. 이런 점에서 책임이라는 말은 원초적으로 관계 속에서 출발하는 개념이다.

그렇다면 사회적 책임이라는 말은 어떤 의미를 가지는가? 사람은 사회 속에서 태어나고 성장하며 활동하고 죽음을 맞는다. 사람이 만든 조직체 역시 사회 속에서 만들어지고 운영되며 번성하고 종말을 겪는다. 사람이든 조직체이든 사회를 떠나서는 존립할 수 없으며, 사회적 관계 속에서 번영하고 쇠퇴한다. 사람이나 조직체가 사회와 더 이상 관계를 갖지 못할 때 존립 자체가 위태롭게 된다. 따라서 사람이나 조직체가 관계 속에 있다는 말은 서로 간의 부름에 응답할 책임이 있다는 말이다. 사회적 책임이란, 이와 같이 사람이나 조직체가 존립하는 원초적인 근거이며 번영과 발전을 위한 기초적인 토대라고 할 수 있다. 그럼에도 불구하고 오늘날 우리 사회에서 사회적 책임이라는 말에 유독 주목해야 할 이유는 무엇인가?

책임이 있음에도 불구하고 책임을 지지 않는 개인이나 조직체가 적지 않다는 것을 의미한다. 예를 들면, '자녀가 나이가 많은 부모를 보살필 책임을 다하지 않는다, 국가가 사회적 약자인 취약계층의 복지 개선에 책임을 다하지 않는다, 기업이 이윤만 추구할 뿐 근로자의 열악한 근무 환경을 개선하지 않는다, 대학이 지역사회에서 인적 자원과 물적 자원을 지원받음에도 불구하고 지역사회의 발전에 기여하는 바가 거의 없다'가 있다. 이와 같이 개인이나 조직체가 그 대상에 대하여 응당 책임이 있음에도 불구하고, 이를 도외시할 때 사회적 책임 문제가 부각된다.

최근 기업의 사회적 책임에 주목하는 이유가 여기에 있다. 기업의 사회적 책임(Corporate Social Responsibility: CSR)이란, 기업이 생산 및 영업 활동을 하면서 윤리 경영과 환경 경영을 통하여 노동자를 포함한 사회 전체의 이익을 추구하며, 그에 따라 의사결정 및 활동을 하는 것을 말한다. 기업이 사회적 책임에 관심을 갖는 것은 사회와 동떨어져 혼자 영업 활동을 할 수 없기 때문이다. 기업이 경쟁력을 확보하고 사회와 함께 성장하기 위해서 믿을 만한 지역 공급 업체, 도로와 통신과 같은 인프라, 재능 있는 인력, 효과적이고 예측 가능한 제도 등을 필요로 한다. 또한 기업이 자사의 평판 제고를 위해서도 사회적 책임의식을 가지고 실천해야 한다. 기업의 사회적 책임은 일반적으로 다음과 같이 제시된다.

- **경제적 책임**: 상품 서비스 생산과 고용 창출
- **법적 책임**: 국가가 제정한 법에 의하여 활동을 해야 하는 책임
- **윤리적 책임**: 윤리의식에 합치되는 경영 활동, 환경보호 등의 에코 경영
- **자선적 책임**: 기부 활동이나 교육 문화 진작에 기여하는 프로그램 운영

이와 같이 오늘날의 기업은 취약 계층에 일자리와 사회 서비스를 제공하고 영업 수익을 사회에 재투자하며 환경 개선에 힘쓰는 등 사회적 목적의 달성을 통하여 기업의 가치를 높이고자 한다. 이를 위해 기업은 사회공헌팀을 만들어 운영하여 외부의 다양한 파트너 집단과 효율적으로 협력할 수 있는 구조를 만들고 있다.

기업과 마찬가지로 교육기관의 사회적 책임에도 관심이 쏠리고 있다. 교육은 기본적으로 학습자의 사회적 적응을 돕고 사회에 필요한 인재를 기르며 시스템을 만들어 사회를 유지하고 발전시키는 데 목적을 두었다는 점에서, 교육에서 사회적 책임을 논하는 것은 얼핏 보기에 모순된 것처럼 보인다.

아마 이런 문제가 새삼스레 불거진 것은 다음과 같은 두 가지 이유 때문인 것으로 보인다.

첫째, 교육이 사회적 책임을 다하는 데 실패했다는 것이다. 교육 활동이 학습자의 사회적 적응을 돕지 못했고 사회에 필요한 인재도 길러 내지 못했으며 사회의 유지와 발전에 필요한 시스템과 문화를 만들어 내는 데 성공하지 못했다는 것이다. 하지만 이런 주장을 하기 위해서는 이러한 사실을 뒷받침하는 보다 확실한 근거가 필요하다.

따라서 두 번째 이유에 주목하게 된다. 둘째, 오늘날 교육에 사회적 책임을 묻는 것은 교육 활동이 이루어지고 있는 교육기관과 그것을 둘러싸고 있는 사회가 마치 서로 아무런 관련이 없는 양 독립된 채로 운영되고 있기 때문이다.

우리 사회에서 초·중등학교는 마을을 포함한 지역사회와 담을 쌓고 독립된 하나의 섬처럼 운영되어 왔다. 학교는 교육이 이루어지는 유일한 장소는 아니지만 가장 주요한 교육 장소로서 국가에서 정한 목적을 지향하여 교과를 배우고 학습하는 공간으로 간주되었다. 학교에서 학생들은 그들의 뿌리이자 삶의 바탕이고 돌아가

야 할 터전인 지역사회에 대해 관심을 갖지 않아도 될 뿐만 아니라, 지역사회를 개선하기 위하여 아무런 일을 하지 않아도 비난을 받지 않았다.

다시 말하면, 교육기관에서 이루어진 교육은 명목상으로는 사회 적응을 돕고 지역사회의 유지와 발전에 기여한다는 목적을 가지고 있지만, 실질적으로는 학습자로 하여금 지역사회에 관심을 갖도록 하거나 지역사회를 위하여 필요한 일을 할 기회를 제공하지 않았다. 즉, 교육의 사회적 책임은 이제 초·중등학교가 지역사회와 직접 대면함으로써 학교의 역할을 새로이 설정할 것을 요구하고 있다.

고등교육기관도 크게 다르지 않다. 전문대학과 4년제 대학교를 막론하고, 대학은 국가나 지방자치단체 그리고 가정과 기업 등에서 인적 자원과 물적 자원을 지원받고 있지만, 대학이 직접적으로 지역사회의 유지와 발전에 책임을 가지고 운영해 온 것은 아니라는 점은 분명하다. 대학에서 산·학·관(기업, 학교, 관공서)이나 산·학·연(기업, 학교, 연구) 등의 연계 사업이 추진되고 대학생들의 봉사활동이 지속되고는 있지만, 대학 본부와 대학의 대다수 구성원이 사회적 책임의식을 느끼고 실천해 온 것은 아니다. 이런 점에서, 고등교육기관의 사회적 책임에 대해서 관심을 가질 필요가 있다. 이에 앞서 다음 절에서는 사회적 책임 교육, 다른 말로 하면 교육의 사회적 책임을 먼저 알아보겠다.

2) 교육에서의 사회적 책임의 개념 체계

교육에서의 사회적 책임이란 교육 관련 집단에게 사회적 책임의식을 심어 주고 실천하는 데 필요한 역량을 길러 주는 교육 체계를 가리킨다고 할 수 있다.

(1) 목적
사회의 모든 사람에게 사회에 대한 책임의식을 심어 주고 필요한 역량을 길러 주는 데 목적을 둔다. 이를 위하여 사회적 책임 교육을 효과적이고 효율적으로 실시할 수 있는 교육 체제를 구축하고 실행에 옮기며 이와 관련된 문화를 조성한다.

(2) 대상

사회적 책임 교육이 필요한 대상은 유치원, 초등학교, 중학교, 고등학교, 대학교의 학생뿐만 아니라 정치인, 기업인, 공무원, 회사원, 자영업자 등을 포함하는 모든 시민이라고 할 수 있다.

(3) 주체

사회적 책임 교육은 누가 하는가? 사회적 책임 교육에 전문성을 가진 사람들이 시작한다. 그들은 교사일 수도 있고 교수일 수도 있으며, 운동가나 활동가, 기업인, 정치인, 일반 시민일 수도 있다. 그들이 어떤 분야에 종사하든 사회적 책임 교육의 개념과 가치를 이해하고, 프로그램을 개발할 줄 알며, 적절한 교수방법을 적용할 줄 아는 전문성을 가진 사람이어야 한다. 하지만 사회적 책임 교육은 그 속성상 학습자의 자발적이고 주체적이며 협력적인 자세를 필요로 한다는 점에서 가르치고 배우는 일방적인 방식이 아니라, 서로 배우는 협업적인 방식이 효과적이라는 점에서 사회적 책임 교육을 받는 사람 또한 학습의 공동 주체가 된다.

(4) 내용

사회적 책임 교육의 내용은 어떻게 구성되고 조직되는가? 사회적 책임 교육을 받는 대상과 목표가 무엇인가에 따라 내용 구성과 조직 방식이 달라진다. 예를 들어, 중학교에서 학생들에게 실시하는 사회적 책임 교육과 기업체에서 사원들에게 실시하는 사회적 책임 교육은 내용에 있어서 공통점도 있지만 차이점도 있다. 학교에 다니는 학생들이 사회적 책임 교육을 순차적으로 받게 된다면, 초등학교와 중학교 그리고 고등학교는 배우는 내용이 반복되면서 학년이 올라갈수록 심화될 필요가 있다.

일반적으로 사회적 책임 교육은 사회적 책임의식의 함양과 사회적 책임을 실천할 수 있는 역량의 개발로 내용을 구성한다. 또한 여기서 말하는 사회는 가정, 이웃, 마을, 지역사회, 국가 사회, 국제 사회, 자연생태계 그리고 가상 공간 등을 포함하며, 각각의 사회에 따라 요구되는 책임의 내용에 공통점과 차이점이 있을 수 있다. 예를 들어, 중학생의 경우에 가정에 대한 사회적 책임은 가족 구성원에 대한 공감, 배려, 소통을 위한 노력 등의 내용으로 구성되지만, 일반인의 국가 사회에 대한 사회적 책임은 준법, 민주적인 참여, 정의 구현 등으로 나타난다. 이런 점에서 사회적 책임 교육의 내용은 누가 어떤 목적으로 누구를 대상으로 갖는 책임 교육인가에 따라 다양하게 구성된다.

(5) 방법

교육을 받는 사람들이 사회적 책임의식을 기르고 실천 역량을 갖기 위해서는 자기주도성, 협업, 소통, 공감 및 배려, 공동체 의식 등을 우선적으로 익힐 필요가 있다. 이런 점에서 교수 · 학습 방법의 기본 원칙은 이러한 기본적인 지식, 기술, 정서의 개발에서 시작하여 사회에 대한 관심, 자유와 평등, 인간의 존엄성과 정의, 이질적인 것에 대한 포용, 자연과의 공생 등의 내용으로 발전해 나가야 한다. 특히 사회적 책임 교육은 가르치는 사람이 내용을 일방적인 교수 · 학습의 과정으로 가르치는 것이 아니라 가르치는 사람과 배우는 사람이 공동 주체가 되어 비전, 목표, 내용, 방법 등을 협업하여 결정하고 성찰과 반성 그리고 배움의 과정을 확산하는 과정으로 볼 수 있다.

(6) 프로그램

사회적 책임 교육의 프로그램은 정규 교육과정과 비정규 교육과정 그리고 교과와 교과 외 활동 등으로 편성할 수 있다. 이때 프로그램은 전체의 큰 틀 속에서 기획되어 연계성을 가지며 유기적으로 운영되어야 한다. 또한 개별 프로그램은 목적, 내용, 방법, 환경 등을 포함하므로 그 자체로 완결성을 가지며, 학습자들의 관심과 수준 등을 고려하여 모듈로 구성하여 운영할 수 있다.

(7) 문화

사회적 책임 교육은 교육 분야에서는 비교적 최근에 주목을 받는 영역이다. 교육기관에 종사하는 분들이 학생들을 사회에 적응시키고 사회에 필요한 인물로 키운다는 신념은 가지고 있지만, 사회적 책임의식을 가지고 이 일을 하는 경우는 많지 않은 것으로 보인다. 교육이 사회 속에서 이루어지며 사회 변화의 영향을 받고 사회 변화를 선도할 수 있다는 점과 학생들이 자신이 발을 딛고 서 있는 사회와의 연결을 깊이 있게 인식할 때 존재의 의미와 자기정체성을 회복할 수 있다는 점에서 사회적 책임 교육은 적극적으로 추진되고 제대로 실시되어야 한다. 이런 점에서 사회적 책임 교육의 의미, 필요성, 내용, 방법 등에 대한 공감대 형성이 요구된다. 또한 사회적 책임 교육은 사회를 제대로 파악하고 사회 발전을 위하는 일에 참여하는 사람들만이 그 가치를 비로소 느낄 수 있다는 점에서 실천이 매우 중요하다. 이런 점에서 사회적 책임 교육을 적극적으로 수용하고 참여하려고 하는 문화를 조성할 필요가 있다.

(8) 환경

사회적 책임 교육이 효과적으로 이루어지기 위해서는 환경 구축이 필요하다. 사회적 책임 교육이 해당 교육기관의 비전과 목표에 반영되어야 하며, 프로그램이 개발되어 성공적으로 운영되고, 운영의 결과가 기관의 안과 밖으로 공유되어야 한다. 이런 점에서 조직 내부에서는 최고 관리자가 사회적 책임 교육에 관심을 가지고 지도성을 발휘해야 한다. 교육을 담당하는 총괄 부서와 하위 부서를 설치하여 총괄 부서에서는 기획과 평가를 담당하고, 하위 부서에서는 해당 프로그램의 개발과 운영을 하도록 해야 한다. 이를 위한 행정적인 조치와 재정적인 지원 계획을 마련하고 집행할 필요가 있다. 또한 사회적 책임 교육은 교육기관의 안과 밖 유관 부서와 조직들이 파트너십을 가지고 네트워크 형태로 조직될 때 성과를 거둘 수 있다. 이런 점에서 사회적 책임 교육을 위해서는 기존과 달리 교육기관의 안과 밖을 아우르는 새로운 거버넌스 수축이 요구된다.

2. 고등교육기관에서 사회적 책임의 개념 체계와 책임 지수

1) 고등교육기관에서의 사회적 책임의 개념 체계

　대학의 사회적 책임 교육에 대한 관심이 고조되고 있다. 대학은 그동안 사회로부터 인력과 물자를 제공받으며 교육, 연구, 사회봉사 등의 다양한 영역에서 사회를 위한 노력을 하고 있지만, 대학의 구성원들이 사회적 책임 교육에 대한 가치를 이해하고 이를 적극적으로 추진하기 위한 실천을 해 왔다고 보기는 어렵다. 이런 점에서 지금 대학이 사회적 책임 교육에 관심을 갖는 시각은 바람직한 일로 보인다.

　그런데 여기서 한 가지 명백히 밝혀 두어야 할 것은 대학의 사회적 책임 교육과 대학의 사회적 책임과의 차이점이다. 전자는 대학이 학내 구성원들에게 교육을 통하여 사회적 책임을 갖게 한다는 의미를 가지는데 반면, 후자는 교육 부분에 한정하지 않고 대학이 사회에 대하여 어떤 책임을 가지고 운영되어야 하는가를 가리킨다. 이런 점에서 대학의 사회적 책임 교육은 대학의 사회적 책임의 한 부분에 속한다(대학의 사회적 책임교육 ⊂ 대학의 사회적 책임). 다음에서는 대학의 사회적 책임과 관련하여 논의하고자 한다. 이러한 논의를 위해서 다음과 같은 틀을 설정할 필요가 있다.

- 누가 책임을 지는가
  - 기관
  - 기관 내 조직
  - 사람

- 어디에 책임을 지는가
  - 기관 내
  - 지역사회-범위-행정 단위, 기관의 유형

−국가 사회

−인류 사회−국제 사회

−사이버 세계

• 무엇을 책임지는가

−교육봉사

−의료봉사

−산학협력

−지역사회 개조

• 왜 책임을 지는가

−사회에서 자원 조달

−국가와 지역사회의 지원

−공공성

• 언제 책임을 지는가

−항시적으로 특정 영역에서 사회적 요구가 있을 때

• 어떻게 책임을 지는가

−준비 프로그램: 기관 내 대상 교육/연수 프로그램−교사, 학생, 직원

−준비 프로그램: 기관 바깥 대상−교육 연수

−운영 프로그램: 기관 안과 바깥−봉사, 봉사의 의미, 부족한 것을 지원, 협력, 공동 주체의 문제

−프로그램의 개발, 운영, 평가, 지원 체제의 주체

• 책임 관련 거버넌스

−기관 내에 조직이 있는가, 구성은 어떠한가, 역할과 임무, 이에 관련된 규정,

행정ㆍ재정 지원 사항, 권력, 조직들의 거버넌스 체제-관계, 민주성, 대표성
-기관과 바깥 기관의 협력적 네트워크

「고등교육법」 제28조에서는 대학의 목적을 "인격을 도야(陶冶)하고, 국가와 인류 사회의 발전에 필요한 심오한 학술 이론과 그 응용 방법을 가르치고 연구하며, 국가와 인류 사회에 이바지함을 목적으로 한다."라고 명시하고 있다. 이러한 「고등교육법」에 따르면, 대학교육의 목적은 국가와 인류 사회에 이바지하는 데 있는 것이며, 학생들의 인격 도야는 물론이고 심지어 학술 이론과 그 응용 방법의 교육과 연구도 국가와 인류 사회의 발전에 도움이 될 때 가치가 있다는 것을 강조한다.

이러한 대학의 목적은 크게 두 가지 방향으로 해석될 수 있다.

첫째, 대학이 국가와 인류 사회에 이바지해야 하는 것은 맞지만, 그것은 교육과 연구라는 대학 본래의 역할에 충실하면 당연한 결과로 얻게 될 것이라는 입장이다. 다음에서는 이러한 입장을 나타낸다.

대학의 기본적인 역할은 교육과 새로운 지식이다. 이는 대학의 출현 이후 지금까지 지속되어 온 전통적인 역할이다. 즉, 사회의 지속적인 유지를 위해 필요한 지식과 기술을 갖춘 인력을 교육하여 사회로 배출하는 역할 그리고 새로운 지식을 창출하여 사회에 이전하는 역할이 중요하다. 대학이 사회에 기여하는 방법은 바로 이러한 두 가지 역할을 효과적이며 효율적으로 수행하는 것이다.

둘째, 대학에서 학생을 교육하고 새로운 지식을 창출하기 위하여 연구를 하는 것은 그 자체가 목적이 아니고 사회의 유지와 발전에 도움이 되기 때문이다. 오늘날 대학은 학문의 요람이라는 '상아탑'이라는 전통적인 관념에서 벗어나 사회 현상을 이해하고 문제를 해결하는 데 직접 기여해야 한다. 대학은 사회와 분리되어서는 안되며 '사회 속에서' '사회와 함께' '사회를 위하여' 맡은 역할을 해야 한다. 오래전에 하버드 대학교의 총장이었던 엘리엇(Charles William Eliot)은 다음과 같이 말하였다.

대학은 뼛속 깊이 민주주의적 봉사정신으로 가득 차야 하고, 지역사회에 대한 민주적 봉사의 열의가 교수와 학생들을 움직이는 동력이 되어야 한다(송소연, 2020).

특히 오늘날의 대학은 지역의 훌륭한 앵커기관(anchor institution)으로서 지역사회와 상생 및 성장을 도모할 필요가 있다. 앵커기관은 마치 배가 특정 지역에 닻(anchor)을 내린 것처럼 지역 내에서 쉽사리 이탈할 수 없는 기관을 의미하는데, 대학은 대학이 소유한 부동산과 시설, 지역 인재 교육, 네트워킹과 인큐베이팅, 지역재생 협업 사업 등을 통해 지역에 활력을 불어넣을 필요가 있다(송소연, 2020).

2) 고등교육기관의 사회적 책임 평가 지수

대학은 사회를 구성하는 조직체 중에서 고등학교 교육을 마친 사람들에게 교육을 제공하는 기관이다. 2021년 기준 우리나라 고등학교 졸업자의 대학 진학률은 약 70% 정도로 다른 선진국과 비교해서 높은 편이다. 대학에는 학생뿐만 아니라 교수와 직원이 있으며, 중앙정부와 지방자치단체, 산업체 등에서 행정과 재정 등 다양한 지원을 받고 있다.

사회적 책임 지수는 기업을 포함한 조직의 사회적 책임에 관한 국제 기준(ISO26000)을 기반으로 한다. ISO26000은 사회의 모든 조직이나 기관이 의사결정 및 활동 등을 할 때 소속된 사회에 이익이 될 수 있도록 책임을 규정한 국제적 합의이다. ISO26000에 따르면, 조직을 운영할 때 책임성, 투명성, 윤리적 행동, 이해관계자의 이익 존중, 법규 준수, 국제 행동 규범 존중, 인권 존중 등의 원칙을 따라야 한다. 하지만 ISO26000은 조직이 반드시 따라야 하는 표준이라기보다는 지침이라고 할 수 있다. 조직이 이러한 기준을 준수할 것인가의 여부는 조직 스스로 결정한다. 국내 기업들을 포함해 세계적으로 많은 기관과 기업이 ISO26000을 사회적 책임 지침서로 활용하고 있다. ISO26000의 핵심 주제는 지배 구조, 인권, 노동, 환경, 공정성, 소비자 그리고 지역사회이다.

대학의 사회적 책임에 대한 인식과 요구가 높아지면서 대학을 평가할 때도 사회적 책임 지수를 기반으로 평가해야 한다는 목소리가 커지고 있다. 현재의 대학 평가는 교육 여건, 연구 실적, 논문 피인용도, 국제화 수준, 산학협력업체의 실적 등을 중심으로 평가하여 대학이 갖는 사회적 책임을 제대로 반영하지 못하고 있다.

이러한 상황에서 기업의 사회적 책임을 연구하고 조사하고 분석하는 전문연구기관인 한국CSR연구소가 한국사회책임네트워크, 르몽드 디플로마티크, 지속가능저널과 공동 기획하여 '2017 사립종합대학교 사회 책임 지수'를 발표하였다. 한국CSR연구소는 대학의 포괄적인 사회 책임 수준을 종합적으로 측정하기 위하여 ISO26000의 7개 부문을 전부 포함하고, 각 주제에 해당하는 세부 지표를 선정하여 '대학 사회 책임 지수'를 마련하였다. 대학 평가에서 사회적 책임 지수를 기반으로 하는 평가 방식은 종전의 평가 방식과 다음과 같은 점에서 차이가 있다.

'대학 사회 책임 지수'는 기존의 성과 위주의 대학 평가와는 본질적으로 다르다. 졸업생의 취업률, 교수의 논문 수 등 흔히 포함되는 '실적'에 대한 측정을 배제하고, 포괄적인 의미의 사회 책임 성과만을 포함하는 새로운 형식의 대학 평가이다.

2020 대한민국 종합사립대학 '사회 책임 지수'에 사용된 세부 지표는 총 48개이며, 총점은 원점수를 1000점으로 환산하여 평가한다. 구체적으로는 노동 100점, 인권 100점, 학생 300점, 지역사회 150점, 환경 100점, 공정성 125점, 거버넌스 125점 등 1000점 만점으로 한다. 2020 대한민국 종합사립대학 사회 책임 지수' 평가의 조사 대상으로는 국내의 151개 4년제 종합사립대학이며, 대학 알리미, 사립대학 회계정보시스템, 정부부처, 각 대학 홈페이지 등 공개영역의 자료를 바탕으로 하고, 최근 3개년 공시자료를 모아 최근 연도에 더 가중치를 두어(5:3:2) 평균값을 계산한다. 〈표 5-1〉은 2020 대한민국 종합사립대학의 사회 책임 지수 지표를 나타낸다.

표 5-1　**2020 대한민국 종합사립대학 사회 책임 지수 지표**

구분	세부 지표
노동	1. 고용 총 인원
	2. 비정규직 비율
	3. 인건비
	4. 복리후생비
	5. 시간강사 강의료

인권	6. 장애인 특별전형 입학 비율
	7. 장애 이해 프로그램 운영 시간
	8. 교원 성비
	9. 기회 균형 선발 학생 비율
학생	10. 학생 1인당 교육비
	11. 재학생 1인당 장학금
	12. 등록금 현황
	13. 전임교원 확보율
	14. 전임교원 1인당 학생 수
	15. 강좌당 학생 수
	16. 해외 대학 파견 학생 비율
	17. 학생 1인당 장서 수
	18. 학생 1인당 자료 구입비
	19. 교육 시설 확보율(교사 시설 확보율)
	20. 중도탈락 학생 비율
지역사회	21. 대학의 평생교육 활성화
	22. 평생학습강의 개설 현황(학위과정)
	23. 평생학습강의 개설 현황(비학위과정)
	24. 사회봉사 교과목 수
	25. 사회봉사 교과목 인정 학점
	26. 사회봉사 교과목 수강 인원
	27. 한국형 온라인 공개 강좌(K-MOOC) 서비스
	28. 대학 강의 공개 실적
	29. 자원봉사 프로그램 수
	30. 자원봉사 교과목 이수자 수
	31. 전임교원 1인당 저서, 역서 수
	32. 환경부 그린캠퍼스 선정 여부

	33. 정보 보안 수준
	34. 개인정보 보호 수준
환경	35. 대학 내 환경/에너지 관리 부서 유무
	36. 지속가능/사회 책임 관련 연구 기관 유무
	37. 입학전형료 수입
	38. 법규 위반
공정성	39. 사회영향평가
	40. 법정부담금 부담율
	41. 법인 전입금
	42. 기부금
	43. 등록금 대비 교비 적립금 현황
	44. 당기 교비 적립금 적정성
거버넌스	45. 교비 적립금 중 기타 적립금 비중
	46. 예산 결산 차액 비율—회계 적정성
	47. 총장 선출 방식
	48. 재정 지원 제한 대학

출처: 지속가능저널(2020. 12. 7.).

3. 고등교육기관의 사회적 책임에 대한 사례 분석과 개선점

1) 고등교육기관의 사회적 책임 사례

　대학은 공간, 시설, 인적 자원, 지식, 경제적 자원 등 다양한 자원을 보유하고 있고, 동시에 교육, 연구, 사회봉사의 사회적 임무를 가지고 설립되었다. 대학이 지닌 다양한 자원을 가지고 사회를 위하여 할 수 있는 임무(대학과 지역사회의 협력 활동)를 정리하면 〈표 5-2〉와 같다.

표 5-2 협력 활동의 유형 세분화

1단계: 대학이 가진 자원별 분류	2단계: 세분화	유형
	공간과 시설 자원을 활용하는 협력	A
지적 · 인적 자원을 활용하는 협력	지역 주민을 대상으로 하는 교육 (교육 수요자를 기존의 재학생에서 지역 주민으로 확장)	B1
	지역사회 이슈에 관한 연구 또는 프로젝트나, 지역사회에 관한 정규 수업 (지역사회를 대상으로 하는 연구 및 교육)	B2
	지역사회를 대상으로 하는 봉사활동	B3
	경제적 자원을 활용하는 협력	C

출처: 김태현, 이태희, 윤기학(2016). iv.

〈표 5-2〉에 따르면, 공간과 시설 자원을 활용하는 협력이 있고, 인적 자원과 지적 자원을 활용하는 협력이 있으며, 경제적 자원을 활용하는 협력이 있다. 특히 인적과 지적 자원을 활용하는 협력에는 교육 수요자를 기존의 대학 재학생에서 지역 주민으로 확대하는 교육, 지역사회에 관한 정규 수업이나 지역사회의 이슈나 문제에 대한 연구, 지역사회를 대상으로 하는 봉사활동이 포함된다.

지역사회의 문제 해결을 위한 소셜 랩(Social Lab)은 지역사회의 여러 문제를 해결해 보고, 이를 통해 대학의 사회적 책임을 높이려는 다양한 시도 가운데 대표적인 사례라고 할 수 있다. 소셜 랩은 사회적 경제 연계 과정 참여 학생들의 전문인력으로의 역량과 실행 측면의 목표를 달성하기 위한 구체적인 프로그램으로서 학생들의 주도적이고 자발적인 활동을 통하여 더 장기적이고 지속가능한 교육과 역량 개발을 목표로 활동이 전개된다.

연세대학교의 사례를 협력 유형 분류에 입각하여 제시하면 〈표 5-3〉과 같다.

표 5-3 연세대학교 대학-지역사회 유형별 주요 협력 활동

협력 유형 분류	사례
공간과 시설 자원 (협력 유형 A)	• 주차장, 노천극장, 대운동장 등 대학 시설 개방
지적과 인적 자원 (협력 유형 B)	• 열린시민대학 • 자격증 및 전문가 과정 • 지역 브랜드 전문가 과정 • 신촌 도시 재생(총괄계획가: 이제선 교수) • 신촌 도시 재생 아카데미 • 지역 연계 '신촌동 알기 교육' 강좌
경제적 자원 (협력 유형 C)	• 드림스타트 • 연·고전 등 학교 축제를 통한 협력

출처: 김태현, 이태희, 윤기학(2016).

경상국립대학교에서는 대학의 사회적 책임을 연구하고 실천하는 기반으로서 대학의 사회적 책임 센터를 설립하여 운영하고 있다. 대학의 사회적 책임 센터에서는 지역과 대학의 동반 성장을 목표로 공유 가치를 설정하고 구현하는 역할을 하며, [그림 5-1]에서 보는 바와 같이 대학, 지역사회, 공공기관, 민간기관이 파트너십을 가지고 사회적 책임을 수행하기 위한 통합 체제를 갖추고 있다. 대학의 사회적 책임 센터에서는 교육을 통한 USR 인력 양성, 연구를 통한 USR 기반 구축, 봉사를 통한 USR 지역 연계 기반 구축을 도모하고 있다.

특히 교육에서는 USR 교과인증제(지역연계기반교과)를 실시하고 있다. 지역연계기반교과란 기존에 편성된 정규 교과목을 통하여 지역사회의 제반 문제를 대상으로 학생들의 지역 사회 문제 해결 역량 강화 및 지역사회 공헌을 목적으로 하는 과목이다. 교과목의 개발 과정은 [그림 5-2]와 같다.

또한 대학의 사회적 책임 센터에서는 연구와 실천의 확산을 위하여 USR 포럼을 운영하고 있다. USR 포럼은 지역의 공공기관 기업, 지역사회 단체 등과 연계하고, 참여하는 구성원들에게 대학에서 개발한 사회적 책임 활동 교육 프로그램을 제공하며, 대학의 사회적 책임 기반을 구축하는 발판을 마련하는 데 목적을 두고 있다.

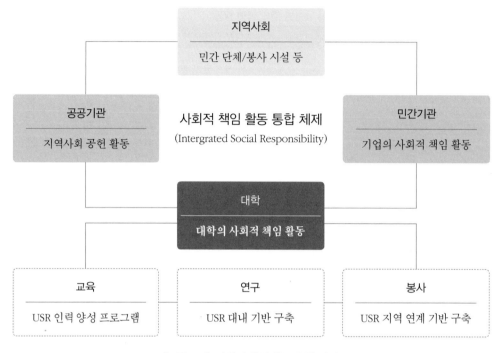

[그림 5-1] 사회적 책임 활동 통합 체제

출처: http://usr.gntech.ac.kr.

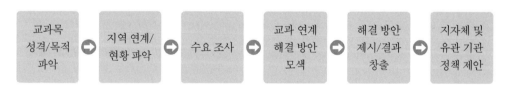

[그림 5-1] 교과목의 개발절차

출처: http://usr.gntech.ac.kr.

서울대학교에서 운영하고 있는 사회봉사활동은 대학이 사회를 위하여 어떤 책임을 지고 공헌을 할 수 있는가를 잘 보여 준다. 서울대학교는 사회봉사를 멘토링, 지식 나눔, 대중 강연과 문화 행사, 어린이·청소년 프로그램(I), 어린이·청소년 프로그램(II), 학교 시설 개방 등으로 범주화하여 운영하고 있다. 〈표 5-5〉는 서울대학교에서 운영하고 있는 영역별 사회봉사의 구체적인 내용을 보여 준다.

표 5-4 | 대학의 사회적 책임 포럼 운영

주요 내용	세부 내용
USR 연구 성과 발표	• USR 학내 기반 구축 전략 수립을 위한 연구 공유
포럼 교류회 개최	• 대학 내 USR 유관 조직 협의회와 공기업·공공기관 사회공헌 활동 협의회 간 교류회 개최
전국 국립대학 USR 업무 관련자 초청 세미나	• 전국 국립대학에 USR 사업 관련 연구 및 활동을 제휴할 수 있는 계기 마련

출처: http://usr.gntech.ac.kr.

표 5-5 | 서울대학교에서 운영하고 있는 사회봉사활동

영역	하위 영역
멘토링	• SNU 멘토링, SAM(SNU Active Mentoring), 여름과학봉사
지식 나눔	• SNUON, K-MOOC/edX, SNUi, 미래인재학교
대중 강연과 문화 행사	• 미술관 현대예술 문화강좌, 규장각 금요 시민강좌, 박물관 수요 교양강좌, 융합문화콘서트, 자연과학 공개 강연, 천문대 공개 행사
어린이·청소년 프로그램 (I)	• 서울대 융합과학 청소년스쿨, 청소년 공학 프런티어 캠프, 공학체험교실, 여름건축학교, 관악구 청소년 SNU 공학캠프, 토요과학 공개강좌, 자연과학 체험캠프, 청소년을 위한 생명·환경 과학 체험학습, 농업생명과학 청소년 캠프, 생명공학캠프, 지역사회 공헌 CALS 진로캠프, 운동발달교실, 찾아가는 교육 활동, 평생교육원 청소년/가족 프로그램, SNU FUN & KICK 프로그램, 고교생 수의학 아카데미, 서울대학교 미국학 아카데미
어린이·청소년 프로그램 (II)	• '사회봉사' 교과목 개설, 프로네시스 나눔실천단, 지역사회봉사활동 프로그램, SNU 공헌단, 사회공헌형 교과목, 학생사회공헌단, 샤눔다문화공헌단
학교 시설 개방	• 중앙도서관, 잔디구장, 서울대학교 수목원, 서울대학교 미술관, 서울대학교 박물관, 규장각 한국학연구원

출처: https://snu.ac.kr/campuslife/communities/volunteer를 바탕으로 재구성.

특히 수업과 관련해서는 사회봉사 과목과 사회공헌형 과목을 운영하고 있다. 사회봉사 과목은 지식 중심의 교육을 탈피하여 사회에 관심을 갖는 열린 인재를 양성하기 위해 2006년부터 운영하고 있다. 사회공헌형 과목은 제한된 의미의 캠퍼스

중심 교육에서 탈피하여 전공 이론과 취약 계층을 위한 사회공헌 실천을 결합한 교육 사업의 일환으로 개설되는 교과목으로, 지역사회에 관심을 가지고 사회적 책임을 실천하는 따뜻한 마음을 가진 진정한 리더를 양성하는 데 목적을 두고 있다.

이와 함께 동아리와 단체 활동으로 학생 봉사활동을 보다 효율적으로 진행하기 위해 2006년에 범 서울대 학생봉사 동아리인 프로네시스나눔 실천단이 운영되고 있다. 서울대학교 학생의 지식과 전문성을 사회에 환원하는 학생 사회 공헌 문화를 형성하기 위해 매 학기마다 학생들이 주체가 되어 대주제하에 적합한 프로젝트를 자체적으로 기획하고 수행하기 위하여 학생사회공헌단이 운영되고 있다. 또한 서울대학교 내 다양한 국적의 구성원이 모여 지역사회에서 다문화와 관련한 사회공헌 활동을 실천하는 샤눔다문화공헌단이 운영되고 있다.

2) 고등교육기관의 사회적 책임과 개선점

2020년 기준 우리나라의 대학교 수는 일반대 186개교, 전문대 134개교, 교육대 10개교, 산업대 2개교로 총 332개교이다. 이 중에서 국공립은 48개교이고 나머지는 모두 사립대학이다. 현재 사회적 책임 지수는 사립종합대학교에 한하여 발표되고 있다. 물론 국공립 대학이나 전문대학이 사회적 책임 지수를 나타내는 평가를 받지 않는다고 해서 사회적 책임을 방기하고 있다고 볼 수는 없다. 하지만 가까운 시일 내에 대학의 고유한 특성을 반영하여 적합한 사회적 책임 지수를 기반으로 평가를 받는 것이 바람직하다. 특히 국가와 지방자치단체의 재원을 받아서 운영되는 국공립 대학의 경우에는 지역사회, 지역 주민, 지역사회에 대한 사회적 책임이 더욱 무겁다고 할 수 있다.

다음에서는 대학이 지역사회에 대한 책임 있는 활동을 위하여 수행해야 할 과제를 제시한다.

첫째, 대학 구성원이 사회적 책임의식을 갖도록 하고 이를 실천하는 데 필요한 역량 교육을 지속적으로 해야 한다. 현재 일부 대학을 제외하고 또한 해당 대학조차 일부 교직원이나 학생을 제외하고는 대학이나 그 구성원이 지역사회에 어떤 책임 있는 활동을 해야 하는가를 제대로 알지 못하고 있다. 대학 본부의 보직자는 물론이고, 단과대학 및 학과의 보직교수와 전 직원 그리고 모든 학생이 미래 사회에서는 대학이 지역사회와의 협력 없이는 존립과 성장을 할 수 없다는 인식을 가지고, 이를 실천하는 데 필요한 지식, 기능, 태도와 가치를 갖도록 할 필요가 있다.

둘째, 대학의 사회적 책임 활동이 대학이 주체가 되어 사회에 무엇인가를 베푸는 것과 같은 시혜 일변도로 이루어져서는 안 된다. 대학이 지역과 함께 지역사회의 실상을 파악하며 해결해야 할 현안 문제를 공동으로 찾고, 머리를 맞대어 해결 방안을 모색하여 함께 실천하는 방향으로 전개되어야 한다. 기존에 해 왔던 것과 같은 교육봉사나 의료봉사도 지역사회의 요구와 필요에 기반을 두고 구성되어야 하며, 새로운 사업은 늘 지역의 기관이나 산업체, 주민들과 함께 기획되고 운영되어야 한다.

셋째, 대학의 사회적 책임은 대학의 재정 수입의 확보 방안과는 구별되어야 한다. 현재 대학에서 운영하고 있는 평생교육원이나 어학원 그리고 문화센터 등이 대학의 부족한 재정을 메우는 방향으로 설계되고 운영되는 것은 그 필요성이 인정되지만, 사회적 책임 사업과는 방향성이 다른 것이다. 이런 점에서 대학은 재정 확보를 위한 사업과 함께 저소득층과 다문화 가정 등의 취약계층을 위하여 그리고 낙후된 지역의 문화 발전을 위하여 비영리 목적의 사회적 책임이 있는 사업을 설계하고 운영해 가야 한다.

넷째, 대학의 사회적 책임 활동은 단편적이고 일회적이고 전시적인 성격으로 운영되어서는 안 된다. 대학이 지역사회로부터 인적 자원, 물적 자원, 프로그램과 기술 등을 공급받는다는 점에서 사회적 책임이라는 비전을 세우고 분명한 목표를 지향하면서 실효성 있는 전략을 통하여 사회적 책임 사업을 운영해야 한다.

성찰 과제

1. 대학의 사회적 책임 지수의 타당성을 검토하고 보완되어야 할 점을 찾아보자.

2. 대학의 사회적 책임 교육을 위한 시스템을 설계해 보자.

참고문헌

김태현, 이태희, 윤기학(2016). 서울의 대학·지역사회 협력실태와 증진방안. 서울연구원 연구보고서, 2014-PR-45.

김항인(1999). 친 사회적 행동과 도덕성 발달: 이타주의를 중심으로. 도덕윤리과교육, 10, 246-260.

백승수(2017). 4차 산업혁명 시대의 교양교육의 방향 모색. 교양교육연구, 11(2), 13-51.

송소연(2020. 5. 15.). 대학도 사회적 기관, 살아남기 위해 '사회적 책임'은 필수. 라이프인.

이준형(2004). 21세기의 대학사명. 한국사회와 행정연구, 15(1), 259-281.

조영하(2010). 21세기 대학의 사회적 책임에 대한 고찰: 사회적 연대의 관점에서. 교육행정학연구, 28(1), 1-30.

조영하(2011). 대학의 사회적 연대 측정도구 개발. 교육행정학연구, 29(1), 251-276.

한은경(2003). 기업의 사회적 책임의 지수화에 관한 연구. 한국방송학보, 17(3), 274-303.

Ali, R. M., & Bozorgi, Z. D. (2016). The relationship of altruistic behavior, empathetic sense, and social responsibility with happiness among university students. *Practice in Clinical Psychology, 4*(1), 51-56.

Al-Jabri, M. A. (2001). *Traditional Arab wisdom: Critical analysis study of the values system in Arab culture.* Beirut, Lebanon: Centre for Arab Unity Studies.

Aloni, N. (2013). *Good education towards meaningful life, moral conduct, and self-realization.* Tel Aviv, Israel: Mofet Institute.

Atweh, B., Bland, D., & Ala'i, K. (2012). Education for social responsibility: Ethics and imagination in engaging teachers and students. In. T. Cotton (Ed.), *Towards an education for social justice: Ethics applied to education* (pp. 10-25). Oxford, UK: Peter Lang.

Back, S. (2006). *The technical rationality vision: The case of teacher education.* Beer Sheva, Israel: Ben Gurion University.

Bajaj, M. (2018). Conceptualizing transformative agency in education for peace, human rights, and social justice, *International Journal of Human Rights Education, 2*(1), 1-21.

Bandura, A. (1986). *Social foundation of thought and action: A social cognitive theory.* Englewood Cliffs, NJ: Prentice Hall.

Basil, D., & Weber, D. (2006). Values motivation and concern for appearances: The effect of personality traits on responses to corporate social responsibility. *International Journal of Nonprofit and Voluntary Sector Marketing, 11*(1), 61-72.

Batson, C. D. (2010). Empathy-induced altruistic motivation. In M. Mikulincer & P. R. Shaver (Eds.), *Prosocial motives, emotions, and behavior: The better angels of our nature* (pp. 15-34). American Psychological Association.

Batson, C. D. (2011). *Altruism in humans.* New York: Oxford University Press.

Batson, C. D., & Moran, T. (1999). Empathy-induced altruism in a prisoner's dilemma. *European Journal of Social Psychology, 29,* 909-924.

Batson, C. D., Ahmad, N., & Stocks, E. L. (2004). Benefits and liabilities of empathy-induced altruism. In A. G. Miller (Ed.), *The social psychology of good and evil* (pp. 359-385). New York, NY: The Guilford Press.

Batson, C. D., Chang, J., Orr, R., & Rowland, J. (2002). Empathy, attitudes, and action: Can feeling for a member of a stigmatized group motivate one to help the group?. *Personality and Social Psychology Bulletin, 28,* 656-1666.

Batson, C. D., Eklund, J. H., Chermok, V. L., Hoyt, J. L., & Ortiz, B. G. (2007). An additional antecedent of empathic concern: Valuing the welfare of the person in need. *Journal of Personality and Social Psychology, 93,* 65-74.

Bauman, Z. (1998). What prospects of morality in times of uncertainty?. *Theory, Culture and Society, 15*(1), 11-22.

Bell, L. A. (1997). Theoretical foundations for social justice education. In M. Adams, L. A.

Bell, & P. Griffin (Eds.), *Teaching for diversity and social justice: A sourcebook* (pp. 3-15). New York: Routledge.

Bénabou, R., & Tirole, J. (2010). Individual and corporate social responsibility. *Economica, New Series, 77*(305), 1-19.

Ben-Naftali, M. (2006). *Hannah Arendt's visit.* Jerusalem, Israel: Van Leer Institute and Hakibbutz Hameuchad.

Berkowitz, L., & Lutterman, K. G. (1968). The traditional socially responsible personality. *Public Opinion Quarterly, 32*, 170-185.

Bovens, M. (2007). Analysing and assessing accountability: A conceptual framework. *European Law Journal, 13*(4), 447-468.

Buber, M. (1971). The Education of Character. In J. P. Strain (Ed.), *Modern philosophies of education.* New York: Random House.

Caret, R. L. (2019). Social responsibility and civic readiness as critical higher education outcomes. *Metropolitan Universities, 30*(4), 9-16.

Carroll, A. B. (1979). A three-dimensional conceptual model of corporate performance. *The Academy of Management Review, 4*(4), 497-505.

Carroll, A. B. (1999). Corporate social responsibility: evolution of a definitional construct. *Business and Society, 38*(3), 268-295.

Carroll, A. B. (2008). A history of corporate social responsibility: Concepts and practices. In A. Crane, A. McWilliams, D. Matten, J. Moon, & D. S. Siegel (Eds.), *The Oxford handbook of corporate social responsibility* (pp. 19-46). Oxford: Oxford University Press.

Chun, S., & Lan, S. (2020). On the goal of social responsibility cultivation from the psychology of responsibility. *Canadian Social Science, 16*(9), 22-24.

Clugston, R. M., & Calder, W. (1999). Critical dimensions of sustainability in higher education. In W. L. Filho (Ed.), *Sustainability and university life* (pp. 1-15). New York, NY: Peter Lang.

Davis, K., & Blomstrom, R. L. (1966). *Business and its environment.* New York: McGraw Hill.

Davis, S. L, Rives, L. M., & Ruiz-de-Maya, S. (2021). Personal social responsibility: Scale development and validation. *Corporate Social Responsibility and Environmental Management, 28,* 763-775.

Devinney, T. M., Auger, P., Eckhardt, G., & Birtchnell, T. (2006). The other CSR. *Stanford Social Innovation Review, 4,* 29-37.

Dewey, J. (1959). *My pedagogic creed.* In M. Dworkin (Ed.), *Dewey on education.* New York: Teachers College.

Dewey, J. (1963). *Experience and education.* New York: Macmillan.

Dovidio, J. F., Piliavin, J. A., Gaertner, S. L., Schroeder, D. A., & Clark, R. D. III. (1991). The arousal: Cost-reward model and the process of intervention: A review of the evidence. In M. S. Clark (Ed.), *Prosocial behavior* (pp. 86-118). Sage Publications, Inc.

Figueroa-Armijos, M., & Berns, J. P. (2021). Vulnerable populations and individual social responsibility in prosocial crowdfunding: Does the framing matter for female and rural entrepreneurs? *Journal of Business Ethics.*

Franke, J., & Simonson, J. (2018). Social justice beliefs regarding old-age provisions in Germany: A latent profile analysis. *Social Justice Research, 31*(2), 182-205.

Gallay, L. (2006). Social responsibility. In L. Sherrod, C. A. Flanagan, R. Kassimir, & A. K. Syvertsen (Eds.), *Youth activism: An international encyclopedia* (pp. 599-602). Westport, CT: Greenwood Publishing.

Giubilini, A., & Levy, N. (2018). What in the world is collective responsibility?. *Dialectica, 72*(2), 191-217.

Gonen, S. (2014). Responsibility for education and education for responsibility: A glance at a college course at Al-Qasemi College. *Yozma Pages,* 39-57.

Gordon, H., & Gordon, R. (1995). *Sartre and evil.* Westport, CT: Greenwood Press.

Hage, J. (2017). Theoretical foundations for the responsibility of autonomous agents. *Artificial Intelligence and Law, 25,* 255-271.

Hamilton, V. L. (1978). Who is responsible? Toward a social psychology of responsibility attribution. *Social Psychology, 41*(4), 316-328.

Hart, H. L. A. (2008). *Punishment and responsibility* (2nd ed.). New York: Oxford University Press.

Heider, F. (1958). *The psychology of interpersonal relations.* New York: Wiley.

Hoffman, M. L. (2000). *Empathy and moral development: Implications for caring and justice.* New York, NY: Cambridge University Press.

Holmes, S. (1985). Corporate social performance and present areas of management. *Journal of Business, 20*, 14-20.

Inbar, D. (1983). *Responsibility.* Tel Aviv, Israel: Sifriat Poalim.

Jang, S. (2021). The effect of corporate social responsibility on religiosity, individual social responsibility, and corporate financial performance in South Korea. *The Journal of Asian Finance, Economics and Business, 8*(8), 525-532.

Kangni, W. U., & Lianyun, Y. I. (2014). Sense of social responsibility: The connotation and the denotation. *Studies in Sociology of Science, 5*(4), 52-58.

Krishnamurti, J., & Rajagopal, D. (Eds.). (1958). *Commentary on living* (2nd ed.). New York, NY: Harper.

Kuang, Z. H., & Ye, H. S. (2008). *Psychology of responsibility.* Shanghai: Shanghai Educational Publishing House.

Lampert, K. (2008). *Empathic education: A critique of neocapitalism.* Tel Aviv, Israel: Carmel.

Lauermann, F., & Karabenick, S. A. (2013). The meaning and measure of teachers' sense of responsibility for educational Outcomes. *Teaching and Teacher Education, 30*, 13-26.

Lawson, H. A. (1999). Education for social responsibility: Preconditions in retrospect and prospect. *Quest, 51*(2), 116-149.

Levinas, E. (2004). *Humanism of the other.* Jerusalem, Israel: Mosad Bialik.

Levy, Z. (1997). *The other and responsibility.* Jerusalem, Israel: Magnes.

Lickona, T. (1991). *Educating for character: How our schools can teach respect and responsibility.* New York, NY: Bantam Books.

Liu, C., & Zhu, X. (2017). Three Approaches to Cultivating College Students' Sense of Social Responsibility. In D. T. L. Shek & R. M. Hollister (Eds.), *University social responsibility and quality of life a global survey of concepts and experiences* (pp. 223-234). Berlin/Heidelberg, Germany: Springer.

Lo, C. W., Pang, R. X., Egri, C. P., & Li, P. H. (2017). "University social responsibility: Conceptualization and an assessment framework". *Quality of life in Asia University social responsibility and quality of life* (pp. 37–59). doi: 10.1007/978-981-10-3877-8_4

Manne, H. G., & Wallich, H. C. (1972). *The modern corporation and social responsibility*. Washington, DC: American Enterprise Institute for Public Policy Research.

McGuire, J. W. (1963). *Business and society*. New York, NY: McGraw-Hill.

Mergler, A., & Shield, P. (2016). Development of the personal responsibility scale for adolescents. *Journal of Adolescence, 51*, 50–57.

Muncy, J. A., & Vitell, S. J. (1992). Consumer ethics: An investigation of the ethical beliefs of the final consumer. *Journal of Business Research, 24*(4), 297–311.

Muthukumar, T., & Subramanian, C. (2017). Awareness about individual social responsibility and corporate social responsibility among MSW students. In T. Muthukumar & C. Subramanian (Eds.), *International Journal of Multidisciplinary Educational Research, 6*(2), 219–227.

Noddings, N. (1984). Caring: A feminine approach to ethics and moral education. Berkeley, CA: University of California Press.

Nuyen, A. T. (2008). Moral luck, role-based ethics and the punishment of attempts. *International Journal of Applied Philosophy, 22*(1), 59–69.

O'Connor, M., & Cuevas, J. (1982). The relationship of children's prosocial behavior to social responsibility, prosocial reasoning, and personality. *The Journal of Genetic Psychology, 140*(1), 33–45.

Păceşilă, M. (2018). The individual social responsibility: Insights from a literature review. *Management Research and Practice, 10*(1), 17–26.

Palmer, P. J. (1997). *The courage to teach: Exploring the inner landscape of a teacher's life*. SanFrancisco, CA: Jossey-Bass.

Park, H. S., Shin, Y. S., & Yun, D. (2009). Differences between white Americans and Asian Americans for social responsibility, individual right and intentions regarding organ donation. *Journal of Health Psychology, 14*(5), 707–712.

Peng, M. W. (2003). Institutional transitions and strategic choices. *Academy of Management Review, 28*(2), 275–296.

Pigors, M., & Rockenbach, B. (2016). Consumer social responsibility. *Management Science, 62*(11), 3123–3137.

Preston, S. D., & de Waal, F. B. M. (2002). Empathy: Its ultimate and proximate bases. *Behavioral and Brain Sciences, 25*(1), 1-72.

Ratna, S. (2020). Individual social responsibility(ISR) indicator in education. *Asian Journal of Advances in Research, 4*(3), 16-21.

Reisinger, A. (2015). Individual social responsibility: Theorethical and some empirical approach. *Journal of Central European Green Innovation, 3*(3), 133-148.

Schlenker, B. R., Britt, T. W., Pennington, J., Murphy, R., & Doherty, K. (1994). The triangle model of responsibility. *Psychological Review, 101*(4), 632-652.

Secchi, D. (2009). The cognitive side of social responsibility. *Journal of Business Ethics, 88*(3), 565-581.

Segal, E. A. (2011). Social empathy: A model built on empathy, contextual understanding, and social responsibility that promotes social justice. *Journal of Social Service Research, 37*(3), 266-277.

Segal, E. A., Wagaman, M. A., & Gerdes, K. E. (2012). Developing the social empathy index: An exploratory factor analysis. *Advances in Social Work, 13*, 541-560.

Shaw, M. E., & Sulzer, J. L. (1964). An empirical test of Heider's levels in attribution of responsibility. *The Journal of Abnormal and Social Psychology, 69*(1), 39-46.

Shek, D. T. L. (2010). Nurturing holistic development of university students in Hong Kong: Where are we and where should we go?. *The Scientific World Journal: TSW child health & Human Development, 10*, 563-575.

Shek, D. T. L., & Cheung, B. P. M. (2013). Developmental issues of university students in Hong Kong. *International Journal of Adolescence Medical and Health, 25*(4), 345-351.

Shek, D. T. L., & Hollister, R. M. (Eds.). (2017). *University social responsibility and quality of life: A global survey of concepts and experiences.* Singapore: Springer Nature.

Shepherd, L. L. (2003). Face to face: A call for radical responsibility in place of compassion. *Public Law and Legal Theory, 77*, 1-82.

Shore, A., & Freire, P. (1990). *Pedagogy for liberation.* Tel Aviv, Israel: Mifras.

Shulman, L. S. (2006). Teacher education does not exist, *Stanford University School of Education Alumni Newsletter, 7*. Retrieved from: http://www.digitaldivide.net/news/view.php?HeadlineID=956

Silva, L. D., Sanson, A., Smart, D., & Toumbourou, J. (2004). Civic responsibility among Australian adolescents: Testing two competing models. *Journal of Community Psychology, 32*(3), 229-255.

Skinner, B. F. (1971). *Beyond freedom and dignity*. Harmondsworth, Middlesex, UK: Penguin.

Smithkirai, C., Longthong, N., & Peijsel, C. (2015). Effect of using movies to enhance personal responsibility of university students. *Asian Social Science, 11*(5), 1-9.

Song, Y. (2003). The moral connotation and realization mechanism of responsibility formation. *Journal of Nanjing University, 4*, 89-93.

Sooksomchitra, A., Koraneekij, P., & Na-Songkhla, J. (2013). Education for social responsibility: The use of CSCL in undergraduate service-learning modules. *Creative Education, 4*(9), 59-62.

Vaidya, S. A. (2017). Social responsibility of students. *International Journal in Management and Social Science, 5*(3), 133-141.

Windsor, D. (2006). Corporate social responsibility: Three key approaches. *Journal of Management Studies, 43*(1), 93-114.

Wray-Lake, L., & Syvertsen, A. K. (2011). The developmental roots of social responsibility in childhood and adolescence. In C. A. Flanagan & B. D. Christens (Eds.), Youth civic development: Work at the cutting edge. *New Directions for Child and Adolescent Development, 134*, 11-25.

Zaborowski, H. (January, 2000). On freedom and responsibility: Remarks on Sartre, Levinas and Derrida. *Heythrop Journal, 41*(1), 47-65.

Zilberstein, M., Ben Perets, M., & Ziv, S. (Eds.). (1998). *Reflection in teaching: Central axis in the development of a teacher*. Tel Aviv, Israel: Mofet.

지속가능저널(2020. 12. 7.). 2020 대한민국 사립대학 사회책임지수 어떻게 평가했나. http://m.sjournal.kr/news/articleView.html?idxno=3938

경상국립대학교(2019). 대학사회책임센터에서 하는 일. http://usr.gntech.ac.kr

르몽드디플로마티크. http://www.ilemonde.com

서울대학교 학생활동. https://snu.ac.kr/campuslife/communities/volunteer

한국대학신문−409개 대학을 연결하는 '힘'. http://news.unn.net

한국CSR연구소(2019). 2019 대한민국 사립대학 사회책임지수 지표표.

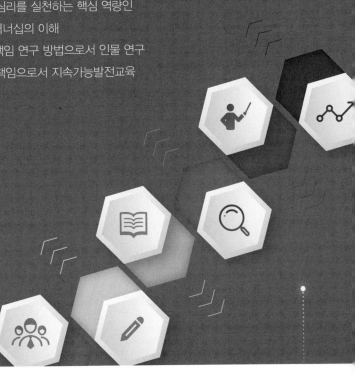

제**2**부

실천편

제6장

사회정의 관점에서 본
심리상담의 사회적 책임

이동형

이 장에서는 심리상담 분야에서 교육의 사회적 책임을 논하기 위해 사회정의 관점을 소개한다. 사회정의 관점이 등장한 역사적 배경을 심리상담 분야의 패러다임 변화와 관련지어 살펴보고, 사회정의 관점의 의미를 탐색하며, 사회정의 관점의 상담을 위해 필요한 조건과 상담자의 역량에 대해 차례로 논의한다. 이 장을 통해 독자는 사회정의 관점의 심리상담이 전통적인 상담 모델과 차별화되는 점을 이해할 수 있으며, 교육의 사회적 책임 측면에서 상담자의 역할을 재고하고 필요한 역량을 갖추는 등 실천적 함의에 대해 성찰할 수 있다.

1. 교육전문가로서 상담자의 사회적 책임

교육전문가가 사회적 책임을 다한다는 것은 무엇을 의미하는가? 이는 간단히 답변할 수 있는 질문은 아니다. 교육전문가의 전문적 영역이나 활동이 매우 다양할 뿐더러, 사회적 책임에 대한 개인의 이해, 의지, 교육 경험, 가치관 등도 제각기라서 각자에게 사회적 책임은 다르게 이해될 수 있고 구체화될 것이기 때문이다. 버만(Berman, 1990)은 교육의 사회적 책임(ESR)을 사회적 의식을 개발하여 개인적 자아실현뿐 아니라 '사회적' 자기실현을 도모하는 행위로 정의하였으며, 후세인과 고넨(Hussain & Gonen, 2017)은 교육의 사회적 책임이 자기와 타인에 대한 책임뿐 아니라 사랑, 돌봄, 공감을 기반으로 한 정서적 책임을 수반한다고 보았다. 일반적인 정의에 따르면, 전문상담자를 포함하여 인간을 대상으로 서비스를 제공하는 교육전문가는 적어도 개인 수준에서는 사회적으로 책임 있는 방식으로 그들의 전문적 활동을 수행해야 한다는 점에는 의심의 여지가 없다. 또한 조직 수준에서는 사회적 책임을 실천하는 원칙을 세우고 구체적인 지침을 마련하여 조직의 구성원들이 사회적 책임을 다하도록 촉진할 필요가 있음을 알 수 있다.

심리상담을 제공하는 교육전문가인 상담자에게 있어서 사회적 책임의 중요성은 더욱 자명해 보인다. 직무의 특성상 전문상담자는 심리적 도움을 필요로 하는 내담자가 전문 훈련을 받은 상담자와의 상호작용을 통해서 내담자의 삶의 문제를 해결하도록 지원할 뿐 아니라 내담자의 안녕과 행복을 증진하는 일반적인 목표를 추구하기 때문이다. 즉, 상담자의 전문적 활동에는 내담자 개인 혹은 집단에 대한 법적 · 윤리적 · 전문적 책임이 내포되어 있다. 그러나 도움을 요청한 내담자(들)를 넘어서서 사회적 책임의 실천 범위를 내담자 및 내담자의 문제와 관련된 가족, 또래집단, 학교, 지역사회, 사회적 · 정책적 차원까지 확대한다면 상담자의 전문적 역할은 적어도 전통적 관점을 넘어서야 하고 이에 준하여 재개념화될 필요가 있다. 전통적으로 심리상담은 개인(혹은 소집단)의 심리적 문제 해결, 심리적 성장, 정신건강 증진에 관여해 왔으며, 대부분의 상담자는 상담실 밖에서 내담자를 위한 옹호 활동을 하거나 사회적 변화를 위해 개입하는 것은 상담자의 전문적 역할의 범위를 넘어서는 것이라고 인식하는 경향이 있다(주은선, 이현정, 2010). 또한 아직까지 국내 대학원의 상담자 교육과정에서 상담자의 사회적 책임에 대한 공식적인 교육이 활발히 이루어지고 있지 않으므로 상담자들은 실무 현장에서 상담의 개입 범위나 상담자의 정체성과 관련하여 혼란을 경험할 수 있다(정지선, 2020). 그러나 내담자의 호소 문제가 사회적인 억압이나 차별, 명시적 혹은 묵시적 특권, 불평등 등 사회체제적 현상과 관련되어 있는 내담자를 상담하는 경우, 이러한 사회적 요소를 간과한 채 내담자의 심리내적 갈등과 증상만을 상담 개입의 대상으로 삼거나 혹은 주어진 환경에 적응하는 방법만을 다룬다면, 상담의 효과성은 명백히 한계를 가질 것이며 사회적 책임을 충실히 이행한다고도 볼 수 없다. 더욱이 상담자의 비관여적 태도는 내담자를 둘러싼 부조리한 사회 구조를 유지, 지속, 강화시키는 데 기여할 수도 있다.

이러한 우려에서 출발하여 심리상담 분야는 최근 20~30년간 느리지만 중요한 변화를 경험하고 있다. 꾸준히 확산되어 온 다문화주의 그리고 다문화주의를 토대로 보다 최근에 등장한 사회정의 관점은 상담자가 전통적인 역할의 범위를 넘어 사회적 책임을 구체화하는 방향으로 상담자의 전문적 지평을 넓히려는 강한 움직임을 보여 주고 있다.

이 장은 교육전문가로서 상담자의 전문적 역할 내에서 사회적 책임을 이해하고 상담 실무를 통해 이를 구현하기 위한 유용한 패러다임으로서 사회정의 관점을 개관하는 것을 목적으로 한다. 이를 위해 심리상담 분야에서 사회정의 관점이 대두된 역사적 배경을 소개하고 최근 동향을 살펴볼 것이다. 또한 사회정의 관점의 이해와 사회정의 관점의 심리상담을 위해 필요한 변화 및 상담자가 갖추어야 할 전문적 역량을 차례로 검토할 것이다. 이를 바탕으로 심리상담 분야에 도입된 사회정의 관점이 교육전문가로서 상담자의 사회적 책임을 이해하고 실천하기 위한 이론적 · 실천적 패러다임으로서 어떠한 역할을 할 수 있을지 그 함의도 논의해 본다.

2. 상담자의 사회적 책임과 사회정의 실천

국내의 상담 관련 전문 학회들은 전문가 윤리강령을 통해 상담자의 사회적 책임에 대한 관심을 직접적으로 표명하고 있다. 현재 한국상담학회(2021)와 한국상담심리학회(2021)의 윤리강령은 모두 '사회적 책임'을 별도의 부분을 두어 명시하고 있으며, 사회 윤리 및 지역사회의 도덕적 기준을 존중하고 사회 공익을 위해 최선을 다하는 것, 상담자의 사회적 봉사에 대한 조항 등 사회와의 관계에 대한 내용을 언급하고 있으며, 그 외에 고용기관이나 상담기관, 타 전문직과의 관계 등에 대해서도 몇 가지 조항을 제시하고 있다. 비록 그 범위나 구체성 면에서는 매우 제한적이

지만, 국내의 대표적인 심리상담 관련 전문 학회들은 상담자의 사회적 책임이 적어
도 중요한 윤리적 책무의 한 요소임을 인식하고 있다고 할 수 있다.

한편, 외국의 상담전문가 조직의 윤리강령은 사회적 책임을 구체적인 윤리강령
의 한 부분으로 제시하기보다는 윤리강령을 안내하는 일종의 핵심 가치와 원칙으
로서 정의나 사회정의 같은 이상(가치)을 제시하여 상담자의 사회적 책임을 강조하
고 있다. 대표적으로 미국상담학회(ACA, 2014)에서는 윤리강령의 전문(preamble)
을 통해 상담전문직의 핵심 가치로서, ① 전 생애를 아우르는 인간 발달의 증진,
② 다양성 존중과 사회 및 문화적 맥락 내에서 인간의 가치, 존엄, 잠재력과 독특성
을 옹호하는 다문화적 접근의 포용, ③ 사회정의 증진, ④ 상담자-내담자 관계의
성실성 보호, ⑤ 유능하고 윤리적인 방식의 실천을 명시하고 있다. 또한 이러한 핵
심 가치에 기반하여 윤리적 행동의 6대 원칙을 제시하고 있다. 구체적으로는 자율
성(autonomy, 자신의 삶의 방향을 통제할 권리를 도모함), 무해성(nonmaleficence, 해를
끼치는 행위를 피함), 선행(beneficience, 정신건강과 안녕을 도모함으로써 개인과 사회의
선을 위해 일함), 정의(justice, 개인을 동등하게 대하며 공정성과 평등을 도모함), 충실성
(fidelity, 전문적 관계 내에서 신뢰의 책임을 다하는 것을 포함하여 헌신하며 약속을 준수
함), 진실성(veracity, 상담자가 접촉하는 사람들을 진실하게 대함)을 포함하고 있다. 미
국상담학회의 윤리강령은 이러한 핵심 가치와 원칙을 바탕으로 윤리적 지침을 도
출하여 총 아홉 가지 영역에 걸쳐 상세한 윤리적 지침을 제시하고 있다. 유사하게
미국심리학회(APA, 2017)의 윤리 원칙과 강령 또한 일반적인 원칙으로서 선행과 무
해, 충실과 책임, 정직, 정의, 타인의 권리와 품위 존중의 다섯 가지를 제시하고 있
으며, 이에 따른 윤리적 표준을 열 가지 영역으로 상세히 구분하고 있다.

이처럼 국내외의 대표적인 심리상담 전문가 그룹의 윤리강령들은 사회적 책임
이 전문적 역할 및 기능과 불가분의 관계에 있음을 윤리적 실무의 관점에서 보여
주고 있다. 특히 미국상담학회의 윤리강령은 정의를 추구하고 사회정의를 도모하
는 것이 상담자가 자신의 전문적 역할을 통해서 추구해야 하는 핵심 가치이자 원칙
임을 가장 선명히 보여 주고 있다.

그러나 상담자의 사회적 책임, 구체적으로 사회정의와 관련하여 이를 전문가 윤

리강령을 통해 규정하려는 노력에 대해 비판적 관점도 존재한다. 가령, 미국의 심리상담 관련 전문가 그룹의 윤리강령은 지나치게 이상적이고 개괄적이며(Remley, 1985), 법적인 측면과 단선적 사고를 강조하는 경향이 있고, 주관적 측면을 고려할 필요가 있음에도 불구하고 과도하게 객관적이고, 내담자의 성장보다는 보호, 변화보다는 현상 유지, 법적인 제재에 초점을 맞춤으로써 심리상담에서 필요한 예방 차원의 개입이나 상담자의 긍정적이며 능동적인 행위 측면을 도외시하는 등으로 본다(Rowley & MacDonald, 2001). 이러한 측면에서 청과 베막(Chung & Bemak, 2012)은 '두려움'에 기반한 윤리적 실천을 넘어 모든 사람이 안전한 환경에서 최적의 성장과 발전을 이룰 수 있는 평등한 기회에 관심을 갖고 전통적 역할을 확대하여 개인, 가족, 지역사회 및 조직 차원에서 사회적 · 심리적 · 신체적 · 영적 건강의 증진을 위해 상담자가 개입해야 한다고 주장하였다. 또한 이를 위한 토대로서 전문가 그룹의 윤리강령보다는 'UN 세계인권 선언'이 보다 적절한 지침과 원칙을 제공한다고 역설하였다.

　사회적 책임은 심리상담 전문가 사이에서 생소하거나 새로운 이상은 아니며, 이미 대표적인 상담 관련 전문가 조직들은 윤리강령 등을 통해서 그 중요성에 대한 인식을 표명해 왔다. 그러나 상담자가 자신의 사회적 책임을 기꺼이 수용하고 또 구체적으로 어떻게 실천하느냐의 문제를 해결하기 위해서는 심리상담에 대한 전통적 관점을 넘어서서 상담자의 역할을 재정의하고, 이를 안내할 수 있는 이론적 참조 틀과 실천을 위한 모델 등을 숙지하여 상담 역량을 개발하는 노력이 필수적이라고 할 수 있다. 이와 관련하여 전문적 상담이 21세기에도 정신건강 시스템과 관련하여 계속 발전할 수 있는 영역으로 남기 위해서는 전통적인 조력 패러다임을 뛰어넘어 개인 · 집단 · 가족 상담뿐 아니라 옹호와 사회 변화에 능동적으로 대처해야 한다고 주장한 미국상담학회의 '사회정의 상담자 그룹'의 처방은 주목할 만하다(Chung & Bemak, 2012). 이러한 필요성을 염두에 두고, 다음 절에서는 심리상담 분야에서 사회정의 관점이 대두된 배경과 최근의 진보에 대해서 살펴본다.

3. 사회정의 관점의 역사적 배경

심리상담 분야에서 사회정의 관점은 정신역동, 인지-행동주의, 인본-실존주의, 다문화주의 이후의 새로운 세력으로 간주된다(Ratts, 2009). 이 절에서는 심리상담의 제4세력(Pedersen, 1990)으로 언급되고 사회정의 관점의 상담과 중첩되는 측면이 있지만, 동시에 사회정의 관점 출현의 토양이 되었다고 볼 수 있는 다문화주의의 역사를 살펴보고, 나아가 상담자의 다문화적 역량을 함께 살펴봄으로써 사회정의 관점의 등장 배경에 대한 이해를 돕고자 한다. 또한 다문화주의가 사회정의 관점과 어떻게 연결되는지 설명할 것이다.

1) 심리상담과 다문화주의

역사적으로 다문화주의(multiculturalism)나 문화적 다양성(cultural diversity)은 최근의 개념은 아니다. 고대 시민사회에서도 다른 문화와 배경을 지닌 사람들과 소통하고 상호작용하는 것의 어려움, 도전, 잠재적 문제들에 대한 인식이 있었다(Jackson, 1995). 그러나 국가 경계를 넘나드는 급속한 문화의 확산, 국가 간 이동의 활성화, 소수 집단의 다양화 및 수적 증가 등 세계화의 조건하에서 다문화주의는 괄목할 만한 전지구적 현상이 되었으며, 복잡하고 다차원적인 쟁점을 가져왔다. 이러한 시대적 맥락에서 문화의 복잡성을 인식하고 이해하며, 다양한 문화의 고유 가치를 존중하면서 구성원 간의 자발적 화합을 추구하는 다문화주의는 심리상담 전문직에 있어서 더욱 중요한 개념으로 부각되었다.

심리상담 분야에서 다문화주의 역사는 1950년대로 거슬러 올라간다. 이 시기에 소수의 다문화 관련 논문들이 심리상담 분야에서 발표되기 시작하였는데, 당시 전문 학술지는 다문화주의에 관심이 없는 유럽계 학자들이나 전국적으로 명망을 얻는 소수의 학자들에 의해 전유되었다. 이후 1960년대에 시민운동이 활발해지면서 다문화주의는 상담 및 관련 분야에서 전문적 관심의 대상이 되기 시작하였으며, 다문화주의에 기초한 인종주의, 편견, 차별 등의 이슈에 대한 사회적 · 정치적 인식은 심리상담 분야에 점차 비중 있는 영향을 미치기 시작하였다. 민족적 · 인종적 소수 집단에 대한 편견은 점차 도전을 받았고, 유럽계 미국인의 전통에 기초한 상담 이론 · 모델 · 기술을 소수 집단의 내담자에게 적용하는 것의 효과성에 대한 의문이 제기되는 등 다양한 인구 집단 내부에서의 문화적 차이의 증가에 상담자들이 적절하게 대처하고 있는지 의문이 제기되었다. 이 시기에 '교차문화(cross-cultural)'라는 용어가 처음 등장하였는데, 이 용어는 처음에 백인 상담자가 비백인 내담자를 상담하는 모습을 주로 연상시켰다. 그러나 인종적 배경이 동일하더라도 사회경제적 지위나 종교 등을 비롯하여 여러 문화적 배경이 다른 경우가 빈번하므로 이 모든 경우를 포괄하는 개념이 필요하게 되었고, 넓은 의미의 문화적 차이를 포괄하는 새로운 개념으로서 다문화주의라는 용어가 점차 널리 사용되었다(임은미, 구자경, 2019). 1960년대에 형성된 교차문화 혹은 다문화주의의 세력은 1970년대까지 이어졌고, 1980년대와 1990년대에는 다양성과 다문화적 이슈에 대한 연구가 급속히 증가하였으며, 상담 관련 전문가 집단들이 다문화적 역량의 안내 지침과 기준을 마련하는 등 상담 실무에 점차 폭넓은 영향을 미치게 되었다(Chung & Bemak, 2012).

2) 상담자의 다문화적 역량

다문화주의에 따르면, 상담자는 문화적 차이에 대한 민감성을 개발하고 다양한 차원과 수준의 다문화적 역량을 갖추도록 힘써야 한다. 이는 상담자의 윤리적 책무일 뿐 아니라 상담 과정의 효과성을 제고하기 위해 필수적이다. 가장 기본적인 역량은 다양한 배경을 가진 내담자와의 관계 및 상담 과정에 영향을 미칠 수 있는 자신의 가치, 기대, 신념, 가정을 검토하여 자신의 선입관이나 편견을 인식하고 이를 효과적으로 다루는 것이다. 이 외에도 상담자의 구체적인 다문화적 역량은 매우 다양하지만, 이에 대한 자세한 논의는 이 장의 범위를 넘어서므로 여기서는 아레돈도 등(Arredondo et al., 1996)과 수 등(Sue et al., 1998)의 저술을 기초로 다문화 상담과 발달학회(Association for Multicultural Counseling and Development: AMCD)가 인정한

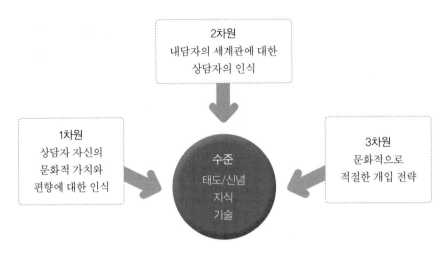

[그림 6-1] 상담자를 위한 다문화적 역량

출처: Arredondo et al. (1996).

다문화 상담 역량의 개념 틀을 간단히 소개하고 그 내용을 예시함으로써 상담자의 다문화적 역량에 대한 이해를 돕고자 한다.

다문화적 역량은 민족, 인종, 문화적 배경이 다양한 집단 출신의 내담자와 일하는 상담자들이 갖추어야 하는 일련의 태도/신념, 지식, 기술로 정의된다(Sue et al., 1998). 이 역량은 세 가지 차원과 세 가지 수준으로 구성된 3×3 행렬로 구조화된다 ([그림 6-1] 참조). 세 가지의 차원은, ① 상담자 자신의 문화적 가치와 편향에 대한 인식, ② 내담자의 세계관에 대한 상담자의 인식, ③ 문화적으로 적절한 개입 전략이 포함되며, 각 차원의 역량은 다시 세 가지의 수준에서 개발되고 실천될 수 있다. 역량의 세 가지 수준은, ① 태도/신념, ② 지식, ③ 기술로 이를 간단히 예시하면 [그림 6-1]과 같다.

첫째, '태도/신념' 수준은 자신의 문화적 배경과 경험의 중요성을 인식하는 것(1차원), 다른 집단에 대해서 자신이 가진 편견을 인식하는 것(2차원), 문화적 차이가 상담에 미치는 영향을 긍정적으로 수용하는 것(3차원)을 포함한다. 태도/신념 수준에서 상담자는 자신의 고유한 문화적 유산, 가치, 신념, 태도, 세계관, 경험, 지각, 특권, 편향, 편견, 정체성, 그 외의 다른 심리적 과정에 대한 인식을 개발할 필요가 있다. 상담자는 특정한 소수 집단에 대해 명시적 혹은 암묵적으로 존재하는 차별적 태도가 자신이 동일시하는 문화 속에 존재하는 것을 깨달을 수 있다. 또한 자신이 속한 문화 집단이 특정 측면에서 우월하다는 신념을 유지한 채 다른 집단에 속한 사람들을 대하는 자신의 태도를 인식할 수 있다. 인식을 증진한다는 것은 내담자의 세계관에 개인적으로 동의해야 한다는 의미가 아니라 하나의 가치 있고 합당한 관점으로서 내담자의 세계관에 대한 인식을 이끌어 내어 이를 이해하고, 인정하고, 수용하는 것이다.

둘째, '지식' 수준은 상담자가 자신의 문화에 대해 구체적 지식을 갖추는 것(1차원), 내담자 출신 집단의 문화에 대해 지식을 갖추는 것(2차원) 그리고 상담과 특정 실무가 다른 집단 출신의 내담자에게 미치는 영향을 알고 있는 것(3차원)을 포함한다. 상담자는 자신의 문화적 유산이 다른 문화적 배경을 가진 내담자를 대할 때 어떠한 방식으로 영향을 미칠 수 있는지 적절한 지식을 갖추고 있어야 한다. 상담자는 내담자가 속한 소수 집단이 지역사회에서 정신건강 서비스를 받는 것을 어렵게 만드는 제도적 · 문화적 장벽, 사회정치적 요소가 있는지를 잘 알고 있어야 한다. 또한 전통적인 상담 이론이 다양한 문화적 가치와 어떻게 충돌할 수 있는지 명확한 지식을 개발하고, 이 요인을 상담 과정에서 신중히 고려할 수 있어야 한다. 가령, 개인의 자율성과 성취를 중요한 가치로 여기는 개인주의적 문화권에서 성장한 상담자가 매우 억압적이고 위계적이며 폐쇄적인 문화권 출신의 내담자를 상담할 때 자신의 비지시적 태도가 내담자를 매우 모호하고 혼란스럽게 만들 수 있음을 알고 있을 때 실제 상담 과정에서 유연하게 대처할 수 있다.

셋째, '기술' 수준은 상담자가 자신의 문화적 특징을 알기 위해 자문이나 훈련, 슈퍼비전 등을 통해 노력을 기울이는 것(1차원), 다양한 문화 집단에 대한 최근 연구 결과나 효과적인 실무를 잘 파악하고 있는 것(2차원), 내담자의 문화에 맞는 상담 기술을 활용하고 연계하는 것(3차원)을 포함한다. 상담자는 자신의 문화적 유산을 반영하는 태도나 지식이 상담관계를 형성하는 데 중요한 이슈가 될 수 있음을 자각하고, 내담자의 인생 경험과 문화적 가치와 일치하는 방식으로 상담의 목표를 정하고 개입 방법이나 전략을 선택할 필요가 있다. 또한 해당 문화에서 효과적인 방법에 대해 슈퍼비전이나 자문을 요청하는 등의 조치로 내담자 문화의 관행을 이해하고 이에 맞추도록 노력해야 한다. 예컨대, 내담자가 자신의 종교적 신념으로 인해 종교 지도자의 의견이 매우 중요하다고 믿는다면, 상담자는 치료 과정의 일부로 그러한 종교 지도자를 접촉하여 치료의 촉진자로 끌어들이는 전략을 고려할 수 있다.

국내에서는 임은미, 강혜정, 김성현과 구자경(2018)이 한국 상담자들을 대상으로 다문화 상담 역량 척도를 개발하고 타당화하였는데, 상담자 문화에 대한 수용, 상담자 문화에 대한 지식, 상담자 문화의 영향 조절 능력, 내담자 문화에 대한 존중, 내담자 문화에 대한 지식, 다문화적 지식의 활용, 다문화적 기법 수용, 개입 기법의 차별적 요소에 대한 인식, 다문화적 상담 개입 기술의 아홉 가지 요인을 도출하였다. 이러한 요인들은 다문화 상담과 발달학회에서 제시한 수준과 차원을 교차한 아홉 가지 영역과 유사함을 알 수 있다.

상담자는 다문화적 상담 역량을 다차원, 다수준의 개념으로 이해하고 그 요소들을 구체화하여 각 역량을 갖추도록 노력해야 하지만, 다문화적 상담역량은 특정 인식이나 민감성, 특정 지식이나 기술로 환원하기 어려운 모든 요소의 복합체임을 주목해야 한다. 다문화적 상담 역량의 함양은 단번에 완전히 도달할 수 있는 역량이기보다는 상담자 훈련 과정과 경험을 통해 지속적으로 습득해야 하는 과정으로 보아야 한다.

3) 다문화주의를 넘어서 사회정의 관점으로

다문화주의는 전통적인 상담 접근에 문화적 다양성이라는 새로운 관점을 더해 주었다. 다문화주의 관점을 취함으로써 상담자는 다양한 사회 집단 내에서 인정되는 고유한 사고, 감정, 행동이 있음을 자각하며, 이러한 특성이 자신이 속한 사회 집단과는 다르다고 하더라도 그것이 부당하거나, 부적절하거나, 불충분하다고 여기지 않고 소속 구성원에 대한 선입견을 형성하지 않게 된다. 즉, 소수 집단이 주류 집단에게 부정적 평가를 받아 특권을 박탈당하고 차별과 억압을 받는 특성은 내담자의 개인적인 선택이기보다는 자신이 속한 문화 내에서 삶의 과정을 통해 자연스럽게 체득된다는 점을 인식하게 된다.

이러한 측면에서 다문화주의는 사회정의 관점을 등장시키기 위한 무대나 서곡과 같은 역할을 하였다고 볼 수 있다. 다음의 세 가지 이유에서 이런 평가가 나온다 (임은미, 구자경, 2019).

첫째, 전통적인 상담 이론들이 대체로 내담자 내면의 내적 취약성, 즉 심리적 갈등이나 정신병리에 초점을 두었다면, 다문화주의는 내담자의 호소 문제와 고통에 내재된 환경의 취약성에 주목하였기 때문이다. 즉, 다문화주의는 내담자의 독특한 성장 배경으로 야기된 '다름'의 문제가 주류 문화의 편견이나 선입관에 기초한 차별을 접하고 억압을 경험하면서 자아 개념을 왜곡시킬 수 있으며, 이는 곧 내담자의 적응적 문제로 이어질 수 있다는 사실에 주목하였다. 이후에 살펴보겠지만, 이러한 시각은 사회정의 관점에서도 동일하게 유지되고 있다.

둘째, 다문화주의는 사회정의 관점에 정당성을 부여해 주었기 때문이다. 소수집단의 문화적 '다름'은 개인의 잘못이나 선택의 결과가 아니므로 이에 대해 경험하는 억압과 차별은 그 근거가 없음을 상담자들은 인식하게 되었다. 이러한 인식은 자연스럽게 억압과 차별적 환경의 변화를 촉구하며 옹호하는 작업의 필요성을 제기하며, 이는 사회정의 관점의 등장으로 이어지게 된 것이다.

셋째, 다문화주의는 내담자가 고통을 받는 원인을 환경적 취약성에서 찾을 뿐만 아니라 차별이나 억압으로 야기된 무죄한 고통의 예방이 중요하다는 인식을 가져오게 하였다.

다문화주의 상담자는 내담자의 문화를 이해하고, 내담자의 억압과 차별 경험의 원인에 대한 통찰을 상담 과정에 적극 반영하여 효과적으로 상담관계를 이끌고 상담의 성과를 높이는 데 주안점을 둔다. 이처럼 '환경의 힘'을 인식하고 개인을 '맥락 안에서' 이해하려고 접근하는 점은 다문화주의의 큰 공헌임에 틀림이 없지만, 환경적 문제의 해결 방안에 대해서는 상대적으로 소극적인 태도를 취해 왔다. 이에 비해 사회정의 관점을 채택하는 상담자는 다문화적 역량을 활용하여 통찰을 얻고 이를 상담 과정에 활용하는 데에서 한 걸음 더 나아가 '상담실 밖의 내담자'의 삶, 즉 사회적 환경(milieu)에 관심을 기울인다. 이를 청과 베막(2012)은 다음과 같이 적절히 표현하였다.

"다문화적 상담 역량은 상담자들에게 '눈을 뜨라'고 말하고, 현재의 문제, 행동, 반응은 개인적 관점을 넘어서 거시적·생태학적·맥락적 관점에서 검토되어야 한다고 분명히 말한다. 따라서 내담자의 행동과 현재의 문제를 분석할 때 가족의 상호작용, 역사적·정치적 관점과 주변 환경과 같은 모든 변수가 포함되어야 한다. 사회정의는 다문화적 상담 역량에서 매우 중요한 핵심 요소로, 전문가들이 내담자의 삶에 영향을 끼치는 생태학적 요소들을 인지하는 능력과 내담자의 성장, 발전, 삶의 질, 심리적 안녕을 제한하는 제도적 장벽을 다루고 이에 도전하는 기술 모두를 필요로 한다."

4. 심리상담에서 사회정의 관점의 이해

사회정의란 무엇이며 심리상담 분야에서 사회정의 관점은 어떻게 개념화되어야 하는가? 또한 사회정의 관점에서 심리상담을 본다면 기존의 심리상담과는 어떻게 차별화되어야 하며 상담자에게 필요한 변화는 무엇인가?

1) 사회정의의 개념

정의(正義, justice)는 그 논의의 역사가 꽤 오래되었지만 여전히 한마디로 정의(定義)하기는 쉽지 않은 개념이다. 정의를 "진리에 맞는 올바른 도리" 혹은 "개인 간의 올바른 도리 또는 사회를 구성하고 유지하는 공정한 도리"라고 정의한다. Merriam-Webster 인터넷 사전은 정의를 "올바름, 공정함 혹은 공평함의 질" "진리, 사실, 이치에 따르는 것" "갈등적 주장의 공정한 조정이나 보상 혹은 처벌의 부여에 의해 올바른 것을 유지 혹은 실행하는 것" "법과 평등의 규칙에 따라 권리를 수립하고 결정하는 것" 등으로 정의한다.

샌델(Sandel, 2009)은 그의 저서 『정의란 무엇인가』에서 현대사회의 다양한 정의

관을 분석하였는데, 한 사회에서 정의에 대해 합의된 의미 규정은 존재하지 않는다. 따라서 특정 상황에서 무엇이 정의인지에 대해 서로 다른 결론을 내릴 수밖에 없다고 하였다. 그는 기존의 여러 정의관에 기초하여 정의를 구성하는 핵심 요소로 행복의 극대화, 자유 존중, 미덕의 증진을 꼽았다. 행복의 극대화를 정의의 기준으로 본다면 정의란 가장 많은 구성원에게 최상의 이익을 주는 조치를 의미하고, 자유 존중을 강조한다면 개인이 선택한 삶을 살아갈 자유와 권리를 최대한 보장하는 것이 정의로운 일이다. 또한 미덕의 증진을 강조한다면 도덕과 미덕을 좇아 마땅히 행해야 할 바를 다하는 것이 정의를 실현하는 길이다. 샌델(2009)에 따르면, 특정 상황에서 정의의 핵심 요소 중 무엇을 강조하느냐에 따라 무엇이 정의인지 매우 다른 결론에 도달할 수 있다. 일례로, 1884년 폭풍우에 휘말려 침몰한 영국 함선 미뇨네트호에서 선원 넷이 구명정으로 탈출하는 데 성공했지만, 끝까지 살아남은 사람은 세 명뿐이었다. 이들은 부모도 자식도 아내도 없는, 비실비실 죽어 가는 젊은 사환을 살해하여 그 살을 뜯어 먹고 생존하였다. 생존자들이 고국으로 돌아와 재판에 회부되었을 때 대부분의 영국인은 유죄 판결을 반대하는 입장을 보였다. 다수가 죽거나 실종되는 것보다는 한 사람이 목숨을 내놓는 것이 더 낫다고 보았기 때문이다. 그들의 결정은 과연 정의로운 처사였는가?

정의가 단지 공정한 법의 집행이나 개인의 도덕적 판단을 통해서 구현되는 것 이상의 차원에서 적용되어야 한다는 정치철학적 관점에서 비롯된 개념이 바로 사회정의의 개념이다. 사회정의는 개인적 정의나 특정 행위의 정의 여부보다는 사회 내 집단 간의 공정한 관계에 더 초점을 맞추는 개념이다. 데이비스(Davis, 1996)는 사회정의란 "민주주의 사회에서 가장 기본적인 가치이자 요구되는 목적으로, 개인이 사회의 제도, 법률, 자원, 기회에 대해 공정하고 공평하게 접근하는 것이며, 나이, 피부색, 문화, 장애, 교육, 소득, 성별, 언어, 국적, 인종, 종교, 성적 지향 등에서 관측되거나 해석된 차이에 의해 임의적으로 제한을 받지 않는 것"(p. 1)을 의미한다고 하였다. 유사하게 벨(Bell, 2013)은 사회정의를 "사회 구성원 모두의 필요를 충족시키기 위해 상호 간에 형성되는 모든 사회 집단의 충분하고 동등한 참여"(p. 21)라고 넓게 정의하였으며, 사회정의의 목적은 자원의 분배가 공정하고 모든 구성원이 신체적, 심리적으로 안전한 사회를 만드는 것이라고 하였다.

사회정의는 모든 사람이 인간으로서 동등한 가치를 가지며, 인정과 존중받을 가치가 있는 인권을 지니며, 동등한 기회가 보장된 공정한 민주사회에 살 가치가 있다는 신념에 기반을 둔다(Ratts, DeKruyf, & Chen-Hayes, 2007). 민주사회에서 행복과 안녕이 평등한 접근과 기회, 권력과 자원의 공정한 분배, 개인과 집단이 자신의 삶을 결정할 수 있는 권리의 증진, 신체적 및 심리적으로 안전할 권리에 기초하고 있음을 전제한다면, 사회정의는 이러한 요건들이 충족되는 정의로운 사회에 접근하는 목표로 볼 수 있다(Smith, 2003).

2) 심리상담에서 사회정의 관점의 의미

사회정의의 개념은 정치학이나 법학, 철학뿐 아니라 심리학, 여성학, 사회복지학 등 사회과학 분야에서 다양하게 해석되고 논의되어 왔다. 심리상담 분야와 관련하여 굿맨 등(Goodman et al., 2004)은 심리학의 실천적 맥락에서 사회정의 활동을 "취약 집단 및 소외 집단이 자기결정권을 확보할 수 있도록 사회적 가치와 구조, 정책, 관행을 바꾸고자 하는 학문적 및 전문적 행위"(p. 795)로 정의하였다. 루이스(Lewis, 2010)는 공정성, 품위, 개인에 대한 존중을 사회정의의 핵심 요소로 보고 심리학의 대인관계 영역에서 사회정의의 중요성을 강조하였다. 구체적으로 보자면, 특히 대인관계적 역할이 강조되는 심리치료나 상담 분야에서 사회정의 관점은 더욱 지향되어야 할 방향이라고 역설하였다. 헤일즈 등(Hailes, Ceccolini, Gutowski, & Liang, 2020)은 전문직 심리학(professional psychology)의 전 분야에서 사회정의 관점에 대한 포괄적 논의를 위해 사회 및 조직심리학 문헌에 기원을 둔 사회정의의 세 가지 영역과 각 영역의 사회정의를 위한 윤리적 실천 원리를 다음과 같이 제시하였다.

- 대인관계적 정의(interpersonal justice): 사람들이 대인 간 상호작용을 통해 대우받는 방식이 공정하다고 지각하느냐와 관련되는 정의로, 힘의 역동에 특히 관심을 기울인다. 관계적 역동(relational dynamics)과 관련되는 정의의 영역이다.

이러한 영역의 정의를 구체적으로 실천하는 원리로는, ① 관계적 힘의 역동에 대해 비판적으로 성찰하기, ② 관계적 힘의 역동을 감소시키기, ③ 역량강화와 강점 기반의 접근에 초점 두기가 포함된다.

- 분배적 정의(distributive justice): 성과(예컨대, 급여, 대출, 판결, 승진)의 분배를 공정하게 지각하느냐와 관련되는 정의로, 모든 사람, 특히 특권을 누리지 못하는 사람들에 대한 공급과 관련된다. 분배적 정의의 실천 원리로는, ① 소외된 집단에게 중요한 사안에 맞추어 에너지와 자원을 집중하기, ② 예방적 작업에 시간, 재정과 노력을 들이기가 있다.
- 절차적 정의(procedural justice): 궁극적으로 성과에 영향을 미치는 의사결정 과정을 공정하게 지각하느냐와 관련되는 정의로 정당한 과정이 핵심이다. 절차적 정의의 실천 원리로는, ① 사회 시스템에 관여하기, ② 개인과 지역사회의 안녕에 영향을 미치는 시스템 요인에 대한 인식을 제고하기가 포함된다.

심리상담의 측면에서 보면 이러한 세 가지 영역의 사회정의는 심리상담 전문가의 특정 활동과 관련된다. 예컨대, 대인관계적 정의는 개인 및 집단 상담이나 심리평가와 같은 대인관계 활동과 밀접히 관련되며, 브로펜브레너(Bronfenbrenner, 1977)의 미시체계 수준의 접근이라고 할 수 있다. 반면, 분배적 정의와 절차적 정의는 지역사회 수준(즉, 중간체계) 혹은 구조적-사회적(즉, 거시체계) 변화를 목표로 하는 활동과 관련된다. 주목할 점은 개인 수준의 상담 활동이 시스템 변화를 도모하는 활동과 상반되지 않으며, 이러한 세 형태의 사회정의는 대부분의 상황에서 함께 추구되어야 한다는 점이다.

리앙 등(Liang, Spencer, West, & Rappaport, 2013)은 이러한 관점에 기초하여 개인의 욕구와 관심을 '보다 큰 수준의 선(善)'과 구분하는 대신에 내담자가 처한 사회적인 조건뿐만 아니라 내담자가 그러한 조건들을 개선하는 데 기여할 잠재력을 고려하여 개입하는 접근이 사회 부정의를 바로잡는 데 더욱 효과적인 접근이라고 하였다. 가령, 상담자는 내담자와의 개인 상담을 수행하면서 내담자의 문제나 고통과 관련하여 지역사회 집단(중간 수준)과 협력함으로써 혹은 정책적 수준의 변화(거시 수준)를 위해 자문하는 역할을 수행함으로써 사회 변화를 촉진하는 데 기여할 수 있다. 개인의 안녕과 발달을 촉진하기 위해 사회 변화가 필요한 것처럼 사회 변화를 추구하는 개인이 궁극적으로 사회 변화를 가져올 수 있기 때문이다.

굿맨 등(2004)은 여성주의 상담과 다문화 상담을 바탕으로 상담자가 다양한 사회정의 활동을 전개하는 데 필요한 심리상담의 기본 원리를 다음과 같이 여섯 가지로 요약해서 제시하였다. 이러한 원리들은 심리상담에서 사회정의 관점이 어떻게 상담자의 실천 원리로 구체화될 수 있는지를 잘 보여 준다.

- **지속적으로 자기 성찰하기**: 자신의 가치와 편견을 성찰하고 이를 명시적으로 다루는 것
- **권한 공유하기**: 상담자와 내담자가 권한을 공유하고, 상담자가 전문가로서 내담자를 대하기보다는 함께 배우는 동료나 자원을 제공하는 후원자가 되는 것
- **목소리 내기**: 상담자로서 억압받는 집단의 구성원들이 자신의 삶을 지역사회와 공유하도록 돕는 것으로, 상담실에서뿐만 아니라 상담실 밖에서도 내담자의 목소리를 증폭시킴으로써 내담자를 옹호하는 것
- **인식 개선 촉진하기**: 내담자의 개인적 어려움이 역사적·사회적·정치적 불평등에 기인할 수 있다는 것을 이해하도록 돕고, 차별 경험을 다른 구성원들과 공유함으로써 내담자가 혼자가 아니며, 자신의 잘못이 아님을 인식하도록 돕는 것
- **강점에 기초하기**: 심리상담의 목표가 내담자의 강점과 자원을 발견하고, 스스로 문제를 해결할 수 있는 유능성을 키우며, 지역사회에 존재하는 강점과 자원을 인식하고 활용하도록 돕는 것
- **내담자에게 도구 남겨 두기**: 내담자가 속한 문화에서 이용 가능한 지원체계를 확인하고, 이러한 지원체계를 발전시키도록 돕는 것

헤일즈 등(2020)이 제시한 사회정의의 세 영역 및 윤리적 실천 원리와 함께 굿맨 등(2004)의 원리는 심리상담에서 사회정의 관점이 어떻게 상담자의 실천 원리로 구체화될 수 있는지 잘 예시하고 있다. 요컨대, 사회정의 관점이 심리상담 분야에 접

목될 때 상담자의 사회정의 활동은 매우 포괄적인 논의가 가능하며, 내담자의 문제를 둘러싼 미시 수준, 중간 수준, 거시 수준의 사회적 환경을 변화시키는 다양한 활동이 포함될 수 있음을 알 수 있다.

3) 사회정의 관점의 심리상담을 위한 필요 조건

사회정의 관점에서 심리상담을 수행하려면 상담자에게는 구체적으로 어떤 변화가 필요할까? 청과 베막(2012)은 심리상담에서 사회정의 관점을 적용하기 위해서 상담자가 갖추어야 하는 일련의 조건들을 자세히 기술하였다. 이러한 조건들로는, ① 사회정의 및 인권에 대한 인식, ② 문화적 인식과 수용, ③ 상담 기술과 기법, ④ 사회정의 기술을 언급하였다. 또한 래츠(Ratts, 2009)는 사회정의 관점의 상담을 위해 필요한 패러다임의 변화를 촉구하며 구체적으로, ① 내담자 문제의 소재, ② 상담자의 역할과 정체성, ③ 상담 기술에 대한 재개념화가 필요하다고 하였다. 여기서는 이러한 제안들을 종합하여 사회정의 관점의 심리상담을 위한 필요 조건을 다섯가지로 나누어 살펴보고자 한다.

(1) 사회정의 및 인권에 대한 인식

사회정의 관점의 상담자는 자신의 정치적 권리와 선택을 넘어 내담자가 속한 특정 문화 집단, 가족, 지역사회에 영향을 미치는 이념이나 세계, 국가, 정부 수준의 정치, 경제, 사회적 이슈에 대해 잘 알고 있어야 한다. 상담 장면에서 내담자가 이러한 문제들을 직접 언급하지 않더라도 이러한 요인들은 내담자의 일상생활과 경험을 이해하는 데 중요한 기초가 될 수 있다. 예컨대, 특정한 민족적 자긍심이 매우 높은 상담자는 부지불식중에 특권의식을 가질 수 있으며 이는 외국인 근로자나 결혼이주여성 등에 대한 미묘한 차별적인 언행과 태도로 이어질 수 있다. 따라서 상담자는 평소 사회 속에서 억압과 차별에 취약한 집단들과 관련된 정치적 이슈나 그들의 인권에 대해 관심을 갖고 그들과 관련된 공공정책적 변화나 법률 등에 대한 지식을 습득하면서 자신의 평소 인식에 대해서 성찰하는 자세가 필요하다.

출신 국가나 지역, 신체적 특이성, 낮은 사회경제적 지위, 소수 종교 집단 소속, 특정한 트라우마 경험, 비전형적인 가족 배경, 성적 지향성, 신체적 및 심리적 장애 등 내담자의 차별과 억압 경험에 영향을 미칠 수 있는 문화적 요인들의 범위는 매우 다양하다. 또한 상담자는 국적, 인종, 민족, 성별, 장애, 사회경제적 지위 등 일부 문화적 요인이 차별의 근거로서 종종 서로 결합되어 함께 영향을 미치는 경우(예: 성소수자이면서 사회경제적 지위가 낮은 경우)가 많다는 점에도 주목할 필요가 있는데, 이러한 현상을 문화적 요소의 교차성(intersectionality)이라고 한다(Jun, 2009). 대부분의 사람은 정도 차이가 있지만 주류 집단과 소수 집단의 문화 요소를 함께 지니고 있고, 개인에게 여러 문화 요소가 혼재되어 나타나는 경우도 많다. 내담자의 교차성을 분석하여 이해하는 것은 주류민으로 존재하는 상담자가 은연중에 내담자에게 행사할 우려가 있는 억압과 미묘한 차별로부터 내담자를 보호하고, 상담 관계에서 작업 동맹을 강화하며, 여러 가지 소수문화적 요소로 인한 고통을 견디면서 살아남은 내담자의 강점을 발견하는 데에도 좋은 자료가 될 수 있다(임은미, 구자경, 2019).

요컨대, 상담자는 특정 문화 집단 소속의 내담자가 일상생활에서 경험한 사건이나 사건이 내담자에게 미치는 영향, 이러한 문제를 다루기 위해 내담자가 취한 개인적·정치적 행동, 이와 관련된 가족이나 주변 사람들의 반응 등에 대해서 상담 과정의 적절한 시점에 내담자와 대화를 나눌 필요가 있다. 이러한 사회적 이슈에 대한 상담자의 인식 수준은 내담자가 호소하는 문제를 이해하고 공감하며 적절한 개입을 수행하는 데 있어서 매우 중요한 토대를 제공한다.

(2) 문화적 인식과 수용

사회정의 관점의 상담자는 자신의 문화에 대한 이해를 포함하여 문화적 우월의식과 타 문화 집단에 대한 차별적 태도, 편견, 신념에 대해서 잘 인식하고 있어야 한다. 상담자의 문화적 인식과 수용은 앞의 절에서 기술한 다문화적 역량 중 지식 및 태도 수준과 밀접히 관련되어 있다. 즉, 다문화적 역량은 사회정의 관점의 심리상담을 위한 전제 요건이라고 할 수 있다. 그러나 다문화적 상담을 넘어서 사회정의 관점의 상담을 위해서는 특권, 편견, 인종주의, 차별, 억압 등의 문제에 대해서 상담자 자신이 어떻게 반응하는지 성찰하는 것이 중요하다. 이러한 성찰은 효과적인 상담관계와 상담 과정, 성과에 방해가 되는 상담자 자신의 선입견, 편입, 고정관념을 발견하게 하고, 이를 적절히 다룸으로써 궁극적으로 다른 문화 집단에 대한 이해와 존중과 수용을 가져오기 때문이다. 청과 베막(2012)은 문화적 인식과 수용의 과정에서 상담자가 경계할 필요가 있는 정치적 역전이와 착한 상담자 증후군의 두 가지 현상으로 기술하였다. 정치적 역전이(political countertransference)는 상담자 자신이 지니고 있는 정치적 신념이 내담자에게 영향을 줄 때 일어난다. 예컨대, 평소 반미 감정이 강한 상담자가 미국과의 동맹과 유대의 중요성에 대해 강한 신념을 노출하는 내담자와 상담할 때 미국에 대한 부정적 느낌과 역전이로 인해 강한 부정적 감정이 유발되어 치료관계를 방해할 수 있다. 또한 낙태가 잘못이라는 신념을 가지고 있는 상담자가 출산을 선택할 자유에 대해 확고한 신념을 가지고 있는 내담자를 만날 때 이로 야기된 부정적 감정으로 인해 내담자의 호소 문제에 둔감하게 반응할 수 있다.

착한 상담자 증후군(nice counselor syndrome)은 상담자가 내담자나 내담자의 문화체제를 거슬리는 상황을 최대한 회피하기 위해 중립적인 입장을 고수하고, 도전과 직면 등을 필요로 하는 상황에서도 긍정적 강화와 피드백을 제공함으로써 불쾌한 현실이나 갈등을 피하는 경향을 의미한다(Chung & Bemak, 2012). 예컨대, 만성적으로 가정폭력에 노출된 결혼이주여성 내담자가 자신의 피해 사실을 누구에게도 알리기를 원하지 않고 경찰에 신고하는 것은 더더욱 원치 않으므로 내담자의 부정적 감정을 처리하는 것에만 상담의 초점을 맞추는 상담자의 경우를 생각해 볼 수 있다. 상담자는 때때로 부정의를 다루는 상황에서 현상을 유지하기보다는 체제에 도전하는 활동을 할 필요가 있으며 용기와 위험을 감수하려는 노력이 필요하다. 상담관계에서 직면과 도전이 초래할 수 있는 긴장과 부조화를 피하기 위해 사회정의와 인권의 문제에 대해서 다루기를 회피하는 것은 내담자의 삶에 영향을 미치는 부정의와 불평등을 영속화하는 데 기여할 수 있음에 주목할 필요가 있다.

(3) 내담자 문제의 소재에 대한 인식 변화

래츠(2009)는, 심리상담의 이론적 패러다임은 역사적으로 정신역동, 인지-행동주의, 실존-인본주의, 다문화주의의 4개의 서로 구분되는 세력을 거쳐 발전해 왔다고 보았다. 각 패러다임은 내담자의 문제 소재에 대한 관점, 상담자의 역할과 정체성, 상담 실무에 필요한 기술 측면에서 독특한 관점을 제시한다고 하였다. 이러한 측면에서 본다면 심리상담의 제5세력으로서 사회정의 관점은 일차적으로 '개인'에 대해 초점을 맞추는 정신역동(제1세력), 인지-행동주의(제2세력), 실존-인본주의(제3세력)의 '전통적' 접근과 '맥락 속의 개인'에 초점을 두는 다문화주의(제4세력)의 관점을 넘어서는 '사회적 환경(milieu)'에 관심을 두는 심리상담의 새로운 패러다임으로 볼 수 있다.

전통적인 심리상담 이론과 실무는 내담자의 문제를 설명하기 위해 주로 심리내적 모델에 의지해 왔으며, 인간의 행동은 생물학적으로 혹은 심리내적 과정에 기인하는 것으로 설명해 왔다. 그러나 내담자의 문제가 항상 인간의 내부에 존재하는 병리나 결함, 생리적·심리적 문제에서 비롯되는 것은 아니며 인종차별주의, 성차별주의, 계급주의, 억압과 불평등 등의 환경적 요인 또한 개인의 성장과 발달 및 잠재력 실현을 저해할 수 있다. 특히 역사적, 사회적으로 소외되거나 특권을 누리지 못하는 집단 출신의 내담자들의 경우에는 더욱 그러하다. 이러한 내담자들이 경험하는 어려움은 자신의 잘못이 아니므로 스스로를 비난하거나 책임을 부과할 수 없다. 따라서 이러한 내담자들이 사회문화적·구조적 억압 요인을 자각하도록 돕는 것은 매우 의미 있고 중요한 일이다. 사회문화적으로 억압된 내담자들이 그들의 삶에 영향을 미치는 사회, 정치, 경제적 조건들을 명확히 인식할 때 자신을 위해 행동하고 스스로의 권리를 옹호할 수 있기 때문이다. 프레이리(Freire, 1993)는 내담자의 이러한 인식의 중요성을 강조하면서 이를 결정적 인식(critical consciousness)이라고 지칭하였다.

이처럼 사회정치적 요인들이 내담자의 문제에 영향을 미친다는 관점은 개인과 다중체계의 환경, 즉 미시체계, 중간체계, 외체계, 거시체계의 상호작용에 의해 인간의 발달을 설명하는 브론펜브레너(1977)의 생태체계모델과 맥을 같이하며, 다문

화주의나 여성주의 상담의 강조점과도 일치되는 측면이다. 즉, 내담자와 상담 장면
에서 내담자가 호소하는 문제는 진공 상태에 존재하는 것이 아니며 보다 큰 시스템
의 한 부분이므로 상담자는 내담자의 호소 문제를 맥락 속에서 보아야 할 뿐만 아
니라 심리적 문제에 대한 이해를 개인의 내적 문제의 차원을 넘어서 사회적 문제로
재개념화할 필요가 있다.

(4) 상담자의 역할과 정체성의 재정의

상담자의 전통적인 역할은 상담실 환경에서 내담자와 일대일 작업을 통해 내담
자 자신의 경험을 이해하고, 내담자의 통찰을 도우며, 내담자가 현재 당면하고 있
는 삶의 문제를 극복하는 데 필요한 다양한 기술을 배우도록 조력하는 것이다. 이
러한 상담자의 역할 속에서 상담이란 내담자를 둘러싼 사회 환경이나 구조적 요인
들을 바꾸는 것보다는 내담자의 내적 변화를 돕는 과정이므로 미시적 수준의 개입
에 초점을 맞춘다고 할 수 있다. 전통적인 상담에서 이러한 초점은 설령 상담자가
상담 과정에서 내담자의 삶의 질을 저하시키는 문화적 · 제도적 장애물을 인식하
더라도 크게 달라지지 않는 경향이 있다. 또한 이러한 역할 규정 내에서 상담자는
내담자의 문제에 대해서 선제적인 방식으로 개입하거나 체제(system)적 관점에서
사고하며 개입하기에는 명백한 한계가 따른다.

이와는 대조적으로 사회정의 관점은 상담자의 전문적 역할을 지역사회 기반의
개입에까지 확대할 것을 요구한다. 즉, 전문 조력자로서 상담자가 기존의 '반응자'
역할에 초점을 두기보다는 사회정의 옹호를 추구하는 '선제적 개입자'로서 자신의
역할을 재정의하도록 요구한다. 상담자가 내담자의 안녕을 저해하는 문화적 및 제
도적 장벽을 인식할 때 시스템 수준의 개입은 필수적이라는 많은 증거가 있다. 특
히 소외 집단의 내담자들을 성공적으로 조력하기 위해서는 상담자의 전통적 조력
모델을 넘어서서 '상담실 밖에서의 개입'이 필수적이라는 연구 결과(Bailey, Getch,
& Chen-Hayes, 2007)는 상담실의 경계를 가정, 학교, 이웃 및 보다 넓은 지역사회로
확대하여 재개념화할 필요성을 제기한다.

이처럼 상담자의 역할을 사회정의 옹호를 포함하는 것으로 재정의한다면 상담

자의 정체성 또한 재개념화될 필요가 있다(Ratts, 2009). 스미스 등(Smith, Reynolds, & Rovnak, 2009)은 전통적으로 심리상담을 수행하는 전문상담자들은 자신을 교육가(educator), 치료사(therapist), 심리사(psychologist) 등으로 지칭해 왔으나, 상담자의 정체성을 기술하기 위해 점차 컨설턴트(consultant), 사회 변화의 매개인(social change agent), 활동가(activist), 사회적 옹호자(social advocate) 등의 용어가 빈번히 사용되고 있다고 하였다.

유사하게 청과 베막(2012)은, 심리학이나 상담학에서 일반적인 변화 모델은 개인의 사적인 행동을 변화시키는 데 초점을 두지만, 사회정의 관점에서 심리상담은 '사회적 변화'를 중시한다. 이러한 사회적 변화는 사회정의의 본질을 다루는 데 필수 요건이라고 보았다. 여기서 사회적 변화란 제도나 조직과 같은 체계와 법, 정책, 절차, 사회적 역할 및 기능과 같은 구조의 긍정적 변화나 개선을 포함하는 것으로 개인, 조직, 지역사회 및 전체 사회 수준에서 일어날 수 있다. 임은미와 여영기(2015)도 사회정의 관점에서 심리상담을 한 사회에 살고 있는 모든 사람이 출신 배경이나 소속 집단의 특징으로 인해 체계적으로 소외되지 않고, 모든 기회에 완전히 참여할 수 있도록 평등한 접근 권한을 보장하기 위해 상담자가 사회에 직접 참여하는 것으로 정의하였다. 이러한 측면에서 사회정의 관점의 상담자는 효과적인 '변화의 매개인'이 됨으로써 최적의 성장, 개발, 기회를 가로막고 방해하며 모든 개인과 가족, 집단 및 지역사회의 물리적 및 심리적 안녕을 저해하는 것들에 대해 도전하는 역할을 수행해야 한다고 할 수 있다.

사회정의 관점에서 상담자의 역할을 기술하는 데 사용되는 이러한 용어들은 상담자가 자신의 전문적 활동을 수행할 때 특정 사고방식을 가질 필요가 있음을 잘 보여 준다. 따라서 사회정의 관점의 상담자는 자신의 전문적 활동이 자신의 가치나 신념과 일치하는지, 사회정의를 지향하는 조력 전문가가 되는 것이 자신에게 무엇을 의미하는지, 자신은 사회정의에 헌신하고 있는지, 변화를 가져오기 위한 어떤 수단이 필요한지 등에 대해서 깊이 있게 성찰할 필요가 있다(Ratts, 2009).

(5) 상담 개입 기술의 변화

전통적인 상담 기술과 다문화적 역량은 사회정의 관점의 상담을 위해서도 매우 중요하다. 보다 큰 사회적 맥락 속에서 내담자의 경험을 이해하려면 전통적인 상담을 다문화적 틀 내에서 이해하고 문화에 민감하게 반응하면서 개인·가족·집단 상담을 위해 전통적인 기술과 기법을 활용하되, 때로는 수정 및 보완하고 더 나아가서는 확장시킬 수 있어야 한다. 이러한 역량들은 앞서 제시한 다문화적 역량의 기술 수준에 해당하는 부분으로 지식이나 태도 수준과 함께 사회정의 관점의 상담을 위한 필수 요소들이다.

청과 베막(2012)은 이러한 전통적인 상담 기술 외에도 몇 가지 특정한 기술 혹은 기법이 사회정의 관점의 심리상담을 위해 특별히 중요하다고 하였다. 여기에는 외상을 가진 내담자를 효과적으로 다루는 기술, 희망과 낙관주의를 소통하고 공유하는 기술, 필요한 경우 문화권 내에서 중요한 비중을 차지하는 토착 치료사와의 파트너십을 활용하는 기술이 포함된다.

소외와 차별, 억압에 만성적으로 노출된 내담자들에게 외상 경험은 비교적 흔한 문제이기 때문에 사회정의 관점의 상담자로서 내담자의 외상 경험을 이해하고 상실, 슬픔, 애도 등의 치료적 문제에 대한 개입 방법에 정통하는 것은 매우 중요하다. 또한 난민이나 인권을 침해당한 경험이 많은 사람의 경우 비인간적이고 가혹한 경험을 내사하는 경향이 있으므로, 비록 외부 상황으로부터 영향을 받더라도 내담자 스스로 변화할 수 있다는 희망을 공유하면서 긍정적인 자세를 견지하는 것은 내담자의 믿음과 감정에 지대한 영향을 미칠 수 있다.

래츠(2009)는 사회정의 관점의 심리상담을 위해 특히 필요한 개입 기술로서 옹호 기술의 개발을 강조하였다. 많은 학자가 상담자 양성프로그램들이 미시 수준의 상담 기술(예: 공감 기술, 스트레스 대처 기제를 개발하도록 돕는 기술)은 지나치게 강조하는 반면, 중간 수준(예: 내담자의 가정이나 이웃, 학교 및 지역사회에서 실행할 수 있는 개입 방안들)이나 거시 수준(예: 사회정책, 입법, 법률을 다루는 개입 방안들)의 개입 기술에 대해서는 관심을 기울이지 않음을 지적해 왔다. 이러한 기술들은 부정의에 대해 공식적으로 항의하거나 여론을 조성하는 기술, 지역사회 리더들에게 자문하는 기술, 교사나 학부모와 협력하는 기술, 지원 사업에 응모하는 기술, 입법 로비 활동 기술, 현장 연구 기술, 국회의원과 만나 협상하는 기술 등 매우 다양하다. 상담자들은 대체로 이러한 옹호 기술들에 익숙하지 않지만, 시스템적 장벽들을 극복하고 내담자의 안녕을 도모하는 데 이러한 기술들이 필수적이다. 다음 절에서 상담자의 옹호 역량 부분에 대해 보다 자세히 다루도록 하겠다.

5. 상담자의 사회정의 역량

사회정의 관점의 상담자가 효과적인 사회 변화의 매개인이 되기 위해서는 구체적으로 어떤 사회정의 역량 혹은 기술이 필요할까? 청과 베막(2012)은 핵심적인 사회정의 역량 혹은 기술로, ① 리더십, ② 옹호, ③ 역량강화, ④ 학제 간 협력을 꼽았다. 이 절에서는 상담자가 갖추어야 할 사회정의 역량을 이 네 가지 역량을 중심으로 살펴보기로 한다.

1) 리더십

기관이나 조직에서 효율적인 리더는 집단 구성원들이 잠재력을 실현하도록 돕는 능력과 조직의 목적과 목표에 기여하는 능력을 가진다. 효율적인 리더십은 구성원들의 개인적·전문적 발전을 이끌어 내며, 여기에 비전을 더하여 잠재력의 요소와 성장, 전략적 계획 수립 기술, 실천 전략 그리고 전체로서 조직이나 기관의 미래를 위해 비전을 제시하는 능력 등이 개발된다(Lewis, Lewis, Daniels, & D'Andrea, 2003). 급속한 사회 변화의 시대에 조력전문가로서 상담자에게 리더십 기술은 더욱 중요하다. 구체적으로 사회정의 관점의 상담자들은 내담자를 옹호하고 역량강화하기 위해 내담자와 지역사회에 동기를 부여하고 행동하도록 도우며, 내담자, 지역사회, 기관, 서비스 제공자, 조직과 협력하여 일하는 방법을 잘 알아야 한다. 청과 베막(2012)은 사회정의 리더의 열 네 가지 특성을 제시하였는데 다음과 같이 요약할 수 있다. 이러한 특성들은 상담자의 리더십 개발을 위해 숙고해 볼 만한다.

- **진정성**: 내담자를 포함한 이해당사자로부터 깊은 신뢰와 도움을 이끌어 낸다.
- **진정한 협력자**: 모든 이해당사자와 더불어 비전, 아이디어, 권력, 의사결정에 있어서의 권위를 나눈다.
- **용기 있는 위기 수용자**: 사회 변화와 인권의 개선 등 사회정의 실천은 위기를 감수하는 개인이 없이는 일어날 수 없다.
- **체제에의 도전**: 사회정의를 위해 현존하는 규칙과 규정에 도전할 수 있다.
- **창의성**: 과거의 전형적인 방식을 넘어 확장하고 틀 밖의 보다 더 넓은 체계를 생각하면서 변화 과정에 관여한다.
- **동기 부여**: 약속과 희망적인 비전 안에 내재된 희망과 신뢰를 심어 준다.
- **겸손**: 변화 과정의 동반자로서 자신의 한계를 인식하고 수용하며, 사람들 속에 잠재된 힘과 성장을 인정하면서 자신의 자존심을 내려놓을 수 있다.
- **책임감**: 실수와 잘못에 대해 다른 누군가를 혹은 체제를 비난하는 대신에 스스로에게 책임을 묻는 능력이 있다.
- **전문가가 아닌 안내자**: 진정한 파트너십과 힘의 재분배는 책임을 맡고 결정을 내리는 전문가가 아니라 정의와 변화의 과정을 용이하게 하는 안내자를 필요로 한다.
- **역량강화**: 각 개인과 모든 사람의 역량강화를 지향하며 일한다.
- **자각하기**: 효율적인 사회정의 조력전문가로서 자신의 사회정치적 가치관, 신념, 태도, 세계관, 특수성을 이해한다.
- **차이를 이해하고 인정하기**: 사회정의 리더는 자신과 다른 사람 간의 차이를 정확히 이해하고 이를 인정한다.
- **연구 및 데이터 활용과 이해 능력**: 사회 변화를 도모하는 리더십은 개인적 의견에만 의존하지 않고 데이터와 연구 자료를 활용한다.
- **모델되기**: 사회 변화를 이끄는 리더는 일반 사람들이 모방할 수 있는 모델이 된다.

2) 역량강화

사회정의 관점은 심리상담의 수행 영역을 개인 수준의 변화를 촉진하는 미시적 차원을 넘어서 사회 변화를 위한 개입까지 확장하여 조망하므로 상담자는 상담 과정에서 사회적으로 소외된 집단에 대한 책임감을 인식하고 이에 대해 행동하는 역량을 갖출 필요가 있다. 이러한 측면에서 역량강화는 사회정의 관점의 상담 과정에서 상담자가 주력해야 할 핵심 역량 중 하나라고 할 수 있다.

역량강화(empowerment)는 사회에 존재하는 억압 속에서 내담자 자신이 어떻게 사회화되었는지를 이해하고 자신의 고유 역량을 발견하여 스스로의 삶을 결정할 수 있게 되는 과정을 의미한다(Wolff, 2014). 역량강화는 억압과 밀접히 관련되는 개념으로, 억압(oppression)은 사회 전반에 존재하는 조직적인 차별, 편견, 선입관 등이 내담자의 사회적 관계망 속에 융합되어 개인의 삶에 영향을 미치는 과정이다. 억압은 조직이 개인에게 영향을 미치는 과정에서 작용할 뿐 아니라 개인 내적 차원에서도 일어난다. 예컨대, 가난하고 무력한 처지에 있는 내담자가 경제적으로 무력하게 살도록 유도한 억압적 환경의 영향은 전혀 고려하지 않은 채 이러한 처지의 원인을 전적으로 자신의 도덕적 결함이나 책임에서 찾는다면, 이는 타인의 시선을 내면화한 것으로 내적 차원에서 작용하는 억압이라고 할 수 있다. 이러한 상황에서 사회정의 관점의 상담자에게 필요한 기술은 내담자가 경험한 억압적 조건들을 인식하고 내담자의 억압이 어떻게 작용하며, 내담자 개인의 삶과 정신건강에 어떻게 영향을 미치는지 이해하는 것이다. 또한 이러한 인식을 바탕으로 내담자를 역량강화시킴으로써 억압의 기제를 이해하도록 돕고 악순환에서 벗어나도록 돕는 것이다.

역량강화를 통해 내담자는 자신의 잠재력을 방해하였던 환경적 요인들을 확인하고 이에 대처할 수 있는 방안들을 찾게 되며, 자신의 삶을 스스로 통제할 수 있는 역량을 갖추게 된다. 억압을 이해하게 된 내담자는 개인의 성장 경험에 그치지 않고 사회체계 내에 존재하는 다양한 종류의 억압에 관심을 기울이게 되며, 사회 변화를 위해 다른 사람들과 연대하는 등 사회체계 변화를 위한 노력에도 헌신할 수 있게 된다(최가희, 2018).

3) 옹호

옹호란 내담자를 위하여 환경적 변화를 목적으로 목소리를 내거나 실천하는 행동(Bradley & Lewis, 2000), 내담자의 안녕을 가로막는 환경적·제도적 장애물이 제거되도록 촉진하기 위해 상담자가 취하는 행동(Toporek & Liu, 2001) 등으로 정의된다. 즉, 심리상담에서 옹호란 상담자가 내담자의 호소 문제를 이해하고 이를 해결하기 위해 사회나 환경의 문제를 이해하고 이를 긍정적으로 변화시키고자 목소리를 내는 전문적인 활동이라고 볼 수 있다.

지난 20여 년간 심리상담 분야에서 사회적 약자를 위한 옹호 활동에 대한 관심이 꾸준히 높아졌다. 구체적인 지표로, 21세기에 진입하면서 미국상담학회에서는 2003년에 '옹호 역량'을 상담자의 주요 역량 중 하나로 채택하여 옹호 활동의 중요성을 공식적으로 인정하였고, 미국심리학회에서도 옹호위원회를 발족하였다. 또한 2009년 미국상담학회에서는 사회정의 상담 분과를 창설하였고, 미국심리학회 또한 제45분과로 문화, 민족, 인종심리학회를 설치하였다. 이러한 학회 차원의 변화는 사회정의 관점의 등장과 맥을 같이하지만 사실 상담자의 옹호 활동은 그 자체로서 심리상담 분야에서 새로운 개념은 아니다. 이미 20세기 초반에 청소년들의 실업 문제에 대응하기 위한 수단으로 파슨스가 직업상담을 소개하는 옹호 활동을 한 것, 20세기 중반에 미국 내 인권운동, 페미니스트 운동 등 사회적 행동주의(social activism)가 뿌리를 내리면서 상담자의 옹호 활동이 상담전문가 사이에 쟁점이 된 점 등의 역사는 이를 잘 보여 준다(Chung & Bemak, 2012).

2003년 미국상담학회에서는 특별위원회를 통해 상담자와 상담수련생들이 옹호 활동을 실천하고 관련 지식과 기술을 개발하는 데 지침으로 활용할 수 있도록 일련의 옹호 역량(Lewis et al., 2003)을 제안하였다. 여기서 옹호 역량이란 상담자가 옹호를 윤리적이고 효과적으로 실천하기 위한 지식과 능력이다. 또한 래츠 등(2016)은 기존의 다문화적 상담 역량(Sue, Arredondo, & McDavis, 1992)에 사회정의 심리상담 역량을 통합하여 다문화 사회정의 상담 역량을 제안하였다. 여기서 미국상담학회의 옹호 역량 모델에 대한 옹호의 구체적인 예시와 이에 따른 상담자의 핵심 활동을 살펴보고자 한다(임은미, 2015; 임은미, 구자경, 2019; 최가희, 2018; Mallinkrodt et al., 2014; Toporek, Lewis, & Crethar, 2009).

미국상담학회의 옹호 역량 모델은 내담자의 관여 정도와 개입 수준의 두 차원에 기초하여 상담자의 다양한 옹호 활동을 개념화한다. 이 모델에 따르면, 관여의 정도에 따라 '함께하는 옹호'와 '대변하는 옹호'로 구분되며, 개입 수준에 따라 미시적 수준에서 거시적 수준에 이르기까지 내담자/학생, 학교/지역사회, 공공 영역의 세 수준으로 나뉘며, 이 두 차원을 교차하여 총 여섯 가지 옹호 유형의 옹호 활동으로 분류된다([그림 6-2] 참조).

미국상담학회의 옹호 역량 모델 중 '함께하는 옹호'는 내담자나 관련 공동체가 옹호 과정에 협조하고 함께 참여하는 주체 및 자문 역할을 하는 것(Mallinkrodt, Miles, & Levy, 2014)이다. 함께하는 옹호 중 '내담자/학생 역량강화'는 내담자가 스스로 목소리를 내고 필요한 자원에 접근하며 자신을 옹호할 수 있는 기술을 갖추도

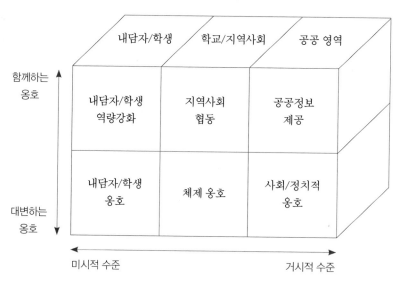

[그림 6-2] 미국상담학회의 옹호 역량 모델

출처: Ratts et al. (2007).

록 돕는 활동을 포함한다. 상담자는 내담자가 자신의 삶과 환경의 관계를 이해하며, 자신을 위해 스스로 활동할 수 있도록 간접적으로 지원하는 역할을 한다.

'지역사회 협동'은 학교나 지역사회 단위의 내담자와 함께 수행하는 옹호이다. 지역사회의 기관이나 학교 등을 대상으로 내담자의 건강한 발달을 저해하는 환경적 요인들, 강점과 자원을 확인하고, 그들이 스스로 문제를 해결할 수 있도록 요구 분석을 시행하고, 이러한 분석에 기초하여 프로그램을 개발하며 프로그램을 평가하는 등 지역사회와 긴밀히 협력하는 일련의 활동을 포함한다. 끝으로 거시적 수준의 함께하는 옹호인 '공공정보 제공'은 공공 또는 사회적 수준의 내담자와 함께 행하는 옹호 활동으로, 상담자와 지역사회가 미디어나 조직적인 힘을 활용하여 해당 집단의 주요 이슈를 사회에 알리는 등 공공정보를 제공함으로써 건강한 발달에 대한 대중의 지식과 인간의 존엄성에 대한 의식을 고양시키고, 건강한 발달을 위한 보호 요인과 장애물에 대한 대중의 인식을 개선하는 등의 활동을 한다.

대변하는 옹호는 내담자나 해당 집단의 직접적인 참여 없이 상담자가 내담자나 해당 집단의 문제를 인식하여 사회 변화를 목적으로 옹호하는 여러 활동을 포함한다. 미시적 수준의 '내담자/학생 옹호'는 내담자/학생이 자신에게 필요한 서비스나 대응 방법에 접근할 수 없을 때 내담자가 필요한 자원에 접근하도록 돕거나, 접근 시 장애물을 확인하여 제거할 실행 계획을 수립하고, 협조자들을 찾아 실행하는 활동을 포함한다. 예컨대, 장애 학생 내담자가 자신이 필요한 서비스를 받을 수 있도록 교육청 관계자를 설득하는 경우와 같이 내담자를 대신하는 상담자의 옹호 활동을 의미한다. 다음으로 '체제옹호'는 학교/지역사회 단위의 내담자를 대신하여 상담자가 옹호 활동을 하는 것으로, 내담자의 건강한 발달과 적응을 저해하는 환경적 장벽을 확인하고, 변화의 필요성을 보여 주는 자료를 제공하며, 이해관계자들과 협조체제를 유지하고 비전을 수립하고 정치적 힘과 사회적 영향력을 파악하며, 변화 계획을 수립하고, 대응 전략을 수립하고 실천하는 등의 다양한 활동을 포함한다. 마지막으로, '사회/정치적 옹호'는 공공집단인 내담자를 대신하는 옹호 활동으로, 사회/정치적 수준에서 해결될 수 있는 문제들을 구별하여 문제를 다루는 적절한 경로를 확인하고, 정책입안자, 법률가, 정치인, 종교인, 다른 분야의 전문가 등

타 분야의 전문가들을 만나 전문적 역량을 합치고 협업할 수 있는 공간을 형성하며, 변화를 위한 자료와 근거를 제시하고 설득하여 입법적·정책적 변화를 추구하는 등 다양한 범위의 활동을 포함하는 옹호 활동을 의미한다. 한편, 임은미(2017)는 이러한 옹호 역량 모델을 바탕으로 한국 상담자의 사회정의 옹호 역량을 측정하는 척도를 개발하였다. 이 연구에 따르면, 한국 상담자를 위한 사회정의 옹호 역량은 내담자의 역량 강화, 환경 변화의 필요 인식, 상담자의 사회 참여를 포함하는 세 요인으로 구성되는 것으로 나타났다.

4) 학제 간 협력

역사적으로 정신병리, 질병 모델의 전통에 뿌리를 두고 개인 심리치료에 집중해 온 정신건강 분야는 다른 전문 분야를 오랫동안 배제해 왔다. 또한 사회 변화와 옹호의 원칙을 구현함에 있어서 더 큰 사회나 세계와 연결하는 데 매우 취약했으며, 이는 심리상담 분야의 좁고 단선적인 시각을 강화하는 데 기여해 왔다고 할 수 있다. 사회정의 관점이 등장하면서 타 전문 분야를 배타적으로 보아 왔던 이러한 전통적인 관점에 대한 비판이 널리 제기되고 있으며, 타 학제와의 연계와 광범위한 융합의 필요성에 대한 인식이 높아지고 있다(Chung & Bemak, 2012).

사회정의 관점에서 볼 때, 개인, 가족, 집단 또는 지역사회를 위해 행동하는 것은 매우 복잡하고, 다차원적이며 다면적인 이슈를 포함한다. 설령 심리상담 분야의 전문적 지식이 다양한 인간 문제를 이해하고 해결하는 데 필요한 확고한 학문적 토대를 제공한다고 하더라도 이는 하나의 시각에 불과함을 기억할 필요가 있다. 다른 전문 분야들은 우리 사회의 개인, 집단, 가족 및 지역사회가 직면하고 있는 문제에 대해 보다 전체적이고, 포괄적이며, 다양한 관점과 접근을 가능하게 해 주므로 사회정의 관점에서 사회적 이슈와 불평등을 이해하고 해결을 추구하는 상담자는 자신의 전문적 역할을 확장하여 다른 분야의 시각을 통합하고 해당 분야의 전문가들과 적극적으로 협력하는 노력을 기울여야 한다. 사회경제적으로 취약한 지역에 거주하는 아동들이나 난민, 그 외에 다른 소외 계층의 문제를 더 잘 이해하고 개입하기 위해서는 사회학자, 문화인류학자, 공중보건 전문가, 국제 변호사들과 협력해야 할 것이며, 이들이 훈련받고 일하는 방식은 이런 인구 집단을 연구하고 예방프로그램을 개발하고 조력하는 새로운 방식을 더해 줄 수 있을 것이다.

청과 베막(2012)은 상담자의 학제 간 협력적 파트너십 역량을 증진하기 위해 실천할 수 있는 다양한 요소를 제안하였다. 예컨대, 현대사회의 사회적 이슈와 불평등 문제를 해결하는 협력적 파트너로서 상담자의 전문적 정체성 재정의 및 역할의 재구조화, 상담자 양성 교육과정에 대한 비판적 검토 및 학제 간 협력 중심의 교육과정 개발, 협의의 정신건강을 넘어서는 폭넓은 해결 방안 제시, 팀워크를 통한 전문가 간 갈등, 적대감, 불신감 감소, 전문가 간 힘과 결정권 공유, 상담과 심리치료 이론의 적용에 대한 이해 개선, 학제 간 협력을 촉진하는 공동 프로젝트 수행 등이 포함된다.

6. 결론 및 시사점

이 장에서는 교육의 사회적 책임을 논의하기 위해 지난 20~30여 년간 미국을 중심으로 심리상담 분야에서 꾸준히 발전해 온 사회정의 관점을 기술하였다. 역사적으로 심리상담 분야에서 사회정의 관점은 인간발달에 대한 생태체제이론, 다문화주의, 여성주의 상담이론뿐 아니라 인접 학문 분야에서 나타난 사회정의에 대한 담론에 힘입어 발전하였다. 사회정의 관점은 상담자로 하여금 전통적 상담 모델의 반경을 넘어 내담자의 호소 문제를 이해하고 효과적으로 개입하는 혁신적인 모델로 그 자리를 확보해 가고 있으며, 이에 따라 심리상담 전문가 사이에서 다문화주의를 이어받는 제5세력으로 평가되기도 한다.

이 장에서 제시한 사회정의 관점은 심리상담 분야의 교육전문가가 내담자의 개인 내적 변화를 강조하는 전통적인 목표를 넘어서서 어떻게 사회 변화에 헌신하며 사회적 책임을 충실히 이행할 수 있을지에 대한 유용한 이론적·실천적 패러다임을 제시하였다. 그러나 사회정의 관점이 상담의 가치중립성을 침해할 소지가 있다

거나, 전문적 상담관계의 경계를 모호하게 할 수 있다는 우려, 예방적 활동의 경제
적 가치가 의문시될 수 있는 점, 조력 활동 전문가 간의 역할 경계가 모호해질 수
있는 점 등을 포함하여 사회정의 관점의 심리상담에 대한 비판적 시각도 존재하므
로(임은미, 2015) 이러한 우려 점에 대해 상담자는 자신의 전문적 정체성이나 역할
과 관련하여 깊이 성찰해 보아야 한다.

이 장에서 제시한 사회정의 관점은 기존의 심리상담 패러다임을 허물거나 대체
하는 것으로 인식하기보다는 기존의 관점들이 가지는 한계점을 보완하는 측면에
서 인식하는 것이 중요하다. 교정보다는 예방 초점, 개인병리보다는 맥락, 시스템,
환경 변화, 상담실 밖의 실생활 변화를 강조하는 개입(즉, 옹호), 역량강화, 학제 간
협력 등 사회정의 관점의 여러 강점은 상담자가 내담자의 문제를 바라보는 관점과
문제를 이해하는 방식 그리고 문제를 개입하는 방식에 광범위하고 강력한 영향을
미칠 수 있다. 이는 상담 실무에서 자주 당면하는 기존의 모델이 갖는 명백한 한계
점을 보완하여 상담의 효과성과 책무성을 높이는 강력한 도구가 될 잠재력이 있기
때문이다. 이처럼 '사회' 변화를 강조하는 사회정의 관점은 기존의 상담 패러다임
에 의미심장한 변화를 요구하지만, 심리상담이 내담자 개인에 대한 긍정적 영향뿐
아니라 내담자와 관련된 다양한 이해관계자, 지역사회, 정책 등의 차원까지 직간접
적으로 영향을 행사할 잠재력을 극대화하는 목표를 추구한다는 점에서 교육의 사
회적 책임을 이해하고 실천하는 강력한 도구가 될 수 있다.

또한 사회정의 관점은 현재 상담 활동에 종사하는 전문가 집단뿐 아니라 미래
사회를 전향적으로 바라보며 준비하는 예비 전문가들에게도 시사하는 바가 크다
고 할 수 있다. 우리나라도 세계화 추세에 발맞추어 외국인 노동자와 유학생, 결혼
이주여성, 탈북 난민의 유입 증가, 노령화 및 출산율 감소 등 인구 변화를 경험하
며 빠르게 다문화 사회로 변모해 가고 있다. 심리상담 분야 내의 사회정의 관점은
다민족 기반의 미국 사회를 위시한 서구권 국가들에서 태동되고 발전되었으나, 이
러한 요인들은 한국 사회가 직면하고 있는 다양한 사회적 문제(예를 들면, 흙수저와
금수저로 대표되는 신계급사회론, 무한 경쟁, 성별·연령별 비하 용어로 표현되는 집단 간
갈등, 높은 자살률, 학교 및 직장 내 괴롭힘, 고독사)와 맞물려 불평등, 차별, 억압 등과

관련된 사회정의에 대한 일반 대중의 관심이 역사상 어느 시기에 못지않게 높아지게 되었다.

　이 장에서 살펴본 바와 같이 사회정의 관점에서의 심리상담은 상담자의 전통적인 역할과 정체성의 변화를 요구하고, 내담자의 문제에 대한 전통적인 관점과 개입 모델의 범위를 넘어서 사회 변화의 촉진자, 옹호자로서 보다 적극적인 역할을 수행할 것을 요구하고 있다. 상담 현장에서 실제로 많은 상담자가 청소년상담, 다문화상담, 학교상담 등을 수행하면서 차별이나 억압, 불평등에 노출된 내담자를 옹호하고 그들의 권익을 대변하고 역할에 관여하고 있지만, 그동안 상담자의 중요한 역할이나 책임이라는 인식보다는 부차적인 활동으로 간주하는 경향이다. 더욱이 전문 상담자를 양성하는 현재의 대학원 교육과정에서 사회정의 기술을 체계적으로 가르치고 이에 대한 실습을 병행하거나 슈퍼비전을 제공하는 일은 매우 부족하였다. 이러한 상황에서 현직 상담자들이 설사 이러한 역할을 수행하더라도 전문적 역할 갈등과 정체성의 혼란을 경험하는 것은 놀라운 일이 아닌 듯하다. 물론 대학원 교육과정, 상담교육 연수프로그램의 변화 등 상담자 교육의 변화가 절실히 필요함은 두말할 나위가 없다. 이러한 점에서 심리상담 분야의 전문가의 역량은 전통적인 '과학자−실무자'의 역할을 넘어서 '과학자−실무자−옹호자 모델'(Mallinckrodt, et al., 2014) 혹은 '상담자−옹호자−학자 모델'(Ratts & Greenleaf, 2018)을 염두에 두고 개발하여 정교화될 필요가 있다.

　21세기 전반에서 중반으로 진입을 앞두고 있는 현 시점에서 심리상담 전문가들은 그들이 제공하는 다양한 심리교육적 서비스의 책무성을 확보할 뿐 아니라 전통적인 상담 개입 패러다임을 넘어서 전문적 조력자로서 시야를 넓히고 전문적 역할과 정체성을 재정의하고 혁신하는 도전과 마주하고 있다. 이러한 시점에서 사회정의 관점은 심리상담의 사회적 책임에 대하여 상담자들에게 깊은 성찰과 보다 적극적인 실천을 요구한다.

1. 교육의 사회적 책임 측면에서 사회정의 관점은 미래 상담자의 역할과 정체성 변화에 어떠한 방식으로 영향을 미칠 것으로 생각하는가?

2. 사회정의 관점이 심리상담의 사회적 책임을 제고하는 데 기여할 수 있다고 보는 필자의 관점에 대해 당신은 동의하는가? 동료들과 함께 의견을 나누어 보자.

3. 심리상담의 패러다임을 사회정의 관점으로 전환하는 데 따르는 우려나 실제적인 어려움은 무엇인가? 당신이 상담 실무자나 연구자라면 동료들과 의견을 나누어 보고, 당신이 학생이라면 이 주제에 대해 주변의 전문가들로부터 의견을 조사해 보고 나누어 보자.

임은미(2015). 학교장면에서의 옹호상담 방안 탐색. 교육학연구, 53(3), 119-140.

임은미(2017). 한국 상담자를 위한 사회정의 옹호역량 척도(SJACS-K)의 개발 및 타당화. 상담학연구, 18(6), 17-36.

임은미, 강혜정, 김성현, 구자경(2018). 한국 상담자의 다문화 상담역량 척도 개발 및 타당화. 상담학연구, 19(1), 421-442.

임은미, 구자경(2019). 다문화 사회정의 상담. 서울: 학지사.

임은미, 여영기(2015). 사회정의 상담: 저출산 시대 진로진학상담의 새로운 방향. 교육종합연구, 13(3), 141-161.

정지선(2020). 다문화 및 사회정의 상담을 위한 상담자 교육과정. 한국심리학회지: 상담 및 심리치료, 32(1), 225-248.

주은선, 이현정(2010). 결혼이주여성 대상 다문화 상담 관련 종사자들의 현장 경험에 대한 질적 연구. 한국심리학회지: 일반, 29(4), 817-846.

최가희(2018). 사회정의와 상담심리의 역할. 한국심리학회지: 상담 및 심리치료, 30(2), 249-271.

American Counseling Association. (2014). 2014 ACA Code of Ethics. Retrieved from https://www.counseling.org/resources/aca-code-of-ethics.pdf

American Psychological Association. (2017). Ethical Principles of Psychologists and Code of Conduct. Retrieved from https://www.apa.org/ethics/code/ethics-code-2017.pdf

Arredondo, P., Toporek, R., Brown, S. P., Jones, J., Locke, D. C., Sanchez, J., & Stadler, H. (1996). Operationalization of the multicultural counseling competencies. *Journal of Multicultural Counseling and Development, 24*(1), 42-78.

Bailey, D. F., Getch, Y. Q., & Chen-Hayes, S. (2007). Achievement advocacy for all students through transformative school counseling programs. In B. T. Erford (ed.), *Transforming the school counseling profession* (2nd ed., pp. 98-120). Upper Saddle River, NJ: Pearson.

Bell, L. A. (2013). Theoretical foundations. In M. Adams, W. J. Blumenfeld, C. Castañeda, H. W. Hackman, M. L. Peters, & X. Zúñiga (Eds.), *Readings for diversity and social justice* (3rd ed., pp. 21-26). New York, NY: Routledge.

Berman, S. (1990). Educating for social responsibility. *Educational Leadership, 48*(3), 75-80.

Bradley, L., & Lewis, J. (2000). Introduction. In J. Lewis & L. Bradley (Eds.), *Advocacy in counseling: Counselors, clients & community* (pp. 3-4). Greensboro, NC: ERIC Clearinghouse on Counseling and Student Services.

Bronfenbrenner, U. (1977). Toward an experimental ecology of human development. *American Psychologist, 32*, 513-531.

Chung, R. C. Y., & Bemak, F. P. (2012). *Social justice counseling: The next steps beyond multiculturalism.* Thousand Oaks, CA: Sage.

Davis, K. (1996). *What is social justice? Perspectives on Multicultural and Cultural Diversity, 6*, 1-3.

Freire, P. (1993). *Pedagogy of the oppressed.* New York, NY: Continuum.

Goodman, L. A., Liang, B., Helms, J. E., Latta, R. E., Sparks, E., & Weintraub, S. R. (2004). Training counseling psychologists as social justice agents: Feminist and multicultural principles in action. *The Counseling Psychologist, 32*(6), 793-836.

Hailes, H. P., Ceccolini, C. J., Gutowski, E., & Liang, B. (2020). Ethical guidelines for social justice in psychology. *Professional Psychology: Research and Practice, 52*(1),

1-11.

Hussain, J. A., & Gonen, S. (2017). Education for social responsibility. In N. Aloni & L. Weintrob (Eds.), In *Beyond bystanders: Educational leadership for humane culture in a globalizing reality* (pp. 269-282). London: Springer.

Hussain, J. A., & Gonen, S. (2017). Education for social responsibility. In *Beyond bystanders* (pp. 269-281). Paderborn, DE: Brill Sense.

Jackson, M. L. (1995). Multicultural counseling: Historical perspectives. In J. G. Ponterotto, J. M. Casas, L. A. Suzuki, & C. M. Alexander (Eds.), *Handbook of multicultural counseling* (pp. 3-16). Thousand Oaks, CA: Sage.

Jun, H. S. (2009). *Social justice, multicultural counseling, and practice: Beyond a conventional approach.* Thousand Oaks, CA: Sage.

Lewis, B. L. (2010). Social justice in practicum training: Competencies and developmental implications. *Training and Education in Professional Psychology, 4*(3), 145-152.

Lewis, J. A., Lewis, M. D., Daniels, J. A., & D'Andrea, M. J. (2003). *Community counseling: Empowerment strategies for a diverse society* (3rd ed.). Belmont, CA: Brooks/Cole.

Liang, B., Spencer, R., West, J., & Rappaport, N. (2013). Expanding the reach of youth mentoring: Partnering with youth for personal growth and social change. *Journal of Adolescence, 36*(2), 257-267.

Mallinckrodt, B., Miles, J. R., & Levy, J. J. (2014). The scientist-practitioner-advocate model: Addressing contemporary training needs for social justice advocacy. *Training and Education in Professional Psychology, 8*(4), 303-311.

Pedersen, P. (1990). The multicultural perspective as a fourth force in counseling. *Journal of Mental Health Counseling, 12*(1), 93-95.

Ratts, M. J. (2009). Social justice counseling: Toward the development of a fifth force among counseling paradigms. *The Journal of Humanistic Counseling, Education and Development, 48*(2), 160-172.

Ratts, M. J., & Greenleaf, A. T. (2018). Counselor-advocate-scholar model: Changing the dominant discourse in counseling. *Journal of Multicultural Counseling and Development, 46*(2), 78-96.

Ratts, M. J., DeKruyf, L., & Chen-Hayes, S. F. (2007). The ACA advocacy competencies:

A social justice advocacy framework for professional school counselors. *Professional School Counseling, 11*(2), 90–97.

Ratts, M. J., Singh, A. A., Nassar-McMillan, S., Butler, S. K., & McCullough, J. R. (2016). Multicultural and social justice counseling competencies: Guidelines for the counseling profession. *Journal of Multicultural Counseling and Development, 44*(1), 28–48.

Remley, T. P., Jr (1985). The law and ethical practices in elementary and middle schools. *Elementary School Guidance & Counseling, 19*(3), 181–189.

Rowley, W. J., & MacDonald, D. (2001). Counseling and the law: A Cross-Cultural Perspective. *Journal of Counseling and Development, 79*(4), 422–429.

Sandel, M. (2009). *Justice: What's the right thing to do?*. New York: Farrar, Straus and Giroux.

Smith, J. M. (2003). *A potent spell: Mother love and the power of fear*. Boston, MA: Houghton Mifflin Harcourt.

Smith, S. D., Reynolds, C. A., & Rovnak, A. (2009). A critical analysis of the social advocacy movement in counseling. *Journal of Counseling & Development, 87*(4), 483–491.

Sue, D. W., Arredondo, P., & McDavis, R. J. (1992). Multicultural counseling competencies and standards: A call to the profession. *Journal of Multicultural Counseling and Development, 20*(2), 64–89.

Sue, D. W., Carter, R. T., Casas, J. M., Fouad, N. A., Ivey, A. E., Jensen, M., & Vazquez-Nutall, E. (1998). *Multicultural counseling competencies: Individual and organizational development* (Vol. 11). Thousand Oaks, CA: Sage.

Toporek, R. L., & Liu, W. M. (2001). Advocacy in counseling: Addressing race, class, and gender oppression. In D. B. Pope-Davis & H. L. K. Coleman (Eds.), The intersection of race, class, and gender in multicultural counseling (pp. 385–413). Thousand Oaks, CA: Sage.

Toporek, R. L., Lewis, J. A., & Crethar, H. C. (2009). Promoting systemic change through the ACA advocacy competencies. *Journal of Counseling and Development, 87*(3), 260–268.

Wolff, T. (2014). Community psychology practice: Expanding the impact of psychology's work. *American Psychologist, 69*(8), 803–813.

한국상담심리학회(2021). 상담심리사 윤리규정. https://krcpa.or.kr/user/sub02_9.asp에서 2021. 8. 18. 자료 얻음

한국상담학회(2021). 사단법인 한국상담학회 윤리강령. https://counselors.or.kr/KOR/kca/law3.php에서 2021. 8. 18. 자료 얻음

제**7**장
재난심리지원과 전문인력 교육

유순화

재난으로 인한 피해는 매우 광범위하여 재난 피해자의 신체적 · 정신적 기능 모두에 영향을 미치고 그 피해 정도 또한 심각하다. 인명이나 재산을 잃은 재난 피해자들은 스트레스로 인해 어떤 형태로든 심리적 부적응을 일으킬 가능성이 높다. 재난 피해자가 경험하는 심리적 충격과 문제의 치유를 소홀히 하게 되면 더 큰 병리현상과 사회간접 비용의 증가로 이어지게 되므로 재난 피해자에 대한 심리지원은 필수적이다. 정신건강 전문가는 개인이나 지역사회가 재난에 대처하는 과정에서 심리적인 지원을 제공해 줄 수 있는 중요한 자원이 된다. 재난심리지원 활동은 정신건강 전문가들이 우리 사회에 대해 가져야 할 책임의 영역이라고 할 수 있다. 이 장에서는 심리적인 영역을 다루는 정신건강 전문가들이 지녀야 할 사회적 책임으로서의 재난심리지원에 대해 논의한다. 먼저, 재난의 정의와 심리적 영향을 알아보고, 재난심리지원의 필요성과 정신건강 전문가의 사회적 책임, 미국과 우리나라의 재난심리지원체계 및 재난심리지원 전문인력 교육이 어떻게 이루어지는지 살펴본 후에 앞으로 우리나라의 재난심리지원 전문인력 교육이 지향해야 할 방향을 제안한다.

1. 재난과 재난의 영향

1) 재난의 정의와 특성

우리나라의 「재난 및 안전관리 기본법」 제3조에서는 재난을 "국민의 생명·신체 및 재산과 국가에 피해를 주거나 줄 수 있는 것"으로 정의하면서 자연재난과 사회재난으로 구분하고 있다. 자연재난은 태풍, 홍수, 호우, 강풍, 풍랑, 해일, 대설, 한파, 낙뢰, 가뭄, 폭염, 지진, 황사, 조류 대발생, 조수, 화산 활동, 소행성·유선체 등 자연 우주 물체의 추락·충돌, 그 밖에 이에 준하는 자연현상으로 인하여 발생하는 재해라고 정의되어 있다. 사회재난은 화재, 붕괴, 폭발, 교통사고(항공사고 및 해상사고를 포함), 화생방사고, 환경오염사고 등으로 인하여 발생하는 피해와 국가 핵심 기반의 마비, 감염병 또는 가축 전염병의 확산, 미세먼지 등으로 인한 피해를 말한다.

유엔국제재난경감기구에서는 재난을 "인적, 물적, 경제적 또는 환경적 손실과 영향이 막대하여 지역 또는 사회의 기능이 와해된 상태로서 영향을 받은 지역 또는 사회의 자원만으로 대처할 수 있는 범위를 넘어서는 사건"이라고 정의하고 있다 (United Nations International Strategy for Disaster Reduction, 2009).

미국연방재난관리청에서는 재난을 "사람에게 고통을 유발하는 자연적 사건이나 인재로 인한 사건(예를 들어, 허리케인, 회오리, 홍수, 쓰나미, 지진, 폭발, 위험물 사고, 화재, 테러, 기근, 전염병)을 말한다. 재난은 지역의 자원만으로는 대처가 불가능하여 외부의 지원이 필요한 상황을 초래한다."라고 정의하고 있다(Federal Emergency Management Agency & U.S. Department of Health and Human Services, 2013).

「재난 및 안전관리 기본법」에 나타난 바와 같이 재난은 다양하고 재난마다 독특한 특성이 있다. 재난의 범위, 강도, 지속성에 따라 재난의 특성이 달라진다(육성필, 이윤호, 2019). 범위가 클수록, 강도가 셀수록, 오래 지속될수록 재난으로 인한 심리적 충격은 커지게 된다. 재난의 범위가 좁으면 해당 지역의 지지망이 유지될 수 있지만, 재난의 범위가 넓으면 정상적인 활동이 어려워지고 전기나 수도와 같은 기반 시설이 붕괴될 수 있다. 그만큼 회복에 더 많은 시간이 걸리고 사람들에게 상당한 충격을 지속시킨다. 강도는 범위와 관련이 있지만 같은 개념은 아니다. 재난의 범위는 넓으나 강도가 약하면 심리적인 부정적 결과가 장기간 지속되지 않지만, 범위는 좁으나 강도가 센 재난은 더 큰 충격이 오랫동안 지속될 수 있다. 지속성은 사람들이 재난의 영향을 받는 기간을 말한다. 여진을 동반한 지진의 경우에 재난이 언제 끝날지 모르기 때문에 불안감과 스트레스를 더 많이 경험하게 된다. 이와 같이 재난의 범위, 강도, 지속성은 재난 피해자들의 반응에 큰 영향을 미친다(육성필, 이윤호, 2019).

2) 재난에 따른 심리적 반응

재난을 경험한 피해자들은 대체로 공통적인 심리적 반응단계를 거친다고 한다. 이 단계는 관점에 따라 3단계(급성기, 아급성기, 만성기; 국가트라우마센터, 2020b) 혹은 재난 발생 전 단계를 포함한 4단계(재난 발생 이전 단계, 충격반응단계, 반동반응단계, 재난 발생 이후 회상반응단계; 임현우, 2019)로 나뉘기도 한다. 또한 미국연방재난관리청에서는 재난 피해를 겪은 지역사회의 반응을 6단계로 설명하고 있다(Federal Emergency Management Agency & U.S. Department of Health and Human Services, 2021).

(1) 재난 피해자들의 심리적 반응

① 재난 발생 이전 단계
재난은 예기치 못한 상태에서 발생하는 경우도 있지만, 재난이 발생하기 전에 각종 경보와 위험 신호를 접하기도 한다. 사람들은 위험 신호가 있더라도 이를 무의식적으로 정상 신호로 해석하려는 경향이 있다. '집단사고'라는 심리적 기제가 개입하게 되면 긴급 대피와 같은 대안적인 행동을 억누르게 되고, 위험은 느끼지만 자기와 같은 행동을 하는 사람들이 많으면 위험의식이 더욱 희석된다(임현우, 2019).

② 급성기(충격반응단계: 사고 후 수일에서 수 주)

재난 충격을 경험하는 순간에는 어쩔 줄 몰라서 멍하니 서 있기도 하고, 두려움에 떨기도 하지만, 대부분은 살아남기 위한 행동을 한다(권정혜, 안현의, 최윤경, 주혜선, 2014). 이성적으로 사고하고 행동하기보다는 집중력이 떨어지고 의사소통이 어려워지기도 한다. 또한 특이한 행동 양상이 발견되기도 하는데, 화재 현장에서 여러 개의 출입구가 있음에도 불구하고 자신이 들어왔던 출입구로만 나가려고 하거나, 사람들이 많이 모여 있는 출입구로만 나가려는 등의 행동을 하기도 한다(임현우, 2019). 이 시기에는 신체적인 도움이 최우선이며, 재난 피해자들에게 발생한 사태에 대한 파악이 중요하다(국가트라우마센터, 2020b).

③ 아급성기(반동반응단계: 사고 후 약 3개월까지)

재난 충격이 지나간 직후 시기로서 일단 생존자들은 살았다는 것을 깨닫고 그에 대한 다양한 반응을 보이는 단계이다. 수면장애를 호소하고 사소한 자극에도 힘들어하며 외상 후 스트레스 장애 증상이 시작되기도 한다. 주위로부터 이해받지 못할 경우에는 불신감, 고립감이 발생할 수 있다.

④ 만성기(회상반응단계: 사고 3개월 이후)

우울과 불안, 무서운 생각이 떠오르고 공포심을 느끼며 스스로 조절이 잘 안 된다. 사고 전의 일상생활로 돌아가기 힘들다는 데 대한 초조함, 재난 피해와 희생자에 대한 회상으로 인해 힘들어하며 비탄에 빠지기도 한다. 이러한 현상은 생존자뿐만 아니라 재난 구호에 참여한 사람이나 재난을 목격한 사람들에게도 나타난다. 시간이 지남에 따라 이런 증상이 사라지기도 하지만, 어떤 경우에는 장기적인 정신질환으로 이어지기도 한다.

(2) 재난 피해 지역사회의 반응

재난 피해자들은 개인으로서 재난을 경험하지만, 동시에 지역사회의 일원으로서 재난을 경험하게 된다. 미국연방재난관리청에서는 재난에 대한 지역사회의 반응을 6단계로 제시하고 있다(Federal Emergency Management Agency & U.S. Department of Health and Human Services, 2021).

① 1단계: 재난 전 단계(pre-disaster phase)

재난이 갑자기 닥쳤을 때는 무방비로 인한 당황스러움, 미래에 대한 두려움, 상실감, 무능감 등의 감정을 경험하게 된다. 재난 위험 신호가 있었음에도 재난 발생 경보를 무시하거나 과소평가하여 재난을 당한 경우에는 죄책감을 가지거나 자기 비난을 할 수 있다. 이 단계는 몇 분, 몇 시간 정도로 짧을 수도 있고, 허리케인 계절과 같이 수개월 간 지속될 수도 있다.

② 2단계: 충격단계(impact phase)

이 단계는 강렬한 정서적 반응이 다양하게 일어나는 시기이다. 위험도가 높지 않고 천천히 다가오는 재난과 위험도가 높고 급속히 닥치는 재난이 미치는 심리적인 영향에는 차이가 있다. 그 결과 정서적 반응이 다양하게 나타나게 된다. 대체로 초기의 혼란과 불신 뒤에는 자신과 가족에 대한 보호에 집중하게 된다. 재난 반응 단계 중에 가장 짧게 지속된다.

③ 3단계: 영웅적 단계(heroic phase)

이 단계는 활동성은 높으나 생산성이 낮다. 이 시기에는 이타심이 존재하며, 생존자들은 구조 활동에 참여하는 등 다른 사람을 돕는 행동을 하게 된다. 그에 따라 위험에 대한 정확한 평가가 어려워지기도 한다. 곧 다음 단계로 전환된다.

④ 4단계: 우호적 단계(honeymoon phase)

감정의 극적인 전환이 일어나는 단계이다. 재난 지역과 생존자에 대한 지원이 많아지고 관심이 높아지면서 지역사회의 응집력이 발생하고 일상으로 돌아갈 것이라는 낙관주의가 생긴다. 그 결과 재난 지원 제공자들은 피해를 입은 사람들과 신뢰를 형성하고 이해당사자들과 관계를 맺는 등 좋은 환경이 이루어진다. 이 단계는 수 주 동안 지속된다.

⑤ 5단계: 환멸단계(disillusionment phase)

우호적 단계와 극명하게 대조되는 단계이다. 지역사회와 개인은 재난지원의 한계를 체감하게 된다. 낙관주의가 실망으로 변하고 스트레스가 계속됨에 따라 신체적 소진이나 약물 사용과 같은 부정적 반응이 일어나기도 한다. 필요와 지원 간의 간극이 커져 버림받은 느낌을 가질 수도 있다. 더 큰 지역사회가 일상으로 복귀하여 개인과 지역사회도 지원을 수용할 준비가 되면서 서비스에 대한 수요가 증가할 수 있다. 이 단계는 수개월이나 수년간 지속될 수 있고 재난 기념일 등의 촉발 사건이 생기면 기간은 더 길어지기도 한다.

⑥ 6단계: 재건단계(reconstruction phase)

개인과 지역사회는 자신들의 삶을 재건하는 책임을 지기 시작하고, 사람들은 상

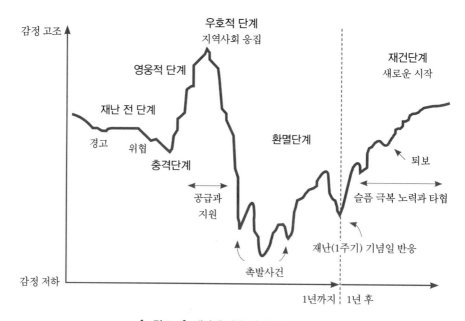

[그림 7-1] 재난에 따른 지역사회의 반응

출처: Federal Emergency Management Agency & U.S. Department of Health and Human Services (2021).

실 가운데에서도 '새로운 정상적인 삶(new normal)'에 적응하게 된다. 재건단계는 보통 재난 발생 1년 뒤인 재난 기념일 즈음에 시작되어 그 이후까지 수개월이나 수 년간 지속될 수 있다.

2. 재난심리지원과 정신건강 전문가의 사회적 책임

1) 재난심리지원

「재난 및 안전관리 기본법」 제66조에 "국가와 지방자치단체는 재난으로 피해를 입은 사람에 대하여 심리적 안정과 사회 적응(이하 심리회복)을 위한 상담 활동을 지 원할 수 있다."라고 명시되어 있다. 또한 「재난 및 안전관리 기본법 시행령」 제73조 의 2항에는 재난으로 피해를 입은 사람에 대하여 심리적 안정과 사회 적응을 위한 상담 활동을 체계적으로 지원하기 위한 절차를 제시하고 있다.

재난심리지원이란 용어는 재난심리회복지원, 재난상담, 재난심리 상담, 재난정 신건강지원, 재난대응 위기상담 등 다양한 용어로 사용되고 있다. 여기서는 많은 연구에서 사용하고 있는 '재난심리지원'이라는 용어를 중심으로 사용하되, 인용된 내용은 해당 문헌에서 사용한 용어를 그대로 제시할 것이다.

행정안전부(2018)의 재난심리회복지원 실무 매뉴얼에는 재난심리회복지원이란 "재난 경험자에 대한 심리적 안정과 사회 적응 지원"이며, "재난 발생 시 재난 경험 자와의 초기 신뢰 형성을 바탕으로 심리상담 활동을 실시하여 외상 후 스트레스 장 애 등으로 악화되는 것을 사전에 예방하기 위한 일련의 활동"이라고 설명하였다. 박해인 등(2020, p. 123)은 재난정신건강지원을 "재난으로 인해 심리적 충격을 받은 사람들을 대상으로 정신적·심리적 고통을 줄여 주고, 위기 상황에서 적절히 대처 할 수 있는 능력을 회복시켜 심리사회적 후유증을 예방하고, 일상으로 복귀할 수 있도록 지원하는 일련의 활동"이라고 하였다. 양기근(2008, p. 52)은 심리관리 지 원 시스템을 "재해 및 위기 상황에 처한 사람들의 정서적 고통을 완화시켜서 피해를 당한 국민들이 자원을 활용하여 스스로 회복할 수 있도록 돕고, 위기 상황에서의 비정상적인 스트레스에 적절히 대처할 수 있도록 능력을 증진시켜 사회·심리적 부적응, 재난 충격을 예방하기 위한 일련의 활동"으로 정의하였다.

요약하면 재난심리지원이란 재난에 대응하고 재난으로부터 회복하기 위하여 정신건강 전문가들이 재난 피해자들에게 제공하는 심리적 지원을 말한다. 「재해구호법」 제3조에서는 이러한 재난심리지원 대상으로 이재민, 일시 대피자, 재해로 인한 심리적 안정과 사회 적응 지원이 필요한 사람이라고 되어 있다. 행정안전부(2018)의 재난심리회복지원 실무 매뉴얼에서는 이재민 및 일시 대피자뿐만 아니라 재난현장에서 구호·봉사·복구 활동에 참여한 사람, 재난을 직접 목격한 사람, 그 밖에 행정안전부장관 또는 구호기관이 재난으로 인해 심리회복지원이 필요하다고 인정한 사람 모두 재난심리지원의 대상으로 포함하고 있다.

2) 재난심리지원의 필요성과 정신건강 전문가의 사회적 책임

재난으로 인한 피해는 매우 광범위하여 재난 피해자의 신체적·정신적 기능 모두에 영향을 미치고 그 피해 정도 또한 심각하다. 그런데 최근까지도 우리나라의 재난 지원 활동은 주로 물질적·경제적 측면에서 이루어졌으며 심리적 영역은 소홀히 여겨 온 경향이 있다. 인명이나 재산을 잃은 재난 피해자들은 스트레스로 인해 어떤 형태로든 심리적 부적응을 일으킬 가능성이 높다. 따라서 재난에 대한 대응은 인명 구조는 물론 피해자들의 신체적·정신적 회복을 위한 서비스 등 다각적인 측면에서 이루어져야 한다(유성은 외, 2018).

재난 피해자들에 대해 미국이나 UN, 국제적십자사 등에서 심리 지원을 시작한 것은 1990년대에 접어든 이후부터였다. 우리나라에서는 2003년 대구 지하철 화재 참사를 겪으면서 재난 피해자의 심리 지원에 대한 관심과 필요성이 제기되기 시작하였고, 2014년 세월호 참사 이후부터 관련 논의가 급증하였다(이동훈, 김세경, 최태산, 김정한, 2015).

일반적으로 재난을 당하면 사람들은 슬픔과 무기력, 공포와 불안, 수면장애, 음

주 혹은 약물의 과다한 사용 등의 반응을 보인다(육성필, 이윤호, 2019). 재난 초기에 피해자들에게서 스트레스 반응이 나타나는 것은 정상적인 현상으로 여길 수 있지만, 심하면 외상 후 스트레스 장애나 공황장애 같은 정신질환으로 연결되기도 한다. 우리나라의 재난 사건 가운데 대구지하철 생존자의 정신분열 증세, 성수대교 붕괴로 자녀를 잃은 학부모의 알코올의존증, 세월호에 희생된 학생 아버지의 자살 등은 재난 피해자들의 정신건강 문제가 심각하다는 것을 보여 준다(이성애, 조호대, 2020).

재난 피해자가 경험하는 정신적 충격과 문제의 치유를 소홀히 하게 되면 더 큰 병리현상과 사회간접 비용의 증가로 이어지게 된다(이송은 외, 2021). 따라서 이들을 적시에 치료하여 부정적인 결과를 최소화하는 동시에 본래의 일상으로 회복할 수 있도록 적극적으로 지원해야 한다(이성애, 조호대, 2020; 이윤호, 육성필, 2020).

실제로 재난을 경험한 사람들은 심리적 문제가 가장 큰 어려움이라고 호소하고 있다. 이송은 등(2021)은 국립정신건강센터의 지원을 받아 재난심리지원에 관한 국민의 인식을 조사하였다. 전국 17개 시도 소재의 만 19세 이상 성인 남녀 2,928명을 대상으로 연구를 실시한 결과, 재난을 경험했던 적이 있는 사람들은 재난 이후의 가장 큰 어려움이 심리적 문제라고 보고되었다. 또한 재난을 경험한 후 많은 사람이 심리적 고통으로 인해 직장생활에도 어려움이 있음을 호소하여 심리적 요인들이 2차 스트레스를 유발할 수 있다는 것을 보여 주었다. 이러한 결과는 재난 시 심리 지원의 필요성과 중요성을 확인해 줌과 동시에 정신건강 전문가가 담당해야 할 역할을 보여 준다.

정신건강 관련 전문가는 개인이나 지역사회가 재난에 대처하는 과정에서 심리적인 지원을 제공해 줄 수 있는 중요한 자원이 된다. 그들이 지닌 가치와 그들이 받은 교육은 재난 상황에서 고통에 처해 있는 피해자들의 정신건강을 회복하는 데 효과적으로 활용될 수 있다. 또한 재난 현장에 투입되어 구호 작업을 실시하는 많은 종사자와 자원봉사자가 참혹한 현장에서 목도하고 경험하면서 겪게 되는 심리적 고통도 정신건강 전문가들의 도움이 필요한 영역이다. 따라서 재난 상황의 이해와 현실은 심리적인 영역을 다루는 정신건강 전문가들에게 책무성을 요구하고 있으며(김형수, 안지영, 김동일, 2015), 재난심리지원 활동은 정신건강 관련 전문가들이 우리 사회에 가져야 할 책임의 영역이라고 할 수 있다(Yoon & Choi, 2019). 맥커천, 그랜트, 슈렌버그(McCutcheon, Grant, & Schulenberg, 2020)는 재난에 대응하기 위한 교육, 훈련, 연구, 실천 등의 전 과정이 심리학자들의 전문적 책임의 영역에 속한다고 주장하였다. 보먼과 로이시르카르(Bowman & Roysircar, 2011)는 재난 대비 훈련 및 회복지원은 상담자들이 자신들의 전문 영역에서 사회정의적 접근을 실천할 수 있는 한 방법이라고 하였다. 한국상담학회의 윤리강령 제5장은 '사회적 책임'에 관한 내용을 기술하고 있으며, 제2항에는 "상담자는 경제적 이득이 없는 경우라고 하더라도 전문적 활동에 헌신함으로써 사회에 봉사한다."라고 명시하고 있다(한국상담학회, 2021). 상담자는 경제적 이득에 관계없이 자신의 전문적 능력을 어려움에 처한 재난 피해자들을 위해 사용함으로써 윤리강령에서 규정한 사회적 책임을 실천할 수 있다.

정신건강 전문가들의 재난 현장에서의 역할에 대한 인식이 확대되면서 1992년 미국심리학회에서는 창립 100주년을 맞아 재난대응네트워크[Disaster Response Network: DRN; 이후 재난지원네트워크(Disaster Resources Network)로 변경] 구축을 천명하였다. 또한 지역학회에 대하여도 재난심리지원에 참여하는 학회 회원들을 도울 수 있도록 지역 재난지원네트워크(DRN)를 구축하도록 권고하였고, 지금은 각 지역 재난지원네트워크에서 재난심리지원 활동을 조정하고 교육하고 있다(Jacobs, Gray, Erickson, Gonzalez, & Quevillon, 2016).

성공적인 재난심리지원을 제공하기 위해서 정신건강 전문가는 자신이 어떤 준비를 하고 있어야 하는지, 개인과 지역사회가 잘 회복되도록 어떤 서비스를 어떻게 제공해야 하는지에 대해 숙지하고 있어야 한다. 미국 예방 및 대응 위원회(The National Preparedness and Response Science Board)에서는 모든 정신건강 전문가에게 재난정신건강에 대한 훈련을 받을 것을 권고하고 있다. 미국심리학회에서도 학회 구성원들에게 재난 시에 각자 지역사회에 봉사할 수 있도록 교육을 받고 준비되어 있도록 권고하고 있으며, 산하의 재난지원네트워크에서는 재난 피해자뿐만 아니라 구호에 참여하는 사람들에게까지 서비스를 제공할 수 있는 재난심리지원 전문인력을 충분히 확보하기 위해 적십자와 협업하고 있다(Jacobs et al., 2016). 재난 상황에서 정신건강 전문가가 자신의 역할을 다하기 위해서는 평시에 교육과 훈련을 통해 전문성과 역량을 향상시키는 것이 필수적이다(Yoon & Choi, 2019).

3. 재난심리지원체계

1) 미국의 재난심리지원체계

전 세계적으로 재난 경험자의 심리적 안정과 회복을 위하여 다양한 프로그램이 개발 및 보급되어 왔다. 특히 미국은 지속적으로 재난심리지원 프로그램을 만들어 왔고, 우리나라의 재난심리지원체계나 교육 프로그램은 미국을 많이 차용하고 있기 때문에 미국의 체계를 살펴볼 필요가 있다.

미국은 국토안보부 산하 연방재난관리청이 재난 관리를 책임지고 있다. 연방재난관리청은 연방정부기관뿐만 아니라 적십자 등 민간기관까지 총괄하는 재난 전담기관이다. 재난 관리의 법적 근거는 「스태포드법(Stafford Disaster Relif and Emergency Assistance Act)」이며, 「스태포드법」은 재난 지원 및 관리에 관한 중앙정부와 지방정부의 역할의 기본 방향과 절차를 규정하고 있다(이성애, 조호대, 2020). 미국에서는 재난 관리의 일차적인 책임이 지방정부에 있지만, 재난의 심각성과 규모가 지방정부의 역량을 넘어서게 되면 이 「스태포드법」에 근거하여 연방정부가 지방정부를 지원할 수 있다. 재난심리지원체계 역시 「스태포드법」에서 보장하고 있다.

미국의 재난심리지원은 연방재난관리청의 공적 재난 구호를 중심으로 주 정부와 지방정부의 재난지원국, 보건복지부 산하 정신보건센터, 민간 조직인 미국적십자사에 의해 실행되고 있다. 구체적으로는 연방재난관리청에서 실시하는 위기상담 프로그램(Crisis Counseling Assistance and Training Program: CCP), 보건복지부의 위기상담 프로그램과 정신건강재난지원(Mental Health Disaster Assistance: MHDA),

적십자사의 재난정신건강지원(Disaster Mental Health Services: DMHS)이 미국에서 이루어지는 주요한 재난심리지원 프로그램이다(이동훈, 2017).

위기상담 프로그램은 즉시지원 프로그램(Immediate Services Program: ISP)과 정규지원 프로그램(Regular Services Program: RSP)으로 구분된다. 재난 선포 후 60일까지는 국토안보부 산하 연방재난관리청에서 즉시지원 프로그램을 총괄하고 예산을 지원한다. 미국보건복지부에서는 재난 선포 후 9개월까지 위기상담 프로그램을 실시하며, 약물남용 및 정신건강지원국의 정신건강센터(Center for Mental Health Services: CMHS)와 응급정신건강과 외상스트레스 지원 기관(Emergency Mental Health and Traumatic Stress Services Branch: EMHTSSB)을 통해 서비스를 제공한다. 또한 연방재난관리청은 15개의 분야별 긴급 지원 기능(Emergency Support Functions: ESFs)을 분류하고 있으며, 보건복지부는 긴급지원 기능 중 보건 및 의료

표 7-1 미국의 재난심리지원 프로그램

조직	재난심리지원 프로그램

국토안보부– 연방재난관리청	• 위기상담 프로그램(CCP)
	  –총괄, 예산 지원
	  –즉시지원 프로그램(ISP) 단계(재난 발생 선포 후 60일까지)에서 위기상담 프로그램 감독 책임

미국보건복지부	• 위기상담 프로그램(CCP)
	  –정규지원 프로그램(RSP) 단계(재난 발생 선포 후 90일까지)에서 위기상담 프로그램 감독 책임
	  –약물남용 및 정신건강지원국의 정신건강센터(CMHS)와 응급정신건강과 외상스트레스 지원 기관(EMHTSSB)을 통해 서비스 제공
	• 정신건강재난지원(MHDA)
	  –ESF #8(정신보건지원, 보건 및 의료지원 분야)의 지원 영역
	  –공중보건지원(PHS)/약물남용 및 정신건강지원국(SAMHSA)을 통해 상설 서비스 제공

미국적십자사	• 재난정신건강지원(DMHS)

출처: 이동훈(2017).

서비스(ESF #8)를 제공한다(정찬권 외, 2020). 보건복지부는 위기상담 프로그램 외에도 공중보건 지원(Public Health Service: PHS)과 약물남용 및 정신건강지원국(The Substance Abuse and Mental Health Services Administration: SAMHSA)을 통해 상시적인 서비스를 제공한다. 끝으로 미국적십자사는 재난 시 정부 및 비영리 단체와 협력관계를 통해 재난정신건강지원(The Division of Mental Health Services: DMHS)을 제공한다. 주로 자원봉사 인력을 활용하여 재난 초기 피해자들의 심리적 어려움을 안정화하는 위기 개입을 실시하고 있다(이윤호, 육성필, 2020).

미국의 재난심리지원체계는 피해자들이 재난을 극복할 수 있도록 회복력을 강화시키는 프로그램으로 실시되고 있다. 정신과적 장애를 진단하고 치료하기보다는 다수의 재난 피해자에게 보편적으로 제공될 수 있는 심리교육이나 서비스 연계와 같은 프로그램을 장기적으로 제공한다(이동훈, 2017; 이윤호, 육성필, 2020).

2) 우리나라의 재난심리지원 체계

우리나라에서는 2000년대 초반까지 재난 상황에서 심리 지원의 필요성에 대한 인식이 없었고, 체계적인 심리 지원이 이루어지지 않았으나(배정이, 최남희, 김윤정, 유정, 2010), 2003년 대구 지하철 참사는 재난 상황에서의 심리 지원과 체계적 지원 방안을 도입할 필요성을 제기하였다. 2004년에 「재난 및 안전관리 기본법」이 제정되었고, 2008년부터는 광역시 · 도에 소방방재청 산하 '재난심리지원센터'가 설치되어 심리 · 사회적 지원 업무를 하게 되었으며, 2010년 「재난 및 안전관리 기본법 시행령」과 「재해구호법」이 개정되어 재난심리지원센터의 법적 기반이 마련되었다. 2014년 세월호 사건 이후부터 재난 피해자의 지원을 위한 조직체계가 마련되기 시작하였으며, 현재는 행정안전부(재난구호과 중앙재난심리회복지원단)와 보건복지부(국가트라우마센터)에서 재난 시 심리 지원을 주관하고 있다. 다음은 행정안전부와 보건복지부를 중심으로 재난주무부처와 관련학(협)회와의 협력 네트워크를 구축하여 재난에 대응하는 구조이다([그림 7-2 참조]).

현재 재난심리지원 업무를 담당하는 기관이 이원화되어 있어서 두 기관 간의 원

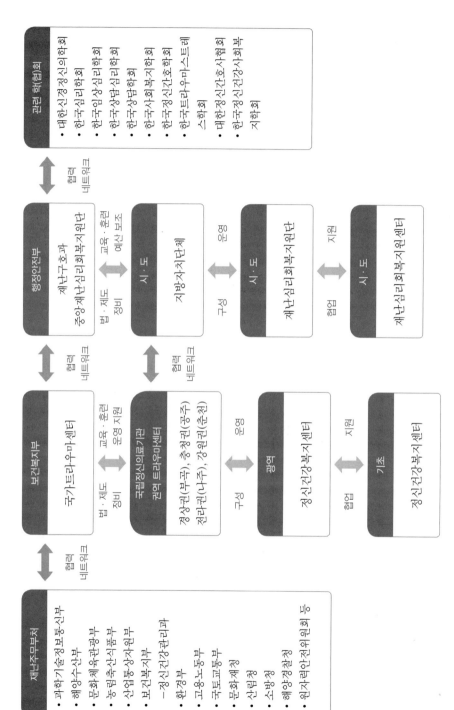

[그림 7-2] 재난 정신건강 서비스 운영 체계

출처: 국가트라우마센터(2021b).

활한 업무 분담과 협업이 요구되고 있으나, 재난 지원 관련 예산이나 프로그램이 중복 제공되고 있다는 비판이 있다(이성애, 조호대, 2020). 일각에서는 행정안전부를 중심으로 재난심리지원을 일원화하고, 범부처 간 협업체계를 구축해야 한다고 주장하기도 한다(유정, 2021).

(1) 행정안전부의 재난심리지원체계

행정안전부는 「재난 및 안전관리 기본법」에 따라 국가 재난 대응을 총괄하고 있다. 행정안전부의 담당부서(재난구호과)에서는 평상시 재난심리회복지원에 관한 업무를 총괄하다가 대규모 재난이 발생하면 비상기구인 '중앙재난심리회복지원단'을 구성하여 재난 상황으로부터 심리적 안정과 사회적응을 도모하기 위한 재난심리회복 지원사업을 진행한다.

중앙재난심리회복지원단에서는 재난 관련 기본 계획을 수립하고, 협력 기관과의 네트워크 및 인력 구성, 관련 법과 제도 정비, 심리 지원에 필요한 예산 지원 등의 역할을 수행하며, 시도 지방자치단체의 심리 지원 활동을 총괄한다. 시도 지방자치단체에서는 지역 재난심리회복지원센터를 지정 및 관리한다.

행정안전부에서의 재난심리회복지원은 외상 후 스트레스와 같은 심각한 정신질환으로 진행되는 것을 예방하기 위한 심리적 응급처치나 상담 활동 등을 포함한다. 행정안전부(2018)의 재난심리회복지원 실무 매뉴얼에 의하면 재난심리회복지원은 심리적 피해의 완화까지 포함하되, 정신건강의학적 치료가 필요한 분야는 제외한다고 되어 있다. 또한 최대 3회까지의 상담을 통하여 회복을 돕고, 호전되지 않아 심리치료가 필요하다고 판단될 경우에는 반드시 전문 의료기관으로 연계 조치해야 한다고 명시하고 있다.

2016년부터 행정안전부는 심리 지원 사업의 전문성 강화를 위해 대한적십자사에 재난심리회복지원사업을 위탁하였으며, 대한적십자사는 전국 17개 시도에 재난심리회복지원센터를 운영하며 재난 피해자를 위한 심리 지원 사업을 실시하고 있다. 재난심리회복지원센터의 주요 업무로는, ① 재난 경험자(재난 피해자, 가족, 지역 주민 등)에게 심리상담 실시, 심한 충격 피해자는 정신보건센터 및 전문 치료를 위한

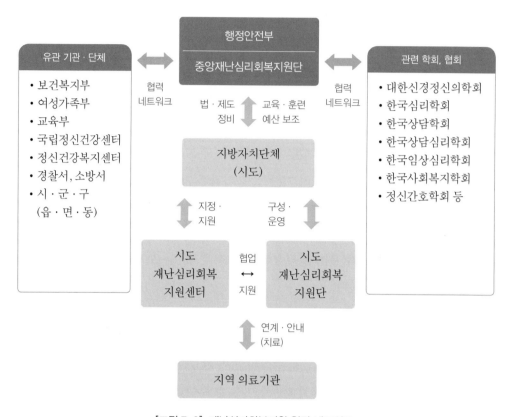

[그림 7-3] 재난심리회복지원 협력 네트워크

출처: 행정안전부(2018).

병원 의뢰, ② 재난심리회복 전문가 인력풀 구성 및 교육 훈련을 통한 심리회복지원 전문인력 양성, ③ 재난심리회복지원 기초조사 및 활성화 연구, ④ 중앙부처, 지자체, 유관 단체, 학회 등 네트워크 구축이 있다(대한적십자사, 2021b).

대한적십자사의 재난심리회복지원 단계는, 첫째, 시도 재난관리 부서와 협의하여 재난심리회복지원 대응 여부 및 개입 정도를 판단하고, 둘째, 재난 상황 정보 및 피해 규모, 심리회복지원 대상자의 욕구 파악, 셋째, 대한적십자사의 초기 재난구호서비스 제공과 연계하여 심리회복지원 상담을 실시한다. 행정안전부의 매뉴얼에 따라 최대 3회기까지 상담을 실시하고 호전되지 않을 때는 전문 치료기관으로 연계한다.

(2) 보건복지부의 재난심리지원체계

보건복지부는 「정신건강증진 및 정신질환자 복지서비스 지원에 관한 법률」(약칭: 「정신건강복지법」) 등의 법적 근거에 의거하여 2018년에 국립정신건강센터 내에 국가트라우마센터를 개소하여 재난이나 그 밖의 사고로 정신적 충격을 받은 트라우마 환자의 심리적 안정과 사회 적응을 지원하기 위한 다양한 역할을 수행하고 있다.

법적 근거를 살펴보면, 「정신건강복지법」 제15조의2에 보건복지부 장관은, ① 재난이나 그 밖의 사고로 정신적 피해를 입은 사람과 그 가족, ② 재난이나 사고 상황에서 구조, 복구, 치료 등 현장 대응 업무에 참여한 사람으로서 정신적 피해를 입은 사람 중 어느 하나에 해당하는 사람의 심리적 안정과 사회 적응을 지원하기 위하여 국가트라우마센터를 설치 · 운영할 수 있다고 명시하고 있다. 또한 국가트라우마센터는, ① 심리 지원을 위한 지침의 개발 · 보급, ② 재난심리지원 대상에 해당하는 사람을 위한 심리평가, 심리상담, 심리치료, ③ 트라우마에 관한 조사 · 연구, ④ 심리 지원 관련 기관 간 협력체계의 구축, ⑤ 그 밖에 심리 지원을 위하여 보건복지부 장관이 정하는 업무를 수행한다.

국가트라우마센터(2021a)는 "평상시에는 재난 상황에서의 정신건강 서비스 제공을 위한 컨트롤타워로서 재난 정신건강 대응체계 및 거버넌스를 구축하고, 재난 정신건강 전문인력 양성 및 교육 훈련, 재난 정신건강 서비스 고도화를 위한 연구 개발 등을 하고 있다. 또한 국가적 재난이나 대규모 사고 발생 시에는 관계 기관과 협력을 통해 일원화된 개입체계를 구축하여 재난 현장 위기 대응 서비스를 제공하고, 정신건강 고위험군을 선별하여 트라우마 치료 프로그램을 통해 일상생활로의 회복을 돕고 있다."

특히 최근에 발생한 감염병 COVID-19의 경우, 국가트라우마센터가 총괄하고 국립정신병원, 광역 · 기초 정신건강복지센터로 구성된 '코로나19 통합심리지원단'을 구성하여 운영하고 있다. [그림 7-4]는 코로나19로 인한 심리 지원을 위해 구성된 통합심리지원단 참여 기관 및 역할을 보여 준다.

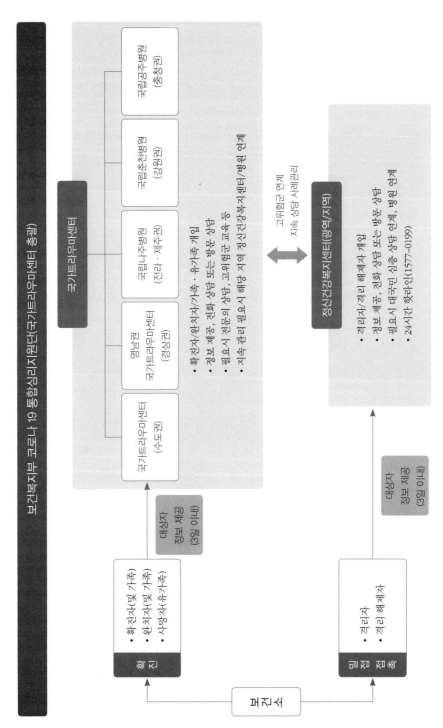

[그림 7-4] 통합심리지원단 참여 기관 및 역할

출처: 국가트라우마센터(2021c).

4. 재난심리지원 전문인력 교육

1) 미국의 재난심리지원 인력 교육

미국에는 재난심리지원을 위한 교육 프로그램이 매우 많으며, 다양한 형태로 이루어지고 있다. 공공기관과 민간단체(적십자, 교회 등), 학회뿐만 아니라, 우리나라와 달리 여러 대학교에서 전공과목이나 특수 과정, 부전공으로 교육이 실시되고 있다.

(1) 대학교 프로그램

여러 대학교에서 재난정신건강을 공식적인 전공 프로그램으로 운영하고 있다. 사우스다코타 대학교(University of South Dakota)에서는 1997년에 재난정신건강연구소(Disaster Mental Health Institute: DMHI)를 개소하여 임상 및 재난심리 전공 박사과정과 재난정신건강 분야 대학원 자격증 과정, '재난대응'이라는 학부 과정을 운영하고 있다.

임상 및 재난심리 전공 박사과정은 임상심리 전공 대학생들이 등록할 수 있다. 대학원 자격증 과정은 현직 정신건강 전문가들이나 임상심리 전공 학생 외에 다른 정신건강 분야 대학원생들을 위해 개발되었으나, 지금은 학사학위를 가진 사람은 모두 수강할 수 있으며, 온라인으로 개설되어 전 세계에서 참여가 가능하다. 학부 과정인 '재난대응'의 경우, 심리학과 학생은 전공심화로 다른 학과 학생은 부전공으로 이수가 가능하다(Disaster Mental Health Institute, 2021).

또한 뉴팔츠 뉴욕 주립대학교(State University of New York at New Paltz)의 재난정신건강연구소(Institute for Disaster Mental Health)에는 15학점을 이수하는 외상과 재난정신건강 분야의 고급 자격증 과정과 18학점을 이수하는 학부 프로그램인 재난학 부전공 과정이 있다(Institute for Disaster Mental Health, 2021).

덴버 대학교(Denver University, 2021)의 전문심리학 대학원에는 국제 재난심리학 전공 석사과정이 개설되어 있다. 이 과정은 임상심리학의 기본적인 기술과 외상 및 재난 분야에서 국제적으로 종사하는 데 필요한 구체적인 기술을 접목하여 교육을 실시한다. 일반 임상심리학 석사 교육과 함께 외상, 재난 및 글로벌 정신건강 분야에서 일하기 위한 전문지식과 경험을 제공한다.

미시시피 대학교(University of Mississippi)의 심리학과에 소재한 임상 재난 연구소(Clinical-Disaster Research Center)는 임상심리 전공 박사과정과 연계되어 있으며 재난 관련 교육, 훈련, 연구, 서비스를 수행하고 있다. 임상적 재난 영역, 컨설팅, 프로그램 평가, 재난 대응 훈련 등에 중점을 두고 있다. 특히 재난의 영향을 받은 개인에 대한 이해와 대처 과정 연구, 긍정심리학적 관점에서 위기 극복을 가능하게 하는 긍정적 자질을 연구하고 있다(Clinical-Disaster Research Center, 2021).

전공 프로그램은 아니지만 대학원 학생들이 재난상담 교육을 받고 자원봉사자로 활동하는 경우도 있다. 예를 들어, 볼 주립대학교(Ball State University)의 상담심리 전공 대학원생들은 미국적십자 정신건강과정의 훈련강사인 교수의 지도하에 미국적십자사 정신건강 과정을 수강한다. 학생들이 이 과정을 수강하고 나면 미국적십자사에서 발급하는 정신건강전문가 자격증 소지자의 슈퍼비전 아래 적십자 정신건강 자원봉사자가 될 수 있다. 허리케인 카트리나가 발생했을 때, 이 훈련을 받은 학생들은 미시시피 걸프 해안에서 2주 동안 교수의 현장지도 아래 자원봉사를 하였다(Bowman & Roysircar, 2011).

뉴잉글랜드 안티오크 대학교(Antioch University New England)에는 '재난샥티'(Disaster Shakti)라는 재난 대응 자원봉사팀이 있다. 이 팀은 임상심리전공 박사과정 학생들이 교수의 지도하에 재난 생존자의 회복을 돕기 위해 훈련받고 봉사하는 단체이다. Shakti는 여러 인디언 언어에서 정신력, 강인함, 회복력을 뜻하고, 재난샥티는 재난 상황에서의 역량강화(empowerment)를 의미한다. 재난샥티 구성원들은 재난 피해 지역사회에 대한 봉사활동을 설계하고 시행한다. 생존자의 회복력 증진에 참여하는 동안에 학생들은 사회정의 차원의 봉사활동 경험을 하게 된다(Disaster Shakti, 2021).

그 밖에도 여러 대학교에서 간단한 훈련 프로그램을 제공하고 있다. 예를 들어, 워싱턴 대학교(University of Washington)의 공중보건센터(Northwest Center for Public

Health Practice)에서는 재난으로 인해 나타나는 심리적 문제를 이해하는 1시간 분량의 온라인 훈련을 실시하고, 존스홉킨스 대학교(Johns Hopkins University)의 공중보건예방센터(Center for Public Health Preparedness)에는 재난 이후 심리적 지원의 중요성에 대한 짧은 온라인 교육이 있다. 또한 재난정신건강 교육과정을 새로 개발하고 있는 대학도 많이 있다(Jacobs, Jacobs, Gray, Erickson, Gonzalez, & Quevillon, 2016).

(2) 대학교 외 재난심리지원 교육 프로그램

미국의 연방재난관리청에서는 산하의 재난관리교육기관(Emergency Management Institute)을 통해 주정부 공무원과 정신건강전문가, 재난관리자, 자원봉사자 등 다양한 재난 관련 종사자를 대상으로 재난심리지원뿐 아니라 재난 구호와 관련된 여러 교육을 진행하고 있다(Federal Emergency Management Agency, 2021). 약물남용 및 정신건강지원국(Substance Abuse and Mental Health Services Administration)에서는 연방의 지원을 받아 위기상담지원 및 훈련 프로그램(Crisis Counseling Assistance and Training Program: CCP)을 실시하고 있다.

재난심리지원 교육을 실시하는 대표적인 민간기관은 미국적십자사(American Red Cross)이다. 미국적십자사는 1991년에 미국심리학회와 협약을 맺어 재난심리지원을 시작하면서 정신건강 전문가들을 대상으로 자체 프로그램인 '재난정신건강의 기초(Foundations of Disaster Mental Health)' 교육을 실시하였고, 이 프로그램은 지금까지 개정을 거듭하면서 지속되고 있다. 2010년에는 군인 가족을 위해 심리적 응급처치(psychological first aid) 훈련을 시작하였고, 이후에 이 프로그램은 재난 구호자들과 일반 대중에게도 개방되었다(Jacobs et al., 2016).

적십자 외에도 여러 비정부기구(Nongovermental Organization: NGO)에서 심리지원자들을 위한 훈련을 제공하고 있다. 전국피해자지원기구(National Organization for Victim Assistance: NOVA)에서는 위기대응팀 지원자들을 위해 초급과 고급 과정, 강사과정을 개설하고 있다(National Organization for Victim Assistance, 2021).

또한 여러 주의 심리학회에서 재난지원네트워크(Disaster Resources Network: DRN)를 통해 재난심리지원 교육을 실시하고 있다. 심리학회뿐 아니라 미국상담학회에서도 학술대회에서 재난정신건강 교육을 실시한다. 이 교육에서는 적십자 필수과목 외에도 팀빌딩, 재난 지원 계획, 관계 형성, 문제 해결, 기능과 체계에 관한 지식 등을 교육하고 있다.

2) 우리나라의 재난심리지원 인력 교육

우리나라에서 재난심리지원 인력을 교육하는 기관으로는 보건복지부 산하 국가트라우마센터가 대표적이다. 국가트라우마센터에서는 재난상담과 관련된 다양한 과정을 개설하여 재난심리지원 인력 교육을 실시하고 있다. 민간에서도 대한적십자사, 심리·상담 관련 학회 등 다양한 기관에서 교육을 실시하고 있다. 그러나 아직 대학교에서는 정규 학위과정이나 자격증 과정으로서의 재난심리지원 교육과정이 운영되지 않고 있다.

(1) 국가트라우마센터 교육

보건복지부 산하 국가트라우마센터에서는 재난정신건강 지원인력 교육을 실시하고 있다(국가트라우마센터, 2021a). 교육과정에는 일반, 초급(필수, 선택), 중급(기본, 심화), 고급, 강사과정이 개설되어 있다. 각 과정별 이수 요건과 자격이 다르지만 온라인 교육의 경우에는 누구나 이수할 수 있다(〈표 7-2〉 참조).

일반 과정은 재난정신건강에 관심 있는 사람이면 누구나 수강할 수 있다. 재난과 정신건강에 대한 전반적인 내용을 전달하는 교육이다.

초급과정은 필수와 선택 과정으로 구성되어 있다. 심리적 응급처치(이론 및 실습)는 필수과정이며, 취약계층별 대응 지침, 구호교육은 선택할 수 있다.

중급 과정에는 기본과정(문제 유형별 대응 지침, 안정화 기법)과 심화과정(문제관리 플러스, 마음건강 회복기술 훈련, 마음 프로그램)이 있다. 기본과정은 초급과정을 수료한 정신건강 관련 업무 종사자가 수강할 수 있고, 심화과정은 초급과정을 수료한 정신건강의학과 전공의, 정신건강전문요원 2급 또는 이에 준하는 자격을 가진 사람이 수강할 수 있다.

표 7-2 국가트라우마센터 재난 정신건강 지원인력 교육과정

구분		일반	초급		중급		고급	강사
			필수	선택	기본	심화		
교육 안내	오프라인	재난정신건강의 이해 (1~3시간)	심리적 응급처치 (6시간)	취약계층별 대응 지침 (3시간)	문제유형별 대응 지침 (3시간)	문제관리 플러스 (6시간)	트라우마 집중치료 (교육별 상이)	심리적 응급처치 강사 (6시간×2일)
				구호교육 (3시간)	안정화 기법 (3시간)	마음건강 회복기술 훈련 (8시간)		문제관리 플러스 강사 (6시간×2일)
						마음 프로그램 (6시간)		마음건강 회복기술 훈련 강사 (6시간×2일)
	온라인		재난의 이해		재난 현장에서의 취약군 선별			
			재난 상황에서의 윤리		팀워크와 의사소통			
			소진 예방과 자기관리					
교육 대상	이수 요건	누구나	누구나	초급 필수교육 이수자	초급과정 수료자		초급과정 수료자	강사 자격을 취득하고자 하는 각 교육의 이수자
	필수 자격				정신건강 관련 업무 종사자	정신건강의학과 전공의, 정신건강전문요원 2급, 이에 준하는 자격을 가진 자	정신건강의학과 전문의, 정신건강전문요원 1급, 이에 준하는 자격을 가진 자	

출처: 국가트라우마센터(2021a).

고급 과정은 트라우마 집중치료 과정으로서 국제적으로 공인된 근거 기반 비약물적 트라우마 치료 프로그램을 학습한다. 재난으로 인한 외상 후 스트레스 장애 등을 겪는 피해자에게 적용하는 프로그램이다.

끝으로, 강사과정은 앞의 프로그램들을 교육하는 강사를 양성하는 과정이다. 심리적 응급처치, 문제관리 플러스, 마음건강 회복기술 훈련 강사과정이 있다.

(2) 대한적십자사의 교육과정

대한적십자사는 행정안전부의 위탁을 받아 재난심리회복지원 사업을 운영하는 민간기관으로서 다양한 재난안전교육과 함께 심리사회적 지지(Psychological Support: PSS) 교육을 실시하고 있다(대한적십자사, 2021a). 대한적십자사의 심리사회적 지지는 재난 및 위기 사건 피해자들이 스스로의 자원으로 스트레스에 대처할 수 있는 능력을 증진시키는 일을 말한다.

심리사회적 지지 교육에는 일반인을 위한 프로그램과 관련 자격증 보유자를 위한 프로그램이 있다. 일반인(전 국민) 대상으로는 심리적 응급처치와 심리사회적 지지 일반이 있다. 심리적 응급처치 과정의 교육 내용은 위기 사건과 반응, 행동 원칙 등이 있고, 심리사회적 지지 일반과정에서는 스트레스와 대처, 심리적 응급처치와 지지적 의사소통 등을 교육한다. 민간자격증을 수여하는 심리사회적 지지 강사과정은 일정 자격 이상을 보유한 사람이 수강할 수 있다. 교육 내용으로는 위기 사건과 심리사회적 지지, 스트레스와 대처, 상실과 애도, 심리적 응급처치와 지지적 의사소통 등의 이론 수업과 현장 실습이 포함된다. 강사 자격은 5년간 유효하며 재교육을 통해 자격증을 갱신할 수 있다.

5. 재난심리지원 전문인력 교육의 방향

지금까지의 논의와 선행연구 결과를 바탕으로 앞으로 우리나라에서 재난 시 심리 지원을 제공할 전문인력 교육의 방향을 다음과 같이 제언하고자 한다.

첫째, 대학교에서 재난심리지원 관련 전공이나 과목의 개설이 필요하다. 현재 우리나라에는 정부기관이나 학회, 민간단체 등에서 재난상담 관련 교육을 실시하고 있으나, 대부분 단기적인 프로그램이거나 재난이 발생했을 때 전문인력 파견을 위한 일시적인 훈련인 경우가 많다. 보건복지부 산하 국가트라우마센터에서 체계적인 교육을 실시하고 있으나, 거주지역에 따라 온라인 교육이 아니면 교육을 받는 데 제한이 있다. 따라서 재난의 형태, 규모, 단계에 따라 안정적이고 지속적인 심리지원을 위해서는 대학에서 재난상담 관련 과목과 전공을 개설하여 체계적으로 교육할 필요가 있다. 앞서 소개된 미국 사우스다코타 대학교 재난정신건강연구소의 경우, 재난심리와 관련하여 학부와 대학원에 전공, 부전공, 자격증 과정이 개설되어 있다. 각 과정의 수강 과목에 차이는 있으나, 학생들은 일반 상담에 필요한 과목은 물론 재난 반응의 이해, 재난 정신건강, 심리적 응급처치, 위기 개입, 재난 정신건강 관리, 재난 피해 지역 활동 등을 수강할 수 있고, 연구와 실습 과정에도 참여하게 된다. 이러한 장기적이고 체계적인 훈련을 통해 재난 현장에서 필요로 할 때 언제든 참가할 수 있으며 두려움 없이 개입에 임할 수 있다. 재난상담 관련 훈련에는 일반 상담 훈련도 포함되어 있으므로 평상시에는 일반적인 상담 업무를 수행할 수 있으며, 재난 시에는 자신이 받은 훈련을 활용하고 훈련을 받지 않은 자원봉사자들을 지도할 수도 있다.

둘째, 교육 프로그램에는 이론교육과 함께 재난 현장과 재난 피해자에 대한 실제적인 이해와 개입이 가능하도록 실습 프로그램이 포함되어야 한다. 박해인 등 (2020)이 실시한 재난정신건강지원 인력 양성 프로그램 개발 연구에 참여한 수강생들은 재난심리지원활동이 어려운 이유로 '특화된 훈련의 부족' '서비스 제공 경험의 부족' '친숙도 부족'을 들었다. 세월호 참사 때 재난심리지원을 담당했던 실무자들이 토로한 어려움 가운데도 재난에 대처해 본 경험 부족, 현장성 있는 재난심리 교육의 부재와 관련된 내용이 많았다(이나빈 외, 2015). 그들은 평소에 상담 활동을 하고 있었지만 재난심리지원은 처음이었고, 교육을 받았더라도 듣는 것으로 끝나거나 현장에 적용되지 않는 부분이 많아서 재난 피해자들에게 실제 사용할 수 있는 현장감 있는 교육이 필요하다고 하였다.

경험이나 실습 없이 수행된 심리 지원은 재난 피해자에게 실제적인 도움이 되기도 어렵다. 이송은 등(2021)의 재난심리지원에 대한 국민인식도 조사에 의하면, 연구 참여자 중 재난을 경험한 사람 가운데 공공기관 심리지원 서비스를 이용한 비율은 7.3%에 불과하였으며, 서비스 만족도에서는 보통이 39.4%, 불만족한 편이 36.4%로서 만족도가 높지 않은 것으로 조사되었다. 이러한 결과는 재난 피해자들이 실제로 필요로 하는 심리 지원 서비스가 제공되지 않고 있다는 사실을 간접적으로 보여 주는 것이다. 따라서 재난심리지원을 위한 교육은 서비스 제공자의 현장 실무 역량을 증진시킬 수 있도록 충분한 실습으로 진행되어야 한다. 그러나 실제 재난 현장에 나가서 실습을 하는 것은 제한되기 때문에 시뮬레이션이나 역할극 등을 활용한 실습 수업을 진행할 수 있다.

셋째, 재난 유형별로 표준화된 프로그램 개발과 지역사회 전문인력 양성이 필요하다. 재난은 종류가 많고 양상 또한 매우 다양하다. 재난의 유형이나 심각성에 따라 정신적인 피해의 정도는 달라진다. 재난심리지원 교육 프로그램도 각기 다른 재난에 대처할 수 있도록 개발되어야 한다. 여러 재난에 공통적으로 적용될 수 있는 이론과 기법을 기본으로 각 유형의 재난이 지닌 특수한 상황에 대비할 수 있는 표준화된 프로그램이 다양하게 개발되어야 하는 것이다.

또한 재난의 유형은 발생하는 지역에 따라 달라지는 경향이 있다. 지역에 따라 산사태나 산불의 위험이 도사리고 있는 지역이 있고, 홍수 또는 태풍이 잦은 곳이 있으며, 감염병의 경우에는 인구밀도가 높은 곳에서 전염의 위험이 더 높을 수 있다. 이러한 지역적 특수성을 고려하여 지역사회 문화와 실정에 맞는 재난심리지원 교육과 실습 프로그램으로 그 지역사회의 전문인력을 양성할 필요가 있다. 9·11 테러를 겪은 이후에 미국 적십자사에서는 재난정신건강 전문가들과 9·11 재난구호 과정에서 배운 내용을 기초로 향후 재난심리지원이 변화되어야 할 내용에 대하여 토론회를 실시하였다. 그 결과 전문가들은 지역사회 기반 심리적 응급처치 모델(Community-Based Model of Psychological First Aid: CBPFA)을 도입하는 데 전원이 뜻을 같이했다고 한다(Jacobs et al., 2016). 국제적십자사·적신월사 연맹(International Federation of Red Cross and Red Crescent Societies: IFRC)에서도 2005년에 개발도상국에서 심리 지원 프로그램을 시작하며 지역사회 기반 심리적 응급처치 모델을 채택하였다.

　지역사회를 잘 아는 훈련된 전문인력은 자신이 속한 지역사회가 필요로 할 때 신속하고 익숙하게 대응함으로써 재난 피해자의 일상생활이 속히 회복되도록 도울 수 있다(이성애, 조호대, 2020). 표준화된 프로그램을 바탕으로 지역 대학교나 지역학회에서 지역 상황에 맞는 재난심리지원 교육과정을 개발하고 훈련을 실시한다면 재난 시 지역사회의 필요에 부응할 수 있을 것이다.

　넷째, 재난 피해자를 대상별로 구별하여 각 대상에 맞는 심리 지원을 실시해야 한다. 재난은 피해자와 생존자에게 커다란 상처를 입힌다. 재난으로 인한 심리적 문제는 가벼운 스트레스부터 우울, 불안, 외상 후 스트레스, 심지어 자살에 이르기까지 매우 다양하다. 이러한 심리적 문제는 연령이나 피해의 정도에 따라 상이할 수 있으나, 현재 우리나라에서는 일반이나 취약 계층에 관계없이 동일한 재난심리지원 프로그램을 제공하고 있다(이성애, 조호대, 2020). 국가트라우마센터에서 실시하는 교육 가운데 취약계층별·문제유형별 대응 지침 과정이 있지만, 훈련 과정(3시간) 시간이 짧으므로 문제에 따라 전문적인 심리 지원을 제공하기에는 부족하다. 따라서 재난 피해자를 대상별로 구별하여 각 대상에 맞는 심리지원 프로그램이 개발될 필요가 있다(이성애, 조호대, 2020). 노인과 장애인, 어린이, 병이 있는 사람 등 취약계층과 일반 성인, 청소년, 남자와 여자 등 다양한 대상은 각각 상이한 심리 지원이 필요하다.

　다섯째, 정신건강과 관련된 여러 직역에서 재난심리지원 교육이 실시되어야 한다(박해인 외, 2020). 현재 우리나라에서는 상담심리, 임상심리, 정신의학, 정신간호, 사회복지 등의 분야에서 정신건강 전문가를 양성하고 있다. 박해인 등(2020)은 정신건강 전문가가 아니더라도 교육을 받으면 심리적 응급처치를 실시할 수 있는 상황에서 정신건강 전문가는 당연히 재난상담 관련 지식을 함양해야 한다고 주장하였다. 다양한 직역의 전문가들이 충분히 교육을 받고 준비되어 있어서 재난의 단계에 따라 전문적인 정신건강 서비스를 지속적으로 제공할 수 있어야 한다고 강조하였다. 아직 소수이기는 하지만 정부기관 외에 여러 정신건강 영역에서 재난 관련 교육을 실시하려는 노력이 시작되고 있다. 사회복지 정신보건 영역에서는 정신보건 사회복지사들에게 심리적 응급처치 교육을 실시하고 있으며, 사정 도구와 기술 관련 교과목도 개설하고 있다(강창현, 문순영, 2019). 간호 분야에서는 한국간호사윤리지침(대한간호협회, 2021) 제16조 2항에 "간호사는 재해위협으로부터 간호대상자를 보호하고, 재난 발생 시 개인적 또는 집단적으로 구호 활동을 수행하여야 한다."라고 명시되어 있으며, 여러 대학에서 재난간호 교과목을 운영하고 있다(홍주영, 2020). 또한 2018년부터 정신건강 전문요원 수련 과목 중에 '재난의 이해' 과목이 포함되어 국가의 정신건강 전문요원들이 재난에 대한 기본적인 이해를 갖추는 기초가 마련되었다(국립정신건강센터, 2018). 상담 및 임상심리 분야에서도 학회나 연수회 등을 통해 재난심리 관련 이해와 개입 기술 훈련을 실시하고 있다. 아직 소수이거나 시작단계에 불과한 이러한 노력과 더불어 재난심리지원에 대한 인식이 증대되어 다양한 직역의 정신건강 전문가들이 활발하게 교육에 참여하여 역량을 함양할 필요가 있다.

끝으로, 재난 현장에 실제적인 도움이 되는 재난심리지원을 제공하기 위해서는 지속적인 연구가 수행되어야 한다. 재난심리지원 교육과 실천은 경험적으로 증명된 연구 결과를 토대로 이루어져야 하기 때문이다. 실제 재난 현장에서 실시된 재난심리지원 활동과 그 결과에 대한 평가와 분석을 통해 재난 피해자가 호소하는 심리적 문제가 무엇이며, 어떤 지원과 대책이 그 어려움을 해소할 수 있는지에 대한 방안을 마련할 필요가 있다(이송은 외, 2021). 이러한 실제적인 재난심리 연구는 재난이 인간에게 미치는 단기적, 중장기적 영향을 이해하고 이에 효과적으로 대비하도록 도와주는 역할을 할 것이다. 비튼, 존슨, 마이다, 휴스턴과 페퍼바움(Beaton, Johnson, Maida, Houston, & Pfefferbaum, 2012)은 재난심리 연구를 위한 훈련 프로그램을 개발하였다. 이 프로그램은 전문가들이 재난정신건강 연구를 효과적으로 수행하여 실제적인 개입의 근거를 마련할 수 있도록 교육하는 프로그램이다. 연구는 교육, 훈련 및 실제 서비스의 길잡이가 되는 필수적인 요소이다(McCutcheon, Grant, & Schulenberg, 2020).

1. 재난으로 인한 심리적 영향과 재난심리회복을 위한 지원의 필요성을 생각해 보자.

2. 정신건강 전문가는 사회적 책임 차원에서 재난에 대해 어떤 준비가 되어 있어야 하는가?

3. 우리나라에서 실시되는 재난심리지원 교육 프로그램은 대부분 미국의 프로그램을 발췌, 수정하여 만든 것이다. 우리나라 상황에 맞는 표준화된 재난심리지원 교육 프로그램을 개발하기 위해서는 어떤 점들이 고려되어야 할 것인가?

강창현, 문순영(2019). 사회복지 재난교육을 위한 탐색적 연구. 미래사회복지연구, 10(1), 5-37.

권정혜, 안현의, 최윤경, 주혜선(2014). 재난과 외상의 심리적 응급처치(2판). 서울: 학지사.

김형수, 안지영, 김동일(2015). 국가적 재난 발생 대응에 대한 상담자의 경험적 합의-재난상담 수행 경험 및 상담자 요구-. 상담학연구, 16(3), 495-512.

박해인, 최선우, 최윤경, 박수현, 유성은, 백명재, 김희국, 현진희, 석정호(2020). 한국형 심리적 응급처치 교육프로그램을 이용한 재난정신건강 지원 인력 양성 교육의 효과. 신경정신의학, 59(2), 123-135.

배정이, 최남희, 김윤정, 유정(2010). 국내외 재난심리지원의 현황 분석 및 방안 모색. 국가위기관리학회보, 2(1), 52-65.

양기근(2008). 재난심리지원 서비스 전달체계에 관한 연구. Crisisonomy, 4(1), 50-62.

유성은, 유화정, 이종선, 심민영, 이명수, 백종우, 배정이, 박수현, 최윤경(2018). 델파이 절차를 통한 재난정신건강 위기지원팀 운영 가이드라인의 개발. Korean Journal of Clinical Psychology, 37(2), 131-143.

유정(2021). 범부처 간 재난심리지원 체계의 필요성 연구. 인문학 연구, 31, 181-207.

육성필, 이윤호(2019). 재난의 이해와 개입: 현장에서의 위기개입워크북(위기관리총서 시리즈 6).

서울: 박영스토리.

이나빈, 심기선, 한상우, 이강욱, 심민영, 채정호, 안현의(2015). 세월호 참사 후 재난심리지원
　　실무자들의 경험을 통해 본 국내 재난심리지원체계의 한계 및 개선방안. 정신보건과 사회
　　사업, 43(4), 116-144.

이동훈(2017). 미국의 재난심리지원 체계 및 재난위기상담의 실제와 시사점. 이동훈 외 공저.
　　재난대응 위기상담(pp. 282-314). 서울: 학지사.

이동훈, 김세경, 최태산, 김정한(2015). 재난정신건강에 대한 국내 연구동향 분석. 재활심리연
　　구, 22(1), 41-58.

이성애, 조호대(2020). 감염병 발생 시 재난심리지원에 관한 연구-COVID 19 감염병을 중심
　　으로-. 한국범죄심리연구, 16(4), 165-180.

이송은, 이나빈, 유선영, 박도원, 전경선, 황태연, 이정현(2021). 재난심리 지원에 대한 국민
　　인식도 조사. 신경정신의학, 60(1), 53-60.

이윤호, 육성필(2020). Post-COVID-19를 대비한 효과적인 위기개입을 위한 접근과 활동:
　　COVID-19 위기개입을 중심으로. Korean Journal of Clinical Psychology, 39(4), 368-381.

임현우(2019). 재난관리론: 이론과 실제. 서울: 박영사.

정찬권, 권건주, 김용균, 김정아, 노황우, 라정일, 류상일, 박덕근, 백진숙, 성기환, 양기근, 오
　　재호, 이범준, 이주호, 임상규, 임수정, 정용진, 조민상, 조덕제, 채진(2020). 재난관리론.
　　서울: 윤성사.

홍주영(2020). 일 지역 간호대학생의 재난간호 핵심역량에 관한 연구. The Journal of the
　　Convergence on Culture Technology, 6(2), 199-205.

Beaton, R. D., Johnson, L. C., Maida, C. A., Houston, J. B., & Pfefferbaum, B. (2012).
　　Disaster research team building: A case study of a web-based disaster research training
　　program. Traumatology, 18(4), 86-91.

Bowman, S. L., & Roysircar, G. (2011). Training and practice in trauma, catastrophes, and
　　disaster counseling. The Counseling Psychologist, 39(8), 1160-1181.

Clinical-Disaster Research Center. (2021). Clinical-Disaster Research Center, University of
　　Mississippi. https://cdrc.olemiss.edu

Denver University. (2021). MA International Disaster Psychology. Graduate School of
　　Professional Psychology. https://psychology.du.edu/academics/ma-international-

disaster-psychology

Disaster Mental Health Institute. (2021). *Disaster Mental Health Institute*. University of South Dakota. https://www.usd.edu/arts-and-sciences/psychology/dmhi

Disaster Shakti. (2021). *Disaster Shakti*. Antioch University. https://www.antioch.edu/centers-institutes/antioch-multicultural-center/disaster-shakti

Federal Emergency Management Agency & U.S. Department of Health and Human Services. (2013). Federal Emergency Management Agency Crisis Counseling Assistance and Training Program Guidance. CCP Application Toolkit, Version 4.0. Federal Emergency Management Agency & U.S. Department of Health and Human Services.

Federal Emergency Management Agency & U.S. Department of Health and Human Services. (2021). Federal Emergency Management Agency Crisis Counseling Assistance and Training Program Guidance. CCP Application Toolkit, Version 5.2. Federal Emergency Management Agency & U.S. Department of Health and Human Services.

Federal Emergency Management Agency. (2021). National Preparedness Course Catalog. https://www.firstrespondertraining.gov/frts/npccatalog?catalog=EMI

Institute for Disaster Mental Health. (2021). Institute for Disaster Mental Health, University of New York at New Paltz. https://www.newpaltz.edu/idmh/academics

Jacobs, G. A., Gray, B. L., Erickson, S. E., Gonzalez, E. D., & Quevillon, R. P. (2016). Disaster mental health and community-based psychological first aid: Concepts and education/training. *Journal of Clinical Psychology, 72*(12), 1307-1317.

McCutcheon, V. E., Grant, J. B., & Schulenberg, S. E. (2020). Answering the call of COVID-19: An integrated mental health response considering education, training, research, and service. *Psychological Trauma: Theory, Research, Practice, and Policy, 12*(S1), S284-S286.

National Organization for Victim Assistance. (2021). NOVA: Crisis Response Team Training Program: Overview. https://onlinecoursesschools.com/amp/nova-basic-crisis-response-training

Yoon, H-Y., & Choi, Y-K. (2019). The development and validation of the perceived competence scale for disaster mental health workforce. *Psychiatry Investigation, 16*(11), 816-828.

국가트라우마센터(2020a). 기관 소개. https://nct.go.kr/ntclntro/greetings.do

국가트라우마센터(2020b). 신종 코로나바이러스 심리지원 가이드라인. 보건복지부 국가트라우마센터. https://www.gunsan.go.kr/_cms/board/fileDownload/434/768111/168117

국가트라우마센터(2021a). 재난 정신건강 교육관리시스템. http://edu.nct.go.kr

국가트라우마센터(2021b). 재난 정신건강 서비스 운영 체계. https://www.nct.go.kr/businessIntro/business01.do

국가트라우마센터(2021c). 코로나19 심리지원 가이드라인(2판). https://www.nct.go.kr/serviceCenter/noticeDetail.do?currentPageNo=1&refnceSeq=472&searchKeyword1=

국립정신건강센터(2018). 2018 정신건강전문요원 수련지도 요원 워크숍 교육자료. https://www.ncmh.go.kr:2453/ncmh/board/boardView.do?no=8307&fno=106&gubun_no=7&menu_cd=04_02_00_03&bn=newsView&search_item=&search_content=&pageIndex=1

대한간호협회(2021). 한국간호사 윤리지침. http://www.koreanurse.or.kr/about_KNA/ethics.php?mn=3#s2

대한적십자사(2021a). 심리사회적지지(PSS) 교육. https://www.redcross.or.kr/education_health/education_health_mental.do

대한적십자사(2021b). 재난심리회복 지원. https://www.redcross.or.kr/voluntary/recovery_support.do

한국상담학회(2021). 사단법인 한국상담학회 윤리강령. https://counselors.or.kr/KOR/kca/law3.php

행정안전부(2018). 재난심리회복지원 실무 매뉴얼. https://www.mois.go.kr/frt/bbs/type001/commonSelectBoardArticle.do%3Bjsessionid=kDTBnOp3XTxJ4ziNe79Qfm7y.node30?bbsId=BBSMSTR_000000000015&nttId=62944

National Organization for Victim Assistance. https://www.trynova.org/crisis-response-program/overview

United Nations International Strategy for Disaster Reduction (2009). 2009 UNISDR Terminology on Disaster Risk Reduction.

United Nations Office for Disaster Risk Reduction. https://www.undrr.org/terminology/disaster

제8장

교육의 사회적 책임을 위한 교과서의 조건

박창언

　교과서는 교육 현장에서 가르치는 자와 배우는 자가 상호작용하는 매개체로서 교육 내용을 담는 그릇에 해당한다. 교과서에 담긴 내용이 어떻게 되어 있고, 그것을 운영하는 제도가 어떻게 규정되어 있느냐에 따라 학습 활동의 모습이 달라지게 되고, 기르고자 하는 인간의 모습도 달라지게 된다. 최근의 교육 내용은 파편적 지식이 아니라 지식을 관련 맥락에서 활용하는 능력을 강조하고 있다. 이러한 능력은 학습자 측면을 강조한 것으로 학생이 사회적인 이슈에 대해서도 그 해결책을 모색하고, 그러한 과정에서 성장하도록 해야 하는 것을 의미하기도 한다. 이것은 사회적 이슈를 해결하는 과정에서 지속적 성찰을 하면서 개인적 성장과 사회의 발전이 도모되는 것으로, 교육의 사회적 책무성에 해당되는 교육이 된다. 교육의 사회적 책임을 다하는 교과서가 되기 위해서는 사회적 책임감을 학습자에게 가르칠 수 있는 내용으로 구성되어야 하고, 그러한 교육 내용을 구성할 수 있도록 교과서 제도가 뒷받침되어야 가능하게 될 것이다. 이 글은 교육의 사회적 책무성을 위한 교과서의 조건을 알아보기 위해 사회 변화에 따른 지식관과 교과서에 대해 살펴보고, 현재 교과서의 다양화, 자율화에 대한 정책을 살펴보며, 교육의 사회적 책무성을 위한 교과서의 조건에 대해 고민해 보고자 한다.

1. 사회적 책임과 교과서의 의의

교과서는 교육 활동의 단위에서 교육과정을 구현하기 위한 교육용 자료로 교사와 학생이 상호작용하는 매개체에 해당한다. 교과서 내용이 어떻게 구성되어 있는지와 교육하는 방법에 따라 학생들이 이해하고 성장하는 모습이 달라질 수 있다. 교과서의 내용 구성과 가르치는 방법 등에 영향을 미치는 것은 교과의 성립 양상과 그것의 내용 체계가 제시되어 있는 방식과 밀접한 관련이 있다. 교과서는 교과의 내용을 언어적으로 기술하여 학생이 학습할 수 있는 방식으로 체계화한 것이기 때문이다.

교과는 한 사회를 구성하고 있는 사람들이 공유하고 있는 경험이나 내용을 토대로 만든 것으로, 사회에 따라 상이한 방식으로 존재하고 있다. 그리고 교과에 담길 내용은 그 사회의 문화적 가치뿐만 아니라 사회 문제를 해결하기 위한 주요한 개념이나 의미로 구성이 되어 있다. 이러한 교과의 내용을 언어나 전자 저작물 형태로 구체화시켜 놓은 교과서는 교육하는 방법에 따라 학생들이 개념을 배워 실제 사회의 맥락에서 문제를 해결하는 과정을 거치게 된다. 그렇게 함으로써 개인이 성장하고 사회 문제에 적극 대처할 수 있는 역량을 기르게 된다.

최근의 사회 변화는 개인이 일정한 지식이나 기능을 습득하여 현실 문제에 적용하는 것을 넘어 기존의 지식을 평가하고 재구조화하여 새로운 지식을 창출하는 개인의 역량을 중시하고 있다. 역량은 여러 가지로 이해되고 있지만, 관련된 맥락에서 적용할 지식이나 기능 등에 대한 것을 이해하고 활용하고자 하는 능력이라고 할 수 있다. 인공지능사회나 팬데믹과 같은 사회적 변화의 시기에 역량은 더욱 강화될 것이다.

사회 변화에 따른 교과서는 지식이나 정보를 전달하기 위해 엄격하고도 규격화되기보다는 유연성을 요청하고 있다. 그러한 유연성은 교과서의 내용적 측면뿐만 아니라 제도적 측면에서도 이루어질 필요가 있다. 이러한 시기에 국가정책적으로 교과서 정책의 다양화 및 자유발행제 추진 계획을 발표하고, '교과용 도서에 관한 규정'을 개정해 자유발행 적용 인정교과서 제도를 도입하는 제도적 뒷받침도 하고 있다. 그리고 온라인 콘텐츠 활용 교과서의 개념 정립 시도와 전자 저작물 관련 교수·학습 자료를 보다 풍부하게 하는 일련의 노력이 이어지고 있다.

이러한 것은 우리 역사에서 새로운 경험을 하는 것이고, 아직까지 경험해 보지 못한 것에 대한 새로운 도전이라고 하겠다. 현재 교과서에 대한 다양화, 자율화에 대한 내용이 전개되고 있으며, 그러한 도전을 조금씩 성취해 나가고 있다고 본다. 그러한 성취를 통해 교육 현장에서 학생들이 사용하는 교과서의 위상과 의미를 재검토하고 새로운 관점에서 교과서를 보아야 한다.

교과는 고정되어 있는 실체가 아니라 변동 가능성이 존재한다. 사회 변화에 따라 새로운 교과가 생성되기도 하고, 불필요한 교과는 제거되기도 한다. 그리고 동일한 교과 내에서도 삭제되거나 새로이 도입되어야 하는 내용이나 단원 등이 존재한다. 여기서 교과서의 내용은 엄격히 고정되기보다는 유연해야 되고, 사회 변화에 보다 긴밀히 대응할 필요가 있다. 우리나라에서 교과서는 교사와 학생을 직접 매개하는 중요한 역할을 수행하고 있다.

교과서는 이제 단순히 지식과 정보를 수용해 전달하는 매개체는 아니라고 보아야 한다. 교과서는 지식의 핵심 개념을 중심으로 관련된 맥락에서 경험을 활성화할 수 있어야 한다. 여기서 핵심 개념은 사고방식을 의미하고, 살아 있는 경험은 사회적으로 다루는 문제를 해결하는 과정이나 그에 대한 내용을 다루어서 개인의 자기 책임과 사회적 책임을 수행하는 것이다.

교과서는 가르치는 자와 배우는 자가 소통을 할 수 있는 매개체이고, 교과서의 내용과 소통을 통해 타인과의 이해를 높이고, 논의 대상으로 사회적 이슈를 해결하는 과정을 거치게 되면 사회적 책무성을 위한 교과서가 될 것이다. 이 장에서는 이러한 교과서로 나아가기 위해 사회 변화에 따른 교과서의 역할, 교과서 제도 그리고 교과서 내용 및 사회적 책임을 위한 교과서에 대해 고민해 보고자 한다.

2. 사회 변화와 교과서

1) 사회 변화와 지식관의 변화

사회가 발전하고 변화하는 것은 노동의 분화 과정으로 설명이 된다. 과거 사회가 미분화되고 사회적인 연결이 제대로 되지 않았다면, 현재와 미래 사회는 노동시장의 분화가 강화되면서도 중앙에서 이들을 하나로 연결시키고자 하는 집중화의 경향도 동시에 띠고 있다. 이러한 사회의 변화는 교육 현장에서 배우는 지식에서 새로운 것의 도입과 낡은 것에 대한 삭제를 요청하고 있다. 사회적 변화 관계를 살펴보기 위해 농경사회와 근대사회 그리고 미래 사회로 구분해 보고자 한다(박창언, 2018, pp. 66-70; 이돈희, 2003, pp. 78-80).

먼저, 농경사회는 사회의 질서가 신분제에 기초해 이루어지고, 경제는 농업을 기본으로 하여 이루어졌다. 이러한 사회에서 교육체제는 실제의 삶과 다소 유리된 형태로 존재하였고, 이때의 지식은 실제적인 삶을 개선하기 위한 실용적인 지식이라기보다는 다소 관념적 형태로 존재하였다. 사회로 진출하고자 할 때 활용하는 지식은 논어, 맹자 등 주로 세계 질서에 대한 원리를 중심으로 전개되었다. 그러한 지식은 극소수의 절대적인 권위를 지니고 있는 사람들에 의해 만들어진 지식이었다. 이러한 지식을 소비하는 사람들은 신분적으로 특권을 지니고 있는 양반과 같은 사회의 일부 계층에 한정되었다. 교육받은 인간의 모습은 신체적인 활동보다는 정신적인 측면에서 일정한 자유를 누리는 사람들이었다.

산업혁명이 일어나고 신분제 사회의 붕괴는 지식을 삶과 연결시키고자 하는 노력이 전개되었다. 농경사회에서 지식이라는 것이 자본이나 노동과 같은 생산의 요소와 직접적 연결이나 관련성이 떨어졌다고 하면, 이 시기는 이러한 것과 긴밀히 연결이 되는 구조를 지니고 있다는 것이다. 대학에서 배우고 있는 여러 학문 분야가 본격적으로 발전하기 시작한 경우를 보면 이해하는 데 용이하다.

당시의 노동 시장의 경우에도 일을 하는 것이 지력을 활용하여 적용하기 위한 것이 많아지고, 동시에 신체적인 활동도 수반하는 경우가 많아지게 되었다. 이러한 시기의 학문 분야는 인문학 이외에도 자연과학, 사회과학, 공학 등으로 광범위하게 전개되었다. 이 지식은 생산 활동을 전개하는 과정에서 적용하는 형태로 변화되었다. 학문 분야의 다양성은 그 분야에 종사하는 다수의 전문가 집단으로 나타나게 되고, 농경사회와 같이 극소수의 절대적인 권위를 지니고 있는 사람이 지식을 생산하던 것과는 다른 모습을 지니게 되었다.

지식의 소비자는 일반 대중으로 확장되었다. 기존의 신분제 사회에서 직업과 관련된 것과 이론적인 것을 중심에 둠으로써 지식이 삶과 분리되었다면, 산업사회에서의 지식은 이 경계를 허물기 시작하고, 지식이 삶과의 관계가 밀착하는 형태로 전개되기 시작하였다. 이 시기에 일을 위해 지식을 지속적으로 얻기 위한 노력도 나타나고, 현재는 평생교육의 중요성과 더불어 강조되고 있다.

산업사회와 같은 근대사회의 모습은 초근대 사회에서 새로운 지식을 요청하고, 인공지능사회로의 변화를 맞이하고 있는 현 시점에서는 지식에 대한 새로운 형태를 요청하고 있다. 지식 그 자체가 삶과 긴밀하게 연결되어 있는 것이다. 기존의 지식을 배우기도 하지만, 사람들과 대화하고 소통하면서 새로운 지식을 만들어 내고 부가가치를 창출하기도 한다. 최근 영화나 플랫폼을 만들어 수익을 창출하는 것과 같은 것을 보면 쉽게 이해할 수 있다.

현대사회는 기존 사회에 비해 지식과 삶이 훨씬 긴밀하게 연결되는 사회로 지속되고 있다. 이는 지식을 생산하는 자와 소비하는 주체를 구분하는 것을 어렵게 만들고 있어 지식의 생산자가 소비자가 된다. 그것은 소수의 권위를 지니고 있는 사람이나 다수의 전문가 집단이 생산한 지식을 배제하는 것을 의미하는 것은 아니다. 이들이 만든 지식을 활용하되, 개인적으로 새로이 재구조화하는 방식으로 지식을 생성하기도 하고 소멸시키기도 한다는 것이다.

이처럼 사회가 시간에 따라 변화하여 지식과 삶은 긴밀하게 연결이 되고, 지식의 생산자와 소비자의 경계를 완화시키고 있다. 이러한 경향은 교육 현장에서 배우도록 체계화되어 있는 지식을 범주화하는 것에 대한 변화도 요청하고 있다. 교육 현장에서 배우는 지식은 교과라는 모습으로 나타나게 된다. 이들 교과는 시간의 변화에 따라 생성과 소멸을 하고 있다. 그리고 이들을 교육하는 모습에 따라 융합하는 모습으로 나타나기도 한다. 학교에서의 지식을 담고 있는 틀로서 교과서의 모습도 이러한 변화에 대응할 수 있는 형태로 변화를 요청하는 것이기도 하다.

2) 지식관의 변화와 교과서

교과서는 교수 · 학습 활동의 단위에서 활용되는 교과의 내용을 담는 그릇에 해당된다. 지식관의 변화는 교과서 내용의 변화를 가져오고, 교과서 내용의 변화는 교육하는 관점에서의 변화도 수반하게 된다. 지식이 삶과 유리되어 있었던 시기나 지식을 삶에 적용하는 시기의 경우는 지식이나 정보를 전달하고, 이를 수용하여 문제 사태에 적용함으로써 가능하였다. 이러한 시기의 교육방법은 교육 내용이나 교과서 내용을 모종의 방법적인 원리를 적용하여 학생들에게 잘 전달하고, 학생들은 이렇게 전달된 내용을 체계적으로 습득하여 생활의 문제 사태에 적용하면 되었다. 그러한 관계로 교과서는 이러한 내용을 체계적으로 조직한 지식이나 정보가 많고, 이것의 전이력을 제고하는 것은 상대적으로 적었다고 보는 경향이 많아졌다.

그러나 미래 사회에 대비한 지식의 경우에는 많은 양의 지식이나 정보를 소유하기보다는 이들을 관련된 맥락에서 어떻게 활용할 것인지에 보다 많은 관심을 기울일 필요가 있다. 인공지능의 발달과 같은 사회의 변화는 인간이 많은 양의 정보를 저장하고, 이를 활용하기 위해 인출할 필요성이 줄어들게 된다. 이의 대부분은 인공지능이 더욱 효과적으로 수행할 수 있기 때문이다. 그리고 학교 교육은 가정과 사회에서 맡고 있던 사회적 · 정서적인 기능도 추가적으로 담당하는 방향으로 전개되고 있다. 학교 교육은 역량의 관점에서 학습과 삶의 토대를 마련하는 방향으로 초점을 맞추고 있다. 역량을 강화하기 위해 교육 현장에서는 배우는 지식도 맥락에 따라 효과적으로 활용하는 방향을 강조하고 있는 것이다.

현재의 지식은 기존 지식을 평가하여 새로이 재조직하는 방향으로 전개됨에 따라 지식에의 접근성과 조작의 용이성을 요청하는 것이 아니다. 개념을 통해 그것을 다른 맥락에서 활용할 수 있는 전이의 능력을 중요시하게 된다. 그리고 그러

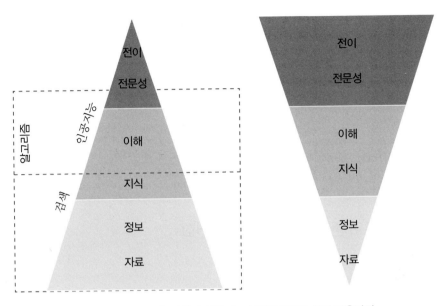

[그림 8-1] 검색과 인공지능 시대에 대비한 플립 교육과정

출처: https://curriculumredesign.org.

한 전이를 통해 전문성 계발을 보다 강화할 수 있는 방향으로 학습의 시간을 보내야 할 필요가 있다. 이러한 시기의 교육과정에 대해서 플립드 교육과정(flipped curriculum)으로 [그림 8-1]과 같이 제안하기도 한다(https://curriculumredesign.org).

[그림 8-1]의 왼쪽에서 정보와 자료 및 지식의 일부는 검색, 인공지능은 지식과 이해 및 전문성의 일부를 차지하고 있다. 그리고 정보와 자료가 차지하는 비중이 높고, 전이나 전문화와 관련되는 내용은 상대적으로 적은 비중을 차지하고 있다. 그러나 오른쪽의 그림은 이와 반대로 되어 있는데 오른쪽과 같이 되는 것을 플립드 교육과정이라고 제시하고 있다. 이 개념은 거꾸로 교실(flipped classroom)의 수업 시간에 경험 중심의 개념 학습을 위해 기술을 활용하는 것과 유사하지만, 수업의 방법(how)보다는 수업의 내용(what)에 더 중점을 두는 점에서 차이가 있다(Holmes, Bialik, & Fadel, 2020; https://en.wikipedia.org/wiki/Flipped_classroomum).

교육과정에서 제시되는 내용의 변화는 교과서에도 반영이 되어야 하는 것이다. 교과서는 교육과정을 구현하기 위한 교육용 자료이자 교육 내용을 담는 그릇에 해당되기 때문이다. 교과서는 지식과 정보를 전달하기 위해 양적으로 내용을 담는 것을 탈피하여 핵심적인 개념이나 원리를 중심으로 구성되어야 하는 것이다. 핵심 개념을 통한 교과서 내용의 구조화와 더불어 그것이 맥락적 경험을 행할 수 있어야 한다. 그렇게 되면 교과서의 분량과 수준이 적절하게 조정이 될 수 있을 것이다(박창언, 강현숙, 신서영, 2021). 이를 위해서는 교과서를 가지고 수업하기보다는 교과서를 기본으로 하여 다양한 교수·학습 자료를 동원할 필요가 있다.

3. 교과서 제도의 존립 양식과 정책의 변화

1) 교과서 제도의 존립 양식

교과서 제도는 역사·사회적 산물로 성립되어 발전되며 국가별로 상이한 제도를 취하고 있다. 일본과 중국은 검정을 기본 골격으로 하여 운영되고 미국과 같은 경우에는 주별로 다르지만 인정제의 형태를 취하는 경향이 있다. 독일을 제외한 유럽의 경우에는 자유발행 형태의 교과서 제도를 채택하고 있다(교육부, 2018, pp. 83-86). 다양한 교과서 제도를 하나의 연속선상에서 표시하면 [그림 8-2]와 같다(박창언, 2017, p. 120).

[그림 8-2]에서 국가주도형은 국가가 교과서의 개발과 사용 등에 직접적으로 관여하는 정도가 높은 수준을 나타내는 것으로 국정교과서 제도가 그에 해당되며, 검정으로 갈수록 국가의 관여가 상대적으로 적어지는 형태를 띤다. 민간주도형은 교과서의 개발과 활용에서 국가의 관여가 최소화되거나 거의 없는 상태를 말한다. 국

[그림 8-2] 교과서 제도의 존립 양식

출처: 박창언(2017).

가교육과정이 존재하는 경우에는 교육과정을 준수하면서 민간이 그 준수 여부에 대해 자체적으로 점검·출판하여 사용하는 경우가 그에 해당한다. 주로 자유발행의 형식을 취하는 경우가 민간이 주도하는 교과서 발행체제가 될 것이다.

우리나라는 국정과 검정을 기본 골격으로 교과서 제도를 규정하고 있다. 「초·중등교육법」 제29조에 국·검·인정 교과서 제도에 대해 규정하고 있고 「교과용도서에 관한 규정」에서는 이들에 대한 정의를 내리고 있다. 「교과용도서에 관한 규정」 제2조에서 국정도서는 교육부가 저작권을 가진 교과용도서, 검정도서는 교육부장관의 검정을 받은 교과용도서로 정의하고 있다. 인정도서는 국·검정 도서가 없는 경우 또는 이를 사용하기 곤란하거나 보충할 필요가 있는 경우에 사용하기 위하여 교육부장관의 인정을 받은 교과용도서로 규정하고 있다.

국가가 저작을 하든, 검정이나 인정을 하든 교과서로 지위를 부여받기 위해서는 일정한 기준을 충족하여야 한다. 국·검·인정 교과서는 상이한 제도이고, 인정 교과서의 경우에는 인정 기준의 결정과 내용 수정의 요청 등 전반적인 사항이 교육감에게 행정 권한의 위임이 되어 있지만, 이들 심사 기준은 대동소이하게 되어 있다. 따라서 여기서는 교과서로 지위를 인정을 받기 위한 검정 기준을 예시함으로써 교과서로 지위를 부여받기 위한 기준을 살펴보고자 한다. 교과서 검정 기준은 공통기준과 교과별 기준으로 구분이 되고 있다. 우선 공통기준은 〈표 8-1〉과 같다(교육부, 한국교육과정평가원, 2015, p. 6).

표 8-1 공통 검정 기준

심사 영역	심사 관점
I. 헌법 정신과의 일치	1. 대한민국의 정통성과 국가체제를 부정하거나 왜곡·비방하는 내용이 있는가?
	2. 대한민국의 자유민주적 기본 질서와 이에 입각한 평화 통일 정책을 부정하거나 왜곡·비방하는 내용이 있는가?
	3. 대한민국의 영토가 한반도와 그 부속 도서임을 부정하거나 왜곡·비방하는 내용이 있으며, 특별한 이유 없이 '독도' 표시와 '동해' 용어 표기가 되어 있지 않은 내용이 있는가?

I. 헌법 정신과의 일치	4. 대한민국의 국가 상징인 태극기, 애국가 등을 부정하거나 왜곡·비방하는 내용이 있으며, 바르지 않게 제시한 내용이 있는가?
	5. 성별·종교 또는 사회적 신분에 의하여 정치적·경제적·사회적·문화적 생활의 모든 영역에 있어서 차별을 조장하는 내용이 있는가?
	6. 특정 국가, 인종, 민족에 대해 부당하게 선전·우대하거나, 왜곡·비방하는 내용이 있는가?
II. 교육의 중립성 유지	7. 정치적·파당적·개인적 편견을 전파하거나, 특정 종교 교육을 위한 방편으로 이용된 내용이 있는가?
III. 지적 재산권의 존중	8. 타인의 공표되지 아니한 저작물을 표절 또는 모작하거나, 타인의 공표된 저작물을 현저하게 표절 또는 모작한 내용이 있는가?

출처: 교육부, 한국교육과정평가원(2015), p. 6.

　공통기준에 따른 심사는 공통기준의 검정 위원이 개별적으로 '있음'과 '없음'으로 판정을 하게 된다. 검정 위원이 1명이라도 '있음'이라는 판정을 하게 되면, 교과용 도서검정심의회의 심의를 거치게 되고, 심의회에서도 심의 결과 심사 항목 중 1개 항목이라도 '있음'으로 판정이 된 도서는 불합격 처리하게 된다. 교과별 기준은 〈표 8-2〉와 같다(교육부, 한국교육과정평가원, 2015, pp. 7-8).

　교과별 기준에 따른 심사에서는 심사 영역 내 심사항목의 가중치와 배점 및 심사의 관점 등은 검정위원회에서 협의하여 본 심사 이전에 결정을 한다. 검정 위원별로 심사 항목별 점수를 산정하고 이들 점수를 합산하여 최종 점수를 산정하게 된다. 심사 영역별 심의회의 최종 점수가 배점 기준의 60% 이상이 되고 심의회의 최종 점수를 모두 합한 점수가 80점 이상이 되어야 1차 심사를 통과한다. 2차 심사는 수정·보완과 감수의 이행 여부를 심사하는 것으로 수정·보완 사항을 모두 이행하고, 전문기관의 감수를 받고서 감수의 이행 여부를 모두 이행한 도서에 한해 2차 심사를 통과하게 된다. 불합격된 도서에 대해서는 이의 신청 접수 기간을 정해 안내한다. 이의 신청을 접수한 경우에는 타당성 여부를 심사하고, 접수한 날로부터 60일 이내에 그 결과를 통지하게 된다.

　이처럼 교과서에 대한 지위가 부여되기 위해서는 국가가 정한 일정한 기준을 충

표 8-2 교과목별 검·인정 기준(예시)

심사 영역	심사 항목	배점
I. 교육과정의 준수	1. 교육과정에 제시된 목표를 충실히 반영하였는가? 2. 교육과정에 제시된 내용 체계 및 성취 기준을 충실히 반영하였는가? 3. 교육과정에 제시된 교수·학습 방법을 충실히 반영하였는가? 4. 교육과정에 제시된 평가를 충실히 반영하였는가?	
II. 내용의 선정 및 조직	5. 내용의 수준과 범위 및 학습량이 적절한가? 6. 내용 요소 간에 위계가 있고, 연계성을 가지고 있는가? 7. 학생들이 배운 내용을 다양한 방식으로 일상생활에 적용함으로써 창의력, 문제해결력 등 교과 역량 함양이 가능하도록 교육 내용을 조직하였는가? 8. 일상생활과 연계되어 흥미와 관심을 유발할 수 있도록 다양한 주제, 제재, 소재 등을 선정하였는가? 9. 학습자의 자기주도 학습을 지원할 수 있도록 구성하였는가? 10. 융복합적 사고를 촉진하는 제재를 선정하였는가? 11. 학생 관점에서 이해하기 쉽게 기술하고 있는가? 12. 교과서의 집필 기준을 준수하였는가? (* 집필 기준이 있는 과목에 한함)	
III. 내용의 정확성 및 공정성	13. 사실, 개념, 용어, 이론 등은 객관적이고 정확한가? 14. 평가 문항의 질문과 답에 오류는 없는가? 15. 사진, 삽화, 통계, 도표 및 각종 자료 등은 공신력 있는 최근의 것으로서 출처를 분명히 제시하고 있으며, 해당 내용에 대한 설명으로 적합한가? 16. 특정 지역, 문화, 계층, 인물, 성, 상품, 기관, 종교, 집단, 직업 등을 비방·왜곡 또는 옹호하지 않았으며, 집필자 개인의 편견 없이 공정하게 기술하였는가? 17. 한글, 한자, 로마자, 인명, 지명, 각종 용어, 통계, 도표, 지도, 계량 단위 등의 표기가 정확하며, 편찬상의 유의점에 제시된 기준을 충실히 따랐는가? 18. 문법 오류, 부적절한 어휘 등 표현상의 오류가 없고 정확한가?	

IV. 교수 · 학습 방법 및 평가	19. 융복합적 사고와 교과 지식의 적용 및 활용을 유도하는 다양한 교수 · 학습 방법 및 평가를 제시하였는가?	
	20. 체험 중심의 인성교육이 구현될 수 있도록 학생 참여와 협력 학습이 강화된 다양한 교수 · 학습 방법 및 평가를 제시하였는가?	
	21. 학생들이 스스로 학습하고 과제를 해결할 수 있는 다양한 교수 · 학습 방법 및 평가를 제시하였는가?	
	22. 교사와 학생, 학생과 학생 간의 상호작용이 가능한 다양한 교수 · 학습 활동을 제시하였는가?	
합계		100

출처: 교육부, 한국교육과정평가원(2015), pp. 7-8.

족하여야 하는데, 교과서에 대한 정의를 내리는 것도 국가의 관여 정도를 기준으로 제시하는 것 같다. 국가의 관여 정도를 기준으로 이러한 교과서 제도를 구분하게 되면, 국가가 교과서 저작에 직접 관여하게 되면 국정교과서, 검정 기준을 충족하는지의 여부를 따져 교과서로 사용할 수 있는 지위를 부여함으로써 간접적으로 저작에 관여하면 검정교과서가 된다. 그리고 국가가 교과서 저작에 관여하는 것과 달리 교과서의 사용에 관여하는 것은 인정교과서가 된다. 국 · 검정 교과서를 보충하는 방식으로 사용하도록 규정하고 있기 때문이다.

　인정교과서는 자유발행 미적용 인정교과서와 자유발행 적용 인정교과서로 다시 구분이 된다. 자유발행 적용 인정교과서는 교과서 심사에서 공통기준만 적용을 받고, 교과별 기준에 대해서는 집필자가 자체 점검을 하는 방식을 통해 2020년 「교과용도서에 관한 규정」의 개정으로 통해 정비되었다. 「초 · 중등교육법」에서 자유발행 교과서 제도의 근거가 제대로 마련되지 못하였기 때문에 「교과용도서에 관한 규정」의 개정을 통해 자유발행 적용 인정교과서 제도를 마련한 것이다. 우리나라 교과서 제도를 도식화하여 제시하면 [그림 8-3]과 같다(박창언, 2020a, p. 29).

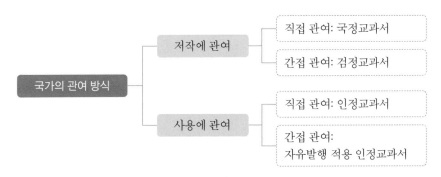

[그림 8-3] 국가의 관여 방식에 따른 교과서 발행체제의 구분

출처: 박창언(2020a), p. 4.

2) 교과서의 다양화, 자율화 정책과 현황

우리나라는 조선시대 말기에 신교육이 도입된 이후 민간이 저술하거나 번역에 의한 것을 사용하기는 하였지만, 현대적 의미의 교과서 제도가 성립되고 발전된 것은 1949년 「교육법」이 마련되면서 시작되었다고 볼 수 있다. 당시 초·중등학교 교과서는 국정과 검정 교과서를 기본 골격으로 하고 인정교과서를 대용할 수 있는 체제를 정비하였다. 제7차 교육과정 이후에는 인정도서심의위원회의 심의가 없는 인정도서가 도입되기도 하였다. 2009 개정 교육과정에서 인정교과서가 84% 정도에 이르는 변화를 가져오고, 2017년 자유발행제 교과서를 도입하기 위한 「초·중등교육법」이 제출되면서 교과서 제도의 폭을 넓히기 위한 제도적 노력이 이루어졌으며, 2020년에는 「교과용도서에 관한 규정」이 개정되어 자유발행 적용 인정교과서의 법적인 근거를 마련하였다.

교육부에서는 자유발행 교과서 제도의 도입과 관련해 다양한 노력을 기울였다. 2018년에 교과서 자유발행추진위원회를 발족시켜 활동을 전개하였고 동시에 교과서 개선을 위한 포럼도 개최하였다. 여러 논의와 교육 현장의 의견을 바탕으로 2019년 1월에는 '교과용도서 다양화 및 자유발행제 추진 계획'을 발표하였다(교육부, 2019. 1.). 추진 계획에서는 모든 아이의 성장을 지원하는 학습자 중심의 미래형 교과서 개발 및 활용에 목표를 두고, 제도 개선과 품질 보장 및 규제 완화의 추진

학년군	현행	개선(안)
초등 1~2	6개 교과목 모두 국정	현행 유지
초등 3~4	국정: 국어, 도덕, 수학, 사회, 과학 검정: 체육, 음악, 미술, 영어	국정: 국어, 도덕(현행 유지) 검정: 현행+**수학, 사회, 과학**
초등 5~6	국정: 국어, 도덕, 수학, 사회, 과학 검정: 체육, 음악, 미술, 영어, 실과	국정: 국어, 도덕(현행 유지) 검정: 현행+**수학, 사회, 과학**
비고(총계)	국정: 16과목, 검정: 9과목	국정: 10과목, 검정: 15과목

[그림 8-4] 국정도서에서 검정도서로 전환(안)

출처: 교육부(2019. 1.).

방향을 제시하였다. 교과서 발행체제의 개선과 관련해서 제시한 세 가지는 다음과 같다.

첫째, 초등 국정도서에서 검정도서로 일부 전환이다. 그 이유는 다양하고 창의적인 교과서 발행을 통해 교육과정 자율화의 지원과 경쟁을 통한 교과서 품질 향상과 교사, 학생의 선택권 보장에 목적을 두는 것으로 설명하고 있다. 교사의 수업 재구성이나 학생의 활동 중심 수업을 지원하는 교과서를 개발하고자 하는 것이다. 초등학생들에게는 시대의 흐름에 맞게 최신의 교과 내용, 삽화, 사진 및 통계 자료 등

구분	현행	개선(안)
수정·보완의 강제성	수정·보완 지시 내용 미이행 시 **불합격 처리**	수정·보완 권고사항은 집필진의 자유의사로 **반영 여부 결정**
심사단계	본 심사의 1차·2차 분리 운영으로 집필진의 **심리적 부담** 증가	1차 심사단계에서 본 심사로 **통합 운영**

[그림 8-5] 교과용도서 검정 심사 절차 개선 개념도

출처: 교육부(2019. 1.).

을 제공하려는 내용을 제시하고 있다. 초등 국정도서에서 검정도서로 일부 전환 대상 교과는 초등 3~6학년 사회, 수학, 과학 교과용도서 65책이다. 다만, 초등 1~2학년 전 과목, 국어 및 도덕 등 기초·기본 교육, 국가 정체성 관련 교과는 현행대로 유지해야 한다는 입장을 나타내고 있다.

둘째, 검정도서 심사제도의 개선이다. 그 목적은 2019년 검정심사제도의 규제 완화를 통해 교과용도서의 질을 보장하면서도 다양하고 창의적인 교과서 개발을 지원하는 데 두고 있다. 대상 교과는 2019년 검정심사 대상 도서 총 14책[1]으로, 기초조사 강화 및 검정심사 절차의 간소화를 주요 내용으로 한다. 기초조사를 강화하는 것은 표현·표기 및 내용 오류를 조사·수정하는 것을 강화하여 교과용도서로서의 기본적인 질을 보장하기 위한 것에 있다. 본 심사에서는 심의진의 '수정·보완 지시'를 '수정·보완 권고'로 완화하여 집필진의 전문성을 존중하고, 수정 권한을 집필진과 심의진 간에 균형 있게 배분하는 내용을 제시하고 있다.

셋째, 자유발행제 도입 및 추진이다. 새로운 제도 도입의 목적은 다양한 교과서 개발 및 보급을 통해 학교 수업의 자율성 및 전문적 창의성을 신장하기 위한 것에 두고 있다. 추진은 점진적인 자유발행제로 이행하는 방식을 취하고 있다. 대상은 시대 변화에 탄력적인 대처가 필요한 전문교과에 우선 적용하는 것으로 되어 있다.

고시 내 과목		고시 외 과목
자유발행제 미적용	자유발행제 도입 및 적용	
보통교과(60책) 전문교과 II(6책) NCS(368책)	전문교과 I(111책) 전문교과 II(6책)　＋	학교장 개설 과목

[그림 8-6] 자유발행제 적용/미적용 인정교과용 도서

출처: 교육부(2019. 1.).

---

1) 교과서(8책): (중) 국어 3-1, 국어 3-2, 수학 3, 과학 3, 영어 3, 역사 ①/②, (고) 한국사
　지도서(6책): (중) 국어 3, 수학 3, 과학 3, 영어 4, 역사 ①/②

현행 기준	개선(안) 기준
(공통기준) 헌법 정신과의 일치, 교육의 중립성 유지, 지식 재산권 존중 등	**(공통 기준)** 현행 유지
(교과별 기준) 교육과정 준수, 내용 선정 및 조직, 내용의 정확성 및 공정성, 교수·학습 방법 및 평가 **(기준 쪽수)** 제시	**(교과별 기준)** 삭제 **(기준 쪽수)** 삭제 **(자체평가서)** 교육과정 준수 여부, 내용의 적합성 여부 등 집필진 자체 작성

[그림 8-7] 자유발행 적용 인정도서 심의 기준 변경(안)

출처: 교육부(2019. 1.).

고등학교 전문교과 I(특수 목적고 전공 관련 과목)과 전문교과 II(직업계고 전공 관련 과목) 284책 및 학교장 개설 과목이 이에 해당한다. 다만, 전문교과 II과목 중 대학수능과목(6책) 및 NCS(368책) 과목은 현행 심의 기준을 적용하도록 하였다.

자유발행 적용 인정교과서의 운영 방식은 고등학교 자유발행 대상 과목(284책) 및 고등학교 학교장 개설 과목의 교과서를 신규 출원 시 심사 기준 완화 및 절차를 간소화하는 것이다. 심사 기준의 완화는 인정도서 승인 시 공통기준 준수 여부만 확인하고, 기준 완화를 통해 인정 심의 과정을 간소화하여 심사 기간 단축 및 관련 비용을 절감하도록 하였다.

4. 교과서 내용의 관점과 교수·학습 자료

1) 교과서 내용의 관점

교과서에 담길 내용을 보는 관점은 교육과정을 보는 관점과 밀접하게 관련되어 있다. 교육과정은 지적인 체계를 중시하는 측과 생활의 경험을 강조하는 측으로 구분할 수 있다. 교육과정이 교과를 근간으로 하여 성립되어 있다고 하면, 교과의 내용 역시 이들 관점의 어느 하나를 중심으로 한다. 교과서는 교과에 담긴 내용을 구현하기 때문에 교과서 역시 관점에 따라 내용이 만들어진다. 그래서 교과서 내용은 지적인 체계를 중시하는 쪽과 생활 경험을 중시하는 쪽으로 구분된다. 여기서 어느 한 측면을 중시한다고 하는 것은 모든 교과서가 이 두 측면을 보유하고 있되, 상대 적인 비중의 차이를 지니고 있음을 말한다.

지적인 체계를 중시하는 교과서는 수학이나 과학과 같이 비교적 보편적인 개념 이나 원리를 포함하고 있는 교과의 내용에서 그 비중이 높은 편이다. 이러한 내용 은 국가교육과정을 토대로 교과서 집필을 하면서 그 내용을 상세화하면 된다. 그렇 게 되면 교과서는 지적인 사고를 중심으로 하는 방향으로 그 내용이 마련된다. 이 에 비해 예체능과 같은 교과의 경우에는 생활 경험을 중심으로 내용이 제시되고 있 다. 체육과 국가교육과정의 경우에도 해당 교과에 대한 지식뿐만 아니라, 실천 능 력을 함양하는 것으로 제시하고 있으며 신체 활동의 활용을 예시하고 있다.

국가교육과정에서 교과의 성격에 따라 교과의 내용 체계는 통일적으로 제시한 다고 하더라도 내용을 제시하는 방법을 달리하고 있다. 지식의 체계를 중시하는 경 우에는 교과의 위계성을 기초로 배워야 할 내용이 명료하게 되어 있는데, 생활 경 험을 중시하는 경우에는 선택적으로 활동을 행할 수 있는 내용으로 되어 있다. 이 러한 사항은 교과서를 만드는 경우에 내용적 측면에서 상이하게 전개될 수 있는 것 이다. 체육에서 신체 활동의 활용에서 건강달리기, 달리기 경기, 축구, 태권도 등 다양한 모습으로 나타날 수 있다.

교과서가 지적인 체계와 생활 경험 중심으로 되어 있는 관점을 달리한다고 하더 라도, 이들은 비중을 달리하여 모든 교과에 포함되어 있다. 그러므로 교과서는 지 적인 체계에서 제시되는 개념이나 원리와 같은 사고력을 요하는 내용과 이들을 다 양한 맥락에서 경험할 수 있는 양자를 포함하고 있는 것이다. 이러한 측면은 교과 서가 개념을 중심으로 하여 다양한 맥락에서 이를 활용할 수 있는 능력을 강화하는 방향으로 전개되어야 함을 말한다.

최근 역량을 강조하고 있는 것은 이와 무관하지 않다. 역량을 중시하는 사회에 서는 교육 현장에서 배운 기초 지식이나 개념 등을 토대로 그것을 활용할 수 있는 능력을 강조하고 있다. 교과서는 이러한 사회 변화에 대응할 수 있는 내용으로 구성되고 방법적으로도 적절히 활용할 수 있는 것이어야 한다. 교과서의 내용적인 측면뿐만 아니라 교과서의 외형적인 체제와 관련된 사항 역시 중요하다. 내용이 제대로 되어 있다고 하더라도, 삽화나 지면의 여백 및 표지 등이 학생들에게 매력적으로 다가가지 못한다면 교과서의 기능을 제대로 못할 수 있다. 따라서 학생들이 활용하기 좋은 교과서가 되기 위해서는 내용적인 측면뿐만 아니라, 외형적인 측면도 충분히 관심을 끌 수 있는 것이어야 한다.

2) 교과서의 활용과 교수 · 학습 자료

교과서는 국가나 지방자치단체에서 정한 일정한 기준을 충족할 경우에 그 지위를 인정받게 된다. 그러나 교육 현장에서는 교과서뿐만 아니라 다양한 교수 · 학습 자료가 사용되고 있다. 교과서가 개념이나 원리 위주로 되어 있을 경우 학생들에게 모두 부합하는 형태로 제공되기 어렵기 때문이다. 교육과정이 대상 학생에게 맞지 않을 때 소외 집단이 생기는 것처럼 교과서 역시 마찬가지로 이해하여야 한다.

교과서에 제시되어 있는 개념이나 원리가 추가적 설명이나 해석이 떨어질 수 있기 때문에 이를 보완하기 위해 다양한 자료가 동원이 될 필요가 있다. 개별 학급이나 학교의 학생들이 해당 내용을 전체적으로 이해하는 데 한계가 있을 경우에 풍부한 교육용 자료는 학생들의 학습의 효과를 높이는 데 기여할 것이다. 그리고 최근 코로나 사태와 같은 경우에는 대면 활동이 어렵기 때문에 원격교육과 관련된 교수 · 학습 자료도 상당히 풍부하게 제시되고 있다. 그러한 자료의 활용을 보다 용이하도록 만드는 것이 플랫폼과 같은 것이다.

여기서는 다양하게 제시되고 있는 교수 · 학습 자료 가운데 원격 수업에 활용하는 것을 토대로 다양한 방식에 대해 살펴보고자 한다. 2020년에 교육부에서는 체계적인 원격 수업을 위한 운영 기준을 마련하여 제시하였다. 여기서 원격 수업의 유형별 운영의 형태는 실시간 쌍방향 수업, 콘텐츠 활용 중심 수업, 과제 수행 중심 수업, 기타 등으로 구분하여 〈표 8-3〉과 같이 제시하고 있다(교육부, 2020. 3. 27.).

표 8-3 원격 수업의 유형별 운영 형태

구분	운영 형태
① 실시간 쌍방향 수업	• 실시간 원격교육 플랫폼을 활용하여 교사-학생 간 화상 수업을 실시하며, 실시간 토론 및 소통 등 즉각적 피드백
② 콘텐츠 활용 중심 수업	• (강의형) 학생은 지정된 녹화 강의 혹은 학습 콘텐츠를 시청하고, 교사는 학습 내용 확인 및 피드백 • (강의＋활동형) 학습 콘텐츠 시청 후 댓글 등으로 원격 토론
③ 과제 수행 중심 수업	• 교사가 할 수 있도록 교과별 성취 기준에 따라 학생이 자기주도 학습 내용을 맥락적으로 확인할 수 있도록 과제 제시 및 피드백
④ 기타	• 교육청 및 학교 여건에 따라 별도로 정할 수 있음

출처: 교육부(2020. 3. 27.).

　여기서는 원격 수업의 유형에서 활용이 가능한 콘텐츠로서 교수 · 학습 자료를 만들어 사용하는 것을 검토할 수 있다. 콘텐츠의 유형은 자체 제작 콘텐츠 송출형, 기제작＋교사의 설명형, 기성 콘텐츠의 방출형으로 구분하여 제시할 수 있다(박창언, 2020b). 자체 제작 콘텐츠 송출형은 교사가 교육과정 자료인 e콘텐츠를 직접 제작하여 제공하는 것이다. 기제작＋교사의 설명형은 이미 제작된 콘텐츠를 송출하면서 교사가 설명을 곁들이는 방식을 말한다. 기성 콘텐츠의 방출형은 이미 제작되어 인터넷에 보급되고 있거나 전자 저작물로 제작되어 각급 학교로 보급된 e콘텐츠를 일방적으로 방출하는 형식이다.

　자체 제작 콘텐츠 송출형은 교사가 직접 교과서의 개념이나 원리를 설명하기 위해 자료를 만드는 것이다. 학생들의 특성을 가장 잘 아는 교사가 만드는 것이기에 학생들에게 가장 부합하는 교수 · 학습 자료가 될 수 있지만, 시간과 노력이 상당히 많이 든다는 점에서 교사에게 큰 부담이 되는 한계가 있다. 기제작＋교사의 설명형은 교사가 외부에서 제작되어 보급된 내용을 가져와 일부 변형하거나 보완하는 자료를 만들어 활용하는 방식이 될 것이다. 이미 만들어진 자료를 가져와 자체적으로 만드는 것에 비해 부담이 줄어들 수 있지만, 여전히 교사에게 부담이 되는 어려움이 있다. 기성 콘텐츠의 방출형은 외부에서 만들어진 자료를 가져와 그대로 활용하는 것으로 교사의 부담이 줄어들 수 있지만, 학생의 적합도 향상에는 한계가 있을 수 있는 점이 한계가 될 수 있다.

5. 사회적 책임을 위한 교과서의 조건

1) 사회적 책임과 교과서의 성격

책임이라고 하는 것은 직책이나 부여된 업무에도 사용이 되지만, 자율과 관련해서도 사용이 된다. 자율적으로 모종의 일을 한다는 것은 그 행위의 목적이나 과정 및 결과에 대해 자기 책임을 수반하는 것이다. 창의적 체험 활동에서 자신이 자율적으로 봉사활동을 선택해 일정한 간격으로 특정 기관을 방문해 사회봉사를 할 경우, 그것이 힘이 들더라도 포기하지 않고 마무리를 할 필요가 있다. 그렇게 하지 못할 경우에는 자신의 책임을 다하지 못하게 된다. 사회봉사 기관의 봉사를 받는 대상자는 제대로 도움을 받지 못해 어려움에 처할 수도 있다.

개인 차원에서 이루어지는 책임은 사회에서도 성립이 될 수 있다. 사회적으로 책임을 진다고 하는 것은 타인에 대한 공감과 책임을 통해 인간답게 살아가기 위해 사회적 이슈들을 다루고 해결하는 과정에서 더불어 살아가기 위한 역량이라고 말하고 있다(이상수, 이유나, 김현지, 김은지, 2021, p. 87). 이러한 역량을 함양하기 위해서는 개인과 사회의 관계를 통해 개인적 성취와 더불어 그것이 집단적 성취로 이어지는 것을 이해하는 교육이 필요하다. 사회적 의식을 개발하기 위해서는 사회적 이슈에 대해 생각하고, 그것을 해결하는 것을 경험하는 것이 요청된다. 이를 위해서는 교육 내용의 변화와 더불어 이를 교육하는 방법 등의 전반적인 변화가 요청된다.

그러면 교과서는 사회적 책임을 구현하기 위해 어떠한 모습을 지녀야 하는가에 대해 의문을 가질 필요가 있다. 이제까지 교과서를 주어진 것으로 보고 학생들에게 그 내용을 전달하고, 시험 역시 교과서 내용을 잘 익히면 되는 것으로 보는 경향이 강하였다. 그러나 사회의 변화에 따라 이러한 교과서는 더 이상 유효하지 않다고 생각된다. 교과서는 대상 학습자에게 부합하도록 조정이 되어야 한다. 사회 변화에 대한 대응성을 높일 필요가 있는 것이다. 이를 위해서는 교과서가 전국적인 공통성을 지니는 것 이외에 지역이나 학교 및 학생의 특성을 고려해 만들 여지가 있어야 한다.

지역이나 학교 및 학생의 특성을 고려할 여지가 적을 경우 교과서 내용은 획일화되고, 창의성을 발휘할 여지가 적게 되며 사회적 변화에 대응력을 약화시키게 될 것이다. 그리고 교과서가 핵심 내용으로 되어 있을 경우, 그 내용을 충분히 이해하기 위해 풍부한 교수·학습 자료를 활용하게 된다. 교과서는 가르치는 자의 입장에서 보면 배우는 자의 성향을 고려해 다양한 보조 자료를 활용하는 것이 교육적 효과를 높일 수 있다.

교과서가 활용이 되는 교육 현장에서는 모종의 내용을 토대로 대화하고 소통하며, 문제 해결에서 협력을 필요로 하기도 한다. 이러한 과정을 통해 사회적 이슈를 해결할 수 있어야 한다. 이를 위해서는 교과서 내용이 지식 전달이 아닌 개념과 원리를 중심으로 하고, 수업 방식이 대화와 토론, 소통이 될 수 있는 구조가 되어야 한다. 교과서의 편성 체제에서 그림이나 삽화의 위치, 학생용 시트지가 첨부되어 교과서가 학생들에게 사회적 책임을 길러 줄 수 있도록 내용적·외형적 조건을 구비할 필요가 있다.

그리고 이러한 교과서를 만들기 위해서는 교과서를 학생들에게 부합하도록 만들 수 있는 발행체제의 다양화 같은 제도적 조건도 뒷받침되어 있어야 한다. 교과서의 내용 측면과 제도 측면이 정비되었다고 하더라도, 교과서의 활용과 평가를 하는 측면도 이들의 간극을 메울 수 있는 장치로 작동할 필요가 있다. 여기서는 교과서에 대한 제도적 조건, 내용적 조건, 활용 및 평가의 조건으로 구분하여 살펴보고자 한다.

2) 제도적 측면의 조건

사회적 이슈에 대해 논의하면서 개인과 사회적 가치를 정립하기 위해서는 다양한 교과서 제도를 활용하는 것이 유리하다. 국정교과서 제도는 국가가 교과서 저작에 관여함으로써 1교과 1책의 교과서 제도를 확립하고 있다. 이것은 학생의 성장에서 표준화되거나 규격화되는 모습으로 나타나는 것을 의미한다. 국정교과서는 재난 상황이나 국가에 위기가 닥쳐 국가의 존립과 관계되는 국가 안위에 대응하기 위해서 유용하다. 국가의 존립과 관계되는 사항이 통일적으로 되어 있지 않고 위기 시 대응하는 방식이 다를 경우에는 오히려 혼란이 가중되고, 국가의 정체성 확립 및 사회 구성원으로서 가져야 할 기본 자세 확립에 어려움을 겪을 것이다.

이와 반대로 자유발행 교과서는 다양화, 탈규격화를 지향함으로써 1교과 다종의 교과서를 양산하고, 학생 성장의 다양성과 발전 가능성을 고려한 것이다. 자유발행 교과서는 사회 변화에 대응하는 데 용이하고, 학생의 창의력을 기르는 데 유용하다. 인공지능이나 빅데이터와 같은 사회적 변화를 겪고 있는 시점에서 내연 기관이나 과거의 컴퓨터 및 제조업에서의 내용을 다루는 것은 의미가 적다. 영화와 같이 새로운 아이디어를 창출하여 제조업보다 많은 부가가치를 만들어 낼 수 있는 내용과 방법적 원리가 필요하게 된다.

검정과 인정 교과서, 국정교과서와 자유발행 교과서는 상반되는 양극단의 제도에서 국가나 민간의 주도 형태에 따라 어느 지점에 위치하는 제도로 설명이 된다. 교과서 제도의 다양화는 개인의 성장에 필요한 내용을 체계적으로 제공할 수 있고, 국가 교육의 일정 수준 유지를 위해 필요한 내용도 제시할 수 있다. 즉, 교육의 일정 수준 유지와 교육의 기회 균등의 조화를 이루는 지점이 필요한 것을 말한다. 어떠한 교과서 제도를 채택한다고 하더라도 학생이 가지고 있는 지적인 사고력을 향상시키고 다양한 맥락에서 활용함으로써 지력이 성장하여야 한다. 교과에 대한 학생들의 의식이나 태도를 함양하는 것도 동시에 포함이 되어야 한다. 이를 통해 교과서는 학생의 총체적 발달을 도모할 수 있어야 한다.

교과서 제도의 다양화는 국가의 정체성 확립과 더불어 사회 발전이나 사회적 이슈가 되는 사항에 대해 학교에서 논의함으로써 사회 발전에 기여하는 방향이 되어야 한다. 교과서 내용이 국가적 문제나 사회적 문제를 해결하는 데 중점을 두게 되면, 교육은 그러한 문제 해결을 위한 외적 가치를 중시하게 될 여지가 있다. 그래서 학생 개개인의 성장이라는 본질적 가치에 입각해 그러한 문제를 논의할 필요가 있다. 교육의 외적 가치와 본질적 가치는 별개로 작용하는 것이 아니라 본래적 가치와 보완적 관계에 있다고 생각되기 때문이다.

교과서 제도가 어느 하나의 제도에 치우칠 경우에는 해당 제도에 적합한 내용을 구현하는 데 유용할 수 있다. 그렇지만 그 반대의 경우를 구현하는데에는 한계에 부딪힐 수 있다. 규격화, 표준화되어 있는 경우에는 획일화되기는 하지만, 국가 발전이나 경제 발전과 같이 국가가 인재를 양성하고자 하는 경우에는 효과를 거둘 수 있다. 먼저, 교육과정과 교과서를 만들어 놓고 거기에 부합하는 사람을 선발할 수 있기 때문이다. 반면, 다양성이나 자율성을 요청하는 교과서 내용은 사회 발전에 대응력을 강화하기 위한 교과에 유용하고 학생들에게 부합하는 교과서 내용을 제공할 수 있기 때문에 일반교육 대상자에게 유용할 수 있다. 이처럼 교과서 제도의 운영을 폭넓게 가지는 것은 국가의 공통적인 관심사를 해결함과 동시에 개인적 필요를 충족시킬 수 있는 하나의 조건이 된다.

3) 내용적 측면의 조건

좋은 교과서가 되기 위해서는 교과서를 보는 어느 특정의 관점이 아니라 이 관점을 모두 지니고 있어야 한다. 그리고 핵심적인 개념이나 원리를 중심으로 교과서 내용이 제시되고, 그것이 다양한 맥락에서 활용할 수 있는 전이가 높아야 한다. 사회적 책무성은 사회 문제에 개입해 교과서가 이를 해결할 수 있는 동인이 되어야 한다. 그러한 내용은 교과서가 사회 문제를 가져와서 구성이 되어야만 하는가에 대한 의문을 일으킨다. 사회 문제를 교과서에 가져올 경우 생활 적응기의 교육과정과 같이 '사회기능'이나 청소년의 '필요'를 교육과정의 기초로 삼게 될 것이다. 사회 기능을 분석한 것을 예로 들면, 사회기능은 생명, 재산, 자연자원의 보존과 활용, 물자의 생산 및 생산물의 분배, 물자 및 시설의 소비, 물자 및 인간의 교통과 수송, 오락, 심미적 요구의 표현, 종교적 욕구의 표현, 교육, 자유의 확장, 개성의 통합, 탐색의 열세 가지 사회 기능이 포함되어 있다(이경섭, 1996, p. 291). 이러한 내용의 수업에서는 문제해결법, 프로젝트법 등 단순히 교과서의 내용 전달을 중심으로 하는 설명식 방법과 다른 교육 방식을 취하고 있다.

여기서 제시한 내용을 어떠한 방식으로 교육 활동을 전개할 것인지에 대해서는 한 번 생각해 볼 필요가 있다. 해당 문제에 대해 서로 이야기만 하면 되는 것인지, 아니면 지적인 사고로서 지력이 작용하여 그것에 대한 논의가 필요한 것인지에 대한 것이다. 이에 대해서는 지적인 힘이 작용하여야 하는 것으로 이해될 필요가 있다. 자율적으로 문제 해결을 하기 위해서는 그 문제 사태에 대한 기초 지식이 튼튼해야 한다. 그것은 바로 기본 개념과 원리에 해당하는 것으로 이해된다.

기본 개념과 원리와 같은 용어는 최근 사용되는 빅아이디어와 같은 말로도 사용이 가능하다. 교과서 내용이 파편화된 지식이 아니라 핵심 내용으로 정선되어야 하고, 이를 교육하는 장면에서는 다양한 맥락에서 활용하도록 해야 한다. 사회적 책임을 위한 교과서 내용은 인간의 지력이 작용하는 지적 측면을 토대로 삶의 맥락에서 전이나 전문성을 향상시킬 수 있는 내용이어야 한다. 인간의 지적 사고의 힘에 의해 경험적 활동이 전개되면 현실 문제를 해결하는 과정에서 개인적 성장과 더불어 사회적 발전도 동시에 이루어질 것이다.

개념과 원리에 따른 지적 사고의 강화, 맥락적 활용을 통한 경험의 활성화와 같은 것은 교과서 내용을 보는 관점의 양극단에 해당한다. 그것은 지적인 체계를 중시하는 측면과 생활의 경험을 강조하는 측면 가운데 어느 것이 좋다고 말하기는 어렵다. 교과의 성격이나 역할에 따라 이들의 비중이 달라져야 좋은 교과서가 가지는 조건이 될 수 있기 때문이다. 그리고 이러한 교과서 내용은 편집, 편집 디자인, 인쇄 등의 외형적 체제에 의해 학생의 관심이나 흥미 및 교과서 내용의 집중도가 달라질 수 있기 때문에 이들도 내용적 조건과 동시에 검토가 되어야 할 필요가 있다. 그러므로 교과서를 만드는 작업은 일종의 예술 작품을 만드는 행위와 같다.

4) 활용과 평가 측면의 조건

먼저 활용 측면에서의 조건에 대해 살펴본다. 교육 현장에서의 교과서 활용은 국정은 선택의 여지가 없지만, 검정교과서는 교과서 선정을 위해 구성된 선정위원회 소속 교사들이 3종을 선정한 후 순위를 정해 학교운영위원회에 추천을 한다. 그리고 학교운영위원회는 심의(자문)를 한 후 순위를 정해 학교장에게 통보하면 학교의 장이 최종적으로 확정하게 된다. 확정된 교과서는 나이스(NEIS)를 통해 학생의 수를 고려해 주문하여 사용하게 된다. 우리나라에서는 교과서를 의무적으로 사용하도록 규정하고 있다. 자유발행 교과서 제도를 채택하고 있는 국가의 경우에는 교과서를 선정해 놓고도 사용하지 않는 경우가 있다. 교과서가 대상 학생에게 제대로 부합하지 않아 교사가 자체 제작하거나 다른 도서를 사용하기도 한다.

　교과서 활용 측면에서 교과서를 의무적으로 사용하여야 하는 우리나라는 교과서 내용을 학생들에게 전달하는 측면이 강하게 작용하던 시기도 있었다. 그러나 현재는 학교급에 따라 차이가 있지만, 주제에 따라 교육과정을 재구성하거나 교과서를 재구성하기도 하고, 수업하는 방식도 대화나 토론의 방식을 취하는 등 많은 변화를 가져오고 있다. 이러한 변화에서 교과서 이외의 다양한 교수·학습 자료가 동원이 되고, 학생의 눈높이에 맞는 교육 활동을 위한 노력이 지속적으로 전개될 필요가 있다. 또한 살아 있는 경험으로 활성화하기 위해 삶의 다양한 맥락에서 교과서를 활용하는 것이 요구된다. 교과서의 개념과 원리가 다양한 맥락에서 활용되어 사회 문제를 해결한다면 그것이 바로 사회적 책임을 구현할 수 있는 교과서 내용이 되는 것이다.

　다음으로 교과서의 평가에 대해 알아본다. 교과서의 평가는 질 관리의 수단이 된다. 교과서에 대한 평가와 관련된 활동은 국·검정 교과서라고 하더라도, 오류가 있을 수 있는 것에 대처하는 것이다. 그러한 오류에 대해 한국교과서연구재단과 같은 경우에는 '교과서민원바로처리센터'를 두어 수정하고 질 관리를 하고 있다. 국·검정 교과서에 대해 모니터링단을 구성해 운영함으로써 교과서에 대한 질 관리를 체계화하고 있다. 그러나 이들은 공급자 중심의 교과서 질 관리에 해당한다. 공급하는 주체의 입장에서 질 관리를 하기 때문에 만든 교과서에 대한 관리적 측면의 성격을 강하게 띨 수 있다.

　공급자 중심의 질 관리는 교과서 사용주체의 직접적 요구충족과 협력·소통 중심의 질 관리에는 한계가 있다. 그러한 점에서 교과서를 사용하고 있는 입장에서 교과서에 대한 평가를 할 수 있는 체제의 정립이 필요하다(박창언, 박봉철, 박서현, 2019). 사용자로서 교사와 학생은 교과서에 대해 현재의 입장에서 비판적 논의를 할 수 있어 개인의 성장과 더불어 사회적 관계의 이해와 발전에 보다 많은 역할을 할 수 있다.

교과서 모니터링과 교과서 사용자 평가는 장학과 컨설팅에 비유할 수 있다. 장학이 학교를 관할하고 있는 주체의 입장에서 문제를 파악하고 대안을 제공한다면, 컨설팅은 교사가 문제를 진단하고 전문적 도움을 받아 스스로 해결하게 된다. 단위 학교에서 문제의 진단과 스스로 해결하고자 하는 노력은 모니터링보다는 사용자 평가에 더욱 가까운 것으로 생각된다. 우리가 사회 문제나 교과서 문제 등에 대해 자율을 정립하고, 그에 따른 해결을 스스로 할 경우에 그것이 교과서 평가 부분에서의 사회적 책임과 관련이 되는 것 같다.

1. 교과서를 보는 관점에 따라 교육의 사회적 책임이 어떠한 방향으로 전개될 것인지에 대해 논의해 보자.

2. 원격 수업에서 온라인 콘텐츠를 활용하는 교과서의 경우, 교과서의 사회적 책무성을 확립하기 위해 대면 수업에 비해 어떠한 노력이 추가되어야 하는지 논의해 보자.

3. 사회적 책무성의 관점에서 현재의 교과서를 어떠한 방향으로 개선하여야 하는지 설명해 보자.

![참고문헌](책 아이콘)

교육부(2018). 우리나라의 교과서 변천사. 세종: 교육부.

교육부(2019. 1.). 교과용도서 다양화 및 자유발행제 추진 계획(안). 세종: 교육부.

교육부(2020. 3. 27.). 체계적인 원격수업을 위한 운영 기준안 마련. 세종: 교육부 보도자료.

교육부, 한국교육과정평가원(2015). 2015 개정 교육과정에 따른 교과용도서 개발을 위한 편찬상의 유의점 및 검정기준. 세종, 서울: 교육부·한국교육과정평가원.

박창언(2017). 현대교육과정학: 교육과정 개발과 운영 체제 분석. 서울: 학지사.

박창언(2018). "제4차 산업혁명, 교육과정, 그리고 교과서 제도". 2018년 교과서 개선 포럼 자료집. 65-87.

박창언(2020a). 국정-검정-인정교과서가 뭔가요?. 행복한 교육, 453, 28-29.

박창언(2020b). "원격수업을 지원하는 유연한 교과서 모델". 한국교과서연구재단 2020년 교과서 포럼 자료집.

박창언, 강현숙, 신서영(2021). 미래형 교과서 체제 제안 연구. 서울: 교육부·한국교과서연구재단.

박창언, 박봉철, 박서현(2019). 교과서 사용자 평가 및 환류 시스템 도입에 관한 연구. 서울: 교육부·한국교과서연구재단.

이경섭(1996). 교육과정 유형별 연구. 서울: 교육과학사.

이돈희(2003). 세기적 전환과 교육학적 성찰. 서울: 교육과학사.

이상수, 이유나, 김현지, 김은지(2021). 교육의 사회적 책임 의미 탐색. 교육혁신연구, 31(1), 85-112.

Holmes, W., Bialik, M., & Fadel, C. (2019). *Artificial intelligence in education: Promises and implications for teaching & learning*. 정제영, 이선복 공역(2020). 인공지능 시대의 미래교육: 가르침과 배움의 함의. 서울: 박영스토리.

Center for curriculum redesign. https://curriculumredesign.org

Flipped classroomum. https://en.wikipedia.org/wiki/Flipped_classroomum

제**9**장
사회적 책임의 이해를 기반한 교육평가

김석우

요약

　한국 사회의 변화 양상이 세계적 차원의 기술 변화와 연동하여 변하고 있지만, 교육의 변화는 이를 따라가고 있지 못하다. 특히 교육평가가 우리 사회에 미치는 영향에 비해 사회적 책임이라는 면에서는 그 역할이 오히려 반사회적일 정도이다. 따라서 사회적 책임이라는 측면에서 교육평가의 역할과 기능을 제고하는 것이 무엇보다 중요하다.

　교육평가의 사회적 책임은 교육평가의 이해관계자에 대한 관심과 배려에서 시작한다. 교육평가에 있어서 평가자 중심에서 피험자 중심의 교육평가의 패러다임의 변화를 통해서 교육평가의 사회적 책임을 강화하고, 초 · 중 · 고 교육 현장의 평가 시스템을 과정중심평가로 전환하여 교육 현장을 교육평가의 이해관계자의 인권과 환경을 향상시킬 수 있다.

　교육평가에 대한 이해관계자의 신뢰는 교육의 사회적 책임의 중요한 요소이며, 이를 가능하게 하는 것은 평가자의 평가 전문성과 피험자를 포함한 이해관계자가 가지는 평가에 대한 신뢰도와 교육평가 자체의 타당도이다. 사회적 책임으로서의 교육평가의 신뢰도는 평가자 내 신뢰도와 평가자 간 신뢰도로 평가 과정과 결과의 일관성을 강화하는 것이며, 사회적 책임으로서의 평가타당도는 내용타당도, 결과타당도, 생태타당도로, 평가의 내용에 있어서 설명책임성과 이해관계자의 이해, 보편적인 규칙 존중과 평가의 구성 요소에 있어서 투명성과 조직성, 평가의 환경에 있어서 보편성과 지속가능성을 통해 교육평가의 사회적 책임을 실천하는 것이다. 이는 교육의 가장 기초단위인 교실에서 학생과 교사의 상호작용 가운데 발생하는 교수 · 학습의 사회적 책임을 그 근원으로 할 것이다.

1. 교육평가의 사회적 책임

이 과목은 교육의 사회적 책임에 있어서 교육평가의 역할과 기능을 제고하는 것을 목표로 한다. 최근 교육평가의 패러다임의 변화를 점검하고 '모로 가도 서울만 가면 된다'는 한국 사회의 결과 중심의 사회적 문화를 변혁하는 교육현장적 기제로서의 과정중심평가를 탐구할 뿐 아니라 평가의 신뢰도와 타당도의 사회적 책임에 천착한다.

사회적 책임 기반 교육평가에서는 결과중심적인 학생평가의 관행을 넘어서 과정중심적인 학생평가로의 변화와 과정중심평가의 개념과 정의를 살펴보고, 과정중심평가가 교육 현장을 변화시키는 모습을 그려 본다. 우리 사회가 요구하는 사회적 정의, 형평성 그리고 공정에 대한 책임을 교육평가의 타당도와 신뢰도를 통해서 제고한다.

현재 사회적 책임에 있어서 가장 중요한 준칙은 2010년 2월에 76개 참가국 중 79%의 찬성과 같은 해 9월에 참여국 대상으로 초안에 대한 투표에서 93%의 찬성을 얻어 2010년 11월 1일에 최종 확정된 '국제표준(ISO26000)'이다. 이 국제표준 (ISO26000)에서 정의하는 사회적 책임은 사회를 이루는 사회 조직이 사회적 행동을 선택할 때, 그 기초가 되는 ISO26000의 7개 기본 원칙인 책임성, 투명성, 윤리적 행동, 이해관계자의 이익 존중, 법규 준수, 국제규범 준수, 인권 존중을 지키는 것을 의미한다.

'책임성'은 행위 주체의 의사결정과 행동이 사회와 환경에 미친 영향에 대해 책임을 져야 한다는 것이며, '투명성'은 충실한 정보 공개 의무, 분명하고, 정확하고, 완전한 방법으로 그리고 합리적이고 충분한 정도로 정보를 공개하는 것이다. '윤리적 행동'은 정직과 형평 그리고 신뢰의 기준에 충실한 행동을 의미한다. '이해관계자의 이익 존중'은 다른 조직 구성원의 이해관계, 즉 재산권이 존중되어야 한다는 것을 뜻한다. '법규 준수'는 어떤 조직도 자신의 우월적 지위를 이용해 법을 자의적으로 사용할 수 없다는 것이다. '국제규범 준수'는 환경, 거래, 안전, 보건, 협력 등에 대한 국제적 행동 규범을 존중하고 지키는 것을 의미한다. '인권 존중'은 조직이 개인의 인권을 침해하는 행위를 해서는 안 된다는 것을 의미한다. 이러한 원칙을 관통하는 핵심 분야는 '조직 거버넌스' '인권' '노동 관행' '환경' '공정 거래 관행' '소비자 존중' '지역사회 참여와 발전'이다.

2. 사회적 책임 기반의 과정중심평가

학문의 각 영역이 해당 사회에 미치는 영향은 그 사회 구성원들의 인지 여부와 상관없이 사회의 기본적 인프라로서 지대하다. 교육의 사회적 책임이 강조되기 이전에 교육은 의무이자 권리로서 법적 효력을 지닌다. 교육 대상자의 권리로서의 교육은 교육 당국의 입장에서는 교육에 대한 책임을 지게 되는 것은 명확하다. 밀레니엄을 맞이하면서 2002년 미국 의회에서는 한 명의 아이도 낙오되지 않도록 「아동낙오방지법(No Child Left Behind Act: NCLB)」을 통과시켰다. 이것은 설명책임성, 투명성, 윤리적 행동 그리고 이해관계자의 이해, 법의 지배, 국제행동 규범, 인권 존중을 교육의 영역에서 실행하는 교육의 사회적 책임의 가장 기본적인 단계일 것이다. 이를 기초로 하여 교육평가에서는 사회적 책임을 어떠한 관점으로 바라보고 변화하였는가를 살피고자 한다. 미국의 연방의회는 기존의 「아동낙오방지법」을 2016년에 「학생전원성취법(Every Student Succeed Act: ESSA)」으로 개정하였다.

1) 교육평가의 패러다임의 변화와 과정중심평가

(1) 교육평가의 패러다임의 변화
교육은 사회 전반적인 영역에서 그 영향이 심대하다. 게다가 우리 사회에서 교육평가는 긍정적으로나 부정적으로나 사회적 책임을 면하기는 어렵다. 따라서 교육평가의 사회적 책임 또한 막중할 것이다. 교육평가의 가장 일반적인 책임 대상은 학생, 교사, 교육기관 그리고 교육과정이다. 교육평가의 최근 흐름은 핵심 역량을 함양하기 위해 학습의 과정과 영향을 중심으로 진행된다. 핵심 역량은 학습자 개인이 미래 사회를 살아가기 위해서 갖추어야 할 필수 요소이다. 4차 산업혁명 시대가 요구하는 협업 역량, 문제 해결 역량, 비판적 사고 역량, 자기관리 역량, 지식 정보 역량, 창의적 사고 역량, 심미적 감성 역량, 의사소통 역량, 공감 역량 등 핵심 역량을 함양하는 것이 개인과 공동체에게 어느 때보다 중요하기 때문이다. 학교에서의 평가 활동의 흐름이 교수 · 학습 활동 과정과 그로 인하여 인지 구조, 행동, 학습 방법 및 태도와 학습 양식상의 변화로의 중심 이동이 이루어지면서 평가의 대상이 확장되었고 그 방법 및 도구가 보다 다양화되었다. 핵심 역량을 평가하기 위해서는 오디오, 동영상, 인터넷, 노트북, 태블릿, 스마트폰, 증강현실(AR), 가상현실(VR)과 각종 애플리케이션 등 다양한 기구와 매체 그리고 교육방법을 활용하는 것이 필요하다(박수홍 외, 2017).

둘째, 교수 · 학습과 평가를 통합하거나 융합하여 평가가 곧 교수 · 학습이 되는 학습으로서의 평가가 또 하나의 변화이다. 이는 교사의 평가 전문적 역량을 확대 및 강화하는 것으로, 최근의 교육과정 운동에서는 평가를 교수 · 학습의 한 과정으로 또는 교수 · 학습 그 자체로 보고 평가가 지닌 교육적 본질 기능인 학습자의 학습 효과를 최대화하고자 한다(김석우, 박상욱, 김윤용, 장재혁, 2015). 그 결과 개별 교과목의 교과 내용 및 목표에 학습자들이 도달할 수 있도록 평가적 측면에서 성취 기준과 성취 수준을 설정하여 교수 · 학습의 방향과 절차를 제공하는 것이 자연스럽게 된다(전경희, 2016).

셋째, 형성적 구성으로서의 과정중심평가를 확대한다. 심사 및 변별의 지나친 강조가 학생들의 심리와 인성에 부정적 영향을 끼치는 것을 극복하고자 학생들의 학습 동기를 높이고 학습 효과를 향상시키기 위해 형성적 평가 기능을 강조한다. 교수 · 학습의 모든 과정에서 학습자의 성장을 돕는 형성적 구성의 평가를 재조명한다. 형성평가는 학습을 위한 평가, 정보 수집을 위한 도구 및 과정으로서의 평가, 교수법 교정을 위한 평가, 교수 · 학습과 평가의 통합 과정으로서의 평가로 그 기능과 역할 및 개념을 확대하고 있다. 교수 · 학습 장면에서 학습자에 대한 자료를 다각적으로 수집하고 이를 근거로 환류함으로써 학습과 하나 되는 평가(김성숙, 김희경, 서민희, 성태제, 2015)를 이루고자 한다.

넷째, 과정중심평가에서 정의적 역량과 정서적 반응에 대한 측면이 재조명되고 있다. 의사소통, 흥미, 자신감 등의 요소와 학업성취도 및 미래행동 예측도와의 상관관계가 높고 삶의 질적 측면에 대한 새로운 조명으로 정의적 역량에 대한 관심이 증가되었다. 감성적 차원의 변화나 가치관의 변화를 교육의 목표와 성과로 삼고 그것을 평가의 대상으로 삼아 평가의 영역이 확장되었다(배호순, 2008). 정의적 영역에 대한 특성을 평가하는 것이 중요한 이유는 학습자의 학습에 미치는 영향은 물론 학습자의 미래행동을 예측하는 데 매우 유용한 변인이기 때문이다(Popham, 2003).

다섯째, 과정중심평가에서 자율적 · 성찰적 평가와 '권한이양' 평가가 강화되었다. '권한이양' 평가는 개인, 팀, 공동체가 협력적인 평가 활동을 통해 평가 대상인 학습자 개인과 그가 속한 팀의 학습 과정을 개선하며, 스스로 문제의식을 가지고 해결하려는 자기결정성 향상을 목적으로 한다(Fetterman & Wanderman, 2005). 학습자들이 스스로 평가자가 되어 자신의 학습 과정을 성찰하고 팀 동료들을 평가할 수 있도록 권한을 부여하는 자기평가, 동료평가가 그 예이다.

(2) 사회적 책임으로서 과정중심평가의 개념적 · 이론적 이해

과정중심평가 모형은 인식론적 배경에 따라 평가의 내용과 과정, 교수 · 학습의 내용과 과정, 성취 기준의 범위와 설정 그리고 이들 간의 관계 등이 달라진다(장재혁, 2021). 또한 과정중심평가의 인식론적 배경에 따른 차이는 교육평가의 사회적 책임의 차이를 유발한다. 따라서 과정중심평가의 인식론적 배경에 대해 고찰하는 과정은 교육평가의 사회적 책임에 있어서 설명책임성과 과정에 대한 투명성에 있어서 의미하는 바가 상당하다고 할 수 있다. 다음에서는 과정중심평가의 배경을 객관적 형식주의, 인지적 구성주의, 사회적 구성주의 인식론으로 분류하고 그에 따르는 사회적 책임의 개념적 · 이론적 범주에 대해서 살펴본다.

① 객관적 형식주의 인식론

현재 대학을 포함한 모든 학교 현장에서 가장 강력한 영향력을 발휘하고 있는 평가모형은 객관적 형식주의 이론에 근거한 모형일 것이다. 형식주의 이론은 자료에 대한 분석에 있어서 결과를 강조하며 구조주의 언어학 및 행동주의 심리학과 결합되어 평가에 많은 영향을 미쳤다. 객관주의에 입각하고 있고 행동주의 심리학에 영향을 받은 형식주의 평가는 양적 데이터를 근거로 자료와 자료에 대한 객관성을 강조한다.

형식주의 평가모형은 자료를 구성하는 요소들의 객관성을 중시하는데, 이는 평가를 객관적인 요소로 조직된 구성 체계로 보기 때문이다. 평가는 관찰이 가능한 객관적 행동과의 관계에서만 올바르게 이해될 수 있는 것이라고 여긴다. 따라서 객관적 행동의 기저가 되는 정신 작용에 대한 평가는 당연히 소홀히 된다. 이러한 생각을 바탕으로 평가자들은 텍스트의 의미를 파악할 때는 대체로 그 텍스트를 생산한 학습자와 평가 과정에 대한 추론을 배제하고 텍스트와 평가의 구성 요소 및 그 관계들의 분석을 통해서 의미를 파악하고 그것을 바탕으로 평가한다(Nystrand, Greene, & Wiemelt, 1993).

자료와 평가 자체를 독립적인 분석의 대상으로 삼으며 학습자는 의미를 수동적으로 받아들이는 존재로 취급하고, 학습자의 자료 해석 능력과 생산능력, 즉 의미구성 능력은 반복적이고 지속적인 모방을 통하여 이루어진다고 본다. 평가에 있어서 교수·학습이 이루어지는 과정보다는 결과를 평가하며, 지시와 오류에 대한 교정이 교육 활동의 중심을 이룬다(Nystrand, 1996). 평가의 목적은 학습자의 오류를 교정하고 능력을 분류하여 행정적 처리를 하는 데 있으며 문법과 수사학적 원칙을 강조한다.

형식적 평가모형으로는 단계적 평가모형이 대표적이다. 먼저, 평가를 하는 단계에 앞서서 평가 대상과 목적을 결정하고 평가 내용을 마련하며 평가 과정을 조직한다. 평가를 진행하는 단계에서는 내용 요소, 구조와 어휘, 철자, 문장부호 등을 고려하여 평가단계를 반복한다.

객관적 형식주의 인식론에서는 객관적 형식을 이루는 요소에 대한 평가와 그 형식 그리고 이해관계자들을 평가의 독립적 대상으로 삼는다. 따라서 이 인식론에서는 평가의 사회적 책임의 범주가 이해관계자의 행위와 그 행위로 드러난 결과 등

구성 요소로 설정된 범위 이내로 한정된다. 예를 들면, 해당 학기에 학습자가 습득해야 할 교육 내용이 있을 때 그 내용의 범위에서 이해관계자인 학생과 학부모에 대한 관련 내용을 투명하게 공개하고, 이 내용에 대해 설명할 책임을 지며, 이해관계자들의 이해를 구하고 이들을 인격적으로 대할 사회적 책임을 지는 것이다.

② 인지적 구성주의 인식론

1980년대 이후 평가 연구의 방향이 바뀌었다. 교수, 학습의 결과보다는 과정을 중시하는 연구 풍토가 조성된 것이다. 이러한 평가 연구의 변화에 절대적인 영향을 미친 것이 바로 피아제(Piaget, 1954), 콜린즈, 브라운과 뉴만(Collins, Brown, & Newman, 1989) 등의 인지적 구성주의이다. 인지적 구성주의 관점을 수용한 학자들은 학습자들이 의미를 구성하는 과정에 관심을 갖게 되었고, 이것이 인지 과정중심평가의 이론적 기반을 형성하게 되었다. 인지적 구성주의 학자들은 결과보다는 과정을 중시하며, 형식보다는 학습자의 인지 과정에 관심을 가졌다는 점에서 과정중심평가의 패러다임을 변혁한 주도 세력이라고 할 수 있다. 인지적 구성주의 평가는 개별적 교수 · 학습 행위를 분석의 대상으로 삼으며, 텍스트의 개념을 필자의 의도, 목적, 사고를 교수 · 학습의 목표에 맞추어 평가한다. 또한 학습자를 수사론적 문제 해결자로, 능동적이고 목표지향적인 해석자로 보았으며, 텍스트 구성 능력은 개인의 목적의식과 사고능력의 계발에 의해 신장되는 것으로 설명한다(Nystrand et al., 1993).

이러한 인지적 구성주의 이론을 대표하는 평가모형으로 플라워와 헤이즈(Flower & Hayes)의 인지적 평가모형(Flower & Hayes, 1981)을 들 수 있다. 인지적 평가모형의 경우, 단계적 평가모형에 포함되어 있는 평가의 과정을 인정한다는 면에서 단계적 평가모형과 상당한 공통점을 가진다. 그러나 평가의 엄격한 순서를 고집하지 않고 환류를 강조한다는 면에서는 커다란 차이점을 지닌다. 인지적 평가모형에서 평가의 인지 과정은 문제 인식, 문제 관련 환경, 학습자의 배경 지식, 해결책의 구안, 환류 과정으로 구성된다.

평가 과정을 자세히 살펴보면 '평가 환경'은 평가의 과제, 평가의 대상, 기존의 텍스트 등을 모두 포괄하는 것으로 학습자의 외부에 존재한다. 이러한 환경적 요인들은 평가 활동에 영향을 미칠 수는 있어도 평가 활동의 본질을 구성하지는 않는다. '학습자의 배경 지식'은 평가의 주제에 대하여 학습자가 알고 있는 지식은 물론 평가 활동과 관련되는 계획하기, 평가의 원리 및 수사론적 원리들에 대한 지식을 포함한다. 관심의 대상이 되는 것은 학습자가 실제로 자신의 장기 기억으로부터 끌어내어 선택하고 활용할 수 있는 지식이다. '평가 과정'은 인지적 평가모형에서 가장 핵심이 되는 부분으로, 분석하기, 계획하기, 해결안 구안하기, 환류하기의 과정과 그에 따른 각 하위 과정이 상호 중첩되는 환류적인 특성을 지닌다. '계획하기'는 내용을 생성해 내고 조직하며 평가의 목적과 절차를 결정하는 사고 활동을 포괄한다. '해결안 구안하기'는 분석하기와 계획하기에서 생성된 아이디어를 구체적인 내용으로 표현하는 인지적 · 창의적 과정이다(김석우, 김성숙, 장재혁, 이승배, 2017). 계획하기 과정에서 '구안하기' 과정으로 넘어올 때는 반드시 언어적인 형태로 표상될 수 있는 명시적인 의미의 형태를 갖출 필요는 없다. 오히려 덜 개발된 표상들이 언어적인 기호로 표상되기 때문에 평가 활동을 제약하는 요인으로 작용하는 경우가 있다. 때문에 작성하기 과정에서 다시 계획하기 과정으로 돌아가는 경우가 많다. '평가 환류'는 지금까지 계획된 내용 혹은 작성된 내용을 평가하고 환류하는 과정이다. 평가의 결과가 부정적으로 나왔을 경우에는 반드시 환류 과정을 거치게 된다. 환류하기 과정은 평가의 중간 혹은 끝부분에서 의도적으로 일어나는 경우가 많다. '조정하기'를 통해 계획하기 과정에서 작성하기 과정으로 옮겨 가거나 또 다른 과정으로 옮겨 가는 것을 결정할 수 있게 된다(Flower & Hayes, 1981). 인지적 평가모형은 학습자가 평가의 과정에서 자신의 생각을 말로 표현하도록 한 사고구술 기법(thinking aloud protocol)을 분석하여 만들어진 모형이다. 인지적 평가모형은 평가 과정을 외부인의 관점이 아닌 학습자 내부에서 바라보는 관점을 취한다는 면에서 과정중심의 접근법이라고 할 수 있다(Lewis, 1982).

③ 사회적 구성주의 인식론

1980년대 후반에 접어들면서 학습자의 의미 구성에서 사회적 측면을 강조하는 학자들이 등장하였다. 사회적 구성주의는 지식이 담화 공동체 구성원들 간의 사회적 상호작용에 의해서 만들어지고 유지되는 언어적 실제라고 본다. 우리가 흔히 말하는 지식은 담화 공동체 구성원들 사이에서 이루어진 의미 공유와 합의의 결과인 것이다. 이때 지식은 인식 주체와 분리되어 외부 세계에 독립적으로 존재하는 객관적인 지식도 아니며, 인식의 개체에 의해서 개별적으로 구성되는 주관적 지식도 아니다. 사회적 구성주의에서는 학생과 교사, 학습자와 담화 공동체와의 사회적 상호작용 과정에 연구의 중심 초점이 있다. 학습자와 교사의 상호작용을 중시하는 사회적 구성주의는 평가를 사회적 행위로 여긴다. 평가 활동은 사회적 상황이나 조직 등의 영향을 받으며 발생되고 유지되면서 변형된다는 가정이 성립된다. 여기서 조직에는 사회적 규범, 지위, 구조 등이 포함되며 사회적 상호작용에는 역할 관계 등이 포함된다.

평가를 학습자와 담화 공동체와의 사회적 상호작용으로 파악하는 학자들은 평가 연구의 대상으로 사회문화적 현상을 설정한 후 평가 활동을 문화 현상의 일부로 파악하고자 한다. 또한 사회적 구성주의자들은 사회적 학습 과정, 텍스트의 형식과 기능, 동료 문화, 학습자의 참여 구조 등을 연구한다. 사회적 구성주의 이론에서는 학습자의 의미 구성 과정을 중요시하는데, 이때는 학습자 혼자만의 의미 구성이 아닌 공동체 또는 교사와의 대화나 의미 공유 과정을 통한 의미 구성을 강조한다(Cole & Putnam, 1992; Rorty, 1991; Vygotsky, 1934).

그리고 인지적 구성주의와 마찬가지로 학생들의 생각을 강조하는데, 이는 의미 혹은 지식이 외부에서 객관적으로 주어지는 것이 아니라 구성되는 것으로 보기 때문이다. 평가의 내용, 형식, 표현, 과정뿐만 아니라 사회문화적인 가치에 대해 더

표 9–1 과정중심 평가모형의 인식론 비교

구분	객관적 형식주의	인지적 구성주의	사회적 구성주의
평가 대상	개인적 행위 결과	개인적 인지 과정	사회적 상호작용
평가 의미	텍스트 구조 관계	개별적 교수 · 학습	공동체적 의미 구성
평가 목적	오류 행위 교정	개인의 목적 의식	사회문화적 가치
평가 모형	단계적 평가모형	인지적 평가모형	사회적 평가모형

출처: 장재혁(2021).

많이 고려한다. 사회적 구성주의에서는 학생 개개인의 주관적인 생각을 넘어서 의미 공유 과정을 통해 사회적으로 공인될 수 있는 지식을 요구하기 때문에 인지적 구성주의보다 생각의 폭과 깊이가 더 강조되는 측면이 있다.

(3) 사회적 책임으로서 과정중심 평가방법의 이론적 기초

과정중심평가의 이론적 기초는 크게 형성적 접근 방법, 과정적 접근 방법, 체제적 접근 방법 세 가지로 나눌 수 있다(장재혁, 2021).

첫째, 형성적 접근 방법은 스크리븐(Scriven, 1967)이 형성평가라는 용어를 만든 후, '학습을 위한 평가'라는 용어를 사용하여 학습과 평가를 연계한 블랙(Black, 1986), 형성평가를 학습 과정으로 개념화한 부룩하트(Brookhart, 1998), 학생의 현황에 대한 정보를 이끌어 내기 위한 일련의 계획된 과정으로 정의한 팝햄(Popham, 2008), 교사나 학생들이 학생의 학습을 재인식하고 반응하는 모든 과정으로서의 형성평가를 강조한 코위와 벨(Cowie & Bell, 1999) 그리고 평가의 형성적 기능을 '학생의 학습 증거를 수집하고 그 자료를 학생에게 피드백하여 학생의 성취 정도를 높이는 과정'으로 정의한 맥밀런(McMillan, 2014)에 의하여 발전되고 재조명되고 있다.

둘째, 과정적 접근 방법은 화이트헤드(Whitehead, 1933)의 과정 중심 철학에 기초한다. 모든 현상은 변화와 유동 속에 있기 때문에 그것에 대한 설명은 정지된 상태로 기술하는 것이 아니라 변화와 유동의 한복판에 있는 '과정'을 대상으로 삼아야 한다는 것이다. 과정적 접근 방법에서 과정 중심이란 학습자가 어떤 사고의 과정, 문제 해결의 과정, 의미 구성의 과정을 거쳐 학습에 이르는 것을 말한다. 이는 사회적 구성주의 이론과 자기조절 학습에 기초하며 교수ㆍ학습의 초점은 학습자의 정신적 활동이다. 교수ㆍ학습의 과정에서 교사와 학생, 학생 상호 간의 협의를 강조하는 에임스(Ames, 1985), 계획과 내용 지식을 학습에 관한 지식으로 설명하는 베르무트(Vermunt, 1995), 선언적 지식, 절차적 지식 그리고 조건적 지식을 전개한 맥길과 볼렛(McGill & Volet, 1997), 정보처리전략, 협력학습 그리고 내용 지식을 구성요소로 각 요소의 순환주기를 제시한 애쉬먼과 콘웨이(Ashman & Conway, 1993) 등에 의해 연구되고 있다.

셋째, 체제적 접근 방법은 시스템 이론과 행위 이론으로부터 유래한다. 체제적 접근 방법은 현재의 성취 기준에 도달한 정도를 평가하는 과정과 반복되는 과정에도 불구하고 성취 기준에 도달하지 못했을 때 현재의 성취 기준과 규범을 재정의 및 재개념화 과정 그리고 교수·학습 방법과 평가 방법에 대한 평가 과정을 말한다. 어떤 행위 결과가 만약 기대했던 바와 일치하는 것으로 평가된다면 그 교수·학습 과정은 타당한 것으로 판명되어 모종의 추가적인 과정은 촉발되지 않는다. 반면, 성취 기준이나 성취 수준과 일치하지 않는다면, 즉 결과가 기대한 것과 다르다든지 혹은 기대하지 않았던 바람직하지 않은 다른 결과가 유발되었을 때 행위 전략을 수정하게 된다(Argyris & Schön, 1978; Reigeluth, 1987; Rogers, 1995).

2) 교육 현장 변혁의 기제로서의 과정중심평가

(1) 교육 현장의 평가 현실

① 수행평가의 문제

　수행평가는 교육 학생의 학습 과제 수행 과정 및 결과를 직접 관찰하여 그 관찰 결과를 전문적으로 판단하는 것으로, 그 방법으로는 논술형 검사, 구술시험, 실기 시험, 연구 보고서 등이 있다. 즉, 정규적인 시험에 관련된 것이 아닌 어떠한 과제를 제시하고, 이를 학생이 해결하게 하여 그 과정과 결과를 평가하는 것으로 단순 암기가 되기 쉬운 시험의 한계를 보완하는 기능이 있다. 그러나 한 학기를 기준으로 일정한 시기, 즉 4~6월과 9~11월에 여러 과목이 동시에 집중적으로 이루어지게 되어 수행평가의 기능을 살리지 못하고 있다. 예컨대, 8과목이 과목당 한 학기에 네 번의 수행평가를 시행한다고 하면 무려 28회를 응시하게 된다. 따라서 현장에서는 한 학기에 두 차례의 중간고사와 기말고사로 내신을 확정하는 것보다 다른 요소를 반영한다는 의미가 크다.

　최근에는 수행평가를 학교 수업 시간 중에만 하도록 하고 숙제나 과제로 부과하지 못하도록 지침이 바뀌었다. 평가의 공정성을 높이고 부담을 줄이기 위해서 교사가 관찰할 수 있는 수업 시간 중에만 수행평가를 하도록 한다는 것이다. 각종 보고서 같은 경우에는 학원의 전문 강사나 인맥을 통해 첨삭을 받을 수 있기 때문에 최근 변경된 지침이 공정성 측면에서는 이전보다 낫지만, 수업 시간에만 하는 시간적 한계로 인하여 아이들의 탐구 및 조사 능력과 자료의 수준보다는 미리 양식에 맞춘 연습 보고서를 작성하고 외워서 써내는 또 다른 암기 시험이 되기도 한다. 수행평가의 또 다른 문제는 학생은 수행을 하는데, 교사들이 채점을 하는 데 많은 시간을 필요로 한다는 것이다. 특히 팀별 수행평가라면 시간과 스트레스는 더 가중된다. 이것이 학생과 교사 모두에게 강한 스트레스를 유발하는 요인이기도 하다. 대학입시의 관점에서 보면 수행평가로 인해서 재학생들이 재수생보다 불리하게 되는 것이다.

　팀별 수행평가인 경우 팀원을 구성하는 방법에서도 문제가 있을 수 있다. 손쉽게 번호순으로 한다거나 제비뽑기를 할 경우에 어떤 팀에는 학업 능력이 우수한 학생이 많고, 다른 팀은 상대적으로 우수하지 못한 학생이 많아 문제 해결 중심의 응용과제는 수행할 수 없을 수도 있다. 또 일부 학생의 문제일 수도 있지만, 능력이 미치지 못하여 또는 게을러서 자신의 역할을 다하지 않는 학생으로 인하여 다른 학생들이 대신하거나 심지어는 팀장에게 몰아주는 일이 발생하기도 한다. 소위 무임승차 현상이 생기는 것이다. 학생들의 팀워크, 배려, 소통능력을 향상시키려는 목적의 수행평가가 역설적이게도 그 목적을 기만하게 되는 현상이 나타난다.

② 대학수학능력시험의 문제

　현재 대학수학능력시험에서 문제가 되는 지점은 크게 사회탐구와 과학탐구에서 선택의 문제, 상대평가 과목과 절대평가 과목의 분리 문제 두 가지로 나뉜다.

　대학수학능력시험에서 사회탐구와 과학탐구에서 학생들이 쉬운 과목, 표준점수를 유리하게 받기 위해서 많이 선택하는 과목으로 쏠리는 현상으로 인하여 세계사, 정치와 법, 경제, 화학은 선택이 저조하고 과학 II와 물리 과목이 고사되고 있다. 기본적으로 과학 II 영역은 과학 I 영역보다 어려운 내용을 다루는 데다가 응시자가 수적으로 적어서 기피 대상이 된다. 사회적으로나 국가적으로 중요한 물리 과목이 특히 더 그러하다. 또 다른 측면으로는 현재의 시험 방식으로 과학 과목 간의 기본적인 난이도 차이뿐만 아니라 그 과목 자체의 난이도가 기복이 심하여 학생들이 예측 가능하지 않을 뿐 아니라 학생들의 수학능력을 안정적으로 측정하지 못하는 문제를 안고 있다. 과목별 백분위를 통한 점수 보정 등을 하고 있지만, 상대적 위치를 파악하고 선발을 위한 것이지 학생의 수학능력을 측정하는 것은 아니기 때문이다.

대학수학능력시험에서 일부 과목은 절대평가로 다른 과목은 상대평가로 이원화됨으로써 학생들이 균형 잡힌 학업 역량을 신장하는 것을 훼손하고 있다. 영어와 한국사, 외국어 영역은 절대평가이고 국어, 수학, 사회탐구와 과학탐구는 상대평가이다. 평가 방식의 차이는 학생들이 이들 과목을 대하는 방식에 변화를 가져왔다. 절대평가로 이루어지는 과목보다 상대평가로 이루어지는 과목의 변별력이 더 높기 때문에 상대평가를 하는 과목으로 갈아타기를 하기 시작한다. 예를 들면, 영어에 들이던 학습 시간을 줄이고 국어나 수학 또는 선택 과목인 사회탐구나 과학탐구에 더 많은 학습 시간을 배정한다. 소위 교과목의 학습에서 풍선효과가 나타나는 것이다.

이로 인하여 두 가지 문제 현상이 나타난다.

첫 번째 현상은 아이들이 더 많은 시간을 들여서 공부한 상대평가 과목들은 대학수학능력시험에서 변별력을 유지하기 위해 더욱 어렵게 출제된다. 예컨대, 절대평가인 영어보다는 상대평가인 국어와 수학에 더 많은 학습 시간을 사용함으로써 국어와 수학의 변별력이 떨어졌고 이를 보완하기 위해 대학수학능력시험에서 국어와 수학은 더 어려워졌다. 또 다른 현상은 아이들이 더 많은 시간을 들여서 공부함으로써 상위권 변별력이 사라져 버린 경우이다. 바로 사회탐구와 과학탐구가 해당된다. 대학입시에서 표준점수나 백분위를 반영하는데, 과학탐구 영역에서 절반 이상이 백분위만점을 받게 되는 상황이 벌어지고 사회탐구 과목은 만점을 받아야만 1등급을 받을 수 있으며, 세계사와 사회문화만이 백분위 만점에 간신히 도달한다. 이는 과목 간 난이도 차이와 형평성이 심각한 문제를 웅변적으로 보여 주는 예이다(우정렬, 2019).

한편, 절대평가로 치러진 영어는 상대평가 과목보다 변별력이 훨씬 떨어질 것임이 분명하기 때문에 전국의 거의 모든 대학교에서 영어 반영 비율을 대폭 축소하였다. 특히 서울대학교는 사실상 영어 영역을 반영하지 않는다고 해도 무방할 정도로 형식적인 수준으로 반영하였다. 그 예로, 2018학년도와 2019학년도 서울대학교 정시 모집에서 영어 영역 4등급이 합격하는 상황이 일어났다. 반면, 2019학년도 서울대 정시에서 합격한 재수생과 삼수생이 차지하는 비율이 59.1%로 상위권의 사교육은 강화되었다. 수능과 학종 둘 다 심각한 문제점을 안고 있다는 점을 보여 준다(김혜정, 2019).

> "수능은 창의력 없애는 최악의 평가이다. 객관식 수능평가는 접어야 한다."
>
> ―김도연(포스텍대학교 총장)

> "고3 때 배우는 단편적 지식은 3년이 지나면 75%의 내용은 잊어버린다. 잊어버릴 지식으로 시험을 보는 것은 난센스다. 이것이 수능을 없애야 하는 가장 중요한 이유이다."
>
> ―박도순(고려대학교 명예교수)

> "세계 수학자 대회에 참가한 전 세계 수학자들에게 수능 수학 30번 문제를 풀어 보라고 했더니 gosh라고 하더라. 수능 출제 방식으로는 생각하는 힘을 키울 수 없다."
>
> ―박형주(아주대학교 총장)

> "수능의 킬러 문항들은 대학수학능력과는 아무런 관련이 없다고 단언할 수 있다."
>
> ―배상훈(성균관대학교 교수)

③ 학생부 종합전형의 문제

학생부 종합전형(학종)은 교육평가가 사회적으로 얼마나 심각한 문제를 야기하는지를 보여 주는 제도이다. 학종의 등장도 사회적 논쟁의 산물이었다. 학종의 전신은 입학사정관제이다. 대학입학제도 개선의 목적은 학교에서의 교육 활동을 중시하여 대학은 이를 바탕으로 학생을 선발함으로써 교육의 중심축을 학교 밖에서 학교 안으로 전환시켜 사교육을 억제하고 학교 교육을 정상화시키고자 한다. 교과와 수능을 중심으로 하는 성적 우수자 중심의 학생 선발에서 재능, 소질, 특기, 적성 등 다양한 요소를 대학의 입학전형에 포함하여 대학입시에 비교과 반영을 힘쓰며 그 일환으로 입학사정관제를 시행한다. 그러나 외부 경시대회, 소논문, 해외 봉사활동 등 과도한 외부 스펙 경쟁을 유발함으로써 '입학사정관제'는 '학생부 종합전형'으로 바뀌면서 교내 활동을 중심으로 한다.

학생부 종합전형에서도 동아리 활동, 학생회 활동, 봉사활동, 자기소개서, 소논문, 교내 경시대회 등이 여전히 반영되었다. 일각에서는 학종을 금수저 전형, 현대판 음서제라고 비판하고 있다. 입학사정관제 시절보다는 정도가 덜하지만 여전히 부모의 배경을 이용할 수 있는 상위 계층의 자녀들에게 특히 유리한 측면이 있다. 학종의 비교과 영역은 사교육 시장을 확대, 재생산하였다. 학생부 기록을 위해 기획된 컨설팅이 성행하는데 무엇보다 학생의 교육 활동이 학생부 기록을 위해서 편법적으로 이루어지는 비교육적인 상황이 아이들과 우리 사회를 병들게 한다(이승환, 2019).

(2) 사회적 책임의 기제로서 과정중심평가의 기능과 역할

우리 교육평가의 현실에 대한 사회적 책임의 기제로서 과정중심평가는 '학습의 과정을 중시하는 평가를 강화하여 학생이 자신의 학습을 성찰하도록 하고, 평가 결과를 활용하여 교수 · 학습의 질을 개선(교육부, 2015)'하기 위해 등장하였다. 이것은 평가와 학습을 분리하여 왔던 지금까지의 교수 · 학습에 대한 전면적인 전환을 요구한다. 현재까지 학교에서 시행되어 온 평가는 대체로 교수 · 학습이 이루어진 다음에 그 결과를 측정하는 것을 의미하는 것인 반면, 과정중심평가는 수업과 평가가 완전히 분리되는 것이 아니라 학습 과정에서 학생이 자기성찰이 가능하도록 교수 · 학습과 평가가 연계되는 학습으로서의 평가(assessment as learning)를 의미한다. 따라서 과정중심평가는 교육과정, 수업, 평가가 서로 연계된 교육 환경 속에서 학생의 배움과 성장 발달 과정에 대한 지속적인 평가이며, 학습성취도평가 등과 같은 학습결과 중심의 학습 목표의 성취 정도를 평가하기보다는 교수 · 학습 과정 중에 학습자가 보인 학습자 상호 간, 학습자와 그룹과의 상호작용, 역동성, 행동의 변화와 발전에 대한 교육적 평정이다. 즉, 공동체적 영역에서의 교육평가의 기능과 역할을 강화하고 이해관계자에 대한 배려와 윤리적 행동을 자연스럽게 유도한다.

과정중심평가는 교수 · 학습이 연계되는 학습으로서의 평가일 뿐만 아니라 그

평가 결과를 활용하여 교수·학습의 질을 개선한다. 이것은 교육과정과 수업 그리고 평가를 하나의 순환체계로 하는 지속가능한 발전을 가능하게 한다. 교육과정의 성취 기준을 기반으로 무엇을 평가할 것인지에 대한 학습으로서의 평가 계획이 설계되어야 하고, 그에 따른 구체적인 교수·학습이 이루어지면서 교수·학습의 목표에 학습자들이 도달할 수 있도록 그 경로를 어떻게 설계하고 어떻게 평가할 것인가에 대한 평가 방법이 동시에 개발되어야 한다. 성취 기준에 기반하여 평가 계획과 교수·학습 계획이 설계되고 교실 수업에서 학생들을 관찰한다. 그 관찰 자료를 상호 공유함으로써 학생의 성찰을 유도하여 학생의 성장을 지속가능하게 하고, 교사들의 교수방법을 개선하여 교육과정의 목표를 달성하게 하는 선순환의 교육평가를 가능하게 한다.

　과정중심평가를 교실에서 실행하기 위해서 그 도구로서 수행평가를 활용한다. 수행평가의 여러 유형은 과정중심평가를 실행하는 구체적인 방법이다. 예를 들어, 대학 지원자를 최종적으로 선발하기 위하여 지원자들에 대한 연수를 기획하고, 연수 교육 중에 보이는 지원자의 기능, 행동, 상호 협력, 태도, 리더십 등의 역량을 종합적으로 평정하여 별도의 시험을 치르지 않고 선발의 자료로 활용하는 경우도 과정중심평가를 활용한 예라고 할 수 있다.

3. 사회적 책임 기반의 타당도 및 신뢰도

1) 평가 타당도의 기능과 사회적 책임

(1) 사회적 책임으로서의 준거타당도와 구인타당도의 기능과 역할

① 사회적 책임과 준거타당도

준거타당도는 사회적 책임의 설명책임성과 이해관계자의 이해 존중의 원칙과 관련된다. 준거타당도(criterion-related validity)는 한 검사의 점수와 하나의 준거의 상관계수로 검사도구의 타당도를 나타내는 방법인데, 경험적 타당도(empirical validity)라고도 부른다. 준거는 검사를 사용하는 사람들이 관심을 가지는 속성이나 결과를 말하는 것으로, 교육 현장에서 관심을 가지는 준거는 교육의 목표 및 내용이기 때문에 '목표지향타당도'라고 부르기도 한다. 준거 관련 타당도는 예언타당도와 공인타당도로 분류할 수 있다.

• 사회적 책임과 예언타당도

예언타당도(predictive validity)란 어떤 평가도구가 목적하는 준거를 얼마나 정확하게 예언하고 있는지를 의미한다. 이때의 준거는 미래의 행동 특성이 된다. 즉, 검사 점수가 미래의 행동을 얼마나 잘 예측하느냐가 문제이다. 예를 들어, 대학수학능력시험이라는 평가도구가 대학 입학 후 학습자의 수학 능력을 예언하는 타당도가 있다고 할 때 여기서 사용된 준거는 대학 입학 후의 수학 능력이 된다. 따라서 대학수학능력시험에서 높은 점수를 얻은 학습자가 대학에서 성공적으로 학업을 수행할 때 대학수학능력시험의 예언타당도는 높다고 할 수 있다.

예언타당도의 추정 방법은 피험자 집단에 새로 제작한 검사를 실시하고, 일정한 기간이 지난 후에 검사에서 측정한 내용과 관련된 행동을 측정하여 검사 점수와 준거(미래 행동 특성의 측정치) 간의 상관계수를 추정하는 것이다. 이때 상관계수가 클수록 예언의 정확성이 커지고 예언의 오차는 적어진다.

예언타당도의 장점은 검사도구가 미래의 행동을 예측해 주기 때문에 예언타당도가 높으면 선발, 채용, 배치 등의 목적을 위하여 검사를 사용할 수 있다는 것이다. 반면, 미래의 행동이 측정되어야 하는데 동시 측정이 불가능하기 때문에 검사의 타당성을 인정받는 시간이 오래 걸린다는 단점이 있다. 또 일정 시간이 지난 뒤에 측정 행동과 검사 점수와의 상관을 계산해야 하기 때문에 검사 실시 후 인간의 특성이 변화되지 않았다는 것을 보장하기가 어렵다.

• 사회적 책임과 공인타당도

공인타당도(concurrent validity)는 새로운 검사의 타당도를 기존의 타당성을 인정

받고 있는 검사와의 유사성 혹은 연관성에 의하여 검증하는 방법으로, 예언타당도
와는 달리 검사 자체와 준거가 동시에 측정되면서 검증되는 타당도이다. 예를 들
어, 유아용 지능검사를 새로 개발하였다면 동일 집단에 새로 개발된 검사와 거의
동시에 카우프만 아동용 지능검사(K-ABC)를 실시하여 두 검사의 상관을 계산함으
로써 새로 개발된 검사의 타당성을 검증한다.

　공인타당도의 추정 방법은 새로 제작된 검사를 실시한 다음 동일 집단에게 현재 타
당성을 인정받고 있는 검사를 실시하여 두 검사 간의 상관계수를 추정하는 것이다.

　공인타당도와 예언타당도의 차이점은 다음과 같다.

　첫째, 공인타당도는 검사 X와 준거 Y가 동시에 측정된다. 즉, 한 행동 특성을 측
정한 검사 X와 검사 밖에 존재하는 행동 준거 Y가 어느 정도로 잘 일치하느냐로 판
단된다. 예언타당도는 행동의 준거를 미래에 두지만, 공인타당도는 현재에 둔다.

　둘째, 공인타당도는 준거의 성질을 예언에 두지 않고 공통된 요인이 있느냐에 둔
다. 즉, 검사 X를 검사 Y로 대체할 수 있느냐고 할 때 공인타당도라고 볼 수 있다.
예를 들면, 작문 검사를 독후감 과제로 대체할 수 있을지를 알아보기 위해 그 둘 간
의 상관을 알아보는 경우가 공인타당도에 해당한다.

　공인타당도는 계량화되어 타당도에 대한 객관적인 정보를 제공한다는 장점이
있는 반면, 기존의 타당성을 인정받고 있는 검사가 없을 경우에는 공인타당도를 추
정할 수 없다는 단점이 있다.

② 사회적 책임과 구인타당도

　구인타당도(construct validity)란 특정 검사도구가 측정하려고 하는 심리적 특성
에 대해 조작적 정의를 내리고, 그 정의를 기준으로 특정 검사도구가 측정하고자
하는 심리적인 특성인 구인을 얼마나 제대로 측정하고 있는지를 분석함으로써 검
사도구의 타당성을 평가하는 방법이다. 여기서 구인이란 검사도구에 반영되어 있
다고 가정하는 인간의 어떤 행동 특성을 의미한다. 예를 들어, 창의성 검사에서 창
의성이 민감성, 유창성, 융통성, 독창성, 정교성으로 구성되어 있다면 이것들은 창
의성을 구성하는 구인이라고 할 수 있으며, 이 검사도구가 이 구인들을 제대로 측

정하고 있는지를 밝히는 것이 구인타당도를 검증하는 것이다.

구인타당도는 측정하고자 하는 특성의 구성 요인을 얼마나 충실하게 이론적으로 설명하여 경험적으로 측정하느냐가 문제이다. 구인타당도에서는 "이 특성을 가진 사람은 X라는 상황에서 Y의 행동을 보일 것이다."라는 법칙의 성립이 매우 중요하다. 예를 들어, 도덕성 발달 검사를 실시한다고 할 때 도덕성을 측정할 수 있는 구인은 한 개인의 도덕적 판단능력이라고 추정한다. 만일 이러한 추정이 옳다면 이 검사에서 점수가 높은 사람은 점수가 낮은 사람보다 실제로 더 많은 도덕적 행동을 보일 것이라는 추리가 가능해진다.

크론바흐(Cronbach, 1971)는 구인타당도를 검증하기 위한 일반적인 절차를 다음과 같이 제시하였다.

첫째, 검사 점수 혹은 검사 결과의 원인이 되는 구인이 무엇인지를 확인하는 과정이다. 이 같은 과정은 관찰 및 검사의 이론적 분석을 기초로 한 가상 행위로 이루어진다.

둘째, 이 구인에 관련된 이론적 배경 연구와 이 이론에서 연역적으로 도출될 수 있는 가설을 설정하는 과정이다. 이것은 순전히 논리적 사고 과정을 통하여 이루어진다.

셋째, 이 가설을 검증하기 위해 귀납적이고 경험적인 연구를 실행하는 과정이다. 여기서 알 수 있듯이 구인타당도는 이론을 종합 및 정리하고 새로운 가설을 설정하는 과학적 연구 과정이다.

구인타당도를 검토하는 대표적인 방법으로는 상관계수법, 실험설계법, 요인분석을 들 수 있다. 상관계수법은 각 구인에 의해 얻은 점수와 심리적 특성을 측정하는 총점의 상관계수에 의해 타당도를 검증하는 방법이다. 예를 들어, 학습능력검사가 읽기, 쓰기, 셈하기, 암기하기라는 구인으로 구성되어 있다면 각 구인에 의한 점수 간의 상관과 각 구인 점수와 학습능력검사 총점의 상관을 구할 수 있다. 이때 암기하기와 학습능력검사 총점의 상관이 낮고, 다른 구인 간의 상관에 비해 암기하기와 각 구인 간의 상관도 낮다면 암기하기는 학습능력을 나타내는 구인이 될 수 없다고 판단하게 된다.

실험설계법은 심리적 특성을 구성하는 심리적 구인을 실험집단에는 처치를 하고, 통제집단에는 처치하지 않았을 경우에 실험집단과 통제집단에 심리적 구인에서 차이가 나타나면 그 구인을 심리적 특성을 설명하는 구인으로 보는 기법이다.

요인분석은 복잡하고 정의되지 않은 많은 변수 간의 상호관계를 분석하여 상관이 높은 변수를 모아 요인으로 규명하고 그 요인의 의미를 부여하는 통계적 기법이다.

③ 사회적 책임으로서의 타당도의 적용

타당도가 보장되지 않은 검사도구로 얻은 자료로 인간의 심리적 증상을 진단하고, 인성을 측정하고, 학업 성취를 비교하고, 교육 효과를 확인하는 것은 잘못된 결론을 유도할 수 있으므로 타당도 검증은 행동과학을 위한 자료 분석의 기본적인 절차이다. 따라서 새로운 검사도구를 개발할 때 타당도를 검증하는 것이 필수적인데, 기본적인 절차는 우선 검사가 측정하고자 하는 내용을 측정하는지 검증하는 내용타당도를 살펴보는 것이다. 그리고 심리적 특성을 측정하는 검사의 타당성 검증에 주로 사용되던 구인타당도는 검사도구의 타당성을 검증하는 합리적인 방법으로 간주되어 근래에는 임상심리학, 정신의학, 교육학, 체육학 등 모든 분야에서 점차 확대 적용되는 추세이다. 또한 준거 관련 타당도(예언타당도와 공인타당도)는 내용타당도나 구인타당도와는 개념적으로 독립적인 것이므로 검사도구의 타당도를 검증하기 위해서는 모든 방법을 사용하여 타당도를 검증하는 것이 바람직하다.

(2) 사회적 책임으로서의 내용타당도, 결과타당도 그리고 생태학적 타당도의 역할

① 사회적 책임으로서의 내용타당도의 역할

내용타당도(content validity)는 검사 내용에 기초한 근거(evidence based on test content)라고 불리는 타당도로, 논리적 사고에 입각하여 판단하는 주관적인 타당도를 의미한다. 즉, 검사가 측정하고자 하는 속성을 제대로 측정하였는지를 검사 전문가가 주관적으로 판단한다. 검사 전문가의 전문지식에 의해 검증되므로 객관적 자료보다 주관적 판단에 따르며, 검사 내용에 대해 다른 정의를 가지고 있는 전문가들은 각자 다르게 내용타당도를 판단할 수 있기 때문에 내용타당도에 의한 검사도구의 타당성 입증은 논란의 여지가 있을 수 있다. 그러나 내용타당도는 검사 개발에서 중심 관건이며, 전문가의 전문적 판단이 측정 내용의 전집, 내용 선택, 문항 유형 선택, 점수화 등의 의사결정에 중요한 역할을 하므로 계량화되지 않는다는 단점이 있다고 해도 과학성이 상실되었다고 볼 수는 없다.

교육과정 측면에서의 내용타당도는 한 검사가 교육과정의 목표를 어느 정도 제대로 적절하게 측정하고 있는지를 의미한다. 학업성취도 검사의 내용타당도는 검사 내의 문항들이 이원분류표에 기초하여 검사 목적에 맞게 적절하게 제작되었는지를 확인하고, 전문가들의 내용타당도지수(Content Validity Index: CVI)를 통해서 검증될 수 있다. 내용타당도를 확인하기 위한 CVI의 최솟값으로 0.70이나 보수적으로 0.80을 사용할 수 있다(Davis, 1992; Polit, Beck, & Owen, 2007).

내용타당도와 유사한 개념으로 안면타당도(face validity)가 있다. 안면타당도는 피험자 입장에서 그 검사를 구성하는 문항들이 그 검사가 재고자 하는 바를 충실하게 재고 있는지에 대한 피상적인 판단을 말한다. 즉, 안면타당도는 검사도구가 검사도구 제작자나 피험자에게 친숙한 정도를 의미한다. 학업성취도 검사에서는 안면타당도가 지나치게 낮은 경우에는 피험자들이 검사의 목적을 이해하지 못할 가능성이 높아서 피험자 능력 추정에 오차가 커질 우려가 있다. 반면, 성격 유형 검사와 같은 정의적 특성을 측정하는 검사에서는 안면타당도가 너무 높으면 피험자들이 자기방어를 하여 거짓으로 반응할 가능성이 커지기 때문에 바람직하지 않다.

② 사회적 책임으로서의 결과타당도의 역할

• 사회적 책임으로서의 결과타당도의 의미

결과타당도(consequential validity)는 교육평가가 사회에 미치는 영향을 판단하는 사회적 책임의 과정투명성, 윤리적 행동 그리고 이해관계자의 이해와 규정 및 규칙의 존중과 관련된다. 결과타당도는 특정한 평가가 나타내는 긍정적이거나 부정적인 사회적 결과의 정도를 의미하기 때문이다(성태제, 2013). 예를 들어, 표준화된 평가의 결과타당도는 학생들의 학습 향상 및 동기 부여, 모든 학생의 교육 내용 접근에 대한 동등한 보장 등 많은 긍정적인 속성을 포함한다.

실시한 교육평가가 무엇을 위한 평가이고, 어떠한 결과를 가져왔는지를 점검해 보는 것이 필요하다. 동일한 검사에 의하여 측정된 점수의 의미도 검사를 치른 집단의 경험에 의존해야 한다(Cureton, 1951). 타당도는 검사 자체의 속성이 아니라 각 검사의 결과 활용에 비추어 새롭게 평가되어야 한다(Cronbach, 1971). 이는 평가에 있어서 타당도의 개념을 검사 점수에 기초한 기술적 해석뿐만 아니라 평가 결과와 그에 따른 조치에 대한 평가도 포함되어야 함을 의미한다. 즉, 평가의 개발과 시행은 평가의 결과와 영향을 고려하여야 한다는 것이다. 타당도의 개념이 검사도구의 특성에 제한된 문제이기보다는 평가의 결과를 적용하는 데 있어서 사회적 가치와 윤리적 행동을 포함한 사회적 결과와 연관되어 있으며, 이를 결과타당도라고 한다(Messick, 1989). 즉, 결과타당도란 검사나 평가를 실시하고 난 결과에 대한 가치판단으로 평가 결과와 평가 목적 간의 적합성, 평가 결과를 이용할 때의 목적 도달, 평가 결과가 사회에 주는 영향 그리고 평가 결과를 이용할 때 사회의 변화와 관계가 있다.

• 의도한 결과와 의도하지 않은 결과

평가의 개발 과정에서 시작해서 평가의 결과가 평가의 목적과 일치하는지를 검증하는 것은 교육평가의 규정과 규칙에 대한 존중과 관련된 사회적 책임이다. 검사 개발자가 검사의 기초가 되는 이론에 대한 검증을 하여야 하며, 검사와 검사 결과의 관계를 검토함으로써 검사가 의도한 결과와 의도하지 않은 결과에 대해서도 책임져야 한다는 것이다. 검사 결과 중 의도하지 않은 결과가 발생하였을 경우, 의도한 것과 반대되는 영향이나 부수효과에 대한 검증을 실시하여 검사의 목적에 맞게 검사도구를 수정하여야 한다(Shepard, 1997). 만약 평가 결과에 대한 책임이 없다면 검사 결과에 대한 영향을 무시하거나 배제하는 경향이 일상화되어 평가의 신뢰도를 저하시킨다(Linn, 1997).

한편, 결과타당도의 오남용에 대한 우려가 존재한다. 이는 사회적 책임의 윤리적 행위에 대한 위반과 관련된다. 결과타당도의 개념이 모호하여 현장의 교사나 학교 행정가들에게 혼란을 야기할 수 있고, 또 한편 교육평가의 결과를 검토하여야 하는 당연한 과정이다. 검사 점수로부터의 추론이 정확하여야 하지만 평가 결과를 불합리하게 활용할 수도 있기 때문에 교육평가의 사회적 영향에 대한 검증은 타당도와 분리되어야 한다(Popham, 1997). 또한 평가 결과에 대한 긍정적 결과 혹은 부정적 분석은 때로는 정치적 가치판단을 포함하게 되므로 결과타당도를 고려하지 않는 것이 바람직하다고 판단할 수도 있다(Meherens, 1997).

　그러나 검사의 결과타당도를 고려하면 검사 제작, 실시, 수집, 분석, 해석, 활용까지 체계적으로 검사를 운영하며, 검사가 사회에 미치는 영향까지 고려하기 때문에 양질의 검사를 제작하게 된다. AREA, APA, NCME(1999)에서 '검사 결과에 기초한 근거'를 제시하였는데, 검사 결과에 기초한 근거는 검사 결과가 검사의 목적과 얼마나 부합하는가, 즉 의도한 결과를 얼마나 달성하였으며 의도하지 않은 어떤 결과가 나타났는지에 대한 검증이다. 검사 결과에 기초한 근거는 다음의 네 가지 질문을 통하여 분석할 수 있다(Lin & Gronlund, 2000).

　첫째, 검사가 측정하고자 하는 것이 원래 의도한 것인지, 즉 검사가 중요한 학습목표와 부합하는지, 둘째, 학생이 평가를 준비하기 위하여 더 열심히 공부한다고 믿는 이유가 있는지, 셋째, 평가가 인위적으로 학생들의 학습을 제한하지 않는지, 넷째, 평가가 창의적 표현이나 탐구정신을 격려 혹은 좌절시키는지를 확인하여 결과에 기초한 근거를 알 수 있다. 린(Linn)의 '근거'에 대한 질문은 사회적 책임의 인권 존중 원칙과의 연관 속에서 해석된다.

　집단에 따라서 평가의 목적과 다른 결과가 관찰되는 것은 심각한 문제로서 평가의 타당화와 사회정책 간의 괴리에 기인한다고 볼 수 있다. 예를 들어, 채용과 승진을 결정짓는 검사 점수가 집단에 따라서 다른 효과가 있다면 오차의 수준을 넘어 문제가 된다. 검사 결과의 타당성에 대한 판단은 어떠한 배경에 의하여 그러한 결과가 나타났느냐, 즉 결과에 대한 원인에 초점을 둔다. 이때 원인은 결과에 대한 사회적 책임의 설명책임성 원칙을 따라야 한다. 채용시험에서 검사 제작자가 개발한 검사도구를 사용한 것이 직원을 채용하는 데 있어서 경비 절감, 작업 효율성 증진 그리고 다른 혜택을 가져왔다면 그 평가는 결과타당도가 있다고 할 수 있다. 다른 예로 대안적 평가 방법으로 제안되고 있는 수행평가가 학생들이 학습 목표를 달성하는 데 얼마나 효과적인지, 학생들의 학습 동기를 얼마나 유발하고 학습의 변화를 어떻게 유도하는지 그리고 의도하지 않은 부정적 결과가 무엇인지를 알기 위해서는 그 수행평가의 결과타당도를 분석하는 것이 필요하다.

원래 평가가 의도했던 효과이나 목표에서 벗어난 평가의 부작용(side effect)을 평가의 오남용(misuse)의 영향과 혼동해서는 안 된다. 평가의 부작용은 사회적 책임의 설명책임성이나 투명성과 관련된다면, 평가의 오남용은 사회적 책임의 윤리적 행위와 법과 규칙의 존중과 관련된다. 기존 증거의 범위를 벗어나서 검사 점수를 적용하는 것은 규칙의 위반이라고 할 수 있다. 기존의 평가를 새로운 목적에 사용하는 것, 예를 들면 체력시험 점수를 사용하여 입사 여부에 대하여 결정하거나 도구, 절차 또는 학습자 집단의 요소를 변경하여 평가에 적용하는 것은 사회적 책임의 윤리적 행위에 저촉된다. 검사 개발자는 검사의 오남용으로 인한 부정적인 결과에 대해 설명할 책임을 가지는 것이 마땅하다. 사용자 또한 검사 개발자가 승인하고 시험하지 않을 목적으로 검사를 수행할 때 사용자는 필요한 사전적 조사를 수행할 윤리적 행위에 대한 사회적 책임이 있다.

(3) 사회적 책임으로서의 생태학적 타당도와 외적 타당도

① 사회적 책임으로서의 생태학적 타당도

생태학적 타당도(ecological validity)는 연구 결과가 연구 환경 이외의 실제 상황에 적용될 수 있는 정도이다. 생태학이 유기체와 환경 사이의 상호작용을 다루는 학문이기 때문에 생태학적 타당도는 외적 타당도와 밀접하게 관련되어 있으면서 실험 결과가 실제 세계에서 관찰될 수 있는 것을 어느 정도 반영하는지에 대한 문제를 다룬다(장재혁, 2021). 생태학적으로 타당하려면 연구의 방법, 재료 및 설정이 조사 중인 실제 상황과 유사해야 한다. 생태학적 타당도는 부분적으로 실험 대 관찰의 문제와 관련이 있다.

일반적으로 과학에는 수동적 성격인 관찰과 능동적 성격인 실험의 두 가지 연구 영역이 있다. 실험 설계의 목적은 인과성을 테스트하는 것으로, A가 B를 야기하는지 또는 B가 A의 원인이 되는지를 추론하는 것이다. 그러나 때로는 어린이를 실험 대상으로 하는 것처럼 윤리적 또는 방법론적 제한으로 인해 실험을 수행할 수 없는 경우도 있다. 이 경우에는 인과관계가 아니라 A와 B가 서로 관련되어 일어난다는 상관관계만을 파악할 수 있다.

② 사회적 책임으로서의 외적 타당도

처음 보기에는 내적 타당도와 외적 타당도는 서로 모순되는 것처럼 보인다. 실험 설계의 결과를 얻으려면 모든 외부의 간섭 변수를 제어하기 위해 폐쇄된 실험실 환경에서 실험을 수행하는 경우가 대부분이다. 변수를 일정하게 유지하여 방해하는 변수를 통제하면 내적 타당도를 얻는 동안에 인공적인 실험실 환경을 설정하므로 생태학적 타당도 또는 외적 타당도는 그만큼 상실된다. 반면, 관찰 연구에서는 간섭 변수에 대해 통제할 수 없기 때문에 내적 타당도는 낮지만 상황이 정상적으로 발생하는 자연생태학적 환경에서 실제 그대로 측정이 가능하다. 그러나 그렇게 함으로써 내적 타당도가 낮은 것은 당연하다.

그러나 내적 타당도와 외적 타당도의 명백한 모순은 피상적일 뿐이다. 특정 연구의 결과가 다른 사람, 장소 또는 시간에 일반화되는지는 귀납적 연구에서만 설명이 가능하다. 연구의 목표가 이론을 연역적으로 검증하는 것이라면 연구의 엄격함을 훼손할 수 있는 요소, 즉 내적 타당도에 대한 위협만이 문제이다. 연구에 대한 외적 타당도와 내적 타당도의 관련성은 연구의 목적에 달려 있다는 것이다. 또한 연구 목표를 타당도 문제와 혼합하면 상호 내적 타당도 문제가 발생하고 그때는 이론이 실제 세계가 아닌 인공 실험실 환경의 현상만 설명할 수 있다.

2) 평가자 신뢰도의 사회적 책임

평가자 신뢰도란 객관도라고 할 수 있는데, 검사의 채점자가 주관적 편견 없이 얼마나 공정하게 채점하느냐가 문제이다. 즉, 객관도 혹은 평가자 신뢰도는 채점자의 채점이 얼마나 신뢰성 있고 일관성이 있느냐로 평정자에 따라 결정되는 신뢰도인 것이다. 객관도는 평정자가 주관적인 편견을 얼마나 배제하였는지를 보는 것이다. 한 채점자가 다른 채점자와 얼마나 유사하게 평가하였는지의 문제와 한 채점자가 많은 측정 대상에 대하여 계속적으로 일관성 있게 평가하였는지의 문제로, 전자를 평가자 간 신뢰도, 후자를 평가자 내 신뢰도라고 한다. 평가의 결과가 등급으로 주어진다면 평정자 간 신뢰도 또는 평정자 내 신뢰도란 용어를 사용하고, 평가의 결과가 점수로 주어진다면 채점자 간 신뢰도 또는 채점자 내 신뢰도, 또 관찰에 의한 결과라면 관찰자 간 신뢰도 또는 관찰자 내 신뢰도라는 용어를 사용한다.

자연과학 분야의 측정에서는 객관도가 별로 심각한 문제가 되지 않지만, 교육 현상 또는 사회 현상의 측정에서는 평가자에 따라 그리고 동일한 평가자라고 하더라도 평가 시점에 따라 평정(채점, 관찰) 결과가 다를 수 있으므로 연구나 평가에 있어 객관도의 확보가 중요하다. 즉, 교육의 사회적 책임에서는 윤리적 행위와 투명성 그리고 지속가능성의 원칙이 강조된다.

(1) 평가자 내 신뢰도의 기능과 역할

평가자 내 신뢰도는 동일한 평가자가 모든 측정 대상을 계속해서 일관성 있게 측정하였는지 혹은 시간의 흐름에 따라서도 평가 기준이 변하지 않고 동일하게 측정하였는지를 의미한다. 평가자 내 신뢰도는 개인의 일관성이 전제되어야만 추정이 가능하다. 사회적 책임의 측면에서는 평가자 개인이 윤리적 행위의 원칙을 준수해야 함을 의미한다.

(2) 평가자 간 신뢰도의 기능과 역할

평가자 간 신뢰도란 평가 결과가 평가자 사이에서 얼마나 유사한지를 의미하는 것으로, 교육 현장의 평가에서 평가자 간 신뢰도가 언급되는 경우는 예체능계 실기고사나 논술고사 등이다. 예를 들어, 대학입학 실기고사에서 동일한 미술 작품을 보고도 채점자들이 서로 다른 평정을 하거나 체조 경기에서 5명의 심판이 전혀 다른 평정을 한다면 이는 객관도가 낮은 경우이다.

평가자 간 신뢰도를 추정하기 위해서는 우선 평가 대상자는 동일한 행위를 하거나 같은 문항에 응답하여야 하며, 평가자들은 상호 독립적으로 동일한 평가 대상자들을 평가해야만 한다.

평가자 간 신뢰도를 추정하는 방법은 양적 변수일 경우에는 상관계수법이나 일반화 가능도 이론을, 질적 변수일 경우에는 일치도 통계와 코헨(Cohen)의 카파(Kappa) 공식을 사용한다.

3) 사회적 책임으로서의 평가와 교수 · 학습

학교 현장에서 평가를 사용하는 것은 일반적으로 교수 · 학습 이후에 이루어지는 경우가 대부분이다. 원론적으로는 교수 · 학습을 시작하기 전에 교사는 학생들의 사전 지식이나 태도 그리고 기능을 검사하는 진단평가를 한다. 교수 · 학습이 진행되는 동안에도 교수 · 학습의 목표에 따라서 학생들의 교수 · 학습에 대한 이해 정도를 확인하는 형성평가를 하고, 하나의 단원에 대한 교수 · 학습을 마치면 모든 목표에 대한 도달 정도를 평가하는 것이 교육적으로 적절하다. 이와 같이 평가는 교수 · 학습과 불가분의 관계에 있고 따라서 평가와 교수 · 학습은 조화로운 통합이 필요하다.

(1) 평가를 위한 교수 · 학습

오늘날 학교, 특히 한국의 중등학교에서 시험이 없는 것은 교수 · 학습이 없는 것과 같다. 단지 평가를 위한 교수 · 학습(teaching to the test)만이 존재하는 것 같다. 원래 의미에서 평가를 위한 교수 · 학습은 대부분 검사받을 사항이나 기능만을 가르치는 관행을 의미하였다. 이것은 대개 검사 내용에 대한 추론이나 주요 선행 지식에 기초하였다. 평가가 충분히 포괄적인 경우에는 부정행위가 아니다. 그러나 대부분의 평가는 지식이나 행동의 일정한 영역을 표집하고 표집된 것을 정상적인 상황에 있는 영역의 수행 전체로 일반화하는 데 사용한다. 그때 평가를 위한 교수ㆍ학습이 일어났다면 그 일반화는 타당하지 않게 된다. 그래서 평가를 위한 교수ㆍ학습은 부정한 것이 된다. 교육평가의 사회적 책임은 이처럼 준엄하다.

넓은 의미에서 평가를 위한 교수ㆍ학습은 시험 치는 기술을 가르치는 것 또한 포함한다. 평가를 수행하는 데 대해 특별한 동기나 유인책을 제공하는 것과 평가를 하기 위해, 설계된 기능이나 지식의 영역을 숙달하지 않고서 시험을 잘 치기 위해 또는 평가를 잘 수행하기 위해 개발된 특별한 자료를 사용하는 것이 여기에 해당한다. 이런 것이 부정은 아닐지 모르지만, 그 결과에 대해서 학부모나 공동체가 오해할 소지가 많다. 검사의 오염 현상이 일어나기 때문이다. 교사가 제작하는 검사도 사후적으로 이 같은 현상을 초래할 수 있다. 이것은 사회적 책임에서 투명성 영역을 위반하게 된다.

(2) 교수ㆍ학습을 위한 평가

평가가 단순히 교수ㆍ학습이 이루어지고 난 이후에 그 성취 정도를 확인하는 도구만 사용되는 것을 경계하는 것이다. 그 영역에서 어떤 결론에 이르는 과정과 논리에 대한 학습을 평가하지 않고 실제로 교수ㆍ학습에서 직접적으로 가르친 자료만을 측정하도록 검사를 설계하는 것은 사회적 책임성에 대한 위반이다. 가장 흔한 예는 교사들이 제작하는 검사에서 일어난다. 실제 수업에서 다룬 어휘들을 사용하기만 하는 독서 프로그램에 대한 검사도구는 일반 독서 기능에 대해 잘못 묘사할 수 있다. 즉, 과도하게 낙관적으로 묘사하여 현상을 왜곡할 수 있다.

타당한 평가는 포괄해야 하는 전 영역에서 표집을 하며, 그것이 교육과정 목록에 묘사된 세계론이든 고등학교 교육과정에 묘사된 경제 수학이든 영역 내에서 결론을 이끌어 낸다. 개별 교과목을 가르치는 개별 교사가 왜곡되지 않은 공정한 평가 문항을 구성하는 것은 상당한 어려움이 따른다. 왜냐하면 교사들은 평가도구를 제작하는 데 너무 깊이 관계되어 있고, 자신들이 다룬 자료들만을 포함하는 등 공정하고 객관적이기가 어렵기 때문이다. 그래서 교사들은 그들이 다룬 자료들만을 포함하는데, 이는 사회적 책임의 보편성과 지속가능성을 위반할 가능성이 높다. 한편, 검사는 다른 기능을 가지고 있어 정의된 영역에 어느 정도로 숙달되었는지를 결정하는 것도 그중 하나이다. 때때로 그것은 기본적 기능과 일련의 필수 요건과 관련해서 가장 중요하다. 그러나 문항 선택의 과정에서는 별로 중요하지 않을 수 있다. 그런 경우에 타당도의 주요한 준거는 문항이 사실상 교육과정 범위에 적합한가를 알아보는 것이다. 이는 사회적 책임의 법규와 규칙 존중에 해당한다. 평가를 위한 교수ㆍ학습에서와 같이, 교수ㆍ학습을 위한 평가하기(testing to the teaching)도 평가가 전체 영역을 포함하는 경우에는 사회적 책임의 보편성과 지속가능성을 강화한다.

4. 교육의 사회적 책임에 대한 평가

사회적 책임을 논의함에 있어서 다양한 층위가 있다. 지금까지 논의한 교육평가의 사회적 책임과는 층위를 달리하는 교육의 사회적 책임에 대한 평가는 사회적 책임의 하위 개념이자 동시에 상위 개념이다. 여기서는 교육의 사회적 책임을 평가하기 위해 기존의 교육평가에서 평가 내용이나 방식에 '사회적 책임' 관련 내용이 어떻게 소외되었나를 살펴보고, 해당 평가에 대한 항목과 각 항목에 대한 요소를 설명할 것이다. 이를 바탕으로 교육의 사회적 책임에 적합한 평가 방법도 살펴볼 것이다.

1) 교육의 사회적 책임에 대한 소외 현상

교육의 소외 현상을 논의하는 경우에 일반적으로 소외 계층, 장애학생, 학교 밖 청소년, 다문화 가정 등의 계층을 중심으로 논의된다. 이와 달리 교육의 사회적 책임에서 소외 현상은 교육소외 계층의 경제적ㆍ복지적 측면이 아니라, 교육기관과 이해당사자의 상호작용에 있어 현상을 넘어서는 본질에서의 책임 차원에서 소외를 지칭한다고 볼 수 있다. 교육평가의 내용이나 방식에서 '사회적 책임'이 고려되지 않고 방치되는 것이 그러한 예이다.

교육평가의 내용적 측면에서 '사회적 책임'은 중요하게 다루어지지 않는다. 교육평가의 내용은 주로 평가 항목이 타당한 것인지를 다루는 평가의 목적과 연결된다. 평가의 목적은 크게 피험자 선발과 학업성취도에 국한되고 그 범위 내에서 평가의 내용이 결정된다. 교육기관의 목적이라는 측면에서도 학생의 인지적·정서적·심동적 발달을 중심으로 한다. 다만, 기관의 사회적 기여는 선언적인 언명으로 실천적 형식을 담보하지 못한다. 예를 들면, 부산대학교는 '교육 이념을 진리, 자유, 봉사로 하여 그 정신을 실현하는 참 대학으로서 인류애를 기반으로 시대의 흐름을 통찰한 새로운 가치 체계를 만들어 지역과 국가 그리고 인류 사회의 발전에 기여하는 학문 연구와 인재 양성을 통해 사회의 미래 비전을 제시하고 실천'하려고 한다고 선언하고 있다. 교육평가에서 교육 내용을 분류하는 중요한 기준 틀인 이원분류표에 있어서도 '사회적 책임'은 언급되지 않고 있다.

교육평가의 방법적 측면에서 교육평가의 '사회적 책임'을 절차적으로 확인하는 과정이 없다. 예를 들면, 평가의 목적과 목표를 설정하는 단계에서는 '윤리적 행동과 인권 존중'을 준수하고 있는지, 평가 문항을 제작하는 단계에서는 '규칙 준수'를, 평가를 실행하는 단계에서는 '투명성과 설명책임성'을, 평가 이후에는 그 결과와 과정에 대하여 '책임 있는 설명'과 '이해관계자의 이익'을 존중하고 있는지를 확인해야 한다. 그러나 평가 결과와 평가 문항을 피상적으로만 분석할 뿐 평가 문항 자체가 가지고 있는 오류, 예를 들면 어떤 문항이 경제적으로 어렵거나 교육적으로 혜택을 받지 못한 집단에게 불리할 수 있는지 또는 문화적으로 다른 집단에게 불리한 문항이 아닌지가 검토되지 않고 있다.

2) 교육의 사회적 책임에 대한 평가 항목

사회적 책임의 항목은 기본적으로 설명책임성, 투명성, 윤리적 행동 그리고 존중요소로는 이해관계자의 이익, 법규 준수, 국제규범 준수, 인권으로 구성된다. 교육평가에 있어서도 사회적 책임의 평가 항목은 크게 다르지 않다. 다만, 교육의 사회적 책임을 평가함에 있어서 우선시되는 항목의 우선순위에서 차이가 있을 것이고 각 평가 항목에 따른 평가 요소를 구체화함에 있어서도 다를 수 있다.

교육평가의 '사회적 책임'에 있어서 평가 항목의 우선순위는, 첫째, '평가 규범의 준수'라고 할 수 있다. 평가는 다양한 관점과 사람에 의해서 이루어지는 것이 일반적이다. 따라서 평가의 기준과 규범에 대한 일관성 있는 통일이 이루어지는 것이 최우선적 필수과제이다.

둘째, '이해관계자의 이익'을 존중하는 것이다. 왜냐하면 공동의 목적을 지향하면서 다양한 측면에서 평가가 가능하려면 이해관계자의 합의와 협력을 바탕으로 해야 하기 때문이다.

셋째, 이해관계자의 이익을 존중하는 것은 인권 및 윤리적 행동과 불가분의 관계를 가지고 있다고 할 수 있다. 따라서 이해관계자의 이익을 존중하는 것이 보편적 인권과 윤리적 행동을 무의식적으로 침해하는 양태까지 이어지는 것을 경계해야 한다.

넷째, 앞의 세 가지 항목을 의미 있게 하는 항목은 설명책임성이다. 설명책임성이 뒷받침되지 않는다면 앞의 세 가지 항목은 지속가능한 근거를 잃게 되어 실효성을 상실할 것이다.

다섯째, 투명성 항목이다. 교육기관들은 그 구성원과 이해관계자들에게 그들의 행동에 영향을 미치는 사항에 대하여 투명하게 공개할 의무가 있다.

3) 교육의 사회적 책임에 대한 평가 방법

교육의 사회적 책임에 대하여 어떻게 평가할 것인가?

첫째, 교육 관련 기관들이 규범에 대한 준수를 어느 정도로 지키고 있는지를 관찰하고 측정하려면 지표들이 필요하다. 예를 들면, 규범에 대한 지표로, ① 교육 관계 기관은 교육법을 잘 준수하고 있는가?, ② 대학은 대학 설립 운영에 관한 규정을 잘 지키고 있는가?, ③ 사립학교는 「사립학교법」을 잘 준수하고 있는가? 등이 있다.

둘째, '이해관계자의 이익 존중'에 대한 지표로, ① 대학에서 학부생과 대학원생들의 권리가 잘 보장되어 있는가?, ② 교직원과 교수의 권리가 잘 보장되어 있는가?, ③ 교수와 학생의 교수ㆍ학습권이 잘 보호받고 있는가? 등이 있다.

셋째, '인권과 윤리적 행동'에 대한 지표로, ① 대학 내 학생들의 인권은 잘 지켜지고 있는가?, ② 교수들은 윤리적으로 행동하고 있는가?, ③ 학생들은 윤리적으로 행동하고 있는가? 등이 있다.

넷째, '설명책임성'에 대한 지표로, ① 교육기관의 결정 사항이 지역사회에 미치는 영향에 대하여 충분히 설명되었는가?, ② 그 결정 사항이 지역에 미치는 영향에 대해서 충분히 책임지고 있는가?, ③ 교육 당국의 행동이 지역 환경에 미치는 영향에 대하여 충분히 책임지고 있는가? 등이 있다.

다섯째, '투명성'과 관련된 지표로, ① 교육 관련 기관은 그 구성원들과 지역사회에 대하여 충실하게 관련 정보를 공개하고 있는가?, ② 교육 관련 기관은 그 구성원들과 지역사회에 대하여 다양한 방식으로 관련 정보를 공개하고 있는가?, ③ 교육 관련 기관은 그 구성원들과 지역사회에 대하여 주기적이고 지속적으로 관련 정보를 공개하고 있는가? 등의 지표가 있다.

이러한 평가지표를 관찰이나 심층면접 등의 질적 연구 방법이나 조사연구나 델파이 기법 등의 양적 연구 방법에 사용하여 평가 정보를 수집하고 분석함으로써 교육의 사회적 책임을 의미 있게 평가할 수 있고, 교육 관련 기관들이 사회적 책임을 충실히 실행하게 할 수 있을 뿐만 아니라 교육 관련 구성원들이 '교육의 사회적 책임'에 대하여 새로운 인식을 획득하고 우리 지역사회가 어떤 모습이어야 하는지, 우리 교육은 어떠한 사회를 꿈꾸는지 그리고 교육기관은 학생들을 어떠한 인간으로 자라게 할 것인지에 대하여 생각하면서 교육의 발전에 긍정적인 기여를 하게 될 것이다.

5. 교육의 사회적 책임에서 실행의 강조

교육의 사회적 책임에 대한 평가, 과정중심평가, 타당도와 신뢰도, 평가와 교수·학습에서 사회적 책임은 어떤 의미를 가지고 어떻게 작동하고 있는지를 검토하였다. 또한 학교라는 조직이 학생을 대상으로 하는 평가에서 어떻게 사회적 책임을 다할 수 있는가를 실천적 관점에서 분석하였다.

결론적으로 교육평가는 사회적 책임의 원칙 아래에서 실행되어야 하며, 원칙을 실행함에 있어서 강조점은 다음과 같다.

첫째, 과정중심평가는 교수·학습의 과정을 평가할 뿐 아니라 교육과정을 재구성하고 교수·학습을 계획하는 단계와 교수·학습의 실행과 그 결과를 피드백하는 전 단계를 평가하는 것으로, 교육평가의 사회적 책임에 있어서 과정 투명성을 최우선적 원칙으로 한다.

둘째, 평가의 타당도는 평가가 의도했던 영향과 결과를 판단하는 증거로 결과타당도에서는 사회적 책임의 설명책임성을 제1원칙으로 하고, 생태학적 타당도에서는 지속가능성을 제1원칙으로 한다.

셋째, 평가의 신뢰도는 편견 없이 공정하게 평가하는가의 문제인데, 평가자 내 신뢰도에서는 투명성과 윤리적 행위, 평가자 간 신뢰도에서는 이해관계자의 존중과 보편성을 제1원칙으로 한다.

넷째, 교육의 사회적 책임에 대한 평가를 위해서 교육의 사회적 책임에 대한 평가 항목의 우선순위를 고려하여 평가지표를 마련하는 것이 교육의 사회적 책임에 대한 소외 현상을 극복하는 중요한 실천이 된다.

각각의 상황에서 사회적 책임의 원칙을 준수하지 않는다면, 그러한 결과는 평가 활동 자체와는 무관하게 또는 의도하지 않게 사회적으로 유해할 수 있다.

1. 우리 교육기관은 어떠한 사회를 꿈꾸는가? 대학의 평가는 그 구성원들에게 인권을 기초로 투명하게 그 설명책임성을 다하고 있는가?

2. 우리 교육기관의 구성원들은 학생들이 어떠한 인간으로 성장하기를 바라는가? 대학의 교수 및 교직원들은 교육평가의 사회적 책임에 맞게 교육평가를 타당하고 신뢰할 수 있게 하는가?

3. 학부와 대학원의 학생들은 교육의 사회적 책임을 얼마나 인식하고 실천하고 있는가?

교육부(2015). 초·중등학교 교육과정 총론. 세종: 교육부.

권태권, 박길자, 박해원, 박해진, 배성만, 성숙자, 장난심, 장재혁(2019). 과정중심 프로젝트 수업: 미래 핵심 역량 강화를 위한 프로젝트 중심 교육과정·수업·평가·기록 일체화. 경기: 디자인펌킨.

기영화(2017). 사회적경제 차원의 사회적기업과 기업의 사회적 책임의 비교연구. 사회적경제와 정책연구, 7(3), 79-108.

김석우, 김성숙, 장재혁, 이승배(2017). 이원목적분류와 성취기준에 근거한 중등교사의 평가 전문성 분석. 교육평가연구, 30(2), 173-197.

김석우, 박상욱, 김윤용, 장재혁(2015). 중등교사의 평가 전문성 제고방안: 서술형평가 및 수행평가를 중심으로. 한국교육개발원 연구보고, CR 2015-24.

김석우, 원효헌, 김경수, 김윤용, 구경호, 장재혁(2021). 교육평가의 이론과 실제. 서울: 학지사.

김석우, 장카이, 서원석(2021). 중학교 교사가 지각하는 과정중심평가에 대한 IPA 분석. 학습자중심교과교육연구, 21(17), 429-441.

김성숙, 김희경, 서민희, 성태제(2015). 교수·학습과 하나되는 형성평가. 서울: 학지사.

김정민(2018). 과정중심평가의 개념과 교육적 의의 탐색. 학습자중심교과교육연구, 18(20), 839-859.

김혜정(2019). [시론] '입시 갈라파고스'에서 아이들 가르치는 나라. 조선일보. https://www. chosun.com/site/data/html_dir/2019/02/22/2019022202762.html

박수홍, 장재혁, 조영재, 김태헌, 이승민, 장명호, 김민선, 오슬기, 정주훈, 임수정(2017). 4차 산업혁명 시대의 교육시스템 디자인. 부산: 협동조합아이엠.

배호순(2008). 교육프로그램 평가론: 미래 지향적 논리중심의 교육프로그램 평가이론서. 서울: 원 미사.

성태제(2000). 타당도에 대한 개념, 정의, 검증방법의 변화와 교육적 함의. 교육평가연구, 13(2), 1-11.

성태제(2014). 현대교육평가(4판). 서울: 학지사.

손영우(2012). 노동조합에게도 사회적 책임이 있는가?-사회적 책임의 대상 확대와 노조 적용 에 관한 연구. 기억과 전망, 27, 214-247.

우정렬(2019). [왜냐면] 2020학년도 수능시험의 문제점과 개선책. 한겨레. https://www. hani.co.kr/arti/opinion/because/918739.html#csidx2549958168f6545a10e8c88e71d895f

이승환(2019). 존폐 여부 뜨거운 '학종'… 해결책은 없나. e-대학저널. https://www.dhnews. co.kr/news/articleView.html?idxno=113068

장재혁(2021). 성취평가제 기반 과정중심 평가모형 개발. 부산: 부산대학교.

전경희(2016). 과정중심 수행평가의 방향과 과제. 이슈페이퍼, CP 2016-02-4.

American Educational Research Association, American Psychological Association., & National Council on Measurement in Education. (1985). *The standards for educational and psychological testing*. Washington, DC: American Psychological Association.

American Educational Research Association, American Psychological Association., & National Council on Measurement in Education. (1999). *Standard for educational and psychological testing*. Washington, DC: American Psychological Association.

Ames, N. H. (1985). *Major differences between product and process approaches to composition: Topic choice, revision, and the writing conference*. ERIC, ED.261371.

Argyris, C., & Schön, D. A. (1978). *Organizational learning: A theory of action perspective*. Reading, MA: Addison-Wesley.

Ashman, A. F., & Conway, R. N. F. (1993). Teaching students to use process-based learning and problem solving strategies in mainstream classes. *Learning and Instruction*,

3(2), 73-92.

Black, P. J. (1986). Assessment for learning. In D. L. Nuttall (Ed.), *Assessing educational achievement* (pp. 7-18). London: Falmer Press.

Brookhart, S. M. (1998). Developing measurement theory for classroom assessment purposes and uses. *Educational Measurement: Issues and Practice, 22*(4), 5-12.

Cole, P. M., & Putnam, F. W. (1992). Effect of incest on self and social functioning: A developmental psychopathology perspective. *Journal of Consulting and Clinical Psychology, 60*(2), 174-184.

Collins, A., Brown, J. S., & Newman, S. E. (1989). Cognitive apprenticeship: Teaching the crafts of reading, writing, and mathematics. In L. B. Resnick (Ed.), *Knowing, learning, and instruction: Essays in honor of Robert Glaser* (pp. 453-494). Hillsdale, NJ: Lawrence Erlbaum Associates, Inc.

Cowie, B., & Bell, B. (1999). A model of formative assessment in science education. *Assessment in Education: Principles, Policy and Practice, 6*(1), 32-42.

Cronbach, L. J. (1971). Test validation. In R. L. Thorndike (Ed.), *Educational measurement* (2nd ed., pp. 443-507). Washington, DC: American Council on Education.

Cureton, E. E. (1951). Validity. In E. F. Lindquist (Ed.), *Educational measurement* (pp. 621-694). Washington, DC: American Council on Education.

Davis, L. L. (1992). Instrument review: Getting the most from your panel of experts. *Applied Nursing Research, 5*, 194-197. doi: 10.1016/S0897-1897(05)80008-4

Fetterman, D. M., & Wandersman, A. (Eds.). (2005). *Empowerment evaluation principles in practice.* New York: Guilford Press.

Flower, L., & Hayes, J. R. (1981). A cognitive process theory of writing. *College Composition and Communication, 32*(4), 365-387.

Lewis, C. H. (1982). *Using the "thinking aloud" method in cognitive interface design* (Technical report). IBM. RC-9265.

Lin, R. L. (1997). Evaluating the validity of assessments: The consequences of use. *Educational Measurement: Issues and Paractice, 16*(2), 14-16.

Lin, R. L., & Gronlund, N. E. (2000). *Measurement and assessment in teaching* (8th ed.). Upper Saddle River, NJ: Prentice Hall, Inc.

McGill, T. J., & Volet, S. E. (1997). A conceptual framework for analyzing students' knowledge of programming. *Journal of research on Computing in Education, 29*(3), 276-297.

McMillan, J. H. (2014). *Classroom assessment: Principle and practice for effective standards-based instruction.* Boston: Allyn & Bacon.

Meherens, W. A. (1997). The consequences of consequential validity. *Educational Measurement: Issue and Paractice, 16*(2), 16-18.

Messick, S. (1989). Validity. In R. L. Linn (Ed.), *Educational measurement* (3rd ed., 13-103), New York, NY: American Council on education and Macmillan.

Nystrand, M. C. (1996). Opening dialogue: *Understanding the dynamics of language and learning in the English classroom* (Language and literacy series). New York & London: Teachers College Press.

Nystrand, M., Greene, S., & Wiemelt, J. (1993). Where did composition studies come from? An intellectual history. *Written Communication, 10*(3), 267-333.

Piaget, J. (1955). *The construction of reality in the child.* New York: Basic Books.

Polit, D. F., Beck, C .T., & Owen, S. V. (2007). Is the CVI an acceptable indicator of content validity? Appraisal and recommendations. *Research in Nursing & Health, 30*(4), 459-467.

Popham, W. J. (1997). Consequential validity: Right concern-wrong concept. *Educational Measurement: Issue and Paractice, 16*(2), 9-13.

Popham, W. J. (2003). Test better, teach better: The instructional role of assessment. Alexandria, VA: ASCD.

Popham, W. J. (2008). *Transformative assessment.* Alexandria, VA: ASCD.

Reigeluth, C. M. (1987). The search for meaningful reform: A third-wave educational system. *Journal of Instructional Development, 10*(4), 3-14.

Rogers, E. M. (1995). *Diffusion of innovations* (4th ed). New York: Free Press.

Rorty, M. R. (1991). *Objectivity, relativism and truth: Philosophical papers I.* Cambridge, UK: Cambridge University Press.

Scriven, M. (1967). The methodology of evaluation. In R. W. Tyler, R. M. Gagne, & M. Scriven (Eds.), *Perspectives of curriculum evaluation Chicago* (pp. 39-83). Chicago, IL:

Rand McNally.

Shek, D. T. L., & Hollister, R. M. (Eds.) (2017). *University social responsibility and quality of life: A global survey of concepts and experiences*. Singapore: Springer Nature.

Shepard, L. A. (1997). The centrality of test use of consequences for test validity. *Educational Measurement: Issue and Paractice, 16*(2), 5-24.

Vermunt, J. D. H. D. (1995). Process-oriented instruction in learning and thinking strategies. *European Journal of Psychology of Education, 10*(4), 325-349.

Vygotsky, L. S. (1934). Thought and language. Cambridge, Mass: The M.I.T. Press.

Wandersman, A., Snell-Johns, J., Lentz, B. E., Fetterman, D. M., Keener, D. C., Livet, M., Imm, P. S., & Flaspohler, P. (2005). The principles of empowerment evaluation. In D. M. Fetterman & A. Wandersman (Eds.), *Empowerment evaluation principles in practice* (pp. 27-41). New York: Guilford Press.

Whitehead, A. N. (1933). *Process and reality*. 오영환 역(1991). 과정과 실재: 유기체적 세계관의 구상. 서울: 민음사.

제10장
교육의 사회적 책임을 실천하는
핵심 역량인 소셜 앙트러프러너십의 이해

박수홍

이 장에서는 소셜 앙트러프러너십의 관점에서 교육의 사회적 책임의 개념과 교육의 방법을 설명한 후 구체적인 사례를 통해 그 중요성과 시사점을 논의하고자 한다. 이를 위해 먼저 이 장에서는 교육의 사회적 책임을 실천하기 위해 필요한 핵심 역량으로 소셜 앙트러프러너십의 개념을 대하여 설명한다. 나아가 학습자들이 소셜 앙트러프러너십을 발휘할 수 있도록 교수자가 퍼실리테이션하는 학습 프로세스를 제시하고자 한다. 그 과정은 공감적인 사회적 문제 발견하기 → 해당 사회적 문제의 근본 원인 탐색하기 → 혁신적인 해결방안 탐색하기 → 지속가능한 비즈니스 모델 작성하기 → 실행계획서(액션플랜) 작성하기 → 발표 및 피드백 평가하기 → 성찰하기이다. 이러한 학습 프로세스를 통해 학습자들은 프로세스의 각 국면에서 활용할 수 있는 소셜 앙트러프러너십의 지원 요소를 이해하고 경험할 수 있다. 마지막으로 이 장에서는 소셜 앙트러프러너십을 통한 교육의 사회적 책임 실천의 구체적인 사례를 통해 그 성공 원리가 무엇인지 알아볼 것이다.

1. 소셜 앙트러프러너십의 개념

기존의 교육 시스템이 작동되는 원리는 그 속에 내재된 세계관에 달려 있다. 교육이 표방하는 가치가 전인교육, 창의력 신장 또는 융합교육이라는 미사여구로 치장을 할지라도 종국적인 학교 성과를 평가할 때 상급학교에 몇 명이 더 진학하였는가, 수능 성적의 평균이 얼마나 더 향상되었는가라는 쪽으로 학교 운영 방식에 방점을 찍고 있다. 이를 고려해 볼 때 학교 이해관계자들의 행위를 이끄는 교육에 내재된 세계관은 결국 교육기관의 영달, 학부모의 이기심과 학생의 경쟁적인 계층 상승 욕구를 적절하게 제어하기 위한 수단적 가치에 머물러 있다는 의구심이 든다. '교육이 미래 사회를 열기 위해 필요한 핵심 역량을 창조하는 여정'이라고 볼 때, 작금의 수능에 의해 평가되는 학력이 곧 우리 사회의 핵심 역량을 반영한다고 보기는 어려울 것이다. 즉, 지금처럼 길러 내는 학력이 새로운 뉴노멀(New Normal)로 자리 잡을 제4차 산업 혁명 시대에 필요한 창조성, 융합성과 연결성으로 대변되는 핵심 역량과 등가의 가치를 가질까? 교육의 주된 역할이 교과서로 대변되는 기능적으로 분화된 지식 영역(대개, 결과적 지식의 총체)을 강박증적으로 충실하게 가르치면 된다는 기존 관념에 뿌리를 두고 있지 않나 자문한다.

　학습자들이 입시라는 해방구에서 성공적으로 탈출을 하기 위해서는 탈맥락적이고 탈사회적으로 집약된 지식의 보고(교과서)에만 집착할 수밖에 없으며, 주위의 사회적 문제나 이슈에 관심을 둘 여력이 없었던 것이다. 이렇게 길러진 학습자는 자신을 둘러싼 지역사회나 공동체의 문제나 이슈에 무관심해지고 또한 그러한 사회적 문제는 나와 관련 없다는 식, 즉 사회와 공동체와의 관계에서 유리된 개인으로서 자신의 삶을 영위하게 되는 것이다. 나의 개인적 영달만을 추구하다 보면 더 좋은 직장이나 기회가 있다고 믿는 수도권으로 몰리게 되어 지역 소멸, 지역 공동체적 연대의식의 희박도 일어나게 된다.

　이러한 연유에서 교육에서 개인의 사회적·공동체적인 관심과 책임의 중요성에 눈뜨게 되었다고 본다. 지역 공동체나 사회적 관심과 책임을 느끼는 교육이 되기 위해서는 지역사회라는 맥락에서 교육이 이루어져야 한다. 또한 지역사회의 주체적 구성원으로 삶을 살아가기 위해서는 학령기 동안에 '개인과 공동체의 연결성'에 관한 관점과 태도 및 책무성을 길러 주는 것이 중요하다. 나와 유리될 수 없는 지역, 개인과 지역의 연대성을 높여 주는 사회적 책임을 실천하는 교육을 이루기 위해서는 내 주위의 지역에 산재되어 있는 사회적 문제를 발견하고, 그 문제에 대하여 고민하는 경험학습(learning by doing) 형태의 체험학습이 중요하다. 특히 그러한 지역사회의 문제를 발견하고, 그 문제에 함의된 근원적인 원인에 대한 깊은 탐구, 창의적인 해결 방안을 강구하여 실천함으로써 새로운 가치 창출의 체험을 가능하게 하는 역량이 필요하다.

이러한 사회 문제를 창의적이며 주체적으로 해결하여 긍적적인 방향으로 사회적 변화를 이끌어 내는 복합적인 역량을 소셜 앙트러프러너십(Social entrepreneurship: SE)이라고 칭한다. 소셜 앙트러프러너십이란 사회적 문제에 상응하는 새로운 가치 창출의 과정적 역량이라고 할 수 있다. 소셜 앙트러프러너십은 단순히 지식이나 사변으로 이해하는 것이 아니라, 실제로 자신의 현재 위치와 현존하는 자원의 범위 내에서 실행해 본 경험이 있어야만 지속적으로 발현될 수 있는 가치인 셈이다.

본디 소셜 앙트러프러너십은 사회적 경제 또는 사회적 기업 분야에서 많이 사용되는 용어로서 '사회적 기업가 정신'으로 번역되어 사용되고 있지만, 나는 '사회적 기업가 정신'이라고 번역하기보다 '사회적 혁신가 역량' 또는 '사회적 혁신 역량'이라고 번역하는 것을 선호한다. 소셜 앙트러프러너십은 다양한 사회적 문제(또는 이슈)를 창의적 문제해결 원리를 이용하여 지속가능하도록 해결해 나가는 과정적 역량이라고 할 수 있다. 앙트러프러너십은 '새로운 가치의 창출 또는 기존의 가치에 덧붙여 부가가치를 창출'한다는 점에서 일반적인 앙트러프러너십과 같은 의미이지만, 특히 사회적 문제 해결에 그 주된 관심을 갖는다는 점에서 차이가 난다.

소셜 앙트러프러너십은 지속적이며 장기적인 변혁을 이끌어 내는 능력이라고 볼 때 단순한 사회 문제에 대한 대안을 제시한다거나 일회적인 사회적 문제 해결을 위한 문제해결력이나 실천학습력과는 차이가 있다.

2. 소셜 앙트러프러너십의 학습 프로세스

앞서 언급한 바와 같이, 소셜 앙트러프러너십의 요체는 사회적 문제를 발견, 탐구, 지속가능한 해결안 강구, 실천, 사회 변혁을 이끌어 내는 복합적인 역량이라고 할 수 있다. 이러한 역량을 효과적으로 길러 주기 위해서는 적합한 학습 활동 프로세스에 대한 이해가 필요하다.

이 장에서는 소셜 앙트러프러너십 역량 개발 과정을 7단계로 제시한다. 공감적인 사회적 문제 발견하기(1단계), 파운딩 팀 구성 및 빌딩하기(2단계), 창의적으로 사회적 문제를 이해하기(3단계), 해당 사회적 문제 해결에 적정한 혁신적 솔루션 개발하기(4단계), 그 결과나 성과를 실제로 구현해 보기(5단계), 발표 및 피드백 평가하기(6단계), 마지막으로 사회 전반에 의미 있는 변화와 영향력을 끼치는 파급 과정(7단계)으로 구성된다.

이 학습단계의 학습 진행 전개는 현장에서 실제 일어나는 상황과 최대한 유사한 형태로 진행하는 것이 중요하다. 여기서 각 단계별로 설명하는 방법은 소셜 앙트러프러너십을 촉진하는 활동에 대한 지침을 제시하는 형태가 될 수 있다.

1) 공감적인 사회적 문제 발견하기

앙트러프러너십의 공감적 문제 발견은 가장 중요하고 어려운 단계이다. 평소에 공감적 문제를 발견하는 과정에서 문제가 일어나는 상황이나 장소에서 자세히 관찰하고 사람들의 말을 경청하며 질문을 통해 사용자들이 무엇을 원하는지 파악하는 습관이 필요하다.

실제 교수 상황에서는 특정 영역(시스템)에서 공감적인 사회문제를 발견하기(empathetic social problem finding) 위해 어떤 사회문제 영역을 시스템적으로 생각할 수 있도록 조력하는 것이 필요한데, 이때 활용할 수 있는 기법이 CATWOE이다. 가령, 특정 놀이터의 문제를 파악하기 위해 이 놀이터에는 어떤 세계관(Worldview, 설계자 또는 공공단체 책임자의 의도나 가치, 가령 안전이냐 재미냐 등)이 존재하는가, 어떤 과정(Transformational process)을 통해 놀이 활동이 이루어지는가, 누가 이 놀이터 관리의 오너십(Ownership)을 가지고 있는가, 놀이터 시스템이 원활히 작동되기 위해 필요한 행위자(Actor, 아동, 부모, 관리인 등)는 누구인가, 이 놀이터 시스템의 혜택을 보는 사람(Customer)은 누구인가 그리고 환경적 제약 조건(Environmental constraint)에는 무엇이 있는가와 같은 관점을 통해 문제를 발견할 수 있다. 따라서 퍼실리테이터는 CATOWE에 대한 간략한 개념과 사용 방법을 안내할 수 있어야 한다.

다음은 CATOWE의 하위 개념에 관한 간략한 설명이다.

- 고객(Customer): 누구를 위한 문제 해결인가? 문제 해결의 혜택은 누구에게 돌아가는가?
- 행위자(Actor): 문제와 관련되어 있는 사람들은 누구인가? 문제와 직간접적으로 관련되어 있는 사람들은 각각 어느 정도의 깊이로 연관되어 있는가?
- 변혁 과정(Transformation process): 사람 간 또는 사람과 사물 간의 관계에서 어떤 특별한 상호작용을 관찰할 수 있는가? 어떤 규칙적인(routine) 것을 발견할 수 있는가?
- 세계관(Worldview): 문제에는 어떤 가치나 관점이 개입되어 있는가?
- 오너(Owner): 문제 해결의 결정권을 가진 사람이 누구인가? 그에게 문제는 어떤 것인가?
- 환경적 제약(Environmental constraint): 환경적 제한 요인은 무엇인가? 환경 속에서 확인할 수 있는 물건이나 도구는 무엇인가? 이 물건이나 도구가 사람들의 행동과 어떤 관계를 갖는가?

2) 파운딩 팀 구성 및 빌딩하기

일차적으로 앞 단계(공감적인 사회적 문제 발견하기)에서 자신이 가장 공감하는 문제를 중심으로 팀이 구성되는 것이 바람직하다. 가능하면 그 문제를 공감하면서 구성원 각자가 다양한 분야의 지식을 소지하고 있는 다기능 팀이 구성되는 것이 이상적이다.

팀이란 단순히 구성원들이 모인 그룹 이상의 의미가 있다. 팀은 공동의 목적, 실행 목표, 상호 책임, 보완적인 능력을 갖춘 인적 시스템이다. 공유 문제를 중심으로 구성된 팀은 팀 빌딩을 통해 진정한 팀이 되기 전까지는 그룹에 불과하다. 즉, 진정한 팀이 아니라는 점을 인지해야 한다. 구성원들의 개별적 특성, 강점 및 구성원 간의 보완적 관계를 짧은 시간에 파악하기 위해서는 팀원 간에 자신을 소개(전문 분야, 강점, 약점 등)하는 소통의 시간이 필요하다. 이때 커리어 앵커 진단도구를 활용할 수 있다. 특히 커리어 앵커 검사에는 여덟 가지의 하위 척도가 있는데, 그중에서 각 구성원의 앙트러프러너십 역량을 알아볼 수 있는 하위 척도(창업가)를 포함한다.

3) 창의적 문제 이해

창의적 문제 이해 과정은 다시 창의적 원인 분석 하위 과정과 문제 명료화 하위 과정으로 나눌 수 있다. 먼저, 창의적 원인 분석 과정에서는 눈에 보이는 피상적인 원인들을 나열하는 것을 넘어 문제의 근본 원인이 무엇인가를 집요하게 생각하면서 다양한 원인을 도출해 내는 것이 핵심이다. 문제 명료화 과정에서는 다양하게 도출된 원인을 구조화하여 전체 문제를 일으키는 구조를 파악하고 문제 상황의 전반을 이해하는 것이 핵심이다. 문제가 소재하는 현장 방문 및 문제에 대한 이해당사자와의 인터뷰 등 사전 활동이 긴요하다.

이 과정에서 브레인스토밍 도구가 활용되는 것이 필수적이다. 다양한 도구 중에서 와이파이(Why Pie) 도구의 활용 방법에 대하여 알아보자. 와이파이는 문제의 심층적인 원인 분석을 위해 '왜 그러한 일이 발생하였는가?'라는 질문을 반복적으로 제시함으로써 원인을 심층적으로 논의할 수 있도록 제안하는 도구이다. 와이파이는 연화도법의 경우에는 72가지의 아이디어를 발상해야 하는 부담과 긴 시간이 소요되는 단점에서 벗어나 비교적 짧은 시간에 문제 원인을 분석할 수 있는 도구이다.

와이파이는 처음 주제에 대해서 네 가지의 원인을, 이후 두 단계에 걸쳐 각각 두 가지의 원인을 추가하도록 하였다. 즉, 처음 현상의 원인 네 가지에 대하여 각각 원인 두 가지를 추가하고, 다시 이들 원인에 대해 하위 원인 두 가지를 추가한다. 총 세 단계의 원인 탐색을 통해 심층적인 원인 분석이 가능하도록 하였다.

4) 혁신적인 솔루션 개발하기

혁신적인 솔루션 개발은 원인 분석을 통해 문제에 대한 충분한 이해에 도달한 후 문제를 해결하기 위한 방안을 도출하는 단계이다. 여기서는 실현 가능한 창의적인 아이디어를 도출하기 위해 브레인스토밍이나 익명그룹기법(Norminal Group Technique: NGT) 같은 다양한 아이디어 도출 방법을 활용한다. 그리고 다양한 아이디어가 도출되면 유형별로 분류한 후 팀 토의를 통해 시급성, 효과성, 실현가능성 등을 고려하여 최종 해결안을 결정하는 것이다.

그런데 여기서 이야기하는 최종 해결안이 비즈니스 모델로 성공하기 위해서는 기존의 해결안들과는 차별성이 있어야 한다. 따라서 기존의 솔루션에 대해 조사하고 이들과의 차별화된 해결안을 제시할 수 있도록 해야 한다. 요약하면 혁신적 솔루션을 개발하는 과정은 추상적이며 모호한(fuzzy) 솔루션 스케치 단계에서 점점 점진적으로 구체적인 솔루션을 향해 진화시키는 것이다.

솔루션 스케치 단계에서는 전통적으로 사용하는 익명그룹기법(NGT)이나 마인드맵을 활용할 수 있다. 그리고 다양한 솔루션 중에서 우선순위를 결정하기 위해서는 의사결정 그리드(decision grid) 기법을 활용할 수 있다. 여기서는 최상의 솔루션을 선정하고, 검색 엔진을 활용하여 유사한 솔루션을 찾아낸 후, 기존의 유사한 솔루션과 이 과정에서 도출된 솔루션의 차별화를 만들어 내기 위한 전략 캔버스에 대하여 알아보겠다.

(1) 전략 캔버스를 활용한 차별화

제안한 아이디어가 경쟁력을 갖추기 위해서는 기존의 유사한 분야와는 차별화되는 전략을 제시해야 한다. 이를 위해 특허 정보를 검색하고 기존 솔루션과의 중복 여부를 확인해 보았다면, 이제는 기존의 유사한 솔루션과 비교하여 학습 팀에서 고안한 솔루션이 보다 새롭도록 해야 한다. 즉, 전략 캔버스는 팀에서 고안한 솔루션과 특정 개인이나 조직이 기 개발한 솔루션과 비교하여 차별화된 솔루션을 만드는 데 도움을 주는 전략적 도구이다.

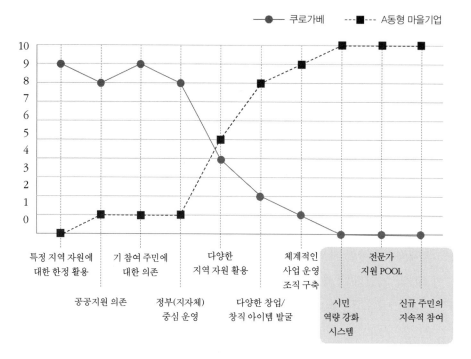

[그림 10-1] 전략 캔버스를 활용한 사례

출처: 박수홍 외(2022), p. 270.

전략 캔버스를 효과적으로 작성하기 위해서는 우선 경쟁 솔루션을 선정한 후, [그림 10-1]과 같이 상단에 경쟁 대상과 학습 팀의 솔루션을 각각 표기한다. 다음으로 경쟁 대상이자 기존의 상품(서비스)에 대한 주요 경쟁 요소를 3~5개 정도 선정한다. 경쟁 요소로 제시할 수 있는 내용은 가격, 기술 지원 서비스, 납품 소요 시간, 재고량 등 기존의 상품이 제공하는 서비스가 가지고 있는 경쟁력이 될 수 있는 부분을 제시하는 것이 좋다. 다음으로 팀에서 제시하고자 하는 아이디어를 주요 경쟁 요소에 따라 평가한다.

이제 전략적으로 이 아이디어가 경쟁력을 가질 수 있는 경쟁 요소를 팀원들의 토의를 통해 3~5개 정도 제시한다. 그리고 제시한 경쟁 요소를 기준으로 기존의 경쟁 대상과 새로운 아이디어를 비교한다. 최종적으로 제시한 전략 캔버스에 대해 성찰하며, 그 팀의 아이디어가 기존의 경쟁 대상과 비교하여 기존의 경쟁 요소는 피하면서 경쟁력을 가진 새로운 요소를 가지고 있는지를 검토하도록 한다.

5) 구현하기

구현하기 과정은 다시 비즈니스 모델 캔버스(Business Model Canvas: BMC) 작성 과정과 실행 계획(Action Plan: AP) 세우기 과정으로 나뉜다. 비즈니스 모델 캔버스 작성 과정은 앞 단계에서 작성한 일개 솔루션을 지속가능한 솔루션으로 진화시키기 위해 필요한 단계이며, 이 단계에서 보통 사업 머리라고 할 수 있는 비즈니스 사고가 요구된다. 실행 계획 세우기 과정은 비즈니스 모델 캔버스를 실행하기 위한 육하원칙이 포함된 절차적 실행계획서이다.

(1) 사회적 문제해결형 비즈니스 모델 캔버스 작성하기
사회적 문제를 발견하고, 그에 상응한 해결안을 지속적으로 실천하기 위해서는

어떤 사회 문제를 해결하려고 하는가 (Problem)			그 문제를 어떻게 해결하려고 하는가 (Solution)	
핵심 파트너 (Key partner)	핵심 자원 (Key resource)	사명 (Social mission)	배포 채널 (Distribution channel)	수혜자는 누구인가 (Beneficiaries)
		가치 제언 (Value proposition)	소통 채널 (Communication channel)	지불자는 누구인가 (Business customers)
	핵심 활동 (Key activities)	사회적 가치 제언 (Social value proposition)	고객 관계 (Customer relationship)	
상업적 비용 (Commercial cost)			상업적 이점 (Commercial benefit)	
사회적 비용 (Social cost)			사회적 이점 (Social benefit/impact)	

[그림 10-2] 사회적 문제해결형 비즈니스 모델 캔버스 모형

출처: 박수홍 외(2022).

사회적 문제해결형 비즈니스 모델 캔버스(BMC)를 작성할 수 있어야 한다. 이 비즈니스 모델 캔버스는 전체 사업의 목적과 그 목적을 달성하기 위해 필요한 수단과의 관계를 보여 줄 수 있으며, 사회적 문제에 상응하는 새로운 가치 창출의 흐름을 파악하는 데에도 도움이 되는 틀이라고 볼 수 있다.

사회적 문제 해결형 비즈니스 모델 캔버스의 하위 요소에 대한 구체적 내용은 다음과 같다.

① 핵심적인 사회적 문제(Key Social Problem: KSP)

해당 사업이 해결해야 하는 핵심적인 사회적 문제를 정의한 것이다. 공감의 정도가 높은 사회적 문제를 발견하고 명확히 정의하는 것은 소셜 앙트러프러너가 해야 할 첫걸음이다. 첫 단추가 잘못 꿰어지면 사상누각이 되므로 사회적 문제 정의에 충분한 노력을 기울여야 한다.

② 가치 제언(Value Proposition: VP)

해당 사업을 통해 이루고자 하는 유무형의 핵심 가치로서 사회적 문제를 해결하는 솔루션이 가져야 하는 차별화된 가치이다. 가치 제언은 전체 사업 구상과 실천에 있어 나침반 역할을 한다. 이는 CATWOE 중 세계관(Worldview)에 해당한다.

③ 사회적 가치 제언(Social Value Proposition: SVP)

해당 사업을 통해 이루고자 하는 유무형의 핵심 가치로서 사회적 문제를 해결하는 솔루션에 내면화되어 있는 차별화된 가치이다. 가치 제언은 전체 사업 구상과 실천에 있어 나침반 역할을 한다.

④ 핵심 해결안(Solution)

핵심적인 사회적 문제를 해결할 솔루션이다. 사회적 문제와 그 근본적 원인을 창의적으로 분석하고 확산적인 사고의 결과로 도출한 혁신적인 해결안이 성공의 관건이다.

⑤ 수혜자군(Beneficiaries)

해당 사업을 통해 전달되는 서비스로 기존의 사회적 문제로 불편함이 해결되어 수혜를 받는 사람이 누구인지에 해당된다. 누가 우리의 제품과 서비스 이용자인지를 명확히 해야 한다. 사용자의 마음(User Mind)을 가지고 고객지향적인 사고를 할 때에만 진정한 혁신적인 솔루션을 창출할 수 있다. 물론 이 사업을 통해 불이익을 받을 수 있는 사람(victim)에 대한 예견도 사전에 검토되어야 한다.

⑥ 고객군(Customer)

일반 상업적인 서비스에 대한 수혜자군과 고객군은 동일할 수 있다. 그렇지만 사회적 문제의 해결을 통해 서비스를 받는 수혜자군이 바로 대가를 지불하는 대상이 되는 것은 아니다. 정부, 지방자치단체가 지불을 대신한다면 그들이 고객이 되는 것이다. 또는 일부는 수혜자군이 지불하고 나머지는 기타 다른 기관이 지불한다면 복수의 고객군이 존재할 수 있다.

⑦ 채널(Channel: CH)

해당 사업이 사용자와 만나는 접점이다. 고안한 제품과 서비스를 어떻게 제공해야 효과적이고 효율적인지 고려해야 한다. 온라인 혹은 오프라인 등 다양한 시공간이 가능하다.

⑧ 사용자와의 관계(User Relationship: UR)

해당 사업의 사용자가 지속적으로 사용할 수 있도록 홍보 및 피드백하는 방법이다. 뉴스레터, 이벤트, SNS 홍보, 문자 서비스 등으로 가능하다. 개인 맞춤형 피드백과 소셜 커뮤니티 형성이 관건이 될 것이다.

⑨ 수익(Commercial Benefit: CB)

사업이 공공서비스일지라도 유형과 무형의 수익은 해당 사업의 지속가능성을 담보한다. 수익의 형태는 판매료, 사용료, 수수료, 대여료, 가입비 등의 유형의 수

입은 물론이고, 신뢰, 행복 등의 '사회 자본' 같은 무형의 수익도 가능하다.

⑩ 사회적 이점(Social Benefit: SB)

사회적 문제 해결이라는 사회적 사명 달성 여부를 확인하기 위한 구체적인 준거나 지표를 마련해야 한다. 가령, 교도소에서의 재입소율, 학교에서 학생의 자퇴율, 신뢰지수, 행복지수 등의 사회 자본 같은 무형의 이점에 대한 지표를 만들어 내야 한다.

⑪ 핵심 파트너(Key Partner: KP)

해당 사업의 상품이나 서비스를 제작, 운영하는 데 필요한 공급자 및 협력자이다. 미래의 사업은 융합과 신속성을 특징으로 한다. 모든 파트를 하나의 큰 조직 내에서 모두 해결하는 것은 효과적이지도 효율적이지도 못하다. 사업에 필요한 파트너를 접촉하고 협업할 수 있어야 한다. 이는 CATWOE 중 행위자(Actor)에 해당한다.

⑫ 핵심 자원(Key Resource: KR)

사업을 진행하는 데 필요한 물적·인적·기술적·지적 자원이다. 사업 주체가 직접 보유하거나 혹은 파트너가 보유한 것일 수 있다.

⑬ 핵심 활동(Key Activities: KA)

사업을 진행하는 데 있어 꼭 해야 하는 활동으로 개발, 생산, 컨설팅, 운영, 관리 등이 포함된다.

⑭ 비용(Commercial Cost: CS)

사업 운영에서 발생하는 모든 지출을 의미한다. 고정비용, 변동비용 등을 고려해야 하며 비용의 최소화가 원칙이지만, 고부가가치 서비스 등 가치주도적인 비즈니스 모델은 비용보다는 가치에 초점을 맞춘다.

⑮ 사회적 비용(Social Cost: SC)

사회적 문제를 통해 발생하는 사회적 비용에 대한 구체적인 정량적 또는 정성적 지표에 대한 근거를 마련해야 한다. 이 요소에 대한 지표를 산출하기 위해서는 창의적인 아이디어가 요구된다.

(2) 실행계획서(액션플랜) 작성하기

실행의 전체 밑그림이 그려졌으면 해결책의 우선순위에 따라 구체적인 실천 계획을 수립해야 한다. 실행계획서를 작성할 때는 사전−실행−사후 단계별로 구체적인 계획을 작성한다. 사전단계는 기반 및 환경 조성으로 문제 해결을 위한 준비단계이다. 사전 설문 조사를 통한 정보 수집과 핵심 이해관계자의 동의를 구하는 등의 계획이 필요하다. 실행단계에서는 문제 해결 방안을 순서대로 계획한다. 사후단계에서는 성찰을 통해 좋았던 점, 아쉬웠던 점, 나아갈 방향에 대해 논의하고 기록하여 피드백할 수 있도록 한다.

실행계획서를 수립할 때는 무엇(what)을, 왜(why), 누가(who), 언제(when), 어떻게(how), 어디서(where) 할 것인지를 명확히 지정해야 실행력이 높다. 또한 누구라도 보고 그대로 실행할 수 있도록 상세하게 작성되어야 한다. 단위 활동별, 과업 단계별로 갠트 차트(Gantt chart)를 사용하는 것도 효율적이다.

(3) 래피드 프로토타이핑

실행 계획을 세웠으면 빠른 시간 내에 고안한 제품과 서비스의 시안을 만들어서 테스트해 봐야 한다. 개발 초기에 아직 구체화되지 않은 제품이나 서비스의 사용성 이슈를 검토하기 위해 시제품(프로토타입)을 보여 주고 피드백을 반영하여 다시 재설계하는 과정을 반복하는 것을 프로토타이핑이라고 한다. 프로토타이핑은 팀원과 고객 간의 아이디어와 소통을 돕고, 설계 중인 모델의 효과를 검증받음으로써 시간과 노력을 절감하고 시행착오를 줄이는 좋은 방법이다.

프로토타이핑을 할 때는 처음부터 구현 충실도를 높이려고 하지 말고 낮은 단계에서 재빠르게 하는 것이 중요하다. 프로토타이핑의 종류로는 Lo-fi(low fidelity, 낮

은 충실도)의 저수준 프로토타이핑으로 스케치, 페이퍼 프로토타입, 종이 박스 프로
토타입, 와이어프레임, 스토리보드, 시나리오 등이 있고, Hi-fi(High fidelity, 높은 충
실도)의 고수준 프로토타이핑으로 디지털 프로토타입이 있다. 여기서는 다양한 프
로토타이핑 기법 중에서 페이퍼 프로토타입 방법에 대하여 알아보겠다.

페이퍼 프로토타입은 종이로 해당 제품과 서비스를 간단하게 만들어 실제 구현
되는 것처럼 테스트하는 방법이다. 평면적인 스케치와 달리 각 단계나 순간을 담은
여러 장의 종이 스케치를 움직여서 실제 구현 장면을 연출해 볼 수 있다. 포스트잇
을 사용하는 것도 좋은 방법이다.

6) 발표 및 피드백 평가하기

(1) 발표

발표는 지금까지 우리가 만들어 온 비즈니스 모델에 대해 대중에게 처음 알리는
자리이다. 그러나 단순히 발표라고 생각하지 말아야 한다. 누군가는 나의 비즈니
스 플랜을 보고 미래의 수익성에 대해 확신을 가진 투자자가 될지도 모른다.

발표에 앞서 점수를 따기 위한 일련의 행위를 넘어 학습팀이 구상한 사업을 실행
하기 위하여 실제로 투자금이 절실하다고 상상해 보자. 내 청중이 투자자이며 미래
의 비즈니스 파트너가 될지 누가 알겠는가?

사람의 성격이 천차만별이듯 발표의 방식도 다양할 것이다. 그러나 핵심은 누구
에게나 동일하다. 우리가 왜 이 비즈니스를 하려고 하며, 이 비즈니스를 통해 소비
자, 투자자 그리고 사회에 어떤 영향을 미칠 것인지 효율적이면서 효과적으로 전달
할 수 있어야 한다.

(2) 피드백과 평가

피드백과 평가에 있어 냉철하고 이성적으로 판단하되 비즈니스와 무관한 사항에
대한 피드백과 평가는 되도록 피해야 한다. 우리는 같은 길을 가고 있는 동료로서
상대방의 비즈니스 모델을 보았을 때, 개선하면 좋을 점과 발표자가 미처 생각하지

못했던 장점을 발견하는 데 초점을 두는 것이 좋다.

　피드백과 평가에 있어 중요한 것은 소셜 앙트러프러너십의 기준에 근거하여 피드백과 평가를 실시해야 함을 잊지 말아야 한다는 것이다. 앞서 우리는 소셜 앙트러프러너십의 육성 과정의 세부 내용에 대하여 알아보았다. 공감적인 사회적 문제를 발견하고, 혁신적이고 창의적인 아이디어(Innovative and creative idea)를 중심으로 문제를 해결할 구현물(artifact)을 만들어 냄(Making artifact)으로써 사회적 파급(Social impact)을 유도해야 한다.

　다음에 제시한 체크리스트는 피드백과 평가를 위한 것으로 실제 사용 국면에서는 각 상황에 맞게 수정하여 사용할 수 있다.

7) 사회적 파급 이끌기

　소셜 앙트러프러너는 자신이 발견한 공감적 문제에 근거해서 그 문제에 상응하는 혁신적인 솔루션에 대한 아이디어를 고안하고 여러 사람이 관찰하고 평가할 수 있는 구현물로 만든다. 또한 이 구현물을 토대로 발표, 피드백과 평가, 프로토타입 인터뷰를 하고, 이러한 과정을 통해 도출된 최종 솔루션의 사업계획서를 만들어 사회적 파급을 이끌어 내야 한다.

　아이디어를 실제로 구현하여 사회적 파급을 이끌어 내는 것이 소셜 앙트러프러너십과 지금까지 살펴본 소셜 앙트러프러너십 역량 개발 과정의 핵심이라고 볼 수 있다. 특히 소셜 앙트러프러너십 역량 개발 프로세스의 첫 번째 단계로서 여러 사람이 공감할 수 있는 문제에서 출발하는 것이 사회적 파급을 이끌어 내는 첫걸음이 될 것이다. 하지만 프로토타입을 만들고 그에 따른 비즈니스 모델이 여러 대중의 관심을 끌도록 하기 위해서는 실제로 만들어서 시장에 내놓는 것이 중요하다. 이런 과정은 아주 거시적이고 긴 과정으로 개별 사례마다 다양하게 나타날 수 있다.

　소셜 앙트러프러너십의 역량 개발의 과정에서 시도해 볼 수 있는 것으로는 다음의 두 가지로 제시할 수 있다. 첫 번째는 크라우드 펀딩을 통한 사회적 파급 이끌기이다. 아이디어를 실현하기 위한 첫 단추로 투자자(혹은 소액 투자자, 크라우드 투자자)들의 투자 여부를 확인해 보아야 한다. 관심이 있는 투자자들이 많이 생겨서 원하는 투자자금이 생기면 그제야 생산, 유통, 판매라는 사회적 파급을 이끌어 낼 수 있게 된다. 즉, 투자자금의 확보 가능 여부가 소셜 앙트러프러너십의 마지막 과정인 사회적 파급을 이끄는 시그널이 되는 것이다.

투자자금을 확보하기 위해서는 엔젤투자자(가족, 친구, 지인 등)에게 투자를 받거나 다양한 펀딩 조직에 사업계획서를 공식적으로 제안하여 투자자금을 받는 등 여러 가지 방법이 있다. 그중 크라우드 펀딩사이트를 제안해서 투자자금을 확보하는 것은 소셜 앙트러프러너십 역량 개발의 과정에 있는 참여자에게 부담이 적은 계획된 위험 감수 방법의 하나로서 추천할 수 있다.

두 번째는 공모전이나 경진대회에 최종 아이디어를 지원하여 검증받고 실현하는 방법이다. 요즘 대학가와 많은 공기업, 사기업, 공공기관에서 창업 아이디어를 무궁무진하게 발굴해 내고 있다. 이러한 경진대회를 적극 활용 및 지원하여 아이디어가 정말로 사회에 파급을 이끌어 낼 수 있는 것인지 검증이 가능하다. 더욱이 수상을 하게 된다면 다양한 혜택을 통하여 실제 삶에 실현시켜서 사회적 파급을 이끌어 낼 수 있게 될 것이다. 사후학습 활동으로는 팀 학습 결과 발표하기와 성찰일지 쓰기가 있다.

8) 팀 학습 결과 발표하기

팀별 활동이 끝난 다음, 소셜 앙트러프러너십 퍼실리테이터는 모든 팀이 한 장소에 모여서 팀 학습 결과를 발표하도록 안내한다.

9) 성찰일지 쓰기

성찰일지 쓰기는 소셜 앙트러프러너십 교육과정을 마무리하는 단계로서 학습자들이 자신의 학습 활동 결과를 돌아보면서 지식과 경험을 더욱 심화할 수 있도록 돕는 활동이다.

3. 소셜 앙트러프러너십의 교육 프로그램 구조

소셜 앙트러프러너십은 어떤 문제 상황에서 실제로 여러 형태의 구성원으로 이루어진 팀 형태의 학습이 이루어져야 다양한 관점에서 창의적인 아이디어가 도출될 수 있다. 팀 학습 중심의 문제 해결 활동 형태로 강의가 이루어져야 실제 필요한 역량이 길러질 수 있다. 당연히 강의 방법에 대한 안내와 해당 사회적 문제에 관련된 지식 기반은 사전학습 형태로 학습을 해야 한다. 전체적으로 플립러닝(flipped

표 10-1 소셜 앙트러프러너십 역량 강화 프로그램 구조 예시

순번	핵심 활동	핵심 내용	사용 기법
1	관심 주제 발표	• 구성원들의 관심거리인 사회 이슈 발표	
2	사회 문제 선정	• 히트기법을 활용하여 팀 사회 문제 선정	히트기법
3	팀 빌딩 및 사회 문제를 구체화	• 구성원의 강점 파악 후 역할 분담, 이해관계자를 명확히 함으로써 사회 문제를 구체화시키기	Fishbone/ CATWOE
4	공감 유발 스토리텔링	• 사회 문제를 스토리텔링 방식으로 기술	스토리텔링 방식
5	사회 문제의 원인 찾기	• 채택한 주제를 중심으로 1차 원인과 2차 원인 (파생 원인) 파악	로터스 발상법
6	핵심 원인 찾기	• 원인 간 상호 관계 분석	어골도
7	해결방안 찾기	• 기존 접근 방식의 한계점을 극복하는 해결방안 제시	익명그룹 기법
8	해결방안 평가 및 선정	• 의사결정 기준을 도식화하여 해결방안 평가 및 선정	의사결정 그리드 기법
9	비즈니스 모델 캔버스/실행 계획 작성	• 해결방안 현장 적용하기	비즈니스 모델 캔버스 실행 계획 세우기 템플릿
10	발표 및 성찰하기	• 팀 활동 발표 및 성찰하기	성찰 템플릿

learning) 형태가 이상적인 강의의 구조가 된다. 사회적 문제를 발견하고, 원인을 분석하고, 해결책을 강구하여 사회 변화를 이끌어 내려면 일련의 창의적 문제 해결 학습 프로세스를 체험하는 방식이 적절할 것이다. 따라서 이 장에서는 디자인 씽킹 기반 교육을 통해 피교육자들이 예비 소셜 앙트러프러너로서 사회 문제의 발견, 원인 분석, 해결 방안 도출 및 비즈니스 모델 창출까지의 과정을 수행해 볼 수 있는 〈표 10-1〉과 같은 학습 과정이 요구된다.

4. 소셜 앙트러프러너십의 구현 사례 분석

소셜 앙트러프러너십을 구현한 성공 사례는 다양한 분야에서 다수 보고되고 있다. 여기에서는 교육 영역에서의 공감의 뿌리와 미네르바 스쿨, 에누마의 세 가지 사례를 제시한다.

1) 공감의 뿌리

공감의 뿌리의 탄생 배경으로 학교폭력의 원인은 타인에 대한 공감능력의 부재에서 시작된다. 캐나다의 사회적 기업가 고든(Mary Gordon)의 생각이다. 그녀는 학교폭력의 문제는 가정에서 공감교육이 부족했다는 것에서 문제의 원인을 찾았다. 고든은 공감의 뿌리(Roots of Empathy: ROE)라는 사회적 기업을 설립하고, 공교육 시스템에 그녀가 만든 '공감의 뿌리' 프로그램을 도입하였다. 아기의 성장 과정을 보고 경험함으로써 학생들은 보다 깊게 사고하고 자유롭게 이야기를 나눈다. 이를 통해 캐나다 내의 학교폭력 비율은 극적으로 줄어들었으며 현재까지 전 세계 11개국에서 프로그램이 진행되고 있다.

고든은 캐나다의 학교폭력과 따돌림에 대해 사회적 능력, 특히 공감(empathy)의 측면에서 이러한 문제들이 발생한다고 생각하였고, 그녀가 어린 시절에 보고 듣고 느꼈던 경험과 교사로 살아오면서 경험했던 것들을 바탕으로 프로그램을 구성하였다. 고든은 아이들이 감정과 행동의 표현에 있어 어른들보다 솔직히 드러내어 어른들이 아이들로부터 타인을 받아들이는 능력을 배울 수 있다고 생각하였다.

또한 고든은 교육을 통해 평등한 세상을 만들 수 있다고 보았는데, 그녀는 교사 경험을 통해 부모교육 프로그램이나 정규 수업에서 학생들에게 공평하게 교육을 제공할 수 있다는 점에서 공교육의 가치를 높게 평가하였다. 즉, 평등이라는 가치로 누구에게나 동일한 교육과정을 제공하기에는 이러한 시스템이 아이들에게 사랑과 소속감의 욕구를 채워 줄 수 있는 교육 프로그램이라고 여겨 빈부, 사회적 계층에 상관없이 제공될 수 있을 것으로 생각하였다.

이러한 배경에서 고든은 공감 능력의 부재가 현재의 폭력이라는 사회 문제를 일으킨다고 보았으며, 기존의 지식전달 중심 교육과는 다른 형태의 그리고 보다 본위적인 교육 프로그램을 개발하고자 하였다. 이러한 연유에서 그녀는 ROE Enterprise라는 사회적 기업을 설립하였고, 공감의 뿌리 프로그램을 개발하여 이를 실현하고 있다.

공감의 뿌리 프로그램에서는 이 프로그램에 참여하는 아이들이 아기와 엄마의 상호 관계를 살펴보며 공감능력이 발달한다고 본다. 이러한 공감능력이 발달하는 데 있어서 아이들은 여섯 가지의 관점을 통해 엄마와 아기가 상호 관계를 하는 것을 관찰하고, 이를 생각하며 질문하고 답을 얻음으로써 공감능력을 키워 나갈 수 있다고 본다. 즉, 아기가 보다 다양한 종류와 수준의 자극을 받을수록 뇌의 신경세포들이 확장됨으로 인해 이러한 영향으로 공감능력이 향상된다는 신경과학 관점, 태어날 때부터 유전자와 같이 고유하게 갖게 되는 아기의 성격과 같은 기질에서의 관점, 엄마와 아기가 상호 관계를 통해 형성해 나가는 애착의 관점, 아기가 본능적으로 부족한 것이나 만족하는 것에 대해 표현하는 감성능력의 관점, 숨김없이 진실된 모습을 보여 줌으로써 이루어진다는 진정한 소통의 관점, 어떠한 기준에 의해 포용되거나 인정받지 않고 누구나 인간으로서 사회에 소속될 권리가 있으며 그렇게 되어야 한다는 사회적 포용의 관점이 공감의 뿌리가 이야기하는 관점이다.

또한 공감의 뿌리 프로그램은 그 가치를 공감(empathy), 돌봄의 문화(culture of caring), 존중(respect), 부모교육의 힘(power of parenting), 참여 민주주의

(participatory democracy), 포용(inclusion), 다양성(diversity), 아동 안전(infant safety), 비폭력/반따돌림(non-violence/anti-bullying)에 둔다.

이러한 요소들을 바탕으로 공감의 뿌리 프로그램은 아이들의 공감 능력 개발, 감정표현 능력 개발 그리고 폭력, 공격성, 따돌림의 감소 및 아동의 준사회적 행동을 촉진하며, 사회적으로 인간 개발과 학습 그리고 유아안전에 대한 지식 증진을 촉진하고자 시도하고 있으며, 책임감 있는 시민과 부모가 되기 위한 준비를 그 목표로 한다.

학교와 유아, 유아의 부모를 주체로 한 교육과정을 개발하여 정규교과과정에 편성함으로써 특정 학생들이 아닌 공교육 시스템 안에 있는 학생 누구이든 감성능력 향상에 도움을 주고 있다. 공감의 뿌리 프로그램은 유치원부터 중학교 2학년까지 교육과정을 구성하고 있는데, 유치원 과정에서 보다 효과가 높다고 한다. 아이가 보다 어릴수록 더 많은 것을 순수하게 받아들이기 때문이다.

공감의 뿌리 수업은 각 학년마다 수업 보조교사와 영아 그리고 영아의 어머니가 함께 수업에 들어오고, 학생들은 아기가 어떻게 행동하는지 그리고 성장 과정을 지켜보며 자신의 의견을 나누고 타인의 의견을 듣는 수업을 가진다. 또한 아기가 새로운 행동을 하거나, 새로운 자극에 대하여 어떻게 반응하는지를 보며 이를 통해 타인의 감정을 느낄 수 있도록 학생들에게 기회를 주고 있다.

이러한 과정은 '아기와 부모 + 훈련된 강사 + 교실과 학생들 = 공감'이라는 공식으로 표현될 수 있는데, 이는 아기와 부모, 강사, 학생이라는 행위자들과 교실이라는 공간이 합쳐져서 이들 간의 역동으로 학생들에게 공감이라는 능력을 배양하는 것이라고 볼 수 있다.

고든은 "경험으로 배우는 것이라서 참여하는 사람 모두의 만족도가 높다."라고 말한다. 프로그램을 경험한 학생들은 도와주기, 받아들이기, 나누기 등의 친사회적 행동이 각각 78%, 74%, 71% 증가하였다. 따돌림과 같은 공격적 행동은 39% 감소한 것을 볼 수 있으며, 학교 내부에서도 교사들의 경우에 공감의 뿌리 교육과정을 들은 학생들을 선호하는 모습을 종종 볼 수 있다. 그 아이들로 인해 교실의 분위기가 더 활발해지고 좋은 영향을 주는 것이 많기 때문이다.

2) 미네르바 스쿨

급격하게 변하는 사회의 요구에 필요한 교육을 제공하지 못하는 학교 시스템, 이 것이 미네르바 스쿨이 생겨난 배경이다. 미네르바 스쿨은 학습이 고전적인 지식전 달 방식의 강의가 아닌 교수와 학생 간의 상호 관계에 집중하였다. 기술 발전의 힘 으로 물리적인 강의실이 아닌 세계 7개 도시에 퍼져 있는 캠퍼스에서 학생들은 IT 기기들과 소프트웨어들을 활용해서 사이버 강의를 통하여 스스로 학습한다. 미국 내의 학생 평가에서 미네르바 스쿨의 학생들이 상위 10%에 위치해 있으며, 1년의 교육과정이 지난 후 성적은 더욱 향상된 것으로 나타났다. 또한 한국 정부는 미네 르바 스쿨과 협력하여 새로운 형태의 교육 시스템을 구축하려는 움직임 또한 보이 고 있다.

미국에서는 이미 교육이 빈부격차를 줄여 주기보다는 오히려 빈부격차의 그 정 도를 심화시키고 있는 것으로 보고 있다. 10만 불의 학자금 대출을 받고 석사학위 를 가지고 있음에도 그에 합당한 정규 직업을 가지지 못하는 사람의 수가 증가하고 있으며, 농업과 같은 1차 산업은 향후 그 수익률이 50% 이하로 떨어질 것이라는 예 측이 속속들이 발표되고 있다. 이름난 아이비리그의 로스쿨이나 비즈니스 스쿨을 졸업한 학생들도 일자리 찾기에 전전긍긍하고 있다는 뉴스는 심심치 않게 들린다.

자본주의의 위기와 더불어 사회의 고도화로 사회 문제는 더욱 복잡해지고 있 으며, 지금의 대학 교육은 1900년대에 받던 강의 중심의 수업을 탈피하지 못하 고 있다. 이러한 가운데 흡사 오늘날 대규모 온라인 공개강좌(Massive Open Online Course: MOOC)나 열린 공개 강의(Open Course Ware: OCW)와 같은 온라인 캠퍼스 와 비슷한 형태의 대학교가 설립되었다. 그러나 그 내면을 돌아보면 전혀 다른 것 을 발견할 수 있다.

미래에는 복잡하게 얽힌 문제가 대다수이다. 이러한 문제를 해결하는 데에는 보 다 우수한 리더, 똑똑한 혁신가와 세계시민 사고를 지닌 인재를 요구하며 이러한 인재들의 역량에 미래가 좌우된다. 즉, 죽은 지식이 아니라 실제 살아 있는 지식을 가르치고 배우도록 해야 한다.

대학교육은 학생들에게 불확실하고 급변하는 미래를 살아갈 수 있는 힘을 길러 주어야 한다. 정보나 지식은 언제든 배울 수 있다. 배워야 할 지식들은 계속 시대마다 바뀐다. 대학교육은 학생들에게 생각하는 법, 계속 무언가에 적응하는 법을 가르쳐야 한다고 생각한다. 한 가지를 통달하는 것보다 더 넓게 볼 수 있는 힘을 길러 주고, 꼭 리더나 혁신가가 되지 않더라도 리더십이 무엇인지 혁신이 무엇인지 이해하게 만들어야 한다고 생각한다.

미네르바 스쿨은 관습적이지 않고, 인간적이며, 자신감 넘치고, 사려 깊으며, 선택에 있어 매우 선별적이고 진정성이 있으며, 자기주도적인 인재를 육성하는 데 미션을 가지고 있다. 미네르바 스쿨은 이러한 미션을 달성하기 위하여 리더, 혁신가, 시야가 넓은 사유가 그리고 세계시민을 인재상으로 두고 교육과정을 구성하여 교육을 제공하고 있다. 이러한 인재들이 가져야 할 핵심 역량으로서 비판적 사고, 창의적 사고, 효과적인 의사소통 능력 그리고 효과적인 상호작용 능력이 대표적이다.

이를 위해 미네르바 스쿨은 교수와 학생 간의 상호 관계에 집중하였다. 교수는 강의자가 아니라 퍼실리테이터, 즉 학습에서의 촉진자로서 학생들이 보다 능동적이고 자발적으로 학습이 이루어졌을 때 진정으로 학습이 이루어진다고 보았기 때문이다.

'강의'는 가르치는 입장에서 아주 효율적인 방법이지만, 배우는 사람의 입장에서는 최악일 수 있다. 미네르바 스쿨에는 강의가 없으며 이런 교육과정에서 교수의 역할은 협력자(facilitator)일 뿐이다. 학생들이 수업에 능동적으로 참여하고 문제를 다양한 관점으로 인지할 수 있도록 유도한다.

미네르바 스쿨은 여타 다른 대학과는 달리 스타트업처럼 투자를 받아 개교하였다. 설립 초기에는 벤치마크 캐피털에게 2,500만 달러(약 290억 원)를 투자받았는데, 벤치마크 캐피털은 드롭박스, 트위터, 스냅챗 등에 투자한 벤처캐피털 업체들이다. 2014년에는 TAL에듀케이션그룹, 젠펀드, 용진그룹 등으로부터 7,000만 달러(약 835억 원)를 투자받았다. 미네르바 스쿨의 최고경영자인 넬슨(Ben Nelson)은 HP에 인수된 스냅피시라는 IT 기업을 설립한 벤처기업가이기도 하다.

미네르바 스쿨은 전 세계 7개 도시에 캠퍼스가 있다. 캠퍼스는 수업을 위한 강의

실이 있는 곳이 아닌 기숙사가 위치한 곳인데, 학생들은 각 도시의 중심지에 위치한 기숙사에서 함께 생활하며 미네르바에서 공부한다. 미네르바 스쿨에는 학교 자체의 박물관, 운동장, 매점이 없다. 그 대신에 그 지역의 박물관, 운동장, 슈퍼마켓이나 시장을 이용하여 직접 그 도시의 주민이 되고, 여기서 배운 문화와 경험을 토대로 다른 도시로 가서 이전에 머물렀던 도시에서 배운 내용을 새로운 도시에 적용할 수 있도록 경험을 한다.

물리적인 강의실이 없지만, 온라인의 가상공간을 통해 화상채팅으로 액티브러닝 형식의 학습이 이루어진다. 학생들은 그룹 활동을 함으로써 어떠한 결과물을 만들거나, 퀴즈, 투표, 시뮬레이션을 활용하여 온디맨드(On-demand)로 배운 내용을 활용할 수 있으며, 집단 문서 작업을 통해 과제물을 만들 수 있고, 소수 그룹으로 수업이 진행되어 1대1 피드백을 받을 수 있다.

교수들은 강의자들이 아닌 촉진자들이다. 교수 채용에 있어서도 그 교수가 얼마나 그 분야를 잘 아는지, 실적보다는 학생들을 얼마나 생각하는지가 채용의 기준이 된다.

현재 미네르바 스쿨의 졸업생은 배출되지 않았다. 그러나 미국 내의 학생 평가에서 미네르바 스쿨의 학생들이 상위 10%에 다수 위치해 있는 것을 볼 수 있다. 또한 1년의 교육과정이 지난 후 성적은 더욱 향상된 것으로 나타났다.

한국의 경우 교육 당국 차원에서 미네르바 스쿨과 협력 체계를 맺으려는 계획을 가지고 있는데, 이는 4차 산업혁명과 연결하여 새로운 인재상을 위한 교육과정이 요구되는 것으로 보인다. 하나의 대안학교로도 볼 수 있지만, 미래에 있어 새로운 시스템을 갖춘 학교의 시초가 될 가능성에 그 초점을 두고 보아야 할 것이다.

3) 에누마

COVID-19로 급부상한 비대면 온라인 교육 솔루션으로 최근에 등장한 에듀테크 스타트업은 학습경험 플랫폼을 강조한다. 기존의 학습관리 시스템(Learning Management System: LMS)의 한계를 보완한 학습경험 플랫폼(Learning Experience

Platform: LXP) 방식이다. 스타트업 중 클라썸이나 호두랩스 등은 상호작용과 맞춤형 서비스에 초점을 둔 학습경험 플랫폼을 개발하여 사용자의 학습 데이터와 반응을 추적해서 맞춤형 학습 콘텐츠를 제공한다. 예를 들어, 기존 교육 방식이 TV 시청이라고 한다면, 학습경험플랫폼은 '넷플릭스' 시청 경험에 비유될 수 있다.

에듀테크 스타트업 호두랩스와 에누마(enuma)의 경우 '게임화(게이미피케이션)'를 적용해 사용자 참여를 이끌어 낸다. 이용자의 연령이 낮을수록 동기 부여와 상호작용이 학습의 중요 요소가 된다. 코로나19로 비대면 학습이 늘어나면서 학습경험 플랫폼 방식은 특정 업무 중심으로 짧고 신속하게 '마이크로러닝(Microlearning)'이 가능하기 때문에 기업교육 분야에서도 인기가 있다. 기업직무교육 전문회사인 휴넷은 학습경험 플랫폼의 확산에 맞춰 기업교육 플랫폼 '랩스'를 내놓았다. 7,000개 상당의 기본교육 과정에 유튜브 동영상과 블로그, 소셜미디어 등 다양한 채널을 통해 습득한 학습 경험을 하나로 관리할 수 있게 해 준다. 탄자니아 아동의 교육 수준을 높여 글로벌 러닝 엑스프라이즈(Global Learning XPRIZE)에서 최종 우승한 스타트업 에누마를 살펴보자.

에누마는 NC소프트의 게임 개발자 출신 부부가 설립한 스타트업이다. '에누마(enuma, 구 로코모티브랩스)'는 하나하나 센다는 의미의 'enumerate'에서 가져온 것이다. 세상의 모든 아이가 학습에 성공할 수 있도록 돕는다는 꿈을 담고 있다. 에누마는 모두를 위한 디지털 교육 모델을 구축하여 새로운 패러다임으로 디지털 기술을 활용한 학습자 중심의 교육 프로그램을 제공함으로써 장애나 사회 · 문화 · 지리적 제약으로 학습이 어렵거나, 장애가 있는 아동들까지 아울러 누구나 스스로 즐겁게 학습할 수 있도록 어린이들을 위한 '기초 교육' 분야에 접목될 필요성을 확인하고, 배움이 어려운 아동의 관점에서 콘텐츠를 제작하여 동기 부여가 되고 흥미를 지속시키는 교육 프로그램이다. 에누마의 핵심은 빠른 아이와 느린 아이가 있을 뿐, 성공하거나 실패하는 아이는 없다고 믿고 아동 중심 학습을 설계한다. 아이의 호기심과 학습 욕구를 가능한 오래 보존하여 학습자로서 자신감을 갖고 성장할 수 있도록 돕는 것이 설립 동기이다. 에누마는 2012년 미국 버클리에서 설립된 이후 게임을 기반으로 아동들이 교사나 부모의 도움 없이 기본 수학과 문해 기초를 배울 수 있는 교육 관련 애플리케이션을 제작 및 개발하고 있다.

에듀테크 기업 에누마는 총 110억 원 규모의 시리즈 B 투자를 유치하였다. 한국에서는 옐로우독과 함께 SKS PE, SK홀딩스, 카카오벤처스, 신한대체투자가 참여했고, 해외 투자자로 말레이시아의 구옥 그룹과 싱가포르의 헤드 파운데이션이 참여하였다. 에누마는 2019년 테슬라의 일런 머스크가 후원한 글로벌 러닝 엑스프라이즈 대회에서 공동우승을 차지하면서 약 70억 원의 상금을 받아 세계적으로 주목받고 있다. 에누마는 실리콘밸리 교육 스타트업으로, 전 세계 아동의 문맹 퇴치 경진대회인 '글로벌 러닝 엑스프라이즈' 결승에 진출하여 한국팀으로는 최초로 우승하였다.

에누마는 4~9세 아동을 위한 '토도수학(Todo Math)'을 2014년에 출시하여 서비스로 20개국의 애플 앱스토어 교육부문 1위, 최근까지 한국과 일본의 앱스토어에서 교육부문 매출 1위를 달성하였다. 토도수학은 2013년 Launch Education & Kids Conference의 베스트 디자인상(Best Design Award)을 수상하였고, 2014년에는 미국, 한국 등 20여 개 나라의 애플 앱스토어에서 교육부문 1위를 달성하였다. 2015년에는 부모의 선택 골드상(Parent's Choice Gold Award)을 수상하였고, 2016년에는 미국 소프트웨어 & 정보 산업협회가 주관하는 코디 시상식(CODiE Award)에서 최고의 영유아 교육 솔루션과 모바일 기기를 위한 최고의 교육 앱 두 부문에서 파이널리스트에 선정되었다. 2017년 에누마의 이수인 대표는 전 세계 사회혁신가를 지원하는 국제 비영리 단체 아쇼카 한국이 성수동 체인지메이커스에서 진행한 비긴 어게인 for Future for All 행사에서 2017년 아쇼카 펠로우에 선정되었다. 아쇼카는 37년간 3,400명 이상의 뛰어난 사회혁신기업가(social entrepreneur)를 지원해 왔으며, 아쇼카 한국은 2013년 설립 이후 사회혁신기업가를 찾아 '펠로우'로 선정하고 있다. 매년 전 세계 글로벌 네트워크를 활용하여 새로운 접근 방식으로 문제를 해결하는 100명 이상의 혁신가를 아쇼카 펠로우로 선정하고 있다. 아쇼카 펠로우로 선정되면 재정적 지원을 비롯해 아쇼카의 글로벌 네트워크 활용 기회를 얻게 된다. 아쇼카 펠로우들은 사회 전 분야에서 기존의 프레임을 변화시키면서 사회 혁신 생태계 내의 강력한 메시지를 던질 수 있는 사회혁신기업가인 아쇼카 펠로우를 선정하고 지속적으로 지원한다.

현재 토도수학은 한국과 일본에서 1위를 기록하고 있으며, 현재까지 약 800만 명의 누적 사용자를 기록하고 있다(이혜경, 2016). 이러한 수상경력과 실제 교육 현장에서의 활용 사례들은 에누마가 태블릿에 기반한 교육용 앱 개발에서 풍부한 경험과 고도의 교육적·기술적 전문성을 지니고 있음을 보여 준다(이현정, 2020). 에누마는 학습에 어려움을 겪는 아이들이 주체적인 학습자로 성장하도록 돕는 최고의 모바일 교육 솔루션을 만드는 것을 미션으로, 2014년에 토도수학을 출시하였다. 토도수학은 디지털 수학 학습 프로그램으로 영어, 한국어, 중국어, 일본어, 스페인어 등 8개 언어를 제공하고 있다. 현재 1,300여 개 초등학교 교실에서 정규 수학수업 교재로 사용되고 있으며, 2016년부터는 중국 유치원 체인에 공급되는 등 세계적으로 교육적 가치를 인정받고 있다(이혜경, 2016). 킷킷스쿨은 유아기 발달단계부터 초등 2학년까지의 교육과정을 담은 학습 애플리케이션으로, 잘 다듬어진 교과과정을 기반으로 문해와 수리력 발달을 지원한다. 수학 공부에 어려움을 겪고 집중하지 못하는 아동을 위한 '게임' 형식으로 되어 있어 쉽게 수학 공부에 접근할 수 있다. '토도수학'은 기초 수학을 가르치는 종합 솔루션 프로그램으로, 20개국 애플 앱스토어 교육 카테고리에서 1위를 기록했으며, 그해 연말에는 구글 플레이의 '구글 플레이 스토어를 빛낸 최고의 앱'으로 선정되었다.

'토도영어'는 게임기반 교육에 학습지와 비디오를 결합하고, 부모에게 챗봇으로 학습 성과를 전달하는 혁신적인 영어교육 프로그램이다. 토도영어는 디지털 앱을 통해 2,000여 개의 학습 컨텐츠, 약 2년에 걸친 데일리 코스를 제공하여 미국 교과 기준 유치원에서 2학년 수준의 읽기, 말하기, 쓰기를 가르친다. 디지털 제품의 장점을 최대한 활용하여 아이가 직접 써 보고 말하고 따라 하면서 즐겁게 영어를 익힐 수 있으며, 고품질의 시청각 콘텐츠를 통해 해외의 문화를 이해하는 데 효과도 높다. 토도영어는 디지털의 가장 큰 장점인 데이터를 적극 활용한다. 아동이 태블릿으로 토도영어를 진행한 학습 성과 분석과 가정에서 활용할 수 있는 학습 가이드가 카카오톡과 부모 홈페이지 등 모든 서비스를 비대면으로 부모에게 전달한다. 전 세계 개발도상국 2억 5천만 명이나 되는 학교 밖 문맹 아동의 문해 문제 해결을 위해 진행된 글로벌 러닝 엑스프라이즈 우승작인 '킷킷스쿨', 다문화 가정 아이들을 위한 한국어 문해 앱 '에누마 글방'을 개발하는 등 교육 불평등 문제를 해결하고자 한다. '글로벌 러닝 엑스프라이즈'의 파이널리스트에 선정되어 100만 달러(한화 약 11억 원)를 지원받았으며, 탄자니아에서 필드 테스트를 진행하였다.

엑스프라이즈 재단은 2014년에 개발도상국의 아이들이 태블릿 기기를 사용해서 스스로 읽기, 쓰기, 셈하기를 익힐 수 있도록 하는 소프트웨어를 개발하여 전 세계 아동의 문맹 퇴치와 균등한 교육 기회를 제공하는 것을 목표로 시작되었다. 총 상금 1,500만 달러(한화 약 170억 원)를 걸고 2015년부터 약 40개국에서 700여 팀이 도전한 대회에 에누마의 '킷킷스쿨(Kitkit School)'과 최고의 학습 성과를 이끌어 낸 원빌리언의 소프트웨어가 우승하였다. 글로벌 러닝 엑스프라이즈 대회는 기초 학습을 가르치기 위한 효과적이고 확장 가능한 디지털 학습을 제공한다. 엑스프라이즈 재단은 킷킷스쿨을 비롯한 5개 결승 진출팀의 소프트웨어를 오픈소스(Apache Licence 2.0, Creative Commons CC-BY 4.0)로 공개하여 전 세계적으로 태블릿 기반 학습의 확산 속도를 높여 가고 있다. 주변의 도움이 적은 환경에서도 아이들이 독립적으로 태블릿만으로 학습하고, 자기주도적으로 학습을 지속할 수 있도록 게임 기반학습을 적용하였다.

2017년 9월 에누마는 본선 진출 5개 팀에 포함되어 100만 달러를 지원받았으며(우승팀에 1,000만 달러 지급), 본선은 2017년 12월부터 15개월 동안 엑스프라이즈 재단, 유네스코, 유엔세계식량계획과 탄자니아 정부가 협력하여 엄격한 현장 테스트를 실시한 결과로 치렀다(플래텀, 2019. 5. 16.). 현장 테스트는 탄자니아 북동부에 위치한 탕가지역 170개 마을에서 학교 밖 아이들(정규교육을 받지 못한 아이들) 2,700명을 대상으로 아이들을 5개 그룹으로 구분해서 킷킷스쿨을 포함하여 본선에 진출한 5개 팀의 학습 소프트웨어가 탑재된 태블릿 PC를 아이들에게 하나씩 나누어 주면서(태블릿 PC 2,700개) 15개월간 자율적으로 사용하도록 하였다. 태블릿 PC 사용 전과 후를 기준으로 아이들을 대상으로 문해, 산술 능력을 평가하는 시험을 치러 가장 높은 학업 성취도를 보인 팀이 최종 우승자가 된다(동아비지니스리뷰, 2019. 8., p. 73).

이러한 결과로 에누마의 킷킷스쿨은 2019년 5월 15일에 글로벌 러닝 엑스프라이즈 최종 시상식에서 원빌리언과 함께 공동우승을 하여 500만 달러를 수상하였다(중앙일보, 2019. 6. 2.). 킷킷스쿨은 주변의 도움이 적은 환경에서도 아이들이 태블릿 PC만으로 학습하고, 자기주도적으로 학습을 지속할 수 있도록 하기 위해 게임기반 학습(gamification)을 적용하였다(게임톡, 2019. 5. 16.; 중앙일보, 2019. 6. 2.). 게임은 짧은 시간 안에 재미와 몰입을 만들어 낼 수 있다는 것에서 착안한 것이다. 게임에서 재미를 느끼는 요소를 도입하여 연습의 지루함을 견디고 학습을 많이 할 수 있도록 하였다(중앙일보, 2019. 6. 2.).

진행된 테스트를 살펴보면, 마을마다 태블릿 PC 충전용 태양광 패널을 설치하고 마을 주민을 한 명씩 관리 담당자로 하였다. 엑스프라이즈 담당자들이 아이들에게 어떠한 조언이나 충고 없이 충전만 해 주어야 한다는 지침만을 내렸다. 동일한 조건에서 각각 앱의 성능만 평가하도록 엄격히 관리하여 아이들의 학업 성취도를 객관적으로 평가하였다(조선일보, 2019. 5. 29.). 엑스프라이즈가 학업 성취도를 평가한 아동 중 74%는 단 한 번도 학교에 다니지 않은 아이들이었고, 집에서 글을 배우거나 책을 읽어 본 적이 없는 아동 역시 80%에 달했으며 90%가 스와힐리어를 읽지 못하였다. 15개월 동안 태블릿 PC를 사용한 덕에 문맹 수치는 절반가량으로 줄었다(동아비지니스리뷰, 2019. 8., p. 85).

에누마는 높은 퀄리티의 디지털 교육 콘텐츠를 제작하고 NGO와 정부기관, 다양한 단체와 협력하여 전 세계에 확산하는 데 주력하고 있다. 에누마는 탄자니아 현지 아동에게 꼭 맞는 효과적인 교육 앱을 개발할 수 있도록 한국국제협력단(KOICA)에서 스타트업 등 혁신가들의 기술을 통해 개발도상국의 과제 해결을 지원하는 혁신적 기술 프로그램(Creative Technology Solution: CTS)의 지원을 받았다. 굿네이버스 탄자니아와 협력하여 탄자니아에서 2016년부터 3차에 걸친 효과성 테스트를 진행하였다. 학습이 어려운 아이들의 눈높이를 맞추는 것의 중요성을 강조하며 실제로 가장 높은 학습 성과를 달성하였다. 에누마는 개발도상국의 아이들이라도 태블릿 PC만으로 15개월 안에 일정 수준의 문제를 익힐 수 있는 학습 방법론을 개발하고, 세계 최고의 성과를 보여 주었다. 엑스프라이즈의 경험과 앱스토어에서

표 10-2 에누마의 글로벌 러닝 엑스프라이즈 우승 과정

일자	내용
2015년 4월	참가 등록
2017년 1월	첫 제출
2017년 4월	준결승 진출(총 11팀)
2017년 9월	본선 진출(총 5팀)
2017년 9월	필드 테스트 버전 제출
2018년 5월	1차 업데이트 버전 제출
2018년 9월	2차 업데이트 버전 제출
2019년 5월	최종 우승(총 2팀)

글로벌 교육 서비스를 운영한 노하우를 합쳐서 최고의 디지털 영어 학습 서비스를 만들었다.

에누마는 글로벌 러닝 엑스프라이즈 우승으로 2020년 7월에 유엔이 주최하는 UN STI(Science Technology and Innovation) 포럼에서 우승작 중 하나로 선정되며, 지속가능한 발전목표(SDGs) 달성을 위한 혁신 솔루션으로 주목을 받았다(이로운넷, 2020. 7. 16.). 에누마는 킷킷스쿨이라는 제품을 개발하는 과정에서 앙트러프러너십을 발휘하였다.

(1) 현지 적합성

현지의 여건이나 다양성을 기반으로 현지의 눈높이에 맞는 기술을 발굴하여 적용해야 한다(박영호, 김예진, 권유정, 장종문, 2014; 윤제용, 독고석, 2014). 세계은행 연구보고서(2016)에 따르면, 탄자니아에서 최소한의 학교 시설을 가진 학교 비율은 40%, 교사 1인당 평균 학생 수는 43.4명, 교과서를 가진 학생 비율은 25%로 교육 인프라가 매우 부족한 현실이다. 또한 교사들의 학력 수준도 낮아 제대로 된 수업 콘텐츠 준비 및 전달이 불가능하다고 보고되었다(이혜경, 2016; World Bank, 2016). 교육 여건의 열악함은 아동들의 기초학력에도 큰 영향을 미친다. 탄자니아의 교육

문제는 학교나 취학 아동의 수를 늘리는 양적 접근만으로는 개선할 수 없다. 이에 따라 제시된 해결안이 태블릿 PC 기반 교육이다. 태블릿 PC는 컴퓨터에 비해 사용이 쉬워 0~8세의 아동들이 보다 쉽게 디지털 콘텐츠를 접근할 수 있고, 학습에 대한 흥미 유발과 자기주도 학습에 강점이 있어 기존의 교사 중심 수업 방식을 보완할 수 있는 교육방법이다. 과거 개발도상국을 대상으로 지원된 기술은 대부분 공여자 중심으로 기술이 선별되어 지원되었으나(윤재용, 독고석, 2014), 킷킷스쿨은 다양한 필드 테스트를 통해 완전히 현지화된 기술로 구성되었고, 자막, 소리, 그림 등을 다양하게 삽입함으로써 다양한 환경에 처해 있는 아이들이 학습을 이어 갈 수 있도록 하여 지속가능성을 도모하였다(이양호, 배준영, 2019; OECD, 2001; Papavassiliou & Stathakopoulos, 1997; Rondinelli, 1993; Yankelovich & Meer, 2006).

(2) 아동 중심의 교육

훈련된 교사의 부족과 질적 수준에 어려움이 있는 탄자니아의 현 상황에서는 다른 해결책이 요구되었다. 킷킷스쿨을 사용한 아이들은 확연히 읽기, 쓰기, 셈하기 등의 실력이 향상되었다. 향상된 실력은 다음 단계의 교육을 받을 수 있게 하고, 아이가 교육과정을 이수하며 갖게 된 성취감은 이후에 새롭게 생겨나는 기회에 도전할 수 있는 용기를 갖게 하기 때문이다. 넓게 보면 한 아이의 인생만이 아닌 가족, 공동체 모두에게 긍정적인 영향을 미친다. 아동 중심의 접근 방법을 통해 탄자니아 아이들의 교육 수준을 높이고, 글로벌 러닝 엑스프라이즈에서 최종 우승하였다는 점에서 결정적인 사례(crucial case)로서의 유용성(Eckstein, 1975)이 있다.

킷킷스쿨은 아이들이 자기주도적이고 지속적으로 학습 의지를 높일 수 있도록 게임화(gamification, 게임이 아닌 분야의 문제 해결에 게임적 사고와 과정을 적용하는 것) 기법, 보편적 학습 설계 방법(universal design for learning)을 활용하여 설계되었다.

먼저, 아이들에게 태블릿 PC를 한 대씩 나눠 주고 교사나 부모, 마을 사람 그 누구도 아이들에게 태블릿 PC로 무엇을 하라고 강요하지 않는 것이 중요한 규칙이었다. 태블릿 PC 충전도 아이들의 자유의지에 맡겨 충전을 위해 집에서 왕복 2시간 도보로 오가는 경우가 있었기에 재미를 느끼지 못한다면 충전하러 가는 이유가 없을 것이다.

다음으로 보편적 학습 설계 방법을 사용하였다. 보편적 학습 설계 방법은 건축에서 사용하는 개념으로, 누군가의 절실한 필요를 충족시킴으로써 많은 사람이 편익을 누리게 되는(Essential for some, is good for all) 디자인을 말한다. 에누마는 시각적 정보, 음성 텍스트, 그림을 활용하여 모든 아이가 교육받을 수 있도록 하였다. 나아가 색맹이나 색약 아이들을 위해 색채와 배색까지 고려하여 디자인을 함으로써 가급적이면 아이들에게 많은 자극을 제공하려고 하였으며, 스펙트럼을 넓게 하여 모든 아이를 포용하였다(디스이즈게임, 2018. 5. 18.; 동아비지니스리뷰, 2019. 8.).

(3) 파트너십

환경에 대한 정확한 문제 진단이 선행되지 않으면 보급이 실패할 수밖에 없다. 다양한 파트너십을 통해 현지의 적합한 기술, 저렴한 기술, 유지 관리가 쉬운 기술 등을 파악하는 것이 중요하다(박영호 외, 2014; 윤제용, 독고석, 2014; 전수민, 2013, 2014; 한국산업기술진흥원, 2012; Leland, 2011). 이것을 하나의 기업이나 조직이 파악하는 것은 불가능하다. 에누마는 자신들의 부족한 부분을 인지하고 확충하고자 한국국제협력단, 국제개발협력 NGOs, 현지 정부, 현지 주민 등 파트너십을 적극 활용하였다. 즉, 필드 테스트를 위해서 국제개발 분야의 전문성을 높이고자 탄자니아 정부, 한국국제협력단(KOICA)의 혁신적 기술 프로그램, 굿네이버스, 자비에르와 협력하였다. 또한 현지 언어 통번역 및 현지 네트워크 구축을 위해서는 한국국제협력단과 협력을, 현지의 상황이나 수준, 문화 등을 파악하는 데에는 현지 주민, 현직 교사, 현지 NGOs 직원들의 도움을 받았다. 특히 실제 킷킷스쿨을 사용하는 아이들의 필요와 수요를 알고자 끊임없이 필드 테스트를 실시하였는데, 이를 현지에 능통한 국제개발협력 NGOs 및 한국국제협력단과 협력하여 진행함으로써 현지 환경에 대한 정확한 상태를 파악할 수 있었다(윤제용, 독고석, 2014; 전수민, 2013).

에누마의 이수인 대표는 단순한 수익 창출과 비즈니스를 위해 창업을 시작한 것이 아니다. 사회 공헌 프로젝트를 잘 진행하고 나서 실리콘밸리의 유명한 벤처캐피털(K9벤처스의 마누 쿠마르)의 제안을 받아 2009년에 장애가 있는 아동들을 위한 좋은 교육 제품을 만들고자 창업하였다. 이수인 대표의 경우와 같이 위험 부담을 줄이기 위해서는 기업에서 다양한 경험을 한 후 창업하는 것이 낫다. 즉, 컨설팅 회사나 대기업에서 창업에 필요한 기술을 배우고 네트워크와 기술적 노하우를 쌓은 후에 창업하는 것이 위험 부담을 줄일 수 있다. 에누마의 누적 투자액은 총 220억 원을 넘어섰다. 2018년의 투자에 이어 라운드 투자까지 주도한 임팩트 투자사 '옐로우독'은 코로나19 이후 전 세계가 비대면 온라인 교육 솔루션을 필요로 하는 상황에서 에누마는 초등학교 2학년 미만의 아동들에게 체계적으로 기초 영어 읽기/쓰기와 기초 수학을 앱만을 통해 가르칠 수 있는 제품을 개발하였다.

　에누마 대표는 치열한 삶을 살면서 세계 최고의 물건을 만들고, 아이들을 위한 일을 하면 세상이 알아 주고, 시장에 판매될 것이라는 꿈을 현실에 구현하였다. 실리콘밸리는 창업 생태계가 전 세계에서 가장 잘 되어 있지만 실리콘밸리에 있다고 해서 특별하지는 않다. 과거 시대의 기업가들이나 지금의 기업가들이 생각하는 본질은 크게 다르지 않다. 실리콘밸리는 창업이 쉬울 것 같지만 투자받기 쉬운 것은 아니다. 예비 창업자는 지금 꾸고 있는 꿈이 자신의 고민과 생각에 의한 꿈인지, 타인에 의해 인식된 꿈인지 고민할 필요가 있다. 이러한 점에서 에누마 대표는 경제적인 개념에서 탈피하여 삶의 전 영역으로 확장된 앙트러프러너라고 할 수 있다. 즉, 창조성과 실천성으로 한 사회 구성원이 본질적으로 갖추고 있어야 할 자기혁신의 바탕이 되는 핵심 역량을 보여 주었다. 즉, 에누마 대표는 경제적 가치를 넘어서 사회적 가치 추구, 공익과 공유의 창출, 모든 사람이 갖추어야 할 핵심 역량으로서 자기혁신(박수홍, 2009)을 실천한 사례이다.

　에누마의 이수인 대표는 삶의 실제성 속에서 장애를 가진 자녀에 대한 공감적 문제를 발견하고, 창의적이고 혁신적인 아이디어를 창출하여 초등학교 2학년 미만의 아동들을 위한 체계적인 기초 영어 읽기/쓰기와 기초 수학을 앱만을 통해 가르칠 수 있는 디지털 교육 모델을 구축하여 아동 중심의 교육 프로그램을 개발하였다. 앙트러프러너라고 할 수 있는 이수인 대표는 실천을 통해 장애나 사회·문화·지리적 제약으로 학습에 어려움을 겪는 어린이들을 위한 '기초 교육' 분야에 접목될 필요성을 확인하고, 배움이 어려운 아이들의 관점에서 콘텐츠를 제작해 동기 부여가 되고 흥미를 지속시키는 교육의 가치를 구현해 냈다. 이는 사회의 변혁을 일으키는 사고방식이자 행동 양식을 실현하는 앙트러프러너의 특징을 여실히 보여 주는 좋은 사례이다.

 ～～～～～～～～～～～～～～～～～～～～～～～～ 성 찰 과 제

1. 교육의 사회적 책임을 실천하는 핵심 역량인 소셜 앙트러프러너십이 자신의 삶에 어떤 의미를 주는가?

2. 소셜 앙트러프러너십을 발휘하는 데 걸림돌이 되는 점은 무엇이 있을까?

3. 교육의 사회적 책임을 실천하려는 예비 실천가(학습자)를 도와줄 수 있는 교수자의 역할은 무엇이 있을까?

4. 소셜 앙트러프러너십을 발휘하기 위하여 성공 사례에 숨어 있는 성공 원리는 무엇인가?

 참고문헌

강민정, 김수현, 김창엽, 남영숙, 배영, 설동훈, 심성보, 윤순진, 이동연, 한준(2015). 소셜이슈 분석과 기회탐색 I. 서울: SK소셜 앙트러프러너센터.

강민정, 김수현, 김창엽, 남영숙, 배영, 설동훈, 심성보, 윤순진, 이동연, 한준(2015). 소셜이슈 분석과 기회탐색 II. 서울: SK소셜 앙트러프러너센터.

김덕원, 김영순(2011). 사회적기업가 아카데미 일반과정의 교육과정에 관한 연구. 인문과학연구, (30), 333-361.

김정태(2012). 국제개발협력 분야에서의 적정기술의 의미와 활용 및 사례연구: 수요중심과 시장중심의 개선방안을 중심으로. 국제개발협력, 2012(4), 63-85.

라준영(2013). 사회적 기업의 기업가정신과 가치혁신. 한국협동조합연구, 31(3), 49-71.

민동권, 정예슬, 유한나(2009). 사회적기업가 양성을 위한 대학교육 현황과 평가: 한국과 미
　　국 상황의 탐색. 한국로고스경영학회 학술발표대회논문집, 144-160.

박소연(2010). 사회적 기업가의 역량 모델 개발 연구. HRD연구, 12(2), 67-87.

박수홍(2009). 창조실천역량(Entrepreneurship competence) 강화를 위한 교육모형 개발. 한
　　국교육사상연구회 학술논문집, 43, 1-16.

박수홍, 조영재, 문영진, 김미호, 김효정, 배진호, 오동주, 배유나(2022). 앙트러프러너십 어떻
　　게 키울까: 기업가정신을 넘어, 미래사회의 혁신역량. 서울: 학지사.

박영호, 김예진, 장종문, 권유정(2014). 적정기술 활용을 통한 對아프리카 개발협력 효율화
　　방안. 대외경제정책연구원 연구보고서, PA 14-25.

박재환, 김용태(2010). 사회적 기업가 양성을 위한 학위교과과정 개발: 국내·외 교육프로그
　　램 분석을 중심으로. 대한경영학회 학술발표대회 발표논문집, 22-34.

안상준, 박수홍, 강문숙(2021). 팀기반 앙트러프러너 양성프로그램 설계원리 개발연구: 협동
　　조합 구성원을 중심으로. 교육혁신연구, 31(1), 251-273.

오헌석, 이상훈, 류정현, 박한림, 최윤미(2015). 사회적기업가정신 측정도구 개발 및 타당화
　　연구. 직업교육연구, 34(2), 109-133.

윤제용, 독고석(2014). 개발도상국과 Win-Win 개발협력을 위한 적정기술. 공업화학전망,
　　17(1), 25-31.

이양호, 배준영(2019). 국제 적정기술 수혜자 만족요인에 관한 실증연구: 네팔, 방글라데시
　　수혜자를 중심으로. 경영컨설팅연구, 19(3), 205-217.

이종현, 박수홍, 강문숙(2021). 디자인 씽킹 기반 창직교육 프로그램 설계연구. 사고개발,
　　17(1), 1-30.

이현정(2020). 수요자 중심 적정기술 성공사례 연구: 에누마의 킷킷스쿨을 중심으로. 한국정
　　책분석평가학회 학술대회 발표논문집, 2020, 12, 49-72.

이혜경(2016). 과학기술혁신(STI)과 교육: 탄자니아 교육여건 개선을 위한 태블릿 기반 아동
　　교육 앱 개발 사례. 국제개발협력, 4, 53-70.

전수민(2013). 개발협력사업에서의 적정기술 활성화 방안. 한국국제협력단 연구보고서,
　　2013-19-235.

전수민(2014). 적정기술과 시장중심적 접근법: 사회적 기업을 통한 적정기술 성공 사례를 중
　　심으로. 개발과 이슈, 16, 1-39.

한국산업기술진흥원(2012). 2013 세상을 바꾸는 생각들.

홍성욱, 김정태, 하재웅, 강명관, 김지환, 김현주, 박지영(2010). 적정기술을 활용한 ODA(공적개
　　발원조)의 효과적 추진방안에 대한 연구. 대전: 특허청.

Ashoka. (2015). What is a Social Entrepreneur? Why Social Entrepreneur?. http://www.
　　ashoka.org/social_entrepreneur

Bornstein, D. (2004). *How to change the world: Social entrepreneurship and the power of
　　new ideas.* London, UK: Penguin Books.

Brock, D. D., & Steiner, S. D. (2008). *Social entrepreneurship education: Is it achieving the
　　desired aims?.* USASBE Proceedings, 1133-1152.

Drucker, P. F. (1999). *Innovation and entrepreneurship.* Oxford: Butterworth-Heinemann.

Eckstein, H. (1975). Case studies and theory in political science. In F. I. Greenstein & N. W.
　　Polsby (Eds.), *Handbook of political science. Political science: Scope and theory* (Vol.
　　7, pp. 94-137). Reading, MA: Addison-Wesley.

Leland, J. (2011). *Development from the Bottom of the Pyramid: An Analysis of the
　　Development Innovations Ventures Program.* WISE(Washington Internships for
　　Students of Engineering) Program-ASME, Summer 2011.

Martin, R. L., & Osberg, S. (2007). Social entrepreneurship: The case for definition.
　　Stanford Social Innovation Review, 5(2), 28-39. doi: 10.5772/36056

OECD. (2001). *Strategies for Sustainable Development.* The DAC Guidelines, OECD.

Papavassiliou, N., & Stathakopoulos, V. (1997). Standardization versus adaptation of
　　international advertising strategies: Towards a framework. *European Journal of
　　Marketing, 31*(7), 504-527. doi: 10.1108/03090569710176646

Rondinelli, D. A. (1993). *Development projects as policy experiments: An adaptive
　　approach to development administration.* London: Routledge.

William, F. W., & Kathleen, K. W. (1988). *Making mondragón: The growth and dynamics
　　of the worker cooperative complex.* 김성오 역(2012). 몬드라곤에서 배우자: 해고 없는 기업
　　이 만든 세상. 서울: 역사비평사.

World Bank. (2016). Service Delivery Indicators: Tanzania-Education, available at http://
　　documents.worldbank.org/curated/en/738551467996696039/pdf/105994-BRI-

P146421-WB-SDI-Brief-Tanzania-EDU-final-PUBLIC.pdf

Yankelovich, D., & Meer, D. (2006). Rediscovering market segmentation. *Harvard Business Review, 84*, 122-131.

게임톡(2019. 5. 16.). 에누마, 전세계 문맹퇴치 경진대회 우승 '쾌거'.

동아비지니스리뷰(2019. 8.). 공부 앱에 게임 기법 넣어 재미있게 스스로 글 깨치는 탄자니아의 마법으로, 2권, 279호.

디스이즈게임(2018. 5. 18.). [인터뷰] '20년 엔씨맨'이 10년간 들은 얘기 중 가장 흥미로웠던 제안: 에누마 김형진.

이로운넷(2020. 7. 16.). 코이카-에누마, 개도국 학생에게 교육 앱 '킷킷스쿨' 무상 지원.

조선일보(2019. 5. 29.). "아이들 성장 지켜보며… '기술로 문맹 퇴치' 확신 얻었죠".

중앙일보(2019. 6. 2.). [한국의 실리콘밸리, 판교] 게임중독 → 공부중독 바꾼 앱, 일론 머스크가 최고상 줬다.

플래텀(2019. 5. 16.). 에누마, 글로벌 러닝 엑스프라이즈 대회 한국팀 최초 우승.

플래텀(2020. 5. 18.). 에듀테크 스타트업 '에누마', 시리즈 B 110억 원 투자 유치.

제11장

교육의 사회적 책임
연구 방법으로서 인물 연구

안경식

교육의 사회적 책임은 기업의 사회적 책임의 부상과 함께 최근 등장하고 있는 분야라서 연구 자체가 아직 일천하다. 현재로서는 이 방면에 길을 열어 가고 있는 사람들의 연구 사례가 간간히 보고되고 있는 정도의 상황이다. 그런데 기업의 사회적 책임과는 달리 교육이라는 활동은 기본적으로 사회적 책임을 전제로 하는 활동이고, 우리는 여기에 대한 충분한 역사적 사례를 가지고 있다. 인류 역사상 위대한 교육가들의 사상을 조금만 더 들여다보면 여기에는 언제나 사회 문제에 대한 고민을 안고 있었음을 알 수 있고, 그것을 교육으로 해결하려는 노력이 있었다.

우리가 교육의 사회적 책임 연구를 시작할 때 어떤 문제에 착안하든 그 문제가 드러난 것은 지금이지만, 이미 그 문제는 과거로부터 생성되어 온 것이다. 모든 현재의 문제는 역사적 성격을 지닌 것이라는 것이다. 또한 그 어떤 문제든 단독 원인은 없으며, 매우 복잡하고 다양한 원인을 가지고 있다는 것도 알아야 한다. 각 시대에는 그 시대의 사회 문제가 있으며, 이를 어떤 방법으로든 해결하려고 노력해 왔고, 그 역사가 교육사, 교육철학, 교육사상이라는 학문 영역에 남아 있다. 어떤 의미에서 보면 교육사, 교육사상은 이런 사회 문제 해결의 역사요, 사상이라고 볼 수 있다.

이 장에서는 교육의 사회적 책임 연구의 한 방법인 교육사, 교육철학 연구에서 많이 활용하고 있는 인물 연구 방법을 소개한다.

1. 역사적 인물에서 답을 찾아보자

부산대학교 대학원 교육학과의 교육의 사회적 책임(ESR) 연구단은 교육의 사회적 책임에 대한 연구와 실천을 목표로 2020년에 출발하였다. 이 시대의 여러 사회 문제를 교육의 입장에서 어떻게 해결할 것인가의 해결안을 연구하고, 그 해결안을 통하여 교육 문제를 포함한 사회 문제를 실질적으로 해결하는 것이 연구단의 주요 과업이라고 볼 수 있다. 그렇다면 교육의 사회적 책임 연구를 어떻게 할 것인가? 여기에는 사회 문제의 내용과 성격에 따라 다양한 접근 방식이 있을 수 있다. 이 장에서는 교육의 사회적 책임 연구 방법으로서 역사적 인물 연구 방법에 대해 소개하고자 한다.

그런데 교육의 사회적 책임 연구 자체가 기업의 사회적 책임(CSR)의 부상과 함께 최근에 등장하고 있는 분야라서 연구 자체가 아직 일천하다. 그러다 보니 역사나 철학 형식으로 이루진 연구는 거의 없고, 일찍이 이 방면에 길을 열어 가고 있는 사람들의 연구 사례가 간간히 보고되고 있는 정도의 상황이다. 그런데 따지고 보면 교육의 사회적 책임이라는 개념은 최근 만들어진 개념이지만, 기업과는 달리 교육은 늘 사회적 책임을 전제로 하는 활동이다. 우리는 여기에 대한 충분한 역사적 사례를 가지고 있다. 인류 역사상 위대한 교육가들의 사상을 조금만 더 들여다보면 여기에는 언제나 사회 문제에 대한 고민을 안고 있으며 고민을 교육으로 해결하려는 노력이 있었다. 그것이 그들의 교육사상이 된 것이다.

우리가 교육의 사회적 책임 연구를 시작할 때 어떤 문제에 착안하든 그 문제가 드러난 것은 지금이지만 이미 그 문제는 과거로부터 생성되어 온 것이다. 모든 현재의 문제는 동시에 역사적 문제라는 것이다. 또한 그 어떤 문제이든 단독적인 원인은 없으며, 매우 복잡하고 다양한 원인을 가지고 있음도 알아야 한다. 각 시대에는 그 시대의 사회 문제가 있었고, 이를 어떤 방법으로든 해결하려고 노력해 왔는지 그 역사가 교육사라는 학문 영역에 남아 있다. 어떤 의미에서 보면 교육사는 이런 사회 문제 해결의 역사라고도 볼 수 있다. 물론 우리는 교육을 인재 양성 사업이라고 보아 왔고 지금도 다르지 않다. 그리고 그 인재는 바로 국가·사회 문제를 해결할 수 있는 인재를 말한다. 이는 교육의 사회적 책임 사업의 관점에서 보면 매우 중요한 지점이다.

전통적으로 교육사의 연구 영역은 교육사상사(history of educational thought), 교육제도사(history of educational system), 교육문제사(history of educational problem) 등으로 분류할 수 있다. 교육사상사는 일반적으로 교육철학의 연구 영역으로 알려져 있기도 하다. 그러나 사상가의 교육론을 단지 교육철학의 문제로만 한정할 수는 없다. 교육학의 모든 영역에서 그들의 아이디어를 활용할 수 있다. 그들의 관심이 지엽적인 문제에 제한된 것이 아니라 인간과 사회의 근본적인 문제에 가 있기 때문이다. 그래서 2,500년 전의 사상가인 소크라테스나 플라톤, 공자나 노자의 이야기를 21세기인 지금도 진지하게 거론하고 있는 것이다. 물론 이런 사상사적 접근의 약점도 있다. 차이는 있지만 대체로 거시적 접근이다 보니 개개의 구체적인 문제 해결에는 약점이 있을 수 있고, 철학자나 사상가의 개인적 경험이나 통찰의 산물이다 보니 현실성이 결여된 해결책일 수 있다.

모든 사회적 제도 역시 문제 해결의 산물이다. 따라서 제도의 역사를 잘 살펴보면 어떤 문제를 해결하기 위해 이러한 제도가 등장하였는지 그리고 그 제도가 등장하여 과연 문제를 해결했는지 등 제도의 성쇠 과정을 통해 우리는 많은 시사를 얻을 수 있다. 우리가 교육의 사회적 책임을 사회의 제도로서 접근할 경우 제도의 역사 역시 많은 시사점을 줄 수 있다.

교육의 사회적 책임에 대한 또 하나의 역사 연구 방법이 교육문제사인데, 이것은 구체적인 문제의 역사적 사례를 고찰하는 것이다. 원래 교육문제사는 브루바허(John Seiler Brubacher)라는 사람이 1947년에 쓴 책의 이름이다(『A history of the problems of education』). 그는 이 책에서 교육 목적의 역사, 교육방법의 역사, 교과의 역사 등을 시대적으로 고찰하고, 이를 교육문제사라고 하였다. 특정 문제를 시대별뿐만 아니라 사회적으로 비교 추적해 나가는 역사 연구 방법도 교육의 사회적 책임 연구에 있어 좋은 방법론이 될 수 있다. 엄밀하게 말하자면 역사상 모든 문제는 단 하나도 같은 것이 없다. 그렇게 생각한다면 역사 연구는 무용한 것으로 생각할 수 있다. 그러나 앞서 말한 바와 같이 모든 문제는 역사적 뿌리가 있다. 그리고 문제 간에는 다양한 관련성을 맺고 있기에 유사한 사례는 매우 많을 수 있어서 예부터 역사를 하나의 사례집으로 보는 견해는 있어 왔다. 법원의 판결에서 과거의 사례인 판례가 매우 중요한 역할을 하듯이 신생 연구 영역인 교육의 사회적 책임 연구에서도 역사 연구는 적지 않은 의미를 지닐 수 있다.

이 장에서는 역사 연구의 범위를 인물 연구에 한정하고자 한다. 물론 이 인물은 보통의 인물일 수도 있지만 대개는 사상가라고 보아도 좋다. 사실 사상가 연구 혹은 인물 연구가 교육사상 연구에서 차지하는 비중은 매우 높다(안경식, 2013, pp. 141-166). 교육학에서 사상가 연구는 교육과정학, 교육사회학, 교육심리학, 교육상담학을 비롯한 전 분과에서 이루어지고 있다. 특히 교육철학과 교육사학에서 상대적으로 그 빈도가 높다. 오인탁 교수 등이 1945년부터 2000년까지 교육철학과 교육사학의 연구 동향을 분석한 글에서도 서양교육철학이 40.2%(한국 및 동양 교육철학과 사학의 경우 27.7%)를 차지하는 것을 확인할 수 있으며(오인탁, 김창환, 윤재홍, 2001, pp. 17-75), 한용진 교수 등이 쓴 『학회지 분석을 통한 한국의 교육사 연구 동향』에서도 분석 대상 논문의 22.5%를 차지한다는 것을 확인하였다(한용진, 정은정, 권혜정, 박주희, 2010, p. 167). 현실적으로 이렇게 큰 비중을 차지하는 것이 사상가 혹은 인물 연구이다. 그런데 그 연구 대상인 사상가 혹은 인물 가운데는 현대의 인물이 적지 않지만 의외로 역사상의 인물들이 대부분이다. 역사상의 인물이라는 것은 지금 이 시대, 사회와는 거리가 있을 수밖에 없다. 그럼에도 불구하고 그들을 탐구 대상으로 삼는 이유는 그들의 사상의 탁월성에서 찾을 수밖에 없다는 점이다. 그들은 시대를 초월하는 인간과 사회, 세계에 대한 통찰력을 발휘했고 시대를 초월하여 그들을 소환하게 만들고 있는 것이다. 그것이 바로 '교육적 시사점' '현대적 시사점'인데, 내가 이전에 쓴 한 논문에 따르면 사상 연구는 거의 대부분 시사점 탐구를 목적으로 한 것으로 나타난다. 그리고 그 시사점의 방향도 학교 교육에 주는 시사점에서부터 교육 정책에 주는 시사점, 교육과정 이론에 주는 시사점까지 매우 다양하게 설정되었다(안경식, 2013, p. 145).

다음에서는 우리가 교육의 사회적 책임 연구 방법의 하나로 역사적 인물 연구를 구체적으로 어떻게 할 것인가를 몇몇 연구의 예시를 통해 논의해 보고자 한다.

2. 역사적 인물 연구는 어떻게 할 것인가

1) 연구의 출발점으로서 문제의식 설정

우리가 하는 연구가 역사 연구이든, 철학 연구이든 혹은 그 어떤 연구이든 가장 먼저 생각할 문제는 이 연구를 왜 하느냐는 것이다. 이를 우리는 연구 동기 혹은 목적이라고 하는데, 모두 연구자의 문제의식으로 귀결된다. 연구자의 연구 동기는 크게 개인적인 것과 시대, 사회적인 것으로 나눌 수 있다. 그런데 실제 보면 그 양자는 완전 별개의 것이 될 수 없다. 대부분의 경우, 개인적 관심사에서 연구를 시작한다고 하더라도 시대적 관심사와 무관할 수 없기 때문이다. 그래서 우리가 인물이나 사상가 연구를 할 경우, 거기에는 반드시 시대ㆍ사회 연구가 배경 혹은 주 연구 과제의 하나로 수반된다. 각자의 과거 연구물이 있다면 개인적 관심과 시대적 관심이 어떻게 반영되어 있는지 한 번 확인해 보라. 어떤 연구이든지 이 두 가지가 반영되어 있게 마련이다. 물론 이러한 동기는 글로 드러난 경우도 있고 그렇지 않은 경우도 있다. 반드시 이것을 드러내 놓고 표시하라는 것은 아니다. 특히 인문학 연구와 달리 과학적 성격의 논문에서는 개인적인 동기를 잘못 드러냈다가는 오히려 곤란을 겪는 경우가 있다. "이런 사적인 말을 왜 쓰는 거지?"라는 생각이 들게 하면 오히려 독자를 불편하게 만드는 것이 된다. 그런데 교육학에서도 인문학을 연구하는 나는 어느 편인가 하면 사적이고 개인적인 문제의식을 상당히 중시하는 편이다. 자연과학에서는 연구자와 연구 대상이 엄격히 분리된다. 그러나 인문학에서는 연구자와 연구 대상이 분리되기 어렵다. 교육심리학 연구를 보면 연구 대상을 보통 A, B, C 등으로 표기한다. 예를 들면, A 지역, B 학교, C 학생 등으로 표기한다. 교육사나 교육철학에서는 그렇게 표기할 때도 있지만 실제 어느 지역, 어느 학교, 누구를 분명히 표기해야 할 경우가 많다. 우리가 지금 이야기하고 있는 교육의 사회적 책임 연구는 사회 문제 해결이라는 목표를 가지고 있기 때문에 표면적으로는 사회적 관심사가 연구 동기로 드러나겠지만, 그렇다고 개인적 관심이 누락된다면 연구의 추동력이 떨어질 수밖에 없다. 결국 교육의 사회적 책임 연구를 포함하여 모든 연구는 이 연구를 왜 하느냐, 연구 목적이 무엇인가라는 질문을 1차적으로 분명히 해야 한다. 그것이 문제의식인데, 인물·사상가 연구도 다르지 않다. 사례로서 이야기해 보겠다.

첫 번째 사례로 든 연구물은 신득렬 교수의 『교육사상가연구』라는 책이다. 이 책은 1979년에 계명대학교 출판부에서 초판이 나왔다(이후 다수의 재판이 발행되었다). 이 책은 소크라테스, 플라톤, 아리스토텔레스의 사상을 다루고 있다.

연구자인 신득렬 교수의 약력을 보면 특이한 점이 보인다. 계명대학교 교수로 재직할 때 군부의 정치 개입을 비판하는 강연과 글을 발표하여 1982년에 해직을 당했다는 내용이다. 그로부터 한참 뒤에 다시 복직되었는데, 당시 군부는 신군부, 즉 전두환 정권을 말한다. 당시 전두환 정권에 비판적인 발언을 할 수 있는 사람은 지식인이라고 하더라도 매우 드물었다. 보통 용기를 가지고는 할 수 없는 일이고 결국 그로 인하여 직장을 잃게 되었다. 지금은 정년퇴직을 하여 팔공산 아래에서 '파이데이아 아카데미아'라는 연구소를 만들어 위대한 저서, 즉 고전 읽기 운동을 전개하고 있다. 파이데이아(paideia)는 그리스어로 교양, 교육, 도야의 의미이다. 즉, 직업교육으로서 교육을 의미하는 것이 아니라 교양교육으로서 교육을 의미한다. 서양교육의 전통을 보면 교육의 중핵은 교양교육이다. 그것이 인간의 마음, 영혼을 자유롭게 만드는 교육이기 때문이다. 그래서 지금도 세계적으로 파이데이아 운동을 하는 단체가 많다. 파이데이아 교육은 실용 교과가 아닌 고전을 텍스트로 하는 교육이다. 20세기 미국에서는 항존주의(恒存主義, perennialism)라는 교육사조가 있었다. 그 대표자로 허친스(Robert Maynard Hutchins, 1899~1977)라는 사람이 있었는데, 그는 30세의 나이에 시카고 대학교의 총장이 되어 'The Great Books Program'이라는 프로젝트를 만들었다. 뒷날 브리태니커 백과사전의 편집위원장이기도 하였다. 학교에서는 고전교육을 통해 지성을 도야하는 교육을 실시하였다. 신득렬 교수의 파이데이아 운동도 그와 맥락을 같이한다. 『교육사상가연구』라는 책에는 '연구'라는 타이틀이 붙어 있기는 하지만 요즈음과 같은 논문식의 연구는 아니다. 무엇을 논증하는 글이 아니고 고전의 내용과 의미를 친절하게 소개한 책이다. 내가 신득렬 교수를 만나 그 책을 왜 썼는지를 직접 물어본 적은 없다. 하지만 책의 머리말과 맺는말을 보니 관련 내용이 있는데, 다소 길지만 소개하자면 다음과 같다.

> 교육사, 교육사상가론, 교육철학을 강의하면서 나는 내 강의실에 들어오는 학생들과 함께 희랍사상에 깊은 관심을 가지고 논의해 왔다. 우리들의 화제는 주로 소크라테스, 플라톤, 아리스토텔레스의 사상이었다. 본서는 그러한 논의의 소산이다. 본서의 목적은 희랍철학자의 사상을 탐색하고 기술하는 동시에 그러한 사상이 어디에서 교육이라는 과업을 만나게 되는지를 보여 주는 데 있다. 이 연구의 결과로 얻은 필자의 신념은 위대한 사상가들이 모두 그러하듯이 이들 희랍철학자들의 사상이 매우 현대적이라는 것이다. 그리하여 권위와 이성, 신앙과 사랑의 상실시대를 살아가는 현대인에게 그들의 사상이 사색을 위한 하나의 거점이 될 수 있다고 믿게 되었다. 이 책을 통하여 우리 시대의 사람들이 이 위대한 철학자를 바라보면서 우리들 자신에게로 돌아가는 계기를 발견하기를 기대한다. 이들 희랍철학자들은 사람들의 생활에 있어서 무엇이 참으로 중요하고 본래적인 것인가를 언제나 질문하도록 하기 위해 고군분투했던 것이다. 그 누구의 말도 듣지 않으려고 하는 자기폐쇄적인 사람들에게 이 세 철학자는 등에(gadfly)의 역할을 지금도 훌륭하게 해낼 수 있으리라고 믿는다. 교육의 가장 이상적인 형태는 자기교육이므로 본서는 그러한 자기교육의 재료가 되기를 기대한다(신득렬, 1984, 머리말).

저자의 이야기 가운데 권위와 이성의 상실시대라는 말과 자기 자신에게로 돌아가는 계기를 발견하도록 하고 싶다는 말이 인상적이다. 그런데 그 방법으로 고전에 대한 연구를 선택했는데, 그 이유는 희랍철학자들의 사상이 매우 현대적이라고 본 데 있는 듯하다. 그가 『교육사상가 연구』라는 책을 쓴 이유가 여기에만 있는 것은 아니라 생각된다.

그는 결론에서 사회에 주는 시사점을 이렇게 쓰고 있다.

27년간에 걸친 스파르타 아테네 전쟁은 스파르타의 승리로 끝났다. 실제로는 338 B.C.에 마케도니아의 필립왕에 의해 아테네는 망하지만 404년 이후의 아테네는 페리클레스와 같은 탁월한 정치가를 만나지 못한 채 문자 그대로 중우정치의 연속이었다. 아테네를 비롯한 희랍 도시국가는 마케도니아에 의해 통일국가가 되었다. 개인주의와 상상력이 꽃피던 도시국가는 하나의 통일국가가 되어 침묵의 국가로 변모되어 갔다. 그런데 희랍사는 실로 이상한 현상을 우리에게 보여 주고 있다. 혼란과 내란의 극치 속에서는 서사시를 제외한 모든 정신문화의 절정을 이루는 위대한 인물들이 쏟아져 나왔는데 통일국가가 되니 갑자기 조용해져 버린 것이다. (……) 여기서 우리는 통일과 침묵 그리고 국민총화의 질을 묻지 않을 수 없다. 위로부터 총화와 침묵은 위기가 닥쳐올 때는 일시에 와해되어 버릴 뿐만 아니라 천재의 숨통마저도 막아 버리게 되는 과오를 범하기 쉽다(신득렬, 1984, p. 291).

앞서 우리는 연구 동기와 목적을 이야기하면서 개인적인 차원과 사회적인 차원의 동기와 목적이 있다고 하였다. 신득렬 교수의 이 말을 보면 그 양자가 다 들어 있는 것 같다. "통일과 침묵 그리고 국민총화의 질"이란 말은 유신시대의 엄혹함이 묻어 나오는 말이다. 그에 항거하고 싶었을 것이고 실제 행동으로 그러하였다. 그러나 모름지기 학자는 학문을 하는 사람이고 학문에서 사회 문제의 해결책을 찾아야 하는 운명을 지녔다. 신득렬 교수는 이 점을 희랍철학에서 찾고자 하였던 것이다. 그는 사회적 시사점과 아울러 교육에 주는 시사점도 말하였다. "희랍의 3대 별은 그들대로의 모든 수고를 다했지만 쓰러져 가는 아테네를 재건할 수는 없었다." 여기서 우리는 중요한 역사적 교훈을 얻는다. 즉, 소수의 사람을 교육하는 것만으로는 사회 전체를 구원할 수 없다는 사실이다. 소크라테스, 플라톤, 아리스토텔레스는 모두 한결같이 절대다수인 노예를 무지한 채 내버려 두는 것을 허용했으며, 자유인들마저도 여자를 제외한 소수의 사람만을 교육시키는 결과를 가져왔다. 이것은 훌륭한 인간, 훌륭한 시민의 양성에 분명히 모순된다. 그런 의미에서 아테네의 패망은 교육의 실패에서 찾아야 한다. 교육이 "'만인을 위한 질적 교육'이 되지 못할 때 문명은 정체될 수밖에 없다."라고 결론을 맺었다. 그는 유신독재 시대에 자유와 민주주의를 어떻게 회복할 것인가라는 한국 사회에 당면한 문제를 해결하기 위해 학문 연구를 활용하였다. 지식인으로서 사회적 책임의 문제를 고대 민주주의의 발상지인 희랍의 사상가들로부터 찾아보고자 하였던 것이다. 이것이 그의 문제의식이고, 그의 교육사상가 연구는 여기서 출발하였다.

2) 시대와 생애: 문제 해결의 실마리 탐색

　사회적 책임과 관련한 문제는 다종다양하겠지만, 이를 해결할 방법 역시 많다. 이 장에서는 사상가들의 아이디어, 즉 사상을 활용해 보자는 입장이다. 사상가의 아이디어는 사상가와 별개의 것이 아니다. 경우에 따라서는 사상이 마음에 들어 사상가를 주목하기도 하고, 또 어떤 경우에는 사상가가 마음에 들어 그의 사상에 주목하기도 한다. 보통 교육학에서 인물 연구라고 할 때 그 인물은 교육사상가나 교육실천가인 경우가 많다. 과거의 인물인 경우도 있고 현대의 인물인 경우도 있다. 동양의 인물인 경우도 있고 서양의 인물인 경우도 있다. 지금 이야기한 여섯 가지가 인물 연구에서의 큰 범주이다. 이 범주를 벗어나는 경우는 드물다. 간혹 상상 속의 인물이 등장하는 경우가 있기는 하다. 에밀이 바로 그 경우인데, 우리는 에밀의 성장 과정을 연구하기는 해도 실제는 루소를 연구하는 것이다.

　실제 우리가 연구하는 인물이 대부분은 이름 있는 사상가인 경우가 많기는 하지만 반드시 그럴 필요는 없다. 사상의 대가가 아니어도 관계없다는 말이다. 나는 2, 3년 전부터 한국국학진흥원에서 주관하는 공부 모임에 참여하고 있다. 일기(日記) 읽기 모임인데, 참여자의 전공은 다 다르다. 전공이 다른 사람들과 함께 모여 옛날 일기 읽기 모임을 하고 있다. 2년 전에는 남붕(南鵬)이라는 영해(지금은 영덕군 영해읍) 사람의 일기를 읽었다. 이 사람은 1870년에 태어나 1933년에 별세한 20세기의 유학자이다. 호가 해주(海洲)이고, 『해주일록(海洲日錄)』이라는 일기를 남겼다. 그 지역, 읍면 단위 정도에서는 제법 알려진 사람이지만, 신문이나 잡지에도 한 번 등장한 적이 없는 인물이다. 심지어 그 후손들도 할아버지가 어떤 분인지 잘 모르고 있다. 그런데 이분의 일기가 어떤 경로로 한국국학진흥원에 기탁되었다. 그의 문집이 집안에서 출간되었지만 현재 유교 시대가 아니기에 알려지지 않았다. 그런데 그 일기를 보면 이분의 공부가 보통 공부가 아니었다는 점을 알 수 있다. 사상이 위대한 것이 아니라 공부하는 과정 자체가 대단한 사람이었다. 유학자가 어떻게 공부했는지를 상세히 알려 주는 일기였다. 나도 퇴계나 율곡과 같은 학자들의 사상은 많이 보았다. 그러나 그들이 공부를 어떻게 했는지를 상세하게 적어 놓은 글은 없다. 그런데 이 일기에는 그 과정이 상세히 적혀 있다. 일기는 한마디로 공부 일기이다. 이 사람은 길을 가면서도 공부를 한 사람이다. 이미 일제강점기여서 유학 공부를 하여 과거시험을 칠 일도 없고, 벼슬할 일도 없었다. 그러나 늘 공부하는 사람이었다. 이 사람의 공부를 보면, 우리가 하는 공부는 공부라고 할 수도 없고 부끄러워서 얼굴을 들 수가 없다. 아무리 석사, 박사라고 해도 초등학교 문 앞에도 못 가 본 이 사람 앞에서는 공부 이야기를 할 수가 없다. 이런 사람도 연구의 대상이 될 수 있다. 이분이 돌아가시고 나서 그가 남긴 일기 덕택에 책이 나올 수 있었다.

요즈음 나는 안동 하회마을에서 태어난 19세기의 한 인물의 일기를 보고 있다. 『하와일기(河窩日記)』라고 하는데, 류의목(1785~1833)이라는 사람의 일기이다. 이 사람 역시 과거에 합격도 못하고 40대에 별세한 유학자이다. 이 사람의 10대의 일기가 남아 있다. 그러니까 10대 소년이 연구 대상 인물이 된 것이다. 그는 뒷날 문집을 남긴 유학자로 성장하였다. 그러나 그 역시 일기가 아니었다면 그 누구도 알아 주지 않았을 인물로 남았을 가능성이 크다. 그가 남긴 일기는 잡문이라고 생각해서인지 사실 문집 안에도 들어가 있지 않다. 그 사람뿐 아니라 누구도 일기는 문집에 넣지 않는다. 그렇지만 일기로 인하여 그 사람을 알게 되고, 그리하여 그 사람이 연구 대상이 되는 경우도 많다.

그런데 어떤 인물이든, 즉 그 인물이 유명하든 그렇지 않든 인물 연구를 할 때 가장 기본이 되는 것이 있다. 첫째, 그의 생애를 살펴보는 것이다. 생애 연구 자체가 목적인 경우에는 말할 것도 없지만 그렇지 않다고 하더라도 그 사람의 생애를 보아야 한다. 둘째, 시대와 사회를 보아야 한다. 교육학에서 인물 연구는 대체로 그 인물의 교육사상이나 실천을 다루는 경우가 많다. 생애나 시대는 간략하게 언급하고 넘어가는 경우가 많지만, 정작 인물의 생애나 시대가 사상을 이해할 수 있는 열쇠이다.

앞에서 인물 연구를 왜 하느냐고 했을 때 개인적 동기가 있을 수 있고, 시대적 이유가 있을 수 있다고 하였다. 바로 이 두 가지와 관련한 것이 생애와 시대 연구이다. 생애를 잘 들여다보면 그가 왜 그런 주장을 했는지, 왜 그런 사상을 이야기했는지를 이야기할 수 있다. 나의 연구를 예로 들면, 나는 1994년에『소파 방정환의 아동교육운동과 사상』이라는 책을 펴낸 적이 있다. 학번상 '78학번'인 나의 대학 시절은 그야말로 격동의 시절이었다. 우리는 10.26 사건과 5.18 민주화 운동 등 현대사 중심 사건의 한가운데에 있었다. 민주, 민중, 혁명이란 낱말이 떠돌고 있던 시절, 나의 연구 주제는 동학이었다. 그것을 위해 동학사상과 동학혁명을 공부하고, 동학의 주요 인물인 최제우, 최시형, 전봉준, 손병희 등을 접하게 되었다. 이때 손병희의 셋째 사위인 방정환이 눈에 들어오게 되었다. 그때까지 아동문학가 정도로 알려져 있던 방정환은 나의 눈에 교육가로 포착되었다. '동학의 민중교육사상과 운동'이라는 제목으로 석사 학위를 마치고 바로 방정환 연구에 착수하였다. 방정환의 시대는 1920년대였다. 천도교인이어서 동학이 그의 사상적 배경이었지만 신학문을 공부한 그는 1920년대 문화계의 총아였다. 방정환이란 인물에 한 걸음 한 걸음 들어가 보니 그의 사상도 대단했지만 그의 사상의 배경 역시 중요한 연구거리가 되었다. 그의 생애를 보니 할아버지의 사업 실패로 힘든 어린 시기를 보냈다. 끼닛거리를 마련하기 위해 쌀을 꾸러 다니고 물을 길러 다니면서 점차 신문물을 접해 가는 과정이 드러났다. 그의 인생사에서 큰 전환점은 역시 결혼이었다. 의암 손병희의 셋째 사위가 되면서 천도교가 그의 사상적·경제적·사회적 뒷받침이 되었다. 자연스레 동학사상이 그의 어린이 운동의 사상적 기반이 되었다는 것을 알았다. 이런 생애사를 모르고서는 그의 사상을 이야기할 수도 없고 이야기해 봐야 의미가 없다.

시대적 상황 역시 마찬가지이다. 방정환이 어린이 운동을 한 것은 교육운동이기도 했지만 독립운동의 한 방편이기도 하였다. 당시 독립운동은 무장운동이거나 문화운동의 두 형태였다. 어린이 운동에는 아무도 관심이 없었다. 언제 키워서 독립투사나 지사로 만들 것인가 하는 생각이었다. 그런데 방정환은 생각이 달랐다. '급할수록 돌아가라'라는 속담을 생각한 것이었고 어린이를 통하여 세상을 바꾸자는 생각이었다.

　그런데 의외로 역사적 인물 연구자들이 생애와 시대 연구를 허술하게 한다. 심지어는 그에 관한 기본적인 사항도 질문을 해 보면 모르는 경우가 많다. 조선시대 인물의 경우 생애는 가문 연구로 이어진다. 앞서 이야기한 하회마을의 류의목의 생애는 풍산 류씨 가문을 모르면 어렵다. 류의목은 풍산 류씨 가운데 겸암파이다. 겸암은 류운용이며 서애 류성룡의 형이다. 서애 류성룡은 임진왜란 때 활약한 문신이다. 임진왜란이 끝나고 회고록인 『징비록』을 지은 분이다. 그런데 류운용과 류성룡 형제는 퇴계 이황의 제자이므로 류의목의 연구는 퇴계 이황으로 연결된다. 이렇게 보면 생애 연구라는 것이 그리 간단한 것이 아니다. 그러나 이런 것을 무시하고서는 제대로 된 연구가 될 수 없다. 서양의 사상가 가운데 가장 많이 연구된 사람은 듀이(John Dewey)이다. 한국의 인물 가운데 가장 많이 연구된 사람은 퇴계 이황이다. 듀이는 20세기 인물이고, 퇴계 이황은 16세기 인물이다. 왜 퇴계 이황의 연구가 많이 되었는가? 그의 사상 자체가 위대한 것도 있지만 퇴계의 생애에 대한 상세한 기록이 남아 있기 때문이다. 1989년에 『퇴계가연표』(권오봉 저)가 발간되었는데, 이 책을 보면 퇴계의 일생이 연월은 말할 것도 없고 하루 단위까지 정리되어 있다. 그 정도로 생애 기록이 많이 남아 있는 것이 퇴계이다. 생애사 자료가 풍부하게 남아 있으니 그만큼 연구가 활발하게 일어나고 있다고 해도 과언이 아니다.

　공자의 연구도 마찬가지이다. 공자를 이해하기 위해서는 공자에 관한 생애를 알아야 한다. 그러나 공자의 생애에 대해서는 『사기』 이외에는 별다른 믿음직한 기록이 없다. 그렇지만 사소한 것 하나도 놓쳐서는 안 된다. 공자의 경우에는 생애에 대한 자료가 없는 대신에 시대가 중요하다. 춘추전국시대는 대혼란기이다. 대혼란기, 전쟁의 시기에 인(仁)을 이야기하고, 예(禮)를 이야기한 것이 공자이다. 교육의 사회적 책임 연구로 보면 『논어』 역시 매우 중요한 고전이다. 당시의 사회 문제를 교육의 방법으로 해결하자고 한 것이 공자이기 때문이다. 물론 당시에는 공자의 생각이 안 받아들여졌지만, 지금 와서 보니 큰 의의가 있다는 것을 우리는 안 것이다.

　사상은 시대의 산물이라고 해도 과언이 아니다. 인물 역시 마찬가지이다. 그 시대와 전혀 어울리지 않는 사상을 말해도 그 시대의 산물이다. 플라톤이 『국가』에서 철인정치를 이야기한다. 『국가』는 어떤 점에서 보면 민주사상과는 거리가 멀다. 그렇지만 그 시대적 상황이 중우정치가 지속되는 상황이었기 때문에 철인정치를 말한 것이다. 루소의 사상은 18세기 프랑스 사회를 이해하지 못하면 이해가 불가능하고, 듀이의 사상은 19세기말 20세기 초의 미국 사회를 이해하지 못하면 이해가 불가능하다.

　일반 역사 연구에서는 말할 것도 없지만 사상 혹은 사상사 연구에서도, 사상(사)을 연구할수록 생애와 시대 사회를 연구해야 한다. 이래서 이런 사상이 나왔구나 하는 답이 나올 때까지 탐구해 보아야 한다. 이 지점에서 우리는 우리의 연구물들을 다시 한번 점검해 보아야 한다. 과연 생애와 시대 사회가 나의 연구와 어떻게 연관을 맺고 있는가? 교육의 사회적 책임 연구에서 인물 연구 방법을 선택한다면 이 지점이 문제 해결의 실마리가 될 수 있다.

3) 인물 연구 방법으로서 창조적 해석학

　이제 인물 연구의 구체적인 방법에 대해 알아보겠다. 사실 인물 연구의 구체적인 방법은 인물 연구의 내용에 따라 매우 다양하다. 어떻게 연구해야 한다는 법이 따로 있는 것은 아니다. 그런데 역사적 인물 연구도 학문 계보상으로는 사상 연구에 속한다. 그런데 사상 연구의 방법은 더욱 다양하지만 대부분은 이해-해석 연구의 범위 안에 있다. 여기서는 푸웨이쉰(傅偉勳, 1933~1996)이라는 대만의 학자[미국 템플 대학교 교수로서 철학자이면서 생사학(Thanatology), 죽음준비교육의 창시자다]가 제시한 '창조적 해석학(Creative hermeneutics)'이라는 연구 방법을 소개하고자 한다(傅偉勳, 1990). 그는 창조적 해석학에 5단계가 있다고 하였다. 그 5단계는 다음과 같다.

　① 원 사상가가 실제 무슨 말을 했는가?(實謂)
　　(What exactly did the original thinker say?)
　② 원 사상가가 한 말의 뜻은 무엇인가?(意謂)

(What did the original thinker mean to say?)

③ 원 사상가가 무슨 말을 하려고 했는가?(蘊謂)

(What did the original thinker intend to say?)

④ 원 사상가가 무슨 말을 했어야 했는가?(當謂)

(What should the original thinker have said?)

⑤ 원 사상가가 미완성한 과제의 완수를 위해 지금 내가 무엇을 해야만 하는가?

(必謂)

(What must the I do now, in order to carry out the unfinished philosophical task of

the original thinker?)

각 단계를 하나하나 살펴보기로 하자.

첫 번째 단계는 "원 사상가가 실제 무슨 말을 했는가?(實謂)"이다. 이것은 글자 그

대로 원 사상가가 당시에 실제 무슨 말을 했는가 하는 것이다. 원 사상가는 어떤 식

으로든 자신의 사상을 표현했을 것이고, 그 실제 표현이 어떠했느냐 하는 것이다.

즉, 후세의 말로 번역되기 전에 원 사상가가 당시의 언어로 무슨 말을 어떻게 했느

냐는 것이다. 사실 당대의 사상가가 아니고서는(당대의 사상가라고 하더라도) 그 사

상가가 무슨 이야기를 했느냐를 알기가 쉽지 않다. 그 사람이 직접 써서 남긴 글이

있다면 모르겠지만 그렇지 않고서는 더욱 쉽지 않다. 그런데 그 글이 남아 있다고

하더라도 그것이 전해 내려오는 과정에서 변형 없이 그대로 내려왔는지 아니면 옮

겨 적는 과정, 편집하는 과정, 판각으로 인쇄하는 과정에서 오류(오자, 탈자, 추가, 삭

제, 버전, 변경, 주석 등)가 생길 수 있다. 따라서 실제 그 사상가가 무슨 말을 했는지

는 사상 연구의 첫 단계이다. 이 단계는 판본학, 서지학(bibliography), 목록학과 관

련이 있다. 여기서 매우 실증적인 연구가 이루어져야 하고, 해석과는 무관하다.

두 번째 단계는 "원 사상가가 한 말의 뜻은 무엇인가?(意謂)"이다. 원 사상가가 직

접 쓴 글이 있다고 하더라도 그 글의 의미가 무엇인지 지금의 우리가 파악할 수 있

어야 한다. 이 단계에서는 정확한 번역이 필요하다. 외국어를 우리말로 혹은 고대

어를 현대어로 정확히 번역하는 것이 필요하다. 따라서 어학능력이 중요하다. 외

국어를 우리말로 혹은 고대어를 현대어로 번역하는 능력이 없으면 연구에 한계가 생긴다. 남에게 의존할 수밖에 없고, 번역자가 오류를 범하면 연구자도 그 오류를 그대로 안아야 한다. 어학의 중요성에 대해서는 '3. 인물 연구의 난점과 희망'에서 다시 언급하기로 한다.

세 번째 단계는 "원 사상가가 무슨 말을 하려고 의도했는가?(蘊謂)"라는 것인데, 여기서의 '의도'란 글로 쓰인 의미를 넘어 원 사상가의 의도를 말한다. 이 '의도'를 이 시대의 언어로 번역해 내야 한다. 번역에는 직역과 의역이 있다. 직역으로는 그 의미가 잘 드러나지 않을 수 있다. 이 경우에 우리는 의역을 한다. 의역은 오역의 위험 가능성이 있다. 의역이 과연 원 사상가의 생각을 반영했는지를 증명하는 것은 힘들다.

여기까지를 두고 잠시 실제 예를 들어 설명해 보자. 공자의 교육사상을 이야기할 때 '學'이란 매우 중요한 말이다.『논어』의 첫머리가 "學而時習之 不亦悅乎"라는 말이다.

해석학의 첫 번째 단계에서는 과연 이 말을 공자가 이대로 했느냐이다. 사실『논어』는 공자가 편찬한 책이 아니고, 그 제자 중 누가 편찬한 것으로 본다. 누가 편찬한 것인지도 알려져 있지 않다.『논어』라는 책이 어떻게 편찬되었고, 누가 편찬했는지는 중요한 사항이다. 그에 따라 공자의 말, 제자의 말이 조금씩 달라질 수 있기 때문이다. 버전은 세 가지 정도 있다. 노논어, 제논어, 고금논어 등이 있는데 각 버전의 차이가 무엇인지를 알아야 한다. 그리고 주석은 수많은 주석이 있는데 그 중 권위 있는 주석으로는 어떤 것이 있는지 알아야 한다. 예를 들면, 한나라는 정현(鄭玄, 127~200), 하안(何晏, 193?~249), 당나라는 국가표준, 송나라는 형병(邢昺, 932~1010), 주희(朱熹, 1130~1200) 등 대표적인 주석을 알아야 한다.

두 번째 단계에서는 공자가 이 말을 했다고 했을 때, 이 말의 의미는 무엇이냐는 것이다. "배워 때때로 익히니 이 또한 기쁘지 아니하랴!"라고 번역을 했다고 치자. 이 말은 이해될 수 있는 말인가? 여기서 배운다는 것은 무엇을 배운다는 말인지, 때때로라는 말은 가끔이라는 말인데, 그렇다면 배운 것을 가끔 복습하면 기쁘다는 말이 되어 조금 어색하다. 배워 가끔 익히는데 왜 기쁜지 선뜻 이해하기가 힘들다. 이

정도 번역으로서는 만족할 수 없다. 그래서 또 다른 번역을 필요로 하게 된다.

앞의 단계를 거치고 나서야 세 번째 단계인 '의도' 파악에 나서게 된다. 과연 공자가 어떤 상황에서 어떤 의도로 이런 발언을 하였는가를 알아야 한다는 것이다. 그러니까 번역에서 글자 그대로 번역한다는 것은 의미가 없는 것이다. 뜻이 통하지 않는 번역, 의미를 알 수 없는 번역은 사실 번역이라고 할 수 없다. 그러나 고대어와 현대어의 격차, 언어의 특성 등이 있기에 번역은 결코 쉬운 일이 아니다. 한자의 경우 표의어인데 함축적 의미가 있다. 중(中)자 하나에 수십 가지 뜻이 있다. 더구나 개인의 감정을 전달하는 시어(詩語)를 번역한다는 것은 더욱 힘들다.

사상 연구는 이래서 힘들다. 원 사상가가 무슨 말을 했는지도 알기 어려운 상황에서 원 사상가의 발언 의도를 파악한다는 것은 결코 쉬운 일이 아니기 때문이다. 소설가 혹은 예술 작가가 작품을 발표하고 나서 이후의 해석은 독자의 몫이라고 한다. 작가가 무슨 의도로 작품을 썼는지는 별개의 문제라고 하는 것이다. 베토벤의 음악을 듣고 어떤 생각을 하든, 뭉크의 〈절규〉를 보고 무슨 생각을 하든 그것은 독자의 몫이며, 이는 소설도 마찬가지이다.

그러나 사상 연구 혹은 사상가 연구에서도 그러한가? 소설이나 예술 작품 연구와 사상가 연구는 차이가 있다. 사상가 연구는 사상가의 의도가 중요하기 때문이다. 사상가의 생각이 무엇인지(무엇이었는지)를 파악하는 것이 중요하다. 듀이의 사상이 오늘날 우리에게 어떤 시사점을 주는 것과는 별개로 듀이의 교육사상의 본뜻이 무엇인지를 아는 것도 중요한 연구 과제가 된다.

단장취의(斷章取義)라는 말이 있다. 단은 잘라 낸다는 의미이고, 장은 문장, 취는 취한다, 의는 뜻을 말한다. 문장 가운데 필요한 부분만 떼어 내어 이런 뜻이다라고 규정하는 것이다. 몇 년 전 위안부 피해자 사건과 관련하여 하버드 대학교 램지어 (J. M. Romseyer) 교수의 논문이 큰 사회적 사건이 된 적이 있다. 일종의 단장취의의 예가 될 수 있다. 여러 자료 가운데 자신이 필요한 부분만 떼어 내서 자신의 주장을 정당화하는 데 사용하는 것이다. 그 글만 읽으면 수긍을 하게 되지만, 사실은 전체 맥락과는 거리가 멀 수 있다. 램지어 교수만 그런 것이 아니라 많은 연구에서 단장취의가 일어나고 있다. 내 주장을 관철시키려고 하다 보면 무리가 생기게 된다. 이로써 다른 증거를 부정하게 되는 것이다.

인물 연구, 사상가 연구의 목적 중 가장 많은 것은 시사점 발견이다. 사상가를 왜 연구하느냐고 할 때 지금 교육에 시사점을 찾기 위해서라는 것이다. 시사점은 영어로 'implication'이라고 하고, 중국어로는 보통 '涵義'라고 한다. 이것은 직접적인 연관성은 없지만 그로부터 파생된 의미를 말한다. 'imply'라는 말이 '넌지시 나타내다' '은연중에 풍기다'라는 의미이다. 논리적 인과성을 엄밀히 따지지 않아도 된다는 의미로 해석해도 될 듯하다. 논리 가운데 형식 논리(formal logic)라는 것이 있다. 논리의 형식 구조를 탐구하는 학문을 형식논리학이라고 한다. 이것은 내용이나 상황을 따지지 않는다. 다만, 논리의 형식적 구조만을 따질 뿐이다. 그래서 종종 형식 논리에 집착하다가 보면 본질을 놓쳐 버리는 경우가 있다. 또다시 램지어 교수의 논문을 들어 이야기해 보면 "종군 위안부는 군, 국가의 관여 없이 자유로운 의사에 의한 것이었다."라는 주장이고, 그것을 증명하는 것이 '계약서'라고 하였는데 이것을 게임이론이라는 이론을 들고 나와 설명하였다. 그러나 형식 논리에 집착하다가 보면 10세 소녀, 식민지 시대를 살아가는 여성들의 상황을 고려하지 못한 이상한 결론이 도출되는 경우가 생긴다. 10세 소녀가 자발적인 성매매를 했다는 것을 설령 계약서가 있다고 해도 자발적이라고 볼 수 있는가 하는 것이다. 논리는 중요하다. 그러나 사상을 논리로만 이야기할 수는 없어서 시사점(implication)이란 것이 필요하다.

다시 창조적 해석학의 네 번째 단계를 보면 "원 사상가가 무슨 말을 했어야 했는가?(當謂)"이다. 이 말은 원 사상가가 내가 듣고 싶은 이야기를 하지 않았다는 것이다. 원 사상가가 모든 이야기를 다할 수는 없지 않은가? 원 사상가는 철학자이지 교육학자가 아닐 수 있다. 원 사상가가 교육학에 대해서 한마디도 하지 않았을 수 있다. 예를 들면, 내가 종종 인용하는 글 가운데 이런 것이 있다.

다음으로 소크라테스의 말을 살펴보겠다.

나는 지금까지 한 번도 누구의 스승도 된 일이 없습니다. 그렇지만 젊은 사람이나 나이 많은 사람이나 나의 본업이라고 할 수 있는 이야기를 듣고 싶어 한다면 들려 주기를 거부한 일이 없습니다. 그리고 돈을 받아야 이야기를 해 준다든지, 돈을 받지 않으면 이야기를 해 주지 않은 일은 없습니다. 나는 부자나 가난한 사람을 차별하지 않고 한결같이 질문을 받아 왔습니다. 그리고 내 말을 듣고 싶어 하는 사람이라면 누구에게나 서슴지 않고 무엇이든지 이야기를 해 주었습니다. 그렇지만 이 사람들 가운데 누가 훌륭하게 되거나 또는 되지 못한 책임을 나에게 돌려서는 옳지 못합니다. 나는 아직 어떤 사람에게도 지식을 가르쳐 주겠다고 약속한 일이 없으며, 따라서 가르친 일도 없습니다.

-『소크라테스의 변명』-

소크라테스가 이렇게 이야기했다고 해서 그를 교육자가 아니라고 할 수 있을까? 소크라테스가 이렇게 이야기한 것에는 이유가 있다. 그는 다른 사람들과 다르다는 자부심이 있었다. 다른 사람은 학교를 차려 돈을 받고 교육을 하였지만, 그는 학교가 아닌 길에서 돈을 받지 않고 사람들과 대화를 하였다. 다른 사람들은 자신이 안다고 주장하고 자신이 옳다고 주장하였지만, 소크라테스는 자신은 모른다고 하며 오히려 자신이 틀렸을지 모른다고 하였다.

바로 이 지점이 연구자가 개입해야 할 시점이다. 소크라테스의 본뜻은 그것이 아니었다라고 이야기해야 한다. 소크라테스야말로 인류의 스승이었다고 이야기해야 한다. 나아가 소크라테스라면 이 시대의 이런 상황에서 이런 이야기를 했어야 한다고 내가 이야기해야 한다.

다섯 번째 단계는 "원 사상가가 미완성한 과제의 완수를 위해 지금 내가 무엇을 해야만 하는가?" 혹은 "나는 원 사상가를 대신해 무슨 말을 할 것인가?(必謂)"이다. 원 사상가는 이미 죽고 없다. 살아 있다고 하더라도 그가 꼭 내 질문에 답해야 할 필요는 없다. 시대가 다르다면 그는 이런 시대는 꿈에도 생각하지 못한 것일 수도 있다. 그렇지만 우리는 그가 이 시대의 여러 가지 문제에 대해 답해 주기를 기대하고 있다. 이 시대의 문제와 그 시대의 문제가 같을 수는 없다. 그렇지만 그라면 이 시대의 이런 문제에도 답을 해 줄 수 있지 않을까라고 생각은 할 수 있다. 그것을 내가 대신해서 하는 것이다.

사실 사상가 연구, 인물 연구는 정말 그 인물이 궁금해서 할 수도 있다. 그러나 나의 이야기를 그를 빌려 하는 것일 수도 있다. 성석제라는 작가가 황만근을 통하여 자신의 말을 하였듯이(소설『황만근은 이렇게 말했다』참조), 플라톤은 소크라테스라는 인물을 내세워 자신의 이야기를 한 것일 수도 있다. 이를 우리는 '소크라테스의 문제(Socratic problem)'라고 한다. 역사 속 실존 인물로서 소크라테스와 플라톤이『대화편』에서 철학자로 이미지화한 소크라테스를 분간하기는 어렵다. 그러나 오늘날 우리는 역사상 소크라테스는 알 길이 없고, 오로지 플라톤에 의해 형상화된 소크라테스를 통해 소크라테스를 알 뿐이다. 이런 점에서 플라톤은 대단한 사상가라고 할 수 있다. 소크라테스는 단 한 편의 저서를 남기지 않았다고 한다. 소크라테스와 같은 사람이 단 한 편의 저서를 남기지 않은 것이 사실 그를 더 위대하게 한다. 그런데 다른 한편에서 보면 플라톤이 아니었다면 오늘날 소크라테스가 역사상의 인물로 남아 있었겠는가? 플라톤이야말로 사상가 가운데 사상가였던 것이다.

아마도 플라톤은 창조적 해석학자라고 할 수 있다. 창조적 해석학의 네 번째 단계인 "원 사상가가 무슨 말을 했어야 했는가?(當謂)"라는 질문에 스승 소크라테스를 대신해 수없이 많은 말을 하였다. 그의『대화편』에 거의 대부분 소크라테스가 등장한다. 실제로 그렇게 등장했는지는 알 수 없다. 나는 아마 아닐 것이라고 본다. 소크라테스가 그렇게 이야기하지 않은 부분도 많을 것이라고 본다. 그러나 스승 소크라테스 이상으로 그를 대변한 사람이 플라톤이었다. 이 점에서 소크라테스는 플라톤에 의해 만들어진 인물이다.

플라톤은 아울러 창조적 해석학의 다섯 번째 단계의 질문인 "원 사상가가 미완성한 과제의 완수를 위해 지금 내가 무엇을 해야만 하는가?(必謂)"에 대해서도 더 이상 답을 할 수 없을 정도로 충분히 답을 하였다. 플라톤이야말로 창조적 해석학자였다고 할 수 있다.

이야기를 다시 원점으로 돌려 보자. 시사점 도출을 인물 연구, 사상가 연구의 주요 연구 문제라고 하였다. 이것은 교육의 사회적 책임 연구에서도 마찬가지이다. 그런데 이 시사점은 네다섯 번째 단계 질문에서 보았듯이 지금의 상황에 주는 시사점이다. 지금 이 상황에 대해 나는 원 사상가의 이름을 빌려 무슨 말을 할 수 있느냐는 것이다.

여기에 주의할 점이 있다. 하나는 원 사상가의 사상과 지금 상황(지금의 문제 상황)의 연결이다. 이 양자가 연결이 되어야 시사점 제시가 설득력을 가지게 된다. 보통 이 점을 소홀히 하는 경우가 많다. 이 점을 제대로 서술하지 못하는 이유는 몇 가지가 있다.

첫째, 연구의 출발단계의 문제이다. 연구자가 사상가를 선정할 때 문제의식이 분명하지 않은 상태에서 시작이 된 경우이다. 왜 하필 그 사상가냐고 했을 때 그 사상가와 지금의 문제 상황이 연결된다는 것을 알고(심증단계이지만) 시작해야 한다. 그냥 막연히 유명한 사상가이니 어떻게 연결되지 않겠느냐는 안이한 생각은 위험하다. 사상가는 만능열쇠가 아니다. 미리 이런저런 자료를 읽어 보고 마음으로나마 가능성, 즉 실마리를 가지고 시작해야 한다.

둘째, 사상가의 생애와 시대 연구에서 증거를 찾아야 한다. 사상가의 생애나 그가 살았던 시대를 잘 들여다보면 그의 사상이 이해가 되고, 그의 사상이 이해가 되면 지금의 문제에 대해서도 그 사상가를 대신해 할 말이 생길 것이다. 그러나 앞서 이야기한 바와 같이 의외로 이 부분에 대해 실증적 연구를 소홀히 한다. 그래서 필자는 모든 사상가 연구는 사상사 연구라고 이야기한다. 요즈음은 철학 연구와 역사 연구를 별개의 것으로 안다. 문사철이라고 하지 않나? 이것은 분리가 안 된다. 학문적 특성의 차이를 부정하는 것이 아니다. 다른 것까지 공부하는 것이 귀찮고 힘들어서 자신의 전공만 고집하면 안 된다. 철학자는 진리를 사랑하는 사람이지 특정 지식을 가졌다고 철학자가 되는 것은 아니다.

셋째, 이 시대에 대해서도 문제의식이 있어야 한다. 달리 말하면 사회적 책임의식이 있어야 한다. 우리 애만 잘되면 된다는 교육관을 가지고 있다면 어떻게 사회적 책임의 교육을 이야기할 수 있겠는가? 어느 교육사상도 우리 애만 잘되는 데 도움이 되는 사상은 없다. 연구는 자신의 삶이지 자신의 삶 밖의 것이 아니다.

4) 현장 연구와 구술사 연구

지금까지의 역사적 인물 연구의 목적, 내용에 이어 방법의 문제를 이야기하겠다. 인물 연구의 방법 역시 목적에 따라 너무나 다양하지만 그 가운데 교육의 사회적 책임과 관련이 있는 현장 연구에 대해 잠시 살펴보고자 한다.

먼저 이야기할 것은 교육학에서 인문학이라고 할 수 있는 교육사, 교육철학 관련 연구는 대부분 문헌 연구로 이루어진다는 점이다. 사상가의 위대한 사상은 문헌으로 전해지기 때문이다. 그러나 문헌 연구라고 해서 정말 문헌만 연구하면 되느냐? 꼭 그런 것은 아니다. 인문학 연구가 문헌 의존도가 높은 것은 사실이지만, 나는 문헌연구를 하는 사람에게 오히려 "발로 연구하라."라는 말을 자주한다. 이 말은 문헌이라고 하더라도 문헌과 관련된 현장이 있다는 것이다. 다시 나의 연구를 예시로 들어 보자.

앞서 소개한 남붕이라는 인물을 연구할 때 물론 1차적으로 그의 글을 읽었다. 글을 읽다 보니 그가 살던 동네가 궁금해졌고, 그와 관련된 인물이 궁금해졌다. 그래서 『해주일록』이라는 일기 읽기 세미나가 2회 정도 진행된 후 그의 고향을 방문하기로 하였다. 남붕은 영양 남씨이고 그의 고향은 영해읍 원구리라는 동네인데, 사전 조사를 해 보니 그곳에는 아직 관련 정자와 재실 등이 제법 남아 있었다. 종손되는 분과 문장(門長)이라고 하여 문중의 대표가 있는데 그들을 통해 그 집안의 어른들과 만나기로 약속을 하였다. 면담하는 날도 그 두 분이 나왔고 난고정이라는 집안의 재실에서 만났다. 요즈음도 이런 문중에서는 손님이 오면 술을 내놓고 특별한 음식을 준비한다. 접빈객, 봉제사라는 말이 있듯이 손님이 온다고 굉장히 손이 많이 가는 여러 가지 색깔의 묵을 만들고 가양주를 빚어 두었다가 내놓았다. 그들의 전통 문화를 배울 수 있었다. 이분들을 만나 보니 과거 집안 이야기부터 쭉 하는데, 실상 우리가 듣고 싶은 이야기는 남붕이라는 분이었다. 그렇지만 그분의 이야기를 모두 듣고 있었다. 계속 이야기가 옆 방향으로 가지를 치는 것을 적절히 제어하면서 남붕에 대한 이야기를 물어 나갔다. 사실 이분들은 남붕의 직계 후손은 아니었다. 직계 후손은 인천에 산다고 하였다. 젊은 분이지만 공부하는 분이 아니라고 하였다. 문장 어른과 종손 어른도 연세는 많지만 남붕을 직접 뵙지는 못하였다고 한다. 그러나 집안 어른이니 이야기는 많이 들었다고 하여 최대한 그 이야기들을 들으려고 하였다.

그런데 이러한 이야기를 들으려면 관련 지식이 좀 있어야 한다. 그렇지 않고서는 상대방의 이야기를 알아들을 수가 없고 내가 물어야 할 질문을 제대로 하지 못하게 된다. 그래서 연구가 반 정도 진척된 후에 인터뷰를 진행하면 좋다. 사실 현장답사는 한 번이 아니라 몇 번을 갈 수도 있다. 처음에는 사전 답사, 두 번째는 본 답사, 세 번째는 추수 답사이다.

재실에서의 대화가 끝이 나고, 남붕이 살았던 집을 소개해 달라고 하였다. 남붕의 집은 바로 인근이었다. 남붕이 살던 집은 지금은 밭으로 변해 있어서 이사 간 집으로 가 주위를 살펴보려고 하는데, 남붕의 증손자부 되는 분이 왔다. 남붕의 일기에는 증손자 교육에 대한 이야기가 많이 나온다. 증손자, 증손녀 교육에 애를 쓰는 모습도 일기에 있고 증손자가 공부하는 장면을 비교적 상세히 묘사해 놓았다. 증손자부가 되는 분도 연세가 많은 할머니였고 혼자 살고 계셨다. "아, 저분이 일기 속의 그 증손자의 배우가 되시는 분이구나."라고 생각하니 감회가 깊었다. 말 한마디를 나누어 보는 것이 마치 옛날 그 시대로 돌아간 느낌이었다. 남붕이 새벽 기도를 위해 늘 다녔던 용당이라는 우물가와 그의 아들이 공부했던 서당에도 가 보았다. 물론 지금은 학생을 가르치지는 않지만 그 건물이 그대로 유지되어 있었다. 이튿날은 그가 다녔던 영해향교에 가 보았다. 당시 영해향교 터에 신식 학교를 지으려는 신세력과 이를 저지하려는 구세력 간의 갈등이 굉장히 심했는데 그 과정은 일기에 소상히 나와 있다. 그도 신교육 자체에는 반대하지 않았으나, 신식 학교를 향교 터에 지으려는 것에 반대하였던 것이다.

현장 답사에서 사진도 많이 찍고 사람도 많이 만났다. 이 과정이 없어도 논문이 안 되는 것은 아니다. 그러나 논문은 글을 읽는 대상이 있다. 그 대상이 실감 있게 읽어야 한다. 그 독자를 위해 할 수 있는 최대한의 연구를 해야 하고 그 가운데 현장 연구가 있는 것이다. 내가 경험한 것을 전달하는 것과 내가 경험도 해 보지 못한 것을 전달하는 것은 차이가 크다. 교육의 사회적 책임 연구에서 현장 답사가 무엇보다 중요한 까닭이다.

또 현장 답사, 구술 연구와 관련하여 현재 부산대학교 BK연구원으로 참여하고 있는 한 연구자의 논문을 한 편 소개해 본다. 양지원(2021)의 『부산 지역 여성교육가 황순조의 교육실천과 교육사상 연구』(『항도부산』 제41권)이다. 이 연구의 출발은 역시 대학원 세미나 수업이다. 지역교육사연구 수업에서 부산 지역의 여성교육을 공부하다가 연구자가 찾은 역사적 인물이 황순조라는 사람인데, 부산 현대 여성교육가로 잘 알려져 있지 않은 인물이다. 연구 과정에서 황순조의 집안 사람들과 만나게 되고, 향토사학자를 만나게 되고, 같은 학교에 근무하던 분을 만나 저간의 사정을 듣게 되었다. 황순조의 남편은 서영해라는 인물인데 독립운동가이다. 부부생활을 잠깐밖에 하지 못했고, 슬하에 자녀도 없으며, 남편 서영해는 행방불명된 가족사가 있다. 그러니 잊힌 인물이 되었다.

　지역 인물 연구의 장점은 여러 가지가 있을 수 있겠지만, 연구 자료 접근이 용이한 것도 그중의 하나이다. 황순조와 서영해는 두 분 다 부산 출신이다. 황순조는 부산에서는 알려진 교육자이지만, 서영해의 정치적인 입장(남한의 단독 정부 수립에 반대)으로 그의 가족사가 공개되기에는 시간이 필요하였다. 그러나 시대가 바뀌고, 우리 사회의 이념적 포용력도 넓어지게 되어 마침내 2019년에 3·1운동 100주년을 맞아 부산박물관에서는 '서영해: 파리의 꼬레앙, 유럽을 깨우다'라는 주제로 특별전시회를 열게 되었고, 이로 인하여 황순조의 존재도 알려지게 되었다. 사실 양지원의 연구 출발은 그 전시와 무관하게 별도로 이루어진 것이고, 공교롭게도 접점을 마련하게 된 것이다. 연구자는 연구 과정에서 여러 차례 현장 연구를 하였다. 그 과정을 좀 더 상세히 설명하면, 첫째는 향토사학자(주영택)를 만나 당시 부산 교육의 시대적 배경과 학교 현장 상황 등을 들었다. 그는 동시대의 교사 출신의 향토사학자로서 많은 인맥을 가지고 있었다. 둘째는 부산박물관 학예사(김상수)를 만났다. 김 학예사는 서영해 특별전시 기획자인데, 그로부터는 관련 자료에 대한 정보와 황순조 선생의 가족을 소개받았다. 셋째는 전직 국어교사(류영남)를 만났는데, 그는 당시 황 선생님과 같은 학교 교사였고, 선생이 돌아가시기 전에 유품을 류 선생님에게 맡겼다. 넷째는 황순조의 며느리와 손자를 인터뷰하였다. 황순조 관련 문서, 사진 등 다양한 자료와 관련 일화 등을 들었다. 이렇게 발로 뛴 연구를 하다 보니 역사적 인물 연구로서 부산 근현대 여성교육가를 최초로 발굴하고 소개하게 된 것이다.

현장 연구로서 인물 연구에 유용한 또 하나의 방법으로 구술사 연구가 있다. 당사자가 살아 있을 경우, 그 사람을 만나 직접 인터뷰를 하는 것이 필요한데 구술사 나름대로의 연구 기법이 있다. 그러한 기법에 대해서는 여기서 전부 설명할 수 없다. 나의 경험만 간단하게 소개하겠다.

나는 한국전쟁기의 부산의 교육과 관련하여 몇 편의 논문을 쓴 적이 있는데, 이때 구술사 연구를 하였다. 한국전쟁 당시 교사였던 분, 교육행정가였던 분, 학생이었던 분 등을 만나 그들의 회고를 듣고 그 내용을 바탕으로 논문을 썼다. 구술 연구는 문헌 연구와 대립되는 것은 아니다. 상호 보완적으로 활용하면 좋다. 내 연구의 시대는 한국전쟁기여서 관련 자료가 거의 없어진 상황이라서 관련자의 구술 증언이 매우 중요한 자료가 되었다. 위안부 연구에서도 구술 증언은 매우 중요하다. 오랜 시간이 흘러 그 당사자의 기억을 100% 믿을 수는 없지만 그래도 자신의 경험이므로 1차 자료로서 의미가 크다.

구술 연구는 글을 모르는 사람을 대상으로 활용할 수도 있고, 글을 알아도 무방하다. 구술 연구는 인터뷰어가 인터뷰이에게 상황에 따라 다양한 질문과 추가 질문을 할 수 있다. 그러나 반드시 자신의 연구 의도에 따라 사전 질문지를 마련해야 하고, 질문 내용을 상대방에게 미리 알려 주어도 된다. 그러면 당사자는 관련 기억을 떠올려서 미리 적어 오기도 하고, 관련 사진, 자료 등을 찾아 인터뷰 때 보여 주기도 한다. 이렇게 현장 연구나 구술 연구를 통해 출판되지 아니한 다양한 자료를 접할 수 있거나 중요 인물을 소개받게 된다.

현대사 연구가 아니면 이런 인터뷰는 불가능하지 않나 생각할 수도 있지만 실상 그렇지만은 않다. 사상가 연구를 처음 시작하는 사람들은 그 사상가나 인물에 대한 기존의 문헌 자료를 충분히 읽어야 한다. 그리고 나서 여러 의문이 생기면 그 사상가를 연구한 선행 연구자들을 대상으로 인터뷰를 진행할 수가 있다. 메일이나 전화 등을 활용하여 물을 수도 있지만, 직접 찾아가서 연구 과정 등을 물어보면 의외로 많은 자료도 소개받을 수 있고, 궁금한 사상을 물어볼 수 있어 연구에 실질적 도움을 받을 수 있다.

3. 인물 연구의 난점과 희망

이 장에서는 교육의 사회적 책임 연구 방법 가운데 역사, 철학연구, 그 가운데 사상가 혹은 인물 연구에 관하여 이야기하였다. 인물 가운데 위대한 사상가는 시대를 넘어 여전히 우리에게 개인적·사회적 문제에 많은 시사점을 던져 준다. 그렇지만 모든 연구가 그러하듯이 인물 연구도 실행상 여러 가지 한계에 봉착하게 된다. 여기서는 인물 연구의 과정에서 봉착하게 되는 몇 가지 난점과 그 해결 가능성에 대해 생각해 보려고 한다.

첫 번째 난점은 사상의 난해함이다. 그렇지 않은 경우도 많지만 위대한 사상가의 사상은 난해한 경우가 적지 않다. 굳이 플라톤, 칸트, 듀이가 아니라고 하더라도 사상가의 사상은 범인(凡人)으로서는 접근하기가 용이하지 않다. 나는 연구자이고, 그는(그의 사상은) 연구 대상이다. 나는 연구자로서 생각의 자유가 있고 그의 사상은 다양한 해석 가능성이 있다. 사상가의 사상은 불변의 것이 아니다. 사상가 자신도 자신의 사상이 무엇인지 독자들에게 명료하게 설명하기 힘든 경우가 있다. 내가 다른 사람의 생각을 이해한다는 것은 기본적으로 어려운 일이다. 그래서 그의 생애와 시대, 사회를 실마리로 삼아서 접근하라고 한 것이다.

두 번째 난점은 언어 문자의 한계이다. 특히 역사적 인물, 사상은 대부분 우리가 이해하기 힘든 당시의 문자로 기록되어 있다. 사실 인문학하면 우리는 문사철을 떠올린다. 그런데 이 문사철이라는 학문이 기본적으로 문헌에 의존하는 학문이다. 문사철도 다 현장에도 있어 그와 관련된 문헌을 바탕으로 학문이 성립한 것이라고 해도 과언이 아니다. 그러다 보니 현장 연구보다는 문헌을 잡고 연구하는 것이 이 방면의 공부라고 해도 이상하지 않다. 사실 인문학자가 된다는 것은 문헌에 대한 학문, 언어로 된 학문을 연구하는 것이다. 이를 필로로기(philology)라고 한다. 역사든 철학이든 문학이든 이것이 안 되어 있으면 공부는 그만큼 제한될 수밖에 없다. 인물 연구, 사상가 연구라고 다를 수 없다. 흔히 어학은 하나의 세계를 얻는 것이라고 한다. 여기에는 따로 왕도가 없다. 원전을 아무리 연구해도 그 사상가의 사상을

100% 파악할 수는 없으나, 사전을 들고서라도 원전을 읽을 수 있다면 사상가의 말을 직접 들을 수 있다. 그 말 한마디에 감동할 날이 있을 것이다.

세 번째 난점은 시공차의 문제이다. 대부분의 역사 연구는 사상가와 내가 살고 있는 시간차, 공간차와 부딪힌다. 즉, 그들의 문제의식과 나의 문제의식에 차이가 있다는 것이다. 많은 연구자가 시사점 도출을 연구의 목적으로 하지만, 대부분의 연구는 밋밋한 시사점을 도출하는 데 그친다. 시간차와 공간차를 극복하지 못했기 때문이다. 공자를 연구하는 많은 사람이 공통적으로 하는 말이야기가 그 시대와 이 시대의 유사성이다. 무엇이 유사한가? 그 시대는 기원전 6세기의 춘추전국시대였고, 지금은 20세기, 21세기이다. 무한경쟁시대, 무도한 시대 등을 공통점으로 이야기하고 있다. 중심이 없는 시대임은 맞다. 그 시대는 왕을 중심으로 하는 전제 왕권의 시대인데, 이 시대가 무너지고 제후의 시대가 된 것이다. 모든 제후가 자국의 이익을 위해 무한경쟁을 하던 시대이다. 지금은 어떤가? 보기에 따라 차이가 있을 수 있지만, 같다는 점에서 본다면 절대 강국은 없다. 과거 20세기에는 미국과 소련이 절대 강국이었다. 지금은 러시아 대신 중국이 그 자리를 차지하고 있다. 그러나 이들 나라의 절대권이 다른 나라에 미치는 정도가 과거와는 다르다. 그 어느 나라도 함부로 쉽게 다른 나라를 침략하기는 힘들다. 여전히 국제 질서에는 무력이라는 힘이 작용하지만 힘만으로 되는 것은 아니다. 그래서 지금도 외교적으로 합종연횡(合從連衡) 정책이 있다. 원래 합종연횡은 전국시대에 강대국 진(秦)나라와 약소국 연(燕) · 제(齊) · 초(楚) · 한(韓) · 위(魏) · 조(趙) 등의 6국 사이의 외교관계 전략이다. 여기에는 각국의 이익에 따라 이리저리 관계가 바뀔 수 있는 것이다. 지금도 외교관계가 그렇지 않다고 이야기하기 힘들다. 남북통일은 남북만의 이야기가 아니다. 6자회담이라고 하여 주위 여러 나라가 개입할 수밖에 없는 현실적인 문제가 있다. 또 공자 시대도 지금도 무도한 시대라고 한다. 무도하다는 것은 윤리, 도덕이 없다는 것이다. 이것도 그럴싸한 이야기이다. 그 시대도 자식이 아비를 죽이고 신하가 임금을 죽이는 시대였고, 이 시대 역시 윤리, 도덕보다 법이 앞서는 시대이다.

그러나 이러한 공통점이 있다고 해서 여기에 입각하여 쉽게 결론을 도출해서는 안 된다. 공자의 말은 이 시대에도 의미 있는 이야기임에는 맞지만, 그렇다고 해서 공자의 말로서 이 시대의 문제가 해결되는 것은 아니다. 왜 그런가? 자세히 보면 두 시대에는 많은 상황에 차이가 있다. 정치 형태, 경제적 기반, 사회적 복잡성에서 차이가 있다. 사실 그 시대에도 공자의 말에 의해 문제가 해결되지 않았다. 공자 자신이 노나라의 사구(현재의 법무장관)가 되어 일을 처리해 보았다. 그 역시 인(仁)과 의(義)로 사태를 처리한 것이 아니다. 후에 공자의 사상이 성숙하였고, 그대로 했다면 평화의 시대가 왔을까? 알 수 없는 일이다. 그러나 정치란 공자의 이야기대로 인과 의, 예(禮)로서 되는 것이 아니라는 말이 더 설득력이 있을 것이다. 라인홀드 니부어(Karl Paul Reinhold Niebuhr, 1892~1971)라는 신학자가 『도덕적 인간과 비도덕적 사회(Moral man and immoral society)』라는 책을 썼다. 개인은 선할 수 있지만, 사회는 그럴 수 없다는 내용이다. 공자는 사회를 너무 나이브하게 보았다. 그럼에도 불구하고 공자의 말은 무용한 것은 아니며 그 자체가 하나의 사회의 이상을 제시한 것이라고 할 수 있다. 모든 종교는 실현 여부와 관계없이 이상과 유토피아를 말하고 있다. 천국, 극락, 대동사회(大同社會) 모두 유토피아이다. 그런 목표는 달성되지 않더라도 사회를 더 타락하지 않도록 유지해 주는 역할을 한다.

사상가 연구를 할 때 그 사상가를 전지전능한 사람으로 보면 그만큼 설득력이 떨어진다. 세상의 문제는 모두 개별적이고 독특하다. 이 모든 문제가 한 사람의 사상으로 해결될 수는 없다. 그렇다고 사상가를 연구할 필요가 없다고 생각해서는 안 된다. 이론적 연구의 한계라고 보면 오히려 편하다. 모든 이론적 연구가 다 이런 난점을 안고 있다. 엄밀히 말하면 과학적 연구 역시 마찬가지이다. 변인, 변수라는 것이 있는데, 과학적 연구는 이 변인을 통제하고 연구를 한다. 그러나 자연 상태에서는 변인 통제가 불가능하기에 연구와 현실은 차이가 있을 수밖에 없다.

이와 같은 여러 어려움에도 불구하고 사상 연구를 포기하면 안 된다. 사상에는 인간과 사회에서 일어날 수 있는 제반 문제에 대한 해결의 열쇠가 있기 때문이다. 율곡 이이는 "성인(聖人)과 내가 다르지 않다. 다르다고 생각하면 안 된다."라고 하였다. 나도 성인이 될 수 있다고 생각하고 공부의 목표를 거기에 두라고 하였다. 이를 '성인자기(聖人自期)'라고 하는데, 성인이 되도록 스스로 기약하라는 말이다. 그러나 사람 간에는 차이가 있다. 이를 부정해서도 곤란하다. 율곡은 13세에 진사시험에 합격한 사람이다. 천재가 아니고서는 불가능하다. 진사시험은 오늘날 고시시험 정도에 해당하는 시험이다. 13세의 소년이 합격한다는 것은 분명 보통 사람이 아니다. 모든 사상가가 다 천재는 아니다. 그러나 그들의 천재성은 일반인이 범접할 수 없는 부분이 있다. 왕필(王弼, 226~249)은 위진남북조 시대의 천재이며, 20여 세에 굉장히 깊이 있는 『노자』 주석을 내놓았다. 천재성은 보통 사람으로서는 따라가기 힘든 부분이 있다. 그러니까 위대한 사상가이고 그들의 사상은 후세에 많은 과제를 던져 주고 있다.

교육학에 보면 완전학습(mastery learning)이라는 것이 있었다. 블룸(Benjamin S. Bloom)이라는 미국의 교육학자가 제안한 것으로, 1970년대에 굉장히 인기 있는 수업법이었다. 앞의 내용을 모르면 그다음 진도를 안 나가게 하고, 앞의 내용을 다 학습한 다음에 다음 진도를 나가게 하는 방법으로 매우 인상적인 수업법이다. 이 수업법은 다른 말로 하면 개별화 수업법이다. 사람마다 이해가 다를 수밖에 없다. 사실 수업 상황에서 완전학습이라는 개념의 실현은 교사가 가르치는 내용을 학습자인 학생이 100% 소화하는 장면이다. 그러나 현실적으로 이것은 불가능하다. 일본의 한 교육학자는 여기서 오히려 희망을 이야기하였다. 교사의 가르침이 100% 그대로 전달되는 장면은 위험한 장면일 수 있고, 가르침과 학습이 서로 어긋나는 지점에서 아동(학습자)의 자유가 생긴다고 하였다. 우리가 위대한 사상가, 위대한 사상가가 아니라고 하더라도 남의 사상을 다 알기는 힘들다. 그렇다고 해서 실망할 필요가 없다. 여기서 새로운 해석이 생길 수 있고 연구자의 창의성이 발휘될 수 있다.

연구자는 사상가의 천재성에 좌절할 필요가 없다. 그 천재성도 소중하지만, 연구자의 한 걸음 한 걸음도 무시할 수 없다. 우보천리(牛步千里)라는 말이 있듯이 연구자의 성실성도 이러해야 한다. 참신한 생각, 창의적인 아이디어, 멋있는 주제도 좋다. 그러나 그것은 욕심이다. 집을 짓는 데 벽돌 하나 올리는 심정이면 족하다. 사상가는 사상가이고, 나는 나이다. 사상가가 나의 스승일 수는 있지만 내가 그 스승처럼 흉내 내서는 곤란하다. 한 걸음 한 걸음 가다 보면 어느 듯 그 사상가가 이해되고, 급기야 내가 또 하나의 사상가로서 이 사회의 문제 해결에 도움이 되는 생각을 드러낼 수 있는 것이다.

성 찰 과 제

1. 연구자 자신의 세부 전공 분야에서 교육의 사회적 책임 연구와 관련하여 주목할 만한 인물(사상가, 실천가)을 알아보고, 그의 주장이 이 시대에 어떤 시사점을 줄 수 있는지를 생각해 보자.

2. 연구자가 과제로 삼고 있는 교육의 사회적 책임 연구의 역사, 철학적 배경은 어떤 것이 있는지 알아보자.

 참고문헌

신득렬(1984). 교육사상가 연구: 소크라테스, 플라톤, 아리스토텔레스. 대구: 계명대학교출판부.

안경식(1984). 동학의 민중운동교육사상과 운동에 관한 연구. 한국학중앙연구원 한국학대학원 석사학위논문.

안경식(1994). 소파 방정환의 아동교육운동과 사상. 서울: 학지사.

안경식(2008). 한국전쟁기 임시수도 부산의 초등 피난학교 연구. 2008 부산학연구.

안경식(2010). 한국전쟁기 대한민국 교원의 삶. 한국교육사학, 32(1), 77-104.

안경식(2013). 교육사상 연구방법으로서 사상가 연구에 대하여. 교육사상연구, 27(1), 121-146.

안경식(2020). 20세기 영덕 지역 유학자, 남붕의 강학 활동과 의미. 김종석 외 공저. 해주일록: 20세기 영남 유림의 삶과 시대 의식(pp. 159-248). 서울: 은행나무.

양지원(2021). 부산 지역 여성교육가 황순조(黃順朝)의 교육실천과 교육사상 연구. 항도부산, 41, 219-266.

오인탁, 김창환, 윤재홍(2001). 한국 현대 교육철학과 교육사학의 전개: 1945에서 2000년까지. 서울: 교육과학사.

한용진, 정은정, 권혜정, 박주희(2010). 학회지 분석을 통한 한국의 교육사 연구 동향. 교육사학연구, 20(2), 155-179.

傅偉勳(1990).《從創造的詮釋學到大乘佛學》. 臺北, 東大圖書公司.

Niebuhr, R. (1932). *Moral man and immoral society Niebuhr, Reinhold*. 이한우 역(1994). 도덕적 인간과 비도덕적 사회. 서울: 문예출판사.

Platon. *Apologia sokrates*. 조우현 역(1979). 국가, 소크라테스의 변명. 서울: 삼성출판사.

제12장
교육의 사회적 책임으로서
지속가능발전교육

이병준

지속가능발전이라는 의제는 환경 문제의 논의에서 시작되었으나, 이제는 세대 간의 공존 문제로 발전되었다. 지속가능성 또는 지속불가능성에 대한 논의는 이제 사회의 모든 문제 영역에서 중요한 화두로 떠오르고 있고 교육도 그 예외는 아니다. 교육이 개인의 발달과 창의성에만 초점을 두어 온 한국의 교육문화는 이제는 함께 살아가야 할 것들에 대한 배려의 교육으로 변화되어야 할 시점이다. 교육학이 다른 학문의 관점과 함께 사고할 수 있어야 하고, 교육이 한 개인의 성장이 아닌 공동체 구성원 전체 그리고 후속 세대까지를 아우르는 인류에 관심을 가질 수 있어야 한다. 이것이 진정한 사회적 책임 교육으로서의 지속가능발전교육의 지향점이다. 지속가능발전교육은 우리가 살아가는 생활 세계 전반과 연관되어 있고 공간적으로 도시 전체를 아우른다. 때문에 지속가능발전교육은 평생교육에서 언급되고 있는 학습도시의 논의 속에 적절히 스며든다. 가치다원화시대에 지속가능성을 위한 교육은 전 지구적 환경 위기 속에서 모든 구성원이 합의할 수 있는 교육 목표이다. 이러한 지속가능발전교육은 환경적 책무성의 차원, 사회적 책무성의 차원, 경제적 책무성의 차원, 문화적 책무성의 차원 그리고 정치적 책무성의 차원을 아우른다.

1. 들어가는 말

최근 지속가능성과 지속가능발전(Sustainable Development: SD)이 정책적·실
천적·학문적 담론에서 자주 회자되고 있다. 지속가능발전이라는 화두가 본격
적으로 우리의 삶 속에 등장하게 된 이유는 생태적 차원에서의 인류의 생존과 함
께 우리의 삶의 질을 유지하기 위한 최소한의 발전이 우리가 추구해야 하는 중요
한 과제로 떠올랐기 때문이다. 개체 인간보다 개체를 넘어서는 여러 세대의 인류
라는 개념에 더 많은 관심을 가져야 하는 것이 바람직한 미래를 위해서 추구해야
할 당연한 가치이다. 세계환경개발위원회(World Commission on Environment and
Development: WCED)의 브룬트란트 보고서『우리 공동의 미래』이후에 지속가능발
전은 세계적인 화두가 되었고, 지구와 자연에 관한 인식 변화를 유도하였다. 이 보
고서는 지속가능발전을 환경보전 정도로만 생각하는 사람들의 생각을 '세대의 공
존'이라는 가치로까지 확장시켰다. 1992년 리우데자네이루에서 협의된 'Agenda
21'에서는 '발전과 환경의 조화'를 추구하는 이념으로 확대하였고, 2002년 요하
네스버그에서 개최된 지속가능발전 세계정상회의(World Summit on Sustainable
Development: WSSD)에서 현재 추구하고 있는 지속가능발전의 개념에 대한 합의가
이루어졌다고 볼 수 있다. 이런 맥락에서 최근 지속가능발전은 환경보존, 경제발
전, 사회정의라는 세 측면이 유기적으로 함께 고려되는 개념으로 받아들이고 있다
(UNESCO, 2005). 우선 환경적 관점은 자연자원, 에너지, 기후 변화, 생물의 다양성,
환경 문제 등 환경의 전반적인 부분을 다루며, 사회적 관점은 인권, 평화, 통일, 문
화의 다양성, 평등 등 공동체적인 삶을 다루며, 경제적 관점은 지속가능한 생산과
소비, 빈부격차 완화, 공정거래, 자원 절약 등의 주제를 다루고 있다. 이러한 지속가
능발전이라는 어려운 과제의 목표를 달성하기 위해서 지속가능발전교육이 존재한
다. 지속가능발전교육(Education for Sustainable Development: ESD)은 지속가능발전
에 대한 교육(education about SD)이며, 또한 지속가능발전을 위한 교육(education for
SD)이다. 지속가능발전에 대한 교육은 지속가능발전을 이루기 위해서 구성원 간의

이해와 동의를 높이는 과정이다. 그러므로 지속가능발전에 대한 교육은 지속가능발전의 중요성, 실천 방안에 대한 내용이 포함된다. 이에 반해 지속가능발전을 위한 교육은 구성원들이 지속가능발전을 달성하는 데 필요한 역량을 길러 주는 교육이다(모경환, 박새롬, 연준모, 이경윤, 임정수, 2010). 바람직한 지속가능발전교육이 되기 위해서는 두 종류의 지속가능발전교육이 조화롭게 이루어져야 할 필요가 있다. 즉, 지속가능발전교육은 구성원들이 지속가능발전이라는 과제에 접근하면서 서로 간의 이해와 합의를 통해 공통의 이해를 일치시키고 또한 합의된 지속가능발전의 개념을 달성하도록 실천하기 위한 지속가능발전 역량을 만들어 줄 수 있어야 한다.

이러한 지속가능발전교육을 수행하기 위해서는 방법론적인 프로그램 모듈이 필요하다. 그리고 지속가능발전교육의 프로그램 모듈에는 유네스코(UNESCO, 2005)에서 제시한 환경적 차원, 사회적 차원, 경제적 차원이 모두 포함되어야 하며, 좀 더 나아가자면 문화적 차원, 정치적 차원까지를 포함한다. 그럼에도 그동안 진행되었던 수많은 지속가능발전교육은 환경교육으로 오도되어 이해되어 왔고, 체계적인 틀을 갖추지 못한 채 변질되어 하나의 유행으로 생각되기도 하였다. 또한 지속가능발전은 정치적 역학으로 인해 녹색성장이라는 잘못된 개념으로 사용되면서 그 의미를 상당히 상실한 것처럼 느껴진다. 유럽 전문가들의 의견 조사에 따르면, 지속가능발전교육은 처음에 환경교육 담론에서 시작되었으나, 환경교육을 뛰어넘는 포괄적인 개념(concept)으로 이해될 필요가 있다.

2. 왜 지속가능발전교육이어야 하는가

1) 사회적으로 합의될 수 있는 미래교육 목표로서의 '지속가능성'

현대사회에서 교육이 어려운 이유는 이미 다양한 가치의 공존이 사회적으로 인정되고 있기에 특정한 가치를 사회적으로 합의된 교육 목표로 간주하기가 어렵기 때문이다. 때문에 사회적으로 합의될 수 있는 최소한의 절충 지점을 찾는 작업은 교육담론에서 지속적으로 이루어져 왔던 작업이다. 이 과정에서 종교적·정치적 관점에서의 교육 목표 설정은 '규범적'이기에 이제는 더 이상 받아들이기가 어렵다. 이상적인 인간상의 제시를 통한 교육 목표의 설정 또한 개인과 집단의 관점에 따라 호불호 또는 수용, 불수용이 예상되기에 잠정적인 합의된 교육 목표로 설정하기가 어렵다. 이러한 상황 속에서 인류 미래를 위협하는 생태 위기의 문제를 극복하는 과제는 우리의 공동노력을 경주할 만한 교육의 지향성을 제공한다. 물론 개발주의자와 시장주의자들과 환경보존주의자 및 생태주의자들이 100% 동의하는 것은 아니나 서로 적정선에서 합의할 수 있는 개념을 지속가능발전과 지속가능성(Sustainability)으로 설정한 것이다. 지속가능발전, 지속가능성은 절충주의의 산물이기는 하나, 가치와 관점의 다양화 시대에 있어서 최소한의 합의된 방향성이라고 본다면 이 또한 의미 있는 부분이라고 말할 수 있다. 현재 잠정적으로 다수의 사람이 동의할 수 있는 교육 목표는 지속가능성, 지속가능발전인 것이다.

2) 지속가능발전교육을 통한 사회적 책임 역량의 전유

교육학담론은 그간 심리학에 과도하게 경도된 나머지 개인의 발달, 개인의 창의성에 주로 초점을 두어 왔기에 사회적 차원에 대한 책임을 위한 교육에는 뭔가 부족하게 강조되어 왔던 것이 사실이다. 이러한 심리학적 접근이야말로 교육적 또는 교육학적이라고 지칭되어 왔던 흐름이 교육의 정책과 현장에서 여전히 위세를 떨치고 있다. 이러한 흐름에는 교육을 통한 계층(신분) 상승을 꿈꾸었던 한국적 문화와 교육학을 학습(學習)에 대한 기술(技術)의 학문으로 인식하고 도입한 교육학계의 문화 또한 한몫을 했다고 볼 수 있다. 그러나 이러한 형태의 한편으로 경도된 교육담론은 사회 속에서 교육의 사회적 탈맥락성으로 인해 자리를 잃게 되었다. 개인영달의 수단으로서만 간주된 교육학적 지식은 이제 새로운 전환점을 맞이하게 되었다. 소위 '사회적'이라는 접근 시각이 이제 교육의 사명에 포함되는 것이다. 이러한 맥락에서 사회적 책임을 위한 교육과 관련하여 지속가능발전교육은 중요한 위치를 차지하고 있다.

3. 지속가능발전과 지속가능성: 차원과 지표

1) 지속가능발전과 지속가능성

인간이 문명을 발전시키면서 치른 대가로 얻게 된 생태계 파괴와 관련하여 많은 철학적·과학적 논의가 있어 왔으며, 이러한 논의들은 교육적 담론 형성에 주도적인 영향력을 행사해 왔다. 환경오염은 환경기술의 개발을 통해 점차 개선될 수 있다고 보는 환경기술 친화적인 입장에서부터 우리의 삶과 생산 구조의 근본적인 변화를 꾀하지 않고서는 문제를 해결할 수 없다는 생태급진론적인 입장에 이르기까지 다양한 논의가 환경교육·생태학습 담론에 깊숙이 개입해 왔다. 지속가능발전의 가치는 오랜 담론과 논쟁 속에서 절충적으로 만들어진 실현 가능하다고 판단된 합의(consensus)이다. 따라서 여전히 최근까지도 지속가능발전에 대한 비판적인 입장들이 존재하고 있으며, 보는 사람의 입장에서 어떠한 입장을 취하는가에 따라 지속가능발전은 진보적일 수도 있고 보수적일 수도 있다. 그러나 지속가능발전[1]이라는 개념은 많은 논쟁과 비판 그리고 대안 제시 속에서 현재까지 비교적 광범위한 합의를 얻기에 이르렀다. 생태주의자들은 지속가능발전이 여전히 발전 패러다임에 포섭되어 있다고 비판하며, 이 또한 지구의 환경 파괴와 이로 인한 인간 생존을 위한 자연적 기반을 원상대로 회복하기에는 어려울 것이라고 비판적으로 전망한다. 반면, 시장경제주의자들은 환경 문제는 환경기술의 개발을 통해 해결될 수 있음에도 불구하고 지속가능발전에서 강조되는 핵심 가치는 다분히 자본주의체제에 맞지 않는다며 지속가능발전의 급진성을 비판한다. 그러나 지속가능발전이라는 개념의 도입은 환경 파괴를 막는 것이 시급한 현재적 관점에서는 구체적인 공동 행위를 하기에는 안성맞춤이다. 환경과 생태 가치에 관한 근본주의자와 시장주의자들이 합의할 수

---

1) 이와 더불어 최근 부산에서 개최된 제3차 OECD포럼에서는 지속가능성이 사회의 성숙도를 판단하기에는 너무 복잡하고 어려우므로 사회적 진보(social progress)와 같은 개념으로 대치되어야 한다고 주장되었다.

있는 개념인 것이다. 지속가능발전 개념의 유용성에 대하여 영국의 사회학자인 기든스(Anthony Giddens)는 다음과 같이 말하였다.

> '지속가능한 개발'이라는 개념의 도입은 아주 의미 있는 효과를 가져왔다. 그 이전까지는 전혀 양립할 수 없었던 두 세력, 녹색운동가들을 비롯해 성장에 반대하는 세력과 그 반대편에 있는 친시장주의 세력이 적어도 일정 수준까지는 서로 화합하도록 하는 데 기여하였다(Giddens, 2009, p. 95).

기든스는 지속가능발전 개념의 중요성을 강조하였지만, 지속가능발전 개념 대신에 지속가능성의 개념에 더 이론적 · 실천적 의미를 두었다(Giddens, 2009). 그는 지속가능발전 개념이 분석적이지 못한 부분 때문에 미래 세대의 이익에 관심을 두는 지속가능성의 개념을 주목하였다. 세계경제포럼은 전 세계 100여 개 국가를 대상으로 환경지속성지수(environmental sustainability index)를 산출하여 발표하고 있다. 환경지속성은 다음과 같은 다섯 가지 요소를 감안하여 산출된다(Giddens, 2009, pp. 97-98).

- 대기, 토양, 물 등과 같은 생태계의 질
- 오염과 같이 생태계에 가해지는 스트레스의 정도
- 그런 스트레스가 인간 사회에 미치는 영향의 정도
- 환경 위협에 대처할 수 있는 그 사회의 사회적 · 제도적 역량
- 지구 공공재, 특히 대기 환경을 위해 봉사할 수 있는 능력

이와 달리 시민 주도로 개발하는 지속가능한 지수도 있다. 시애틀은 시민참여형 지속가능지수를 산출하고 있다(Sasaki & NIRA, 2007, p. 164). 이러한 도시의 지속가능성 지수는 도시의 건강도와 쾌적함, 행복감을 간접적으로 알려 주는 중요한 지표이다.

2) 지속가능발전의 네 가지 차원

지속가능발전의 개념은 현 세대의 욕구를 만족시키면서도 미래 세대의 행복을 훼손하지 않는 것을 골자로 하는데, 지금까지는 크게 환경적·경제적·사회적 차원의 세 가지 차원이 상호 연관된 것으로 언급되고 있다. 이 발표자는 거기에 한 걸음 더 나아가 문화적 차원을 추가하여 크게 네 가지 차원이 상호 의존성을 가지고 있음을 인식할 필요가 있다고 생각한다. 환경적·경제적·사회적·문화적 차원은 정책 수립 시 함께 고려되어야 할 요소들이며, 각기 하나의 차원(요인)이 다른 차원(요인)에 영향을 줄 수 있음을 의미한다. 지속가능발전의 다차원성은 인간과 환경과의 단선적 관계를 넘어서 다차원적 차원에서 그 관계성과 순환선이 고려되어야 한다는 것을 의미한다.

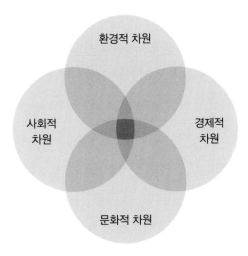

[그림 12-1] 지속가능발전의 네 가지 차원

4. 지속가능발전교육: 선진 동향과 우리의 현황

1) 환경교육에서 지속가능발전교육으로: 지속가능발전교육 선진국 독일

지속가능발전의 개념 논의가 서구에서 먼저 이루어진 만큼 지속가능발전교육의 확산 또한 서구에서 훨씬 빠르게 전개되었다. 현재 지속가능발전교육을 가장 앞서 이끌고 있는 국가는 독일로서 독일은 이미 1992년에 '독일 지속가능발전위원회'를 구성하여 지역의제21의 실행을 목적으로 53여 개의 조직 및 회원 참여를 이끌어 내었다. 그 후 독일 주(州) 교육부장관회의(KMK)와 교육 계획과 연구 촉진을 위한 연방-주 위원회(BLK)를 통해 지속가능발전을 주요 정책의제(agenda)로 설정하였으며, 2000년에는 독일의회에서 '지속가능발전교육'의 사회적 촉진을 의결한 바 있다. 2000년대 초반에는 독일 연방교육연구부(BMBF)가 지속가능발전교육의 개념 정의를 통하여 정책 지침을 제시하는 등 학문적·사회적·정책적 담론이 지속적으로 중단됨 없이 오랫동안 진전되어 왔다.

> 지속가능발전교육은 인간을 지구적 관점의 고려 속에서 생태(학)적으로 지탱해 낼 수 있고, 경제적으로 성과를 낼 수 있으며, 사회적으로 정당한 환경을 적극적으로 조성해 낼 수 있는 능력을 개발하는 것을 목적으로 하고 있다(BMBF, 2002).

이후 독일 정부는 지속가능발전을 위한 국가 전략의 구성 요소로서 지속가능발전교육을 위한 실행 계획을 의결하였는데, 현재 독일 정부가 제시하는 지속가능발전교육의 국가 수준 실행 계획의 목적은 다음과 같은 네 가지로 요약된다(BMBF, 2005).

• 활동의 계속적 발전 및 연계와 best practice의 전이 및 확산

- 지속가능발전교육 활동가의 네트워크
- 지속가능발전교육의 공적 인지 개선
- 국제적 협력의 강화

한 가지 주목할 사항은 독일 정부는 2000년 이후로 환경교육 또는 생태교육이라는 개념으로 프로젝트 공모에 응할 경우에는 지원을 해 주지 않는 등 지속가능발전교육이라는 개념을 학문적·실천적·정책적 실천과 담론에 지속적으로 유입될 수 있는 기반을 조성하였다는 점이다.[2] 독일이 이렇게 오랜 기간 동안 꾸준히 지속가능발전과 지속가능발전교육을 정치와 정책, 학문과 실천 그리고 사회 속에서 확산시켜 오게 된 것은 다양한 사회 참여 주체들의 높은 의식 수준과 합의를 도출하려고 한 민주적인 의사결정 문화에 기인한다.

2) 지역의제21과 지속가능발전교육: 핀란드 헬싱키

지속가능발전의 문제를 평생교육과 연계할 때 중요하게 제기되는 문제는 바로 지역의제21(local agenda 21)과 연계된 문제이다. 1992년 브라질 리오데자네이루에서 개최되었던 '환경과 개발에 관한 유엔회의(UN Coference for Enviornment and Development: UNCED)'에서 지구 정상회담(earth summit)이 열리면서 의제21(agenda 21)을 채택하였다. 의제21은 전문을 포함하여 총 40개 장으로 구성되어 있으며, 지속가능한발전을 위한 세부 계획은 사회경제 부문, 자원의 보존 및 관리 부문, 주요 단체의 역할 강화 부문, 이행 수단 부문 등 4개의 분야로 구성되어 있다. 특히 의제21 제28장에서는 각국의 지역정부가 지역사회와의 파트너십과 합의를 강조하고 있으며, 의제21에서는 성공적인 의제21 수행을 위해서 교육부문도 강조하고 있다.

---

2) 유럽에서는 환경교육과 지속가능발전교육의 개념적 연관에 대한 전문가 설문 조사가 진행된 바 있다. 이 결과에 따르면, 환경교육에 지속가능발전교육이 포함된다거나 지속가능발전교육에 환경교육이 포함된다고 답변한 전문가보다는, 지속가능발전교육은 처음에는 환경교육에서 잉태되어 발전되었으나 환경교육과는 다른 개념이라고 답변한 사람이 다수를 차지하였다(Apel, 1993).

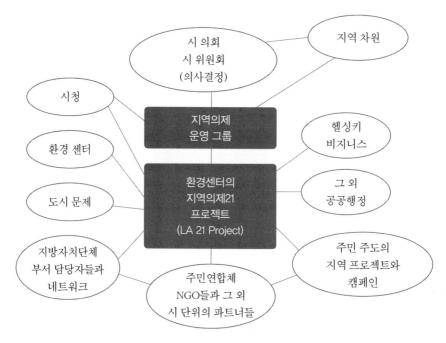

[그림 12-2] 헬싱키 지역의제21 준비를 위한 조직 모임

출처: City of Helsinki Environment Centre (2002), p. 12.

의제21의 등장은 각 국가의 특색과 현안에 맞추어 지역별로 지역의제21이 구성되어 운영된다. 현재 우리나라는 지역의제21 활동이 지역마다 편차가 크며 비교적 활발한 곳들이 있기는 하지만, 전반적으로 활발하지 않은 편이다. 이와 달리 선진국에서는 도시정책의 목표로 지속가능성지수를 산출하고, 이를 시민적 차원에서 교육하기 위하여 지역의제21 활동이 비교적 활발하게 이루어지고 있다. 대표적으로 핀란드 헬싱키는 지속가능성지수를 산출하고, 도시의 지속가능성을 이루어 내기 위하여 지역의제21을 만들어 내고 있다. 지역의 행정과 경영 분야, 지역NGO 및 주민들의 참여 등을 통하여 환경센터를 중심으로 지역의제21 프로젝트를 진행하고 있다. 인구 56만 명의 헬싱키 지역의제21은 21개 영역의 목표와 실행 계획을 수립한 바 있다(City of Helsinki Environment Centre, 2002, pp. 22-29).

[그림 12-3] 헬싱키 지역의제21 영향 영역의 다이어그램

출처: City of Helsinki Environment Centre (2002), p. 13.

1. 토지 이용과 도시 구조

2. 교통과 이동성

3. 녹지 공간과 자연보호

4. 도시 경관과 주거 환경의 쾌적함과 안정성

5. 교외 지역의 부흥과 건축의 생태학적 지속가능성

6. 온실가스 방출과 에너지 생산

7. 에너지 소비와 절약

8. 용수 공급

9. 폐기물 관리와 재활용

10. 항구 운영

11. 참여, 상호작용 그리고 파트너십

12. 어린이와 청소년의 복지와 참여

13. 학교와 환경 교육

14. 스포츠와 건강한 생활 방식

15. 주민들에 의해 운영되는 프로젝트와 네트워크

16. 사업체와의 협력

17. 지방자치단체의 프로젝트

18. 환경 경영

19. 지역적 협력

20. 헬싱키의 국제 협력

21. 지속가능성을 위한 실행 계획의 후속조치

특히 헬싱키의 경우 도시의 지속가능성을 위한 환경교육 분야에서 온실가스 방출 감소, 생물의 다양성, 상호작용과 시민들의 참여, 문화적 다양성 등의 목표와 긴밀히 연계되고 있다. 지속가능발전을 위한 환경교육은 매우 넓은 범위를 포함하고 있는데, 유치원, 초·중등학교, 청소년센터, 직업훈련, 대학, 노동교육 등 다양한 영역에 포괄적으로 걸쳐 있다. 교육의 목표는 "헬싱키 주민의 환경 문제에 대한 인식 역량과 책임감을 높이는 것이며, 지구적인 발전과 지역적인 발전의 연결을 높이는 것"(City of Helsinki Enviornment Center, 2002, p. 27)이다. 물론 교육은 교육 목표, 교육 내용, 교수방법에 이르기까지 새로운 방식들을 도입하였는데, 특히 교사와 훈련전문가들의 교육에 큰 비중을 두고 있다.

3) 새로운 전환점: 한국에서의 현황과 과제[3]

지속가능발전교육 개념의 모태는 환경교육이다. 우리나라의 경우에 역사적으로 환경교육이 공론화되기 시작한 것은 1970년대로, 이 당시에는 연구자들의 수준에서 논의되었다. 이러한 움직임은 1980년대에 들어서 환경 문제가 사회적으로 가

---

3) 최근에는 환경교육에서도 지속가능발전이라는 개념을 부분적으로 차용하고 있으나, 여전히 내용성을 강조하는 환경교육에서는 지속가능발전교육에 대한 심리적 거부감이 존재하고 있는 실정이다.

시화되고, 공해추방시민운동협의회가 결성되고 활동하여 이에 대응하였던 시기부터 환경운동의 일환으로 대중의 의식화를 목표로 하는 운동 차원으로 전환되었다. 1990년대 들어서는 환경운동연합 등 큰 환경 관련 사회단체들이 생겨나면서 각 운동단체들은 교육팀을 꾸려 시민교육 차원에서의 환경교육을 체계적으로 운영하기 시작하였고, 환경교육은 이때부터 본격적으로 확산되었다고 볼 수 있다. 환경운동이 시민운동으로 변모하면서 환경교육은 생태체험 학습으로 상당 부분 전환되었는데, 이때부터 어린이들이 주 교육 대상으로 등장하고 환경교육이 조금 더 대중화되었다. 1991년 페놀 사건은 기업의 사회적 책임 문제가 공론화되는 계기가 되었는데, 이 이후로 환경 문제에 대한 기업과의 공동 논의가 이슈되면서 결국 기업들을 홍보의 장으로 이끌어 내었으며, 소수의 사례이기는 하지만 환경교육을 지원하는 기업 산하의 재단도 생겨나게 되었다. 2000년대 들어서는 많은 기업이 지속가능성 보고서를 펴내면서 지속가능성이 기업의 경영을 평가하는 지표로까지 떠오르게 되었다. 이와 함께 1990년 후반부터는 국가가 환경교육을 부분적으로 지원하는 정책도 생겨나게 되었다(장미정, 2011). 이러한 흐름은 리오데자네이루 회의 이후로 지속적으로 참여, 파트너십, 거버넌스 등이 언급되면서 시민사회와 기업, 국가(지방정부)의 협력에 대한 가치가 확산되었다. 이러한 흐름 속에 환경교육에 대한 가치는 많은 학술적인 논의 속에서 지속가능발전의 가치와 접목되기 시작하였다. 특히 참여정부 때 국가위원회로 '지속가능발전 위원회'가 조직화되었고, 「지속가능발전 기본법」이 만들어져서 실질적인 제도화에 이르렀으나, 지속가능발전교육과 관련하여서는 미진한 움직임을 보여 왔다. 신 정부의 출범으로 정책적 가치의 축이 지속가능발전에서 녹색성장으로 변화되는 가운데 지속가능발전교육은 제대로 정책적 차원에서 꽃을 피워 보기도 전에 녹색성장교육의 등장으로 혼란이 가중되고 있으나, 유엔 지속가능발전교육 이행 계획의 국가 수준의 중간평가와 더불어 우리나라 세 곳에 지정된 유엔지속가능발전교육센터(Regional Centres of Expertise on Education for Sustainable Development: RCE), 유네스코 한국위원회를 중심으로 조금씩 홍보되며 확산해 가고 있다. 우연하게도 한국에서 유엔지속가능발전교육센터가 인증되어 운영되고 있는 곳들은 평생학습도시로 선정되어 운영하고 있는 곳들로서 지속가능발전의 철학과 가치를 평생학습도시에 접목시키는 것을 확산시킬 수 있는 거점이다.

5. 지속가능발전 역량 모델링 및 학습 목표

1) 핵심 역량으로서의 지속가능발전 역량 및 학습 목표

핵심 역량으로서의 지속가능발전 역량은 핵심역량교육의 DeSeCo(Defining and Selecting Key Competencies: OECD) 프로젝트 연구를 기반으로 독일 베를린 훔볼트 대학교의 드 한(Sanneke De Haan) 교수가 개발한 조성 역량을 참조할 필요가 있다 (⟨표 12-1⟩ 참조). 한 개인의 성공적인 삶을 위한 핵심 역량을 개발한 핵심역량교육은 자율적 행동, 이질적 집단에서의 상호작용, 매체와 도구의 활용 세 가지를 핵심 역량 요소로 규정하였다. 이러한 핵심역량교육의 연구결과는 다양한 역량개발에 활용되었는데, 문화역량연구와 지속가능발전 역량 연구가 그 대표적인 사례이다. 드 한은 핵심 역량으로서의 지속가능발전 역량을 열 가지 구성 요소(자율적 행동 네 가지, 타인과의 효과적인 상호작용 세 가지, 매체와 도구의 활용 세 가지)로 분류하여 제시하였다(이병준, 2008). 제시된 열 가지의 핵심 역량 기반 지속가능발전 역량과 관련된 행동 지표 및 학습 목표는 ⟨표 12-1⟩과 같다.

표 12-1 핵심 역량 기반 지속가능발전 역량

역량	역량의 정의	하위 역량	학습 목표
자율적인 행동	전체적 조망 속에서 행동하고 생애 계획을 수립하고 실천하며 권리, 이익, 한계, 요구를 주장하고 지킬 수 있는 능력	• 독자적인 비전과 타인의 비전을 성찰할 수 있는 역량 • 독립적으로 계획하고 행동할 수 있는 역량 • 소외 집단(가난한 자, 힘없는 자, 억압받는 자)에 대한 공감과 연대감을 보여줄 수 있는 역량 • 스스로 적극적으로 되기 위하여 자기를 동기 유발할 수 있는 역량	• 각종 패턴을 이해한다. • 자신이 속한 시스템을 안다. • 자신의 행동이 초래할 직간접적인 결과를 파악한다. • 개인적 · 집단적 규범 및 목표에 미칠 결과를 고려하여 적절한 행동 방침을 선택한다. • 이미 보유한 자원과 필요한 자원(시간과 예산 등)을 파악해 평가할 수 있다. • 목표의 우선순위를 정하고 구체화할 수 있다. • 여러 가지 목표 달성을 위해 필요한 자원 간의 균형을 맞출 수 있다. • 과거 행동에서 배움을 얻어 미래의 결과를 예측할 수 있다. • 진행 상황을 점검하면서 필요할 때마다 조정 작업을 할 수 있다. • 자신의 이익을 이해한다. • 시시비비를 가리는 성문화된 규칙과 원칙을 안다. • 요구와 권리를 인정받기 위해 논증 구성을 할 수 있다. • 합의 또는 대안을 제시할 수 있다.
타인과의 효과적인 상호작용	타인과 원만하게 관계를 맺을 수 있으며, 팀으로 일하면서 협력할 수 있고, 갈등을 관리 및 해결할 수 있는 능력	• 타인과 함께 계획하고 행동할 수 있는 역량 • 의사결정 과정에 참여할 수 있는 역량 • 타인이 적극적으로 행동할 수 있도록 동기 유발할 수 있는 역량	• 다른 사람이 되어 그 사람의 관점으로 상황을 상상하여 어떤 상황에서 자신이 당연시하는 것이 다른 사람에게는 꼭 그렇지 않음을 인지하고 공감한다. • 자기인식을 통해 본인의 기본 정서 상태와 동기 부여 상태는 물론 다른 사람의 상태까지 효과적으로 해석하여 효과적으로 감정을 관리한다. • 자신의 생각을 표현하고 타인의 생각을 경청한다.

| 타인과의 효과적인 상호작용 | | | • 토론의 역동성과 의제에 대해 이해한다.
• 전술적 또는 지속가능한 협력관계를 구축한다.
• 협상능력이 있다.
• 견해 차이를 참작하여 결정한다.
• 모든 쟁점과 걸려 있는 이해관계, 갈등의 발단, 모든 당사자의 논거를 분석하여 다양한 입장이 있을 수 있음을 인지한다.
• 의견의 일치 및 불일치 부분을 파악할 수 있다.
• 문제를 재구성할 수 있다.
• 요구와 목표의 우선순위를 정하여 포기할 것과 포기 조건을 결정할 수 있다. |
| 매체와 도구의 활용 | 언어, 상징, 텍스트, 지식과 정보, 기술을 상호교감하며 사용할 수 있는 역량 | • 세계개방적, 새로운 관점의 통합하는 지식을 형성하는 역량
• 앞을 내다보고 사고하고 행동할 수 있는 역량
• 학제적 지식을 획득하고, 이에 준하여 행동할 수 있는 역량 | • 새로운 것을 인지하여 판단한다.
• 적절한 정보 소스를 확보한다.
• 그 정보와 정보 소스의 우수성, 적합성 및 가치를 평가한다.
• 지식과 정보를 체계화한다. |

출처: 이병준(2008), pp. 54-56에서 재구성.

2) 환경적 · 사회적 · 경제적 영역과 관련된 지속가능발전 역량 및 학습 목표

인간이 일상생활과 직업생활에서 성공적으로 살아가는 데 필요한 핵심 역량의 차원에서 요구되는 지속가능발전 역량과 함께 지속가능성의 핵심 문제 영역인 환경 · 사회 · 경제 · 문화 영역에서의 지속가능발전 역량에 대한 문제는 핵심적인 과제이다. 국내 전문가들과의 표적 집단 면접(Focus Group Interview) 결과 4개의 역량군에 13개의 역량 요소가 도출되었다(이병준, 2008). 역량군은 환경 · 사회 · 경제 ·

문화 영역에서 필요로 하는 지속가능발전 역량들이다(〈표 12-2〉〈표 12-3〉〈표 12-4〉〈표 12-5〉참조).

표 12-2 환경친화적 역량군

역량	역량의 정의	하위 역량	학습 목표
재활용 역량	생활 속의 쓰레기를 처리하는 능력	• 물품 재활용 • 분리수거	• 시장에 갈 때는 장바구니를 들고 다닌다. • 쓰레기 분리수거 방법과 날짜를 잘 알고 있다. • 재활용을 위해 물물교환을 한다. • 재활용센터에서 물건을 구입한다.
환경보호 역량	인간을 둘러싸고 있는 자연환경이 파괴되지 않도록 미연에 방지하는 능력	• 환경보호 활동 • 환경보호를 위한 생활 습관	• 환경실천 관련 홈페이지 및 단체로부터 정보를 이용한 적이 있다. • 환경보호를 위해 보다 강력한 법이 필요하다고 생각한다. • 환경보호 활동에 관심이 있고, 시간이 허락한다면 적극적으로 참여할 의사가 있다. • 환경 문제 때문에 채식을 하기로 결심한 적이 있다. • 지구온난화 방지를 위해 불편하더라도 '차 없는 날' 같은 행사에 참여한다.
자연이해 역량	지역사회의 자연환경에 대해 잘 알고 있는 능력	• 지역의 자연환경 이해	• 우리 지역의 사계절의 변화에 대하여 알고 있다. • 우리 지역의 생태계에 대하여 알고 있다. • 우리 지역의 동식물, 야생화 군락지, 습지 등이 어디에 있는지를 알고 있다.

출처: 이병준(2008), p. 57에서 재구성.

표 12-3 사회통합 역량군

역량	역량의 정의	하위 역량	학습 목표
세대 소통 역량	각 세대가 가지고 있는 사회적 성격을 이해하는 능력	• 후속 세대 배려 • 세대 간 소통	• 미래 세대를 위해서 자연보호, 물자 절약, 에너지 절약 등에 따른 불편함을 감수할 수 있다. • 미래 세대의 세금 부담을 덜어 주기 위해 연금을 적게 받는 것을 감내할 수 있다. • 지역의 개발이 다음 세대들이 사는 데 지장이 없었으면 하는 생각이 간절하다. • 아이/어른과 환경에 관한 주제로 이야기를 한다.
참여 역량	사회 활동에 자신의 의견을 관철하는 능력	• 지역사회 문제 해결 활동 • 환경보호를 위한 정치적·사회적 활동	• 지역사회의 문제 해결을 위한 대안모임에 참여한 적이 있다. • 시민단체에 회원으로 가입하여 활동하고 있다. • 지역사회 자원봉사 활동에 참여한 적이 있다. • 지역 예산에 환경보호에 관한 예산이 편성되어야 한다고 생각한다. • 환경 정책을 중요시하는 정책을 표방하는 정당에 투표한다.

출처: 이병준(2008), pp. 58-59에서 재구성.

표 12-4 친환경경제 역량군

역량	역량의 정의	하위 역량	학습 목표
친환경적 소비 역량	환경보전 의식을 가지고 친환경 상 품 생산 및 보급· 촉진하는 능력	• 유해환경 제 품 인지 • 친환경적 제 품 구매	• 물건 구입 시 환경 유해 여부를 고려한다. • 정기적으로 친환경 물품(제품)을 구입하고 있다. • 가족에게 환경오염 물질의 불매를 적극 권 장한다. • 제품을 구매할 때, 그 제품을 만든 기업의 사회적 공헌이나 환경보전 노력, 환경을 중 시한다는 기업의 이미지를 고려해서 산다. • 비싸더라도 우리 지역의 농축수산물을 구 입한다. • 농산물 직거래를 통해 물건을 구입한다. • 식료품을 살 때 어떤 식품 첨가물이 들어 있는지를 확인한다.
에너지 역량	에너지의 효율적 사용 또는 소비를 절감하는 능력	• 에너지 절약	• 에너지 절약을 위해 냉난방기는 필요할 때 만 사용한다. • 환경을 고려하여 짧은 거리는 걸어서 이동 한다. • 겨울에 집에서 가능하면 난방 시간을 줄이 기 위해 두껍게 옷을 입고 있는 편이다. • 외출을 할 때는 전기 절약을 위해 전기 플 러그를 뽑는다.

출처: 이병준(2008), pp. 59-60에서 재구성.

표 12-5 문화다양성 역량군

역량	역량의 정의	하위 역량	학습 목표
상호 문화 역량	사회 구성원 사이에서 합의하고, 제도화한 것에 대해 자신의 위치를 잡는 능력	• 의사소통 • 사회적/대인관계 능력 • 갈등 관리 능력 • 공감·관용·수용 능력 • 문화 간의 인정 능력	• 영어가 다른 언어보다 우월하다고 생각하지 않는다. • 다양한 배경을 가진 사람들과 일하는 것이 괜찮다. • 외국인들도 우리와 똑같은 권리를 가져야 한다고 생각한다. • 나와 생각이 다른 사람을 인정할 수 있다.
친환경적 여가 역량	여가 활동 시에 환경보전을 고려하는 의식을 가지는 능력	• 여가 생활에 환경적인 요인 고려	• 여행, 관광, 레저 등의 여가 활동에서 자연보존, 물자 절약, 에너지 절약을 위해 불편함을 감수할 수 있다.

출처: 이병준(2008), p. 60에서 재구성.

3) 통합적 관점에서의 지속가능발전 역량 및 학습 목표

전통적인 지속가능발전 역량의 문제는 환경·사회·경제·문화 영역에서의 영역적 역량이 제시되고 강조되는 것에 그쳤다는 데 있다. 그러나 지속가능성인 이 4개 영역 간의 소통과 연계 및 상호 의존성이 핵심인 바, 영역들을 통합하고 묶을 수 있는 역량의 제시가 필요하다. 이에 통합적 관점에서 통찰적 사고 역량과 글로벌 역량이 제시될 수 있다(이병준, 2008). 이 두 가지의 통합적 지속가능발전 역량과 관련된 행동 지표 및 학습 목표는 다음과 같다(〈표 12-6〉 참조).

표 12-6 통합적 사고 역량

역량	역량의 정의	하위 역량	학습 목표
통합적 사고 역량	• 지속가능성장을 위한 여러 문제 해결에 관해 통합적으로 인지하는 능력을 처리하는 능력	• 지속가능성장을 위한 제반 문제 해결에 관한 통합적 인지 • 여러 학문 간의 성과를 놓고 함께 고려하고 성찰할 수 있는 능력	• 현재 지구가 겪는 여러 환경 문제는 나의 생활 습관과도 직접 연결되어 있다고 생각할 수 있다. • 지금의 사회 문제 해결을 위해서는 여러 전문가와 지식이 모두 동원되어야 한다고 생각할 수 있다. • 우리나라의 대통령은 지구촌의 환경 개선을 위해 적극적으로 노력해야 한다고 생각할 수 있다. • 환경 문제는 사회 문제, 경제 문제, 문화 문제 등과 관련되어 복잡하게 얽혀 있다고 생각할 수 있다.
글로벌 역량	• 전 세계적으로 사회·환경·경제·문화 문제를 생각하는 능력	• 공정거래 • 국제사회 환경문제 인식 • 국제이해 및 세계 시스템 이행	• 공정거래를 위해 제3세계 커피 등의 제품을 산다. • 이웃 국가인 중국의 사막화를 방지하기 위해 나무젓가락 구입과 사용을 자제할 수 있다. • 지구온난화 방지를 위해 나만의 자동차 사용 문화를 가질 수 있다. • 세계의 환경 문제를 이해하고 해결하기 위해 외국어를 배우려고 한 적이 있다.

출처: 이병준(2008), p. 61에서 재구성.

　전통적인 지속가능발전교육이 환경적·경제적·사회적 차원에서의 내용적 측면의 지식 전달과 체험에 기반한 프로그램이었다고 한다면, 지속가능발전 역량과 그 역량 요소를 규명한 후 이에 기반하여 개발된 교육 프로그램은 훨씬 더 행동과 실천을 지향하는 구체적인 프로그램이라고 할 수 있다. 또한 역량 기반 지속가능발전교육 프로그램은 기존의 환경·사회·경제·문화 영역별 학습 내용에 더하여 영역으로 나누기 이전의 일상·직업 생활에서 핵심적으로 요구되는 핵심 역량과 영역 간의 상호 의존성과 통합성을 촉발하는 통합적 역량을 제시하고 있다는 점이 기존의 연구물들과는 두드러진 차이점이라고 볼 수 있다. 이러한 시도는 기존의 지속가능발전교육 프로그램이 환경(과)교육과 사회(과)교육, 경제(과)교육 등 교과교육적 접근에서 탈피하여 일반교육학의 차원에서 통합적으로 검토되어야 함을 의미한다.

이 연구에서 제시된 지속가능발전 역량에 기반한 지속가능발전교육은 이제 초석을 놓은 것으로 판단되며, 향후 다양한 삶의 영역에서 필요로 하는 역량 요소들이 발굴되고 이에 기반한 행동 지표가 도출되며, 이를 기반으로 학습 목표가 설정되는 등의 지속적인 작업이 필요할 것으로 생각된다. 이를 위해 학제 간 연구 작업이 장기간 지속되어야 한다. 이러한 학제 간 연구에서는 영역의 특수성을 고려하면서도 일반성과 통찰력을 견지해야 함은 매우 중요한 연구적 태도일 것이다. 다시 말하자면, 지속가능발전은 환경적 차원과 사회적 차원, 경제적 차원과 문화적 차원이 단순히 합쳐져서 구성되는 것은 아니고, 이를 묶는 기초 역량과 통합적 역량이 함께 요구되는 것이다. 이와 더불어 학습 목표가 구체적인 지속가능발전교육 프로그램이 개발되기 위해서는 구체적인 역량 요소에 기반한 행동 지표가 제시될 수 있는 개발 작업 또한 지속적으로 요구된다.

이 연구에서 개발된 프로그램은 학교 교육의 수업 현장에서는 물론이고, 체험학습 현장에서도 학습 목표에 맞추어 진행할 수 있다. 특히 체험학습 프로그램은 학교 주도로 진행하기보다는 지역사회의 내용 전문가들과 함께 개발 및 운영될 수 있을 때 그 효과가 크다고 할 것이다. 또한 이 프로그램은 학습도시 차원에서도 일반 시민과 성인들을 대상으로 하는 교육 프로그램으로 제시될 수 있는데, 이를 통해 지속가능성에 기반을 둔 사고와 태도, 생활양식 습득이라는 목표를 달성할 수 있다. 아울러 기업 차원에서도 근로자들의 지속가능성 마음가짐과 실천양식을 갖추게 하기 위해 기업교육 프로그램 수준으로도 개발되어 제공될 필요가 있다. 마지막으로 공공부문에 종사하는 행정가, 실무자, 실천가들을 위한 역량 강화를 위한 프로그램으로도 활용은 매우 시급하고 필요한 부분이라고 하겠다.

6. 평생학습, 학습도시 그리고 지속가능발전교육

1) 지속가능발전과 지속가능성: 평생교육의 새로운 철학적 지향과 정책 목표

가치가 점차 다원화되어 가고 있는 현대사회에서 교육적 가치를 사회적으로 합의하기란 무척 어려운 일이다. 그러나 공공성에 기반하여 인류 사회가 공동으로 직면하고, 인류 전체가 공동으로 특정한 문제를 해결하기 위한 방향은 최소한의 합의점이라고 볼 수 있다.[4] 현재 평생교육이 교육정책의 주요한 공적 영역으로 자리매김을 하였지만, 평생교육의 공공성을 잘 드러낼 수 있는 가치와 내용에 대한 이론적이고 정책적인 담론은 아직 제대로 형성되지 못하였다. 평생교육의 공공성의 문제는 독일에서 성인교육이 제도화되는 단계에서 격렬한 논쟁을 불러일으킨 바 있고, 많은 학자의 공공성과 정당성을 다양한 각도에서 조명한 바 있다. 현재로서는 공공성의 이슈가 비문해자와 소외계층을 위해 학습 기회를 제공하는 대상 집단(target group) 논의에만 머물러 있을 뿐 내용적인 영역(content area)에 대한 논의는 제한적인 편이다. 교육의 내용적 공공성과 관련하여 지속가능발전교육이야말로 향후 21세기에 평생교육의 공공성이 지향해야 할 철학이자 가치이며 내용 영역이라고 생각된다. 공공성의 가치에 기반한 평생교육은 개인과 시장에서 관심을 보이지 않는, 그러나 공적으로 중요한 가치를 확산하기 위해 노력을 해야 한다. 이러한 측면에서는 늦었지만, 평생학습과 지속가능발전교육의 학술적인 만남은 앞으로 현장과 정책의 연대와 네트워킹의 촉진을 기대하게 한다.

---

4) 독일의 교육학자인 클라프키(Wolfgang Klafki)는 미래에 인류가 직면하게 되는 결정적으로 중요한 문제들을 분류하고, 이를 위한 교육 목표와 교육과정, 교육정책의 대대적인 혁신 문제를 제기한 바 있다.

2) 평생학습에 기반한 지속가능한 지역 만들기:
학습도시의 비전과 정책 목표로서의 지속가능발전

학교 교육이 지식 세계에 주안점을 두고 있는 반면, 평생교육은 생활 세계와 성인들의 경험 세계에 관심을 두고 있다. 도시의 삶은 시민들이 살아가는 생활세계의 문제이기에 평생교육과 도시 문제의 해결을 위한 시민학습과 밀접한 관련을 맺어야 할 필요가 있다. 현재의 도시들은 어떠한 상황에 놓여 있는가? 도시의 성장 동력에 대한 끝없는 고민, 늘어나지 않는 일자리, 갈수록 진전되는 고령화, 쉽지 않은 지역 내 사회 통합, 늘어 가는 문화 향유에 대한 요구 등 많은 문제가 복합적으로 제기되고 있다. 이러한 도시 속의 요구들과 관련하여 평생학습도시는 어떻게 대응하고 있는가? 학습도시는 이론적으로나 실천적으로 그리고 정책적으로 평생교육 논의에 있어 매우 중요한 위치를 차지한다. 학습도시 프로젝트는 지역을 하나의 공간으로 설정하고 하드웨어와 소프트웨어 그리고 휴먼웨어 간의 연결망을 그려 내는 프로젝트이다. 학습도시 프로젝트는 도시가 가지는 문제에 대해 성찰과 학습을 통하여 도시를 새롭게 살려 나가는 프로젝트이다. 학습도시 논의에서는 자율성, 자기생산성, 네트워크, 순환성, 지속가능성이 중요한 핵심 가치로 등장한다. 때문에 학습도시가 추구하는 가치는 지속가능발전에서 추구하는 가치와 절묘하게 연결된다. 최근 많은 지방자치단체가 창의시정, 창조도시를 고정책 목표로 설정하고 있어 지속가능한 지역 만들기의 차원에서 시민사회 영역과 전문가 영역과의 거버넌스와 파트너십, 네트워크가 강조된다. 이로서 도시를 지속가능하게 만들어 가는 것과 도시를 학습과 성찰의 공간으로 조성하는 것과는 상호 밀접한 연관성이 있으며, 둘 간의 연결고리를 학습도시를 통해 좀 더 정교하게 만들 필요가 있다. 특히 지역의 제21[5]과 학습도시는 매우 밀접하게 어우러져야 할 것이다. 지금까지 우리나라에

---

5) 지역의제21이 가지는 기본적인 요소는, 첫째, 지속가능발전을 사회적 목표로 설정하고, 둘째, 이를 위한 구체적인 행동 지침을 나타내는 행동 계획을 설정하며, 셋째, 시민들의 참여를 만들어야 한다는 점이다. 현재 우리나라는 전반적으로 지역의제21 활동이 행정주도형, 시민단체주도형, 민간산 협력형의 세 가지 유형으로 추진되고 있다.

서의 지역의제21 활동은 새로운 사회적 기구보다는 '하나의 제도화된 시민운동단체'로 인식되었다.[6] 이러한 가운데 학습도시 차원에서 지속가능한 마을 만들기와 연계하여 두 가지 영역이 상호 유기적으로 연계되게 할 수 있다. 지역 지속가능발전교육 실무자들을 위한 핵심 역량 강화교육과 일반 시민을 위한 지속가능발전교육 사업, 작은 마을단위의 지속가능한 마을 만들기 프로젝트 등은 지역의제21과 평생교육이 상호 유기적으로 협력하여 추진할 수 있는 좋은 사업이라고 판단된다. 특히 지역의제21 활동가를 위한 교육 프로그램은 시급히 두 분야가 연계되어 운영될 필요가 있다.

3) 지속가능발전역량: 지역 평생교육이 주목해야 할 미래 시민 역량

평생교육은 시민들이 갖추어야 할 역량을 공적 자원 또는 민관이 연계된 자원을 통해서 길러 주는 것이다. 이러한 평생교육은 현재적 관심과 문제 해결을 위해서도 이루어져야 하겠지만, 미래에 다가올 문제에 능동적으로 대응할 수 있는 역량을 갖추는 것이 필요하다. 독일 연방교육연구부의 개념 정의에 따르면, 지속가능발전역량(competency)은 "인간을 지구적 관점의 고려 속에서 생태(학)적으로 지탱해 내도록 하고, 경제적으로 성과를 내도록 하며, 사회적으로 정당한 환경을 적극적으로 조성해 내도록 하는 역량"(BMBF, 2002)을 의미한다. 지속가능발전의 기초역량으로 드 한 교수는 조성 역량(Gestaltungskompetenz)을 강조하였는데, 이는 핵심역량교육 프로젝트 팀에서 추출된 세 가지의 핵심 범주와 연계하여 시민이 갖추어야 할 미래 기초 역량으로 지속가능발전 역량을 제시하고 있다(De Haan, 2008, p. 32; 〈표 12-1〉 참조).

---

6) 그 이유로는 안정적인 예산, 인력, 권한 등 추진기구에 실질적인 권한 부여가 이루어지지 않은 것이 지적되고 있다.

7. 나가는 말

1) 향후의 문제의식

우리나라 평생교육의 근본적인 문제는 평생교육이 포괄할 수 있는 대상과 내용 영역이 매우 폭이 넓음에도 불구하고, 교육부의 정책 사업 중심으로 움직인다는 현실이다. 이러한 현실은 교육부 정책 사업 이외의 과제들을 평생교육 과제로 인식하지 못하게 만들기도 한다. 지역에서 평생교육 차원의 네트워킹은 교육부 사업 영역을 넘어서는 다양한 사업과 연관관계를 가지게 되지만, 이러한 현실적인 인식 때문에 큰 그림을 그려 내지 못한다. 물론 교육부의 정책 사업이 중심에 서야 하고 기초가 되어야 한다. 그러나 지역의 평생교육 현장은 「평생교육법」에 명시된 타 내용 영역(6대 내용 영역) 이외에도 다양한 영역을 포괄해야 한다. 그중 대표적인 영역이 환경교육이다. 환경부는 초보적이기는 하지만 지역마다 환경교육 기본계획을 수립하게 하고, 사회환경교육의 활성화를 지원할 수 있으며, 환경교육센터를 만들어 운영할 수 있는 법적 근거를 마련해 놓았다. 사회환경교육은 무엇인가? 사실상 평생교육의 내용 영역이 아닌가? 이러한 상황에서 환경교육과 문화다양성교육, 다문화교육을 내용적으로 모두 포괄하는 지속가능발전교육을 평생교육의 정책 목표 중 하나로 설정하고 또한 현재 추진 중인 평생학습도시의 비전을 지속가능발전으로 놓는 작업은 매우 중요한 작업이라고 생각된다. 지속가능발전, 기후 변화, 저탄소 지역경제, 지역의제21 등의 이슈는 지역에서 지속가능발전교육이 평생교육의 핵심 과제로 당당히 자리매김해야 함을 보여 주는 이슈들이지만, 유엔 이행 계획의 국가 수준의 지속가능발전교육의 중간평가에는 평생교육 영역이 매우 취약한 것으로 드러나고 있다. 지역 차원의 도시발전 전략과 평생학습이 밀접한 연관을 가지면서 지역의 현안과 문제를 해결하기 위한 문제해결학습의 차원에서의 접근이 필요하다. 지역에서의 현안은 대체로 복합적이며, 평생교육을 전면에 내세우는 경우는 드물다. 그러나 문화도시, 창조도시, 생태도시, 지속가능한 마을 만들기, 도시재

생 등 많은 지역정책은 그 내용성에는 평생교육적 전략이 절대적으로 필요하다. 평
생교육이 현재와 미래의 우리나라 사회에서 어떠한 방향으로 추구되어야 하는가
에 대한 국내에서의 철학적 논의는 답보 상태에 있다. 이러한 측면에서 지속가능발
전교육은 커다란 지향점으로 자리매김해야 할 것이다.

2) 향후의 과제

(1) 지속가능한 마을 만들기, 지역의제 그리고 학습도시의 연계

　최근 마을 만들기, 창조도시는 여러 부처, 지방자치단체의 주요한 화두이다. 이
러한 마을 만들기, 창조도시는 전제 조건을 가지고 있는데, 그것이 거버넌스이고
파트너십이며 네트워킹이다. 이러한 가치를 강조해 온 것이 지역의제21이기 때문
에 마을 만들기와 지역의제21은 함께 가야 한다. 특히 지역의제21 활동 자체는 '지
속가능발전을 위한 사회적 학습 과정'으로 간주할 수 있기 때문에 평생학습과 밀접
한 관련을 가진다. 현재 지역에는 푸른21, 녹색21, 지역의제21 등 다양한 명칭의 지
역의제21 활동이 있다. 대체로 이들 활동에는 교육 분과가 있거나 교육 사업을 하
고 있는데, 그 사업은 장기적이지도 체계적이지도 협력적이지도 않다. 향후 지역평
생교육은 이 분야의 지역네트워크와 파트너십을 이루어 체계적으로 지원해 주면
서 지역 시민들의 지속가능발전 역량이 높아질 수 있도록(정책 지표로 말하자면 지속
가능성지수가 높아질 수 있도록) 함께 이끌고 나아가야 할 것으로 생각된다. 지역에는
기존의 환경, 생태, 에너지, 숲, 친환경 급식과 관련된 단체들이 많은 노하우를 축
적하고 있으며, 이들과의 연결고리를 통하여 지역의 지속가능발전교육 네트워크를
공고히 할 수 있다. 사실 지역의제21 활동가들의 경우, 교육 사업의 중요성은 인식
하고 있으나, 이 분야에서 전력투구를 할 상황도 아니고 체계화된 전문성을 교육받
지 못하였기 때문에 평생교육 영역과의 향후 연계가 매우 기대된다. 특히 이 두 분
야의 협력 사업을 지원해 주는 국가평생교육진흥원 차원의 모델 프로젝트는 지역
의 평생교육 네트워크를 한 단계 개선시켜 줄 수 있을 것으로 판단된다.

(2) 교육기획자들의 지속가능발전교육 역량 강화

아직 우리나라에는 아쉽게도 평생교육 실무자들에게 지속가능발전교육이 어떠한 맥락에서 어떠한 내용을 강조하고 있는 것인지를 알릴 기회가 없었다. 국가평생교육진흥원에서의 연수 과정에서도, 한국평생교육총연합회의 연수프로그램에서도 지속가능발전교육은 거의 찾아볼 수가 없었다. 다만, 유엔지속가능발전교육센터가 있고, 평생학습도시로 선정된 통영시, 인천광역시, 울주군에는 지속가능발전교육을 위한 프로그램이 산발적으로 제공되어 왔다. 평생교육의 기획을 담당해야하는 실무자들의 경우 환경, 생태, 지속가능발전교육과 관련된 지역의 다양한 주체와의 파트너십과 네트워킹을 하기 위해서는 이 분야의 내용적 전문성은 필수적이다. 때문에 실무자들이 지속가능발전교육과 관련된 지식과 경험을 가지는 것은 매우 의미 있는 일이다. 시민 대상의 지속가능발전교육 강좌에서부터 지속가능발전교육 관련 학습·교육 콘텐츠의 개발 및 발굴, 지속가능발전교육 기반 마을 만들기 및 학습공동체 구축, 지속가능발전교육 기반 자원봉사자 역량 강화, 창의·인성 교육과 지속가능발전교육과의 연계, 지속가능발전교육 관련 각종 연수의 기획과 시민단체 지속가능발전교육 프로그램의 학교 연계 투입 등 다양한 사업의 기획이 요청된다. 특히 녹색도시21(푸른 ○○21) 등 지역의제21 기구와의 협력 등 지역 차원의 지속가능발전교육 네트워크 구축을 위해서는 실무자의 역량과 경험, 지식과 인식의 수준이 높아야 모든 것을 결정할 수 있다.

1. 환경적·사회적·경제적·문화적·정치적 지속가능발전의 이슈들을 생각해 보고, 이를 위한 교육의 지향점과 과제를 제안해 보자.

2. 지속가능성이 도시적 차원에서의 학습으로 연결되기 위해서는 어떠한 교육기관들이 어떠한 방식으로 협력해야 하며, 어떠한 주제들이 교육과 학습의 내용으로 다루어야 하는지 그리고 세대 간이 어떻게 함께 학습해 가야 하는지에 대한 전체적인 디자인을 해 보자.

참고문헌

모경환, 박새롬, 연준모, 이경윤, 임정수(2010). 초등학교 ESD 수업 모듈: 지속가능발전교육 역량 개발 프로젝트(ESD competency project). 서울: 유네스코한국위원회.

박응희(2008). 평생교육방법으로서의 토론기법의 이론적 구성에 대한 연구. 평생교육학연구, 14(4), 245-266.

백수진, 송해덕(2014). 전략적 직무분석 특성 연구: 전통적 직무분석과 역량모델링과의 비교 분석을 중심으로. 기업교육과 인재연구, 16(2), 145-167.

유네스코한국위원회(2008). 지속가능 발전교육 10년 국제 이행 계획. 지속가능한 미래를 위한 교육. 유엔지속가능발전교육 10년을 향하여. 서울: 유네스코한국위원회. 16-45.

이명숙(2001). 실행연구(Action Research)를 통한 교육 실제의 개선. 초등교육연구논총, 17(2), 381-408.

이병준 외(2010). 지속가능 발전교육 학교 컨설팅 매뉴얼. 부산대학 교육발전연구소 · 울주군.

이병준 외(2012). 울주RCE 지속가능 발전 학교컨설팅 모형개발 연구-학교 ESD 컨설팅 매뉴얼. 울산광역시 울주군 · 부산대학교 교육발전연구소.

이병준(1998). 사회교육학의 학문적 전문성(專門性)에 관한 고찰. 평생사회교육학연구, 4(2), 51-79.

이병준(2008). 지속가능 발전교육 프로그램개발. 부산대 교육발전연구소 · 울주군.

이병준(2011). Sustainability of the Urban Environment and Lifelong Learning Focusing on ESD and Lifelong Learning City Project. New Approachesd to Future : Selected Papers from the 2011 ESD colloquium Series. 79-96.

이병준(2014). 지속가능 발전교육과 평생교육. Busan HRD Review, 7(2), 10-25.

이병준, 박응희, 정미경(2013). N. Elias의 문명화이론에서 바라본 문화인지. 문화예술교육연구, 8(2), 227-239.

이병준, 위미나, 박지연, 윤나리(2008). 지속가능발전교육 프로그램개발. 울산광역시 울주군 · 부산대학교 교육연구소.

이용숙, 김영천, 이혁규, 김영미, 조덕주, 조재식(2005). 교육현장 개선과 함께 하는 실행연구방법. 서울: 학지사.

이찬, 정철영, 나승일, 김진모, 임재원, 백아롱(2009). 차세대 영재기업인 역량모델개발. 농업교육과 인적자원개발, 42(1), 155-176.

이홍민, 김종인(2005). 핵심역량 핵심인재: 인적 자원 핵심역량 모델의 개발과 역량 평가. 서울: 한국능률협회출판.

정진원, 오지향(2013). 역량중심 교육과정 사례 분석 및 음악교육에의 시사점: 영국과 뉴질랜드를 중심으로. 교사교육연구, 52(3), 489-505.

조우진(2012). 지속가능발전교육: '발전' 비판과 대안을 위한 렌즈. 국제이해교육연구, 7(1), 39-69.

조재식(2002). 연구자로서의 교사 개념에 대한 이론적 고찰. 교육인류학연구, 5(2), 193-225.

최지연, 이상원, 유동현, 황동국, 이태석(2013). 초등학교 학부모를 위한 지속가능발전교육 프로그램 개발. 실과교육연구, 19(3), 143-165.

한현우, 이병준(2011). 다문화역량 측정도구 개발 연구-평생교육과 인적자원개발을 중심으로-. 문화예술교육연구, 6(2), 63-81.

홍창남, 강석봉, 김정현, 신철균, 심영보, 이상철, 이쌍철, 이용철, 이재덕, 정수현, 한은정, 허은정(2013). 학교경영컨설팅. 서울: 학지사.

Altrichter, H., Kemmis, S., McTaggart, R., & Zuber-Skerritt, O. (2002). The concept of action research. *The Learning Organization, 9*(3), 125-131.

Apel, H. (1993). Umweltbildung an Volkshochschulen. In Apel, H. (Hrsg.): Orientierungen zur Umweltbildung. Bad Heilbrunn: Klinkhardt, S. 14-78.

ARIES. (2007). A National Review of Environmental Education and its Contribution to Sustainability, Community Education 3. ARIES.

ARIES. (2007). A National Review of Environmental Education and its Contribution to Sustainability, Framework for Sustainability 1. ARIES.

ARIES. (2007). A National Review of Environmental Education and its Contribution to Sustainability, School Education 2. ARIES.

ARIES. (2007). A National Review of Environmental Education and its Contribution to Sustainability, Whole-school approaches to sustainablity. ARIES.

BMBF. (2002). Report of the Federal Government on education for a sustainable development. BMBF PUBLIK.

Brundertt, M. (2000). The question of competence: the origins, strengths and inadequacies of a leadership training paradigm. *School Leadership & Management, 20*(3), 353-359.

Buck, G. (1989). *Lernen und erfahrungen-epagogik: Zum begriff der didaktischen induktion*. 3., um e. 3. Teil erw. Auflage. Darmstadt: Wissenschafltiche Buchgesellschaft.

City of Helsinki Environment Centre. (2002). Action plan of Helsinki for sustainability.

De Haan, G. (2008). The development of ESD-related competencies in supportive institutional frameworks. *International Review of Education, 56*(2), 315-328.

Giddens, A. (2009). *The politics of climate change*. 홍욱희 역(2009). 기후변화의 정치학. 서울: 에코리브르.

Klafki, W. (1975). Studien zur Bildungstheorie und Didaktik. Durch ein kritische Vorwortergänzte Auflage. Weinheim: Beltz.

Manfra, M. (2009). Action Research: Exploring the Theoretical Divide between Practicaland Critical Approaches. *Journal of Curriculum and Instruction (JoCI), 3*(1), 32-46.

McLagan, P. (1997). Competencies: The next generation. *Training and Development, 51*(5), 40-48.

SASAKI, M., & NIRA. (2007). 創造都市への展望 都市の文化政策とまちづくり. 이석현 역(2010). 창조도시를 디자인하라: 도시의 문화정책과 마을만들기. 서울: 미세움.

Spencer, L. M., & Spencer, S. M. (2007). *Competence at work*. 민병모 외 역. 핵심역량모델의 개발과 활용. 서울: PSI컨설팅.

UNESCO. (2005). United Nations Decade of Education for Sustainable Development. 2005-2014 Draft International Implementation Scheme.

Wenger, É. (2007). *Communities of practice*. 손민호, 배을규 공역. 실천공동체: 지식창충의 사회생태학. 서울: 학지사.

Winter, R., & Burroughs, S. (1989). *Learning from experience: Principles and practice in action-research*. London, New York: Falmer Press.

찾아보기

내용

저자 소개

이상수(Lee, Sang-Soo)
미국 플로리다 주립대학교 교육공학 박사
전 한국교육공학회 수업컨설팅 연구회 회장
　　국무총리실 교육자문위원
현 부산대학교 교육학과 교수
　　부산시의회 교육자문위원
　　교육의 사회적 책임 사업단장

주요 저서 및 역서
교수설계 이론과 모형 4(공역, 아카데미프레스, 2018)
자기수업컨설팅: 성찰적 실천가가 되기 위한 전략(공저, 학지사, 2018)
수업컨설팅 사례로 본 수업이야기(저, 학지사, 2019)
체계적 수업분석을 통한 수업컨설팅(2판, 공저, 학지사, 2019)

김석우(Kim, Suk-Woo)
미국 UCLA 대학원 철학 박사
현 부산대학교 교육학과 교수

주요 저서
사회과학 연구를 위한 SPSS AMOS 활용의 실제(2판, 학지사, 2015)
교육과정 및 교육평가(5판, 공저, 학지사, 2020)
교육평가의 이론과 실제(공저, 학지사, 2021)

김대현(Kim, Dae-Hyun)
부산대학교 교육학 박사
전 진주교육대학교 교수
    한국교육과정학회장
    부산대학교 사범대학장, 교무처장
    국가교육회의 유초중등교육전문위원장
현 부산대학교 교육학과 교수
    대통령직속 정책기획위원
    2022 교육과정 각론조정위원장

주요 저서
교육과정의 이해(2판, 학지사, 2017)
따뜻한 교육공동체 구축을 위한 학교에서의 신뢰(학지사, 2019)
따뜻한 교육공동체 구축을 위한 교육과정통합이론(학지사, 2021)

안경식(An, Gyeong-Sik)
국립대만사범대학교 철학 박사
전 동아대학교 교육학과 교수
    일본 히로시마대학교 교육학부 객원 교수
현 부산대학교 교육학과 교수

주요 저서
소파 방정환의 아동교육운동과 사상(학지사, 1994)
한국 전통 아동교육사상(학지사, 2000)
신라인의 교육, 그 문명사적 조망(학지사, 2019)

이병준(Yi, Byung-Jun)

독일 뮌스터 대학교 교육학 박사

전 한국직업능력연구원 연구원

　　삼성에버랜드 서비스아카데미 자문 교수

　　한국평생교육학회, 한국성인교육학회 부회장

　　한국성인계속교육학회, 한국문학교육학회 회장

현 한국질적연구학회 회장

주요 저서
- - - - - - - - -
미디어 교육과 교수법(공저, 커뮤니케이션북스, 2006)

문화역량과 문화예술교육: 문화역량의 개념과 구성요소(교육과학사, 2010)

학교 ESD 컨설팅 매뉴얼(예소디자인, 2010)

한국인은 어떻게 문화적으로 학습하는가?(공저, 예소디자인, 2015)

박수홍(Park, Su-Hong)

미국 인디애나 대학교 교수체제공학 박사

전 부산대학교 SSK 사업단 단장

　　한국기업교육학회 고문

현 부산대학교 교육학과 교수

　　한국기업교육학회 회장

　　한국인적자원개발학회 부회장

　　부산 U-IoT 도시협회 부회장

주요 저서
- - - - - - - - -
4차 산업혁명 시대의 교육시스템 디자인(공저, Iamcoop, 2017)

창의적 인적자원개발을 위한 러닝퍼실리테이터 입문(공저, 학지사, 2021)

창의적 조직과 공동체 구축을 위한 러닝퍼실리테이터 전문가 되기(공저, 학지사, 2021)

앙트러프러너십 어떻게 키울까(공저, 학지사, 2022)

유순화(Yoo, Soon-Hwa)
미국 오하이오 주립대학교 철학 박사
전 경남중학교 교사
현 부산대학교 교육학과 교수

주요 저서 및 역서
학습과 행동 문제 해결을 위한 학교 컨설팅(공역, 학지사, 2010)
학교와 지역사회를 위한 심리 및 학습컨설팅(공역, 센게이지러닝코리아, 2012)
깊은 학습: 지식의 바다로 빠지다(공역, 학지사, 2014)
등교거부 학생을 위한 학업중단숙려제 상담 프로그램(공저, 학지사, 2016)

김정섭(Kim, Jung-Sub)
미국 인디애나 대학교 철학 박사
전 한국교육심리학회 회장 역임
현 부산대학교 교육학과 교수

주요 저서 및 역서
배움과 돌봄의 학교공동체(공저, 학지사, 2009)
깊은 학습: 지식의 바다로 빠지다(공역, 학지사, 2014)
교육심리학(2판, 공저, 학지사, 2020)

박창언(Park, Chang-Un)
프랑스 프랑쉬–콩테 대학교 사회학, 인류학, 인구학 박사
한국대학교육협의회 박사후 연수과정(Post-Doc) 이수
현 부산대학교 교육학과 교수

주요 저서
현대 교육과정학: 교육과정 개발과 운영 체제 분석(학지사, 2017)
교육과정과 교육법(학지사, 2019)
진로교육학 개론(공저, 교육과학사, 2019)
교육과정행정 이론과 실제(동문사, 2021)

김회용(Kim, Hoy-Yong)
미국 피츠버그 대학교 교육학 박사 과정
전 교육부 Fellow(한국학술진흥재단 후원 Post-Doc.)
　　Simon Fraser Universitiy 연구교수(2010~2011, 2019)
　　Johann Wolfgang Goethe-Universität Frankfurt am Main 연구교수(2018)
현 부산대학교 교육학과 교수
　　한국교육사상학회 회장

주요 저서 및 역서
좋은 교육(공저, 문음사, 2007)
교육과 지식의 본질(공역, 교육과학사, 2013)
상상력과 교육: 미래의 학교를 디자인하다(공역, 학지사, 2014)
교육연구의 철학: 진단과 전망(공역, 학지사, 2015)

이동형(Lee, Dong-Hyung)
미국 텍사스 A&M 대학교 학교심리학 박사
전 미국 휴스턴 교육청 학교심리학자 역임
현 부산대학교 교육학과 교수

주요 역서
청소년을 위한 학교기반 인지치료(공역, 학지사, 2019)
고독의 심리학 1(공역, 학지사, 2019)
고독의 심리학 2(공역, 학지사, 2020)

이소영(Lee, So-Young)
영국 런던 대학교 철학 박사
전 초등학교 교사
현 부산대학교 교육학과 조교수

주요 논문

지식의 문제: 시를 읽다, 묻어진 기억을 읽다(교육철학연구, 2020)

'Ethics is an Optics': Ethical Practically and the Exposure of Teaching(Journal of Philosophy of Education, 2018)

Thinking in Nearness: Seven Steps on the Way to a Heideggerian Approach to Education(Journal of Philosophy of Education, 2019)

Poetics of the Encyclopaedia: Knowledge, Pedagogy and Research Today(Journal of Philosophy of Education, 2020)

교육의 사회적 책임
-미래교육의 대안적 접근-
Education for Social Responsibility
-An Alternative Approach of Education for the Future-

2022년 3월 25일 1판 1쇄 인쇄
2022년 3월 30일 1판 1쇄 발행

지은이 • 이상수 · 김석우 · 김대현 · 안경식 · 이병준 · 박수홍
　　　　유순화 · 김정섭 · 박창언 · 김회용 · 이동형 · 이소영
펴낸이 • 김진환
펴낸곳 • ㈜ **학 지사**
　　　　　　04031 서울특별시 마포구 양화로 15길 20 마인드월드빌딩
대표전화 • 02-330-5114　　팩스 • 02-324-2345
등록번호 • 제313-2006-000265호

홈페이지 • http://www.hakjisa.co.kr
페이스북 • https://www.facebook.com/hakjisabook

ISBN 978-89-997-2593-7　93370

정가 23,000원

출판 · 교육 · 미디어기업 **학 지사**
간호보건의학출판 **학지사메디컬** www.hakjisamd.co.kr
심리검사연구소 **인싸이트** www.inpsyt.co.kr
학술논문서비스 **뉴논문** www.newnonmun.com
교육연수원 **카운피아** www.counpia.com